LE

CUISINIER PARISIEN.

CUISINE.

ÉLÉMENTS DE SAUCES.

N° 1. *Bouillon.*

Le bouillon est la base de presque toutes les sauces, dans des cuisines dirigées par une sage économie. Employé avec intelligence, il peut remplacer ces jus, ces veloutés, etc., etc., qui consomment plus de viandes qu'on n'en sert sur la table, et dont l'usage habituel finit toujours par altérer la santé. Combiné avec les substances simples qu'on emploie comme assaisonnement, et avec les sucs naturels des viandes, le bouillon suffit dans la plupart des cas, pour préparer les aliments de toute espèce, d'une manière aussi saine qu'agréable. Il est donc essentiel, pour faire une bonne cuisine, d'avoir toujours d'excellent bouillon : nous avons indiqué, dans le n° 106, les meilleurs moyens pour atteindre ce but. (Voyez ce numéro.)

N° 2. *Consommé.*

Mettre beaucoup de viande dans la marmite et peu d'eau, faire cuire à petit feu et long-temps; c'est le moyen le plus simple d'avoir de bon consommé; mais alors les viandes sont épuisées, et elles conservent peu de saveur.

Si vous voulez faire un excellent consommé, et en même temps servir des viandes bien savoureuses, parce qu'elles auront conservé la majeure partie de leurs sucs, mettez dans la marmite un beau morceau de bœuf, un vieux chapon bien en chair, quelques carottes, ognons, dont un piqué de deux cloux de girofle, un panais et un pied de céleri, mouillés avec du bouillon de la veille au lieu d'eau.

Il est inutile d'avertir que les légumes ne doivent être mis que lorsque la marmite est écumée, et qu'il ne faut pas ajouter de sel, puisque le bouillon avec lequel on mouille est salé.

On retire le chapon aussitôt qu'il est suffisamment cuit; si on le laissait plus long-temps, les chairs se détacheraient; vous pourrez le servir au gros sel, avec un bol de consommé, ou le mettre au riz. (Voyez n° 434.) Vous ne laisserez le bœuf que trois heures et demie dans la marmite; une plus longue ébullition l'épuiserait trop.

En faisant réduire votre consommé, il remplacera avec avantage le jus dans toutes les sauces.

N° 3. *Fonds de cuisson.*

Passez au tamis tous les fonds de cuisson à la braise ou autres; faites-les réduire à consistance de sauce, et servez-vous-en en place de jus dans toutes vos sauces.

Au lieu de les faire trop réduire, ce qui souvent leur donne de l'âcreté, liez-les avec du beurre manié de farine, avec quelques marrons rôtis et écrasés, avec de la marmelade de tomate, avec des jaunes d'œufs durs écrasés, le tout selon ce que vous en voulez faire.

N° 4. *Jus.*

Mettez au fond d'une casserole des bardes de lard, quelques émincés de jambon, de la rouelle de veau en tranches : ajoutez toute autre viande que vous aurez à votre disposition, en quantité proportionnée à celle du jus que vous voulez faire. La proportion ordinaire est d'une livre de viande pour un quart de litre, ou une demi-livre de jus; mettez aussi des carottes, des ognons, dont un piqué de clous de girofle, un panais, un pied de céleri, un bouquet garni, gros poivre et muscade râpée; faites suer le tout sur un feu doux, jusqu'à ce que la viande ait jeté son jus; on augmente alors le feu jusqu'à ce qu'elle soit près de s'attacher au fond de la casserole. A ce moment, hâtez-vous de retirer la viande et les légumes; faites un roux dans la casserole, avec du beurre et de la farine; employez gros comme une noix de beurre par livre de viande, mouillez votre roux avec du bouillon, re-

LE

CUISINIER PARISIEN,

OU

MANUEL COMPLET

D'ÉCONOMIE DOMESTIQUE,

CONTENANT :

LA CUISINE, LA CHARCUTERIE, LA GROSSE PATISSERIE ET LA PATISSERIE FINE, L'OFFICE DANS TOUTES SES BRANCHES ;

LA CUISINE DES MALADES;

Les remèdes urgents que l'on doit administrer en attendant le médecin, dans les cas d'empoisonnements par les champignons, le vert-de-gris, les moules, etc.; contre l'asphyxie, les brûlures, les indigestions, etc.;

Les propriétés diététiques des subtances alimentaires;

LES PROCÉDÉS LES PLUS SURS POUR LA CONSERVATION DES VIANDES, DES FRUITS, DES LÉGUMES, DES OEUFS, ETC. ;

LA CONDUITE DE LA CAVE;

Un recueil de recettes choisies sur toutes les branches de l'économie domestique;

ENFIN LA DESCRIPTION ET L'USAGE DES FOURNEAUX ET USTENSILES ÉCONOMIQUES RÉCEMMENT INTRODUITS DANS LES CUISINES.

AVEC QUATRE PLANCHES.

PAR B. ALBERT,

EX-CHEF DE CUISINE DE SON EXC. LE CARDINAL FESCH.

SIXIÈME ÉDITION.

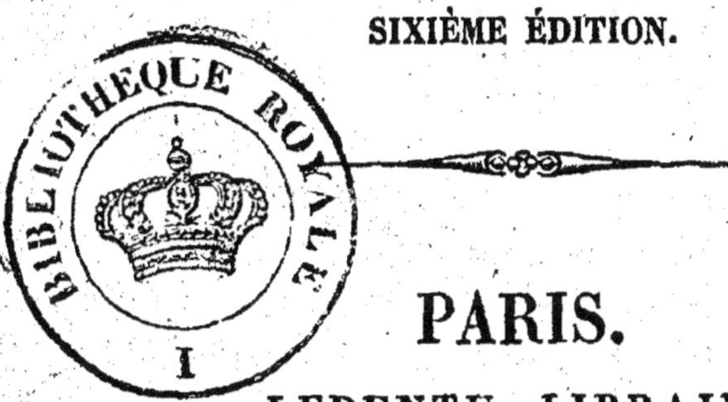

PARIS.

LEDENTU, LIBRAIRE,

QUAI DES AUGUSTINS, 31.

1838.

Documents manquants (pages, cahiers...)

NF Z 43-120-13

Il manque le début de la préface

d'autres ouvrages en contiennent beaucoup davantage : mais si l'on veut considérer qu'il n'y a ici ni doubles emplois, ni choses inutiles ou inexécutables ; que d'un autre côté beaucoup d'articles indiquent plusieurs modes de préparation pour la même substance, on trouvera qu'il y en a bien assez pour satisfaire tous les goûts.

Les malades et les convalescents exigent un régime alimentaire approprié à leur état. Toutes les préparations que les médecins sont dans l'usage de leur prescrire comme aliments, ont été réunies dans un chapitre à part.

L'asphyxie, l'empoisonnement par les champignons et par le vert-de-gris, sont des accidents très communs et qui ont presque toujours des suites funestes, par l'ignorance où l'on est des secours à donner dans les premiers moments. Ces secours sont, en général, fort simples, et toute leur efficacité dépend de la promptitude avec laquelle on les administre. Je les ai indiqués dans un chapitre intitulé : *Remèdes urgents*. J'y ai joint le traitement de l'empoisonnement, presque toujours peu dangereux, mais quelquefois assez grave, qui peut être causé par les moules ; les remèdes qu'exigent les brûlures, les indigestions, les chutes et les contusions. J'ai aussi indiqué ce qu'il faut faire dans les cas de morsures par des reptiles venimeux, et pour prévenir le développement de la rage chez les individus mordus par des animaux enragés. Je recommande, dans tous les cas, d'appeler un médecin éclairé ; mais je fais sentir en même temps la nécessité d'agir en attendant sa venue, pour prévenir une aggravation des accidents qui rendrait inutiles tous les secours ultérieurs. Tous les remèdes indiqués sont puisés dans des instructions publiées par le gouvernement, ou dans les ouvrages de nos plus habiles médecins.

La conservation des substances alimentaires est une des parties les plus importantes de l'économie domestique. Tous les procédés connus de conservation sont décrits avec un exposé succinct de leurs avantages et de leurs inconvénients.

Sous le titre de *Conduite de la cave*, j'ai fait connaître les moyens d'assainir les caves, de conserver les tonneaux, de gouverner les vins, de remédier à leurs défauts, soit naturels, soit accidentels, etc.

Dans le chapitre des *Recettes économiques*, j'ai donné des procédés pour faire des vins artificiels de plusieurs espèces, pour détacher les tissus de toute nature, pour faire le vinaigre, pour mettre les appartements en couleur, pour la destruction des punaises, pour raccommoder les porcelaines, les cristaux et la faïence, pour désinfecter les appartements après des maladies contagieuses, pour faire les lessives à l'eau et à la vapeur, et une foule d'autres qu'il serait trop long de citer.

Un régime alimentaire convenable est le meilleur moyen de se maintenir en santé : un régime alimentaire désordonné est la source de presque toutes les maladies; je crois donc avoir fait une chose utile, en insérant dans un livre de cuisine un traité complet sur les propriétés diététiques des substances alimentaires et de leurs préparations. Avec ce traité sous les yeux, les cuisiniers n'auront plus d'excuse lorsqu'ils s'écarteront du véritable but de leur art, qui est de réunir la salubrité à l'agrément, et il sera facile de les y ramener.

Enfin un dernier chapitre donne la description des fourneaux et des ustensiles économiques le plus récemment introduits dans les cuisines. Plusieurs planches gravées avec soin accompagnent ce chapitre.

mettez les viandes dans la casserole, et faites mijoter pendant deux heures au moins; dégraiseez le jus, et passez-le à l'étamine.

On peut varier le jus selon les viandes qu'on y mettra. Il faut toujours mettre du lard et du veau; on peut ajouter du jambon, du bœuf, du lapin, de vieilles perdrix, etc. Ne laissez pas trop colorer votre jus; il sera bien s'il est couleur cannelle et réduit à la consistance d'une sauce.

N° 5. *Jus au Vin.*

Procédez comme ci-dessus; mais mouillez avec moitié bouillon et moitié vin blanc ou rouge, suivant la destination; ajoutez à votre roux un peu de sucre en poudre.

N° 6. *Essence de Gibier.*

Si vous avez des carcasses ou des débris de lapin, des carcasses ou des débris de perdrix même rôtis, concassez-les, et mettez-les dans une petite marmite, ou une casserole, avec des émincés de veau; mouillez avec du vin blanc, faites réduire jusqu'à ce qu'il n'y ait presque plus rien, sans cependant que le fond prenne couleur. Ajoutez alors du bouillon, des carottes, des ognons, thym, basilic et gros poivre; faites cuire à petit feu; ensuite passez l'essence au tamis.

N° 7. *Jus blond.*

C'est une espèce de jus que l'on fait avec des viandes blanches, et qu'on ne laisse pas colorer.

Prenez du veau ou des parures de veau si vous en avez, un jarret, des débris de volaille; mettez-les dans une casserole avec des ognons, des carottes, un bouquet garni, quelques clous de girofle, du gros poivre, un peu de muscade râpée, et pas de sel, si vous mouillez avec du bouillon; mettez une cuillerée à pot de mouillement, et posez la casserole sur un feu un peu vif. Lorsque le mouillement est réduit, ne laissez pas attacher les viandes; mouillez avec assez de bouillon pour que tout soit couvert; faites bouillir et écumez; ensuite vous étouffez votre fourneau, et vous faites cuire à très petit feu pendant deux heures. Faites à part un roux sans couleur (voyez ci-après), passez-y des champignons pendant quelques minutes; versez le mouillement de vos viandes, par petites portions, et en remuant toujours, pour que le roux ne se grumelle pas; faites bouillir, écumez encore, et ensuite tenez votre casserole sur un petit feu pendant une bonne heure; dégraissez et passez à l'étamine.

N° 8. *Roux.*

Mettez un morceau de beurre dans une casserole. Aussitôt qu'il est fondu, vous ajoutez de la farine en quantité proportionnée à la consistance que vous voulez donner à votre roux. Tenez votre casserole sur un feu un peu vif, jusqu'à ce que le roux ait commencé à prendre couleur; ensuite vous ralentissez le feu et vous continuez à tourner jusqu'à ce que le roux ait pris une belle couleur cannelle claire : c'est le moment d'y passer ce que vous voulez mettre cuire avec; mouillez ensuite.

Si vous faites ce roux à part pour lier quelque sauce, il faut mettre avec le beurre autant de farine qu'il en peut prendre.

N° 9. *Roux blanc.*

Ajoutez de la farine aussitôt que le beurre est fondu, en tournant sans cesse : prenez garde qu'il ne prenne couleur; servez-vous-en pour lier toutes les sauces qui ne doivent pas être colorées.

N° 10. *Gelée.*

(Voyez n° 692.)

N° 11. *Bouquet garni.*

On le compose de queues de persil, ciboules, dont on ne retranche pas le vert, un quart ou une demi-feuille de laurier, très peu de thym, et, si on veut, une demi-gousse d'ail. Le bouquet doit être bien lié, pour qu'il ne se défasse pas et qu'on puisse l'enlever facilement.

N° 12. *Beurre d'Anchois.*

Lavez quelques anchois, séparez les chairs, hachez-les, et ensuite pillez-les dans un mortier; vous les mêlerez avec le double pesant de beurre.

N° 13. *Beurre aux fines Herbes.*

Hachez très fin du cerfeuil, de la pimprenelle, de l'estragon, du cresson alenois, et de la civette que vous aurez auparavant fait blanchir; incorporez-les avec suffisante quantité de beurre frais. Il faut que le cerfeuil domine.

N° 14. *Vinaigre à l'Estragon.*

Mettez infuser pendant un mois deux onces de feuilles d'estragon récentes dans un litre de fort vinaigre; ajoutez deux petits verres d'eau-de-vie; filtrez et conservez dans une bouteille bien bouchée.

N° 15. *Vinaigre aromatique.*

Faites infuser pendant un mois, dans dix pintes de fort vinaigre,

Dix onces de feuilles d'estragon récentes,

Deux onces de feuilles de baume coq (tanaisie odorante),

Une pincée de thym et de basilic,

Une once de fleur de sureau séchée rapidement au soleil,

Vingt échalottes et deux gousses d'ail,

Une demi-once de poivre en grains,

Un gros de girofle et la moitié d'une muscade. Ajoutez une poignée de sel et une demi-bouteille d'eau-de-vie.

Après l'infusion, filtrez et conservez dans des bouteilles bien bouchées.

N° 16. *Épices mélangées.*

Un quarteron de poivre,

Deux gros de girofle,

Quatre gros de muscade,

Une once de gingembre,

Pilez chaque substance séparément, et mélangez-les ensuite en les passant ensemble au tamis; conservez dans un bocal bien bouché.

N° 17. *Essence d'Ail.*

Faites bouillir sept à huit gousses d'ail, autant de clous de girofle, le tiers d'une muscade et une feuille de laurier, avec une bouteille de vin blanc, jusqu'à réduction d'un quart; filtrez et conservez dans une bouteille bien bouchée.

N° 18. *Poudre de Kari.*

On la trouve toute préparée chez les marchands de comestibles; cependant, comme ce genre de commerce n'est pas établi partout, et qu'on trouve assez facilement les substances dont se compose cette poudre, on peut la préparer soi-même.

Prenez quatre onces de piment enragé, et trois onces de racine de curcuma; pilez chaque substance séparément; mêlez-les après les avoir passées au tamis, et ajoutez-y une demi-once de poivre fin, un demi-gros de girofle, et un gros de muscade en poudre.

Ce piment enragé est une espèce de poivre long (gros piment) qui a une force extraordinaire. On le tire des colonies. A l'état sec, il n'est pas plus gros que le fruit du cornouiller; on peut lui substituer le poivre long cultivé en France.

N° 19. *Cornichons.*

Choisissez des cornichons petits et d'une égale grosseur; brossez-les pour en enlever le duvet; saupoudrez-les d'un peu de sel fin; trempez-les dans l'eau froide; égouttez-les et mettez-les dans un pot de grès, avec estragon, perce-pierre, girofle, poivre long encore vert, une muscade concassée, et quelques petits ognons; faites bouillir de fort vinaigre, et versez-le tout bouillant sur les cornichons; le lendemain faites-le bouillir encore; et versez-le de même: répétez cette opération trois ou quatre fois; couvrez vos pots avec du parchemin, et tenez-les dans un endroit qui ne soit pas humide.

N° 20. *Culs d'Artichauts.*

Prenez les derniers artichauts de l'automne; coupez toutes les feuilles; enlevez le foin, par le dessous et les bords; faites-les blanchir à l'eau bouillante pendant un quart d'heure; laissez-les bien égoutter; mettez-les dans un four doux pendant une heure; exposez-les ensuite à un courant d'air, jusqu'à ce qu'ils soient froids; remettez-les encore au four, puis à l'air, et continuez ainsi jusqu'à ce qu'ils soient tout-à-fait secs. Conservez-les dans des boîtes, à l'abri de l'humidité.

N° 21. *Caramel.*

Mettez dans un poêlon un autre vase de cuivre non étamé, du sucre en poudre, sans eau. Il faut que le sucre soit blanc et sec, si vous voulez avoir de beau caramel. Mettez le poêlon sur un feu vif et remuez le sucre, afin que tout se caramélise en même temps; lorsque le sucre a pris une belle couleur brune, retirez le poêlon du feu, versez-y à peu près autant d'eau qu'il y a de sucre, pour délayer le caramel, et versez-le dans un pot de faïence ou de grès, que vous boucherez.

Servez-vous de ce caramel pour colorer les potages, le riz,

pour donner du goût aux légumes secs; vous pourrez aussi en mettre dans presque toutes les sauces brunes.

N° 22. *Marmelade de Tomates.*

Prenez des tomates bien mûres, coupez-les par quartiers; mettez dans une bassine autant d'onces de sucre que vous avez de livres de tomates; faites-le chauffer à sec jusqu'à ce qu'il commence à se caraméliser; ajoutez alors des ognons coupés en dés, jusqu'à concurrence du dixième du poids des tomates; faites prendre couleur à l'ognon; mettez les tomates dans la bassine avec quelques clous de girofle, du sel, du gros poivre, de la muscade; faites bouillir à grand feu. Lorsque les tomates sont bien fondues, passez le tout au tamis de crin un peu clair; remettez ce qui a passé dans la bassine, et faites réduire à grand feu, en remuant toujours jusqu'à ce qu'un peu de marmelade, que vous mettrez sur une assiette, prenne en refroidissant une consistance solide; mettez-la alors dans des pots de confiture; laissez refroidir, et couvrez vos pots avec du papier fort, mis en double. Le caramel et le sel qui sont dans les tomates attirant l'humidité de l'air, il faut placer les pots dans un endroit bien sec.

Cette marmelade est très bonne, délayée dans les potages gras, et dans une infinité de sauces. On peut, si l'on veut, n'y pas mettre d'ognon.

N° 23. *Essence d'Assaisonnement.*

Mettez dans un poêlon de faïence une bouteille de vin blanc, une demi-bouteille de vinaigre, le jus de quatre citrons; ajoutez huit onces de sel, deux onces de poivre en grains, un gros de girofle, un gros de muscade, un gros de macis, deux onces de mousserons séchés, six feuilles de laurier, une pincée de thym et de basilic, trente échalottes écrasées, une once de persil sec, et, si vous voulez, une gousse d'ail; faites chauffer jusqu'à ébullition; ensuite étouffez votre fourneau. et tenez le tout chaudement, sans bouillir, pendant sept ou huit heures, en couvrant bien le poêlon; ensuite passez avec expression; filtrez et conservez l'essence dans de petits flacons bien bouchés. Il en faut très peu pour assaisonner toutes sortes de sauces qui doivent être relevées.

N° 24. *Verjus.*

Égrenez du verjus que vous aurez choisi lorsque ses grains

ne sont pas encore transparents; pilez-le et exprimez-en le jus avec une presse, ou en le tordant dans un linge; passez et repassez le jus à la chausse, jusqu'à ce qu'il soit tout-à-fait limpide; ajoutez une once de sel blanc en poudre par pinte de jus.

Avant de mettre votre verjus dans des bouteilles, il faut les soufrer: sans cela il fermenterait, chasserait les bouchons, et ne tarderait pas à se gâter. Prenez des mèches à soufrer les vins (on en trouve ordinairement chez les bouchonniers); coupez-les en morceaux, car une mèche entière serait trop; ayez un fil-de-fer dont l'une des extrémités soit recourbée en crochet, et l'autre attachée solidement à un bouchon très conique, pour qu'il puisse entrer dans les goulots de toutes les bouteilles. Il faut que lorsque le bouchon est posé dans le goulot, le crochet du fil-de-fer se trouve au milieu de la panse de la bouteille; enfilez un morceau de mèche au crochet, allumez-le, et plongez de suite le fil-de-fer dans la bouteille; retirez-le lorsque la bouteille est remplie de vapeur; bouchez celle-ci, et un instant après versez-y le verjus. Bouchez solidement les bouteilles, et mettez-les à la cave.

N° 25. *Vert d'Épinards.*

Faites blanchir presque jusqu'à cuisson entière une poignée d'épinards, avec un peu de persil et du vert de ciboules; retirez le tout à l'eau fraîche, après avoir égoutté et pressé; hachez et pilez ensuite. Exprimez le jus en tordant dans un linge ou dans une étamine. Ce jus sert à colorer en vert les purées de pois, les sauces vertes, etc.

Si on fait chauffer au bain-marie le jus exprimé, la partie colorante s'en sépare et nage à la surface du liquide; en jetant le tout sur une étamine, le jus décoloré passe seul, et la fécule verte reste sur l'étamine. On la fait sécher promptement, sans cependant employer une chaleur trop forte, et on la conserve dans un flacon à l'abri de la lumière. La couleur de cette fécule s'altère beaucoup en séchant, mais elle reprend sa vivacité lorsqu'on la triture avec du beurre ou toute autre matière grasse.

N° 26. *Bouillon maigre.*

Mettez dans une marmite des carottes, des ognons, des navets coupés en tranches, de chaque quantité égale, un ou deux pieds de céleri, autant de laitues, le tout entier, un panais coupé en lames, un fort bouquet de cerfeuil, et un petit chou émincé ajoutez un bon morceau de beurre et une demi-pinte d'eau; faites bouillir jusqu'à ce que toute l'eau soit évaporée, et que les légumes commencent à frémir dans le beurre; mouillez alors avec de l'eau jusqu'à baigner amplement les légumes; ajoutez des pois frais, si c'est dans la saison, ou en hiver une poignée de lentilles et autant de haricots, sel, poivre et girofle; faites bouillir à feu moyen pendant au moins trois heures; passez le bouillon au tamis.

N° 27. *Blanc.*

Mettez dans une casserole un quarteron de lard râpé, un quarteron de graisse, un demi-quarteron de beurre, le jus d'un citron, une feuille de laurier, deux clous de girofle, deux carottes et deux ognons coupés en dés, sel, gros poivre, et un verre de bouillon ou d'eau. Faites bouillir en tournant toujours, jusqu'à ce que l'eau ou le bouillon soient évaporés, et que le lard et la graisse soient bien fondus; mouillez alors avec de l'eau, faites bouillir, écumez. Vous vous servirez de ce blanc pour faire cuire les viandes indiquées. Vous en réglerez les doses d'après l'étendue de ce que vous aurez à faire cuire.

N° 28. *Beurre de Piment.*

On le prépare en incorporant avec du beurre suffisante quantité de piment en poudre. Le piment est la même chose que le poivre long. Il y en a deux espèces dont on fait usage dans la cuisine. Le gros piment qu'on cultive en France, et le petit piment, dit piment enragé, qu'on tire des colonies. La saveur des deux espèces est la même, ou du moins elle ne diffère qu'en intensité. Le petit piment est beaucoup plus piquant que le gros. Il vaut mieux donner la préférence à ce dernier.

N° 29. *Mousserons et Morilles.*

Voyez aux nos 616 et 617, la manière de faire sécher les morilles et les mousserons. Les mousserons se mettent facilement en poudre, et se conservent mieux dans cet état que lorsqu'ils sont entiers. On se sert de cette poudre pour assaisonner tous les ragoûts dans lesquels on fait entrer des champignons. Elle les remplace avec avantage, du moins quant au parfum et à la saveur.

SAUCES.

N° 30. *Sauce blanche.*

Faites bouillir une demi-cuillerée de farine ou de fécule de pommes-de-terre, avec suffisante quantité d'eau pour former une bouillie claire ; ajoutez sel, gros poivre et muscade râpée. Lorsque la fécule de pommes-de-terre est cuite, mettez un bon morceau de beurre que vous ferez seulement fondre dans la sauce ; au moment de servir, mettez un filet de vinaigre ou de verjus, ou du jus de citron.

Vous pouvez y ajouter une liaison de jaunes d'œufs, si vous voulez.

N° 31. *Sauce aux Câpres et aux Anchois.*

Ajoutez à la sauce ci-dessus du beurre d'anchois et une cuillerée de câpres.

N° 32. *Sauce à la Crème.*

Mettez dans une casserole un bon morceau de beurre, un peu de farine, du persil, de la ciboule, deux échalottes hachées, sel, gros poivre et muscade râpée ; mouillez avec de la crème, faites bouillir en tournant toujours pendant un quart d'heure.

N° 33. *Sauce à la Maître-d'hôtel.*

Pétrissez ensemble du beurre, du persil et de l'échalotte hâchés fin, sel, gros poivre, et un peu de jus de citron ; au moment de servir, vous mettez cet amalgame froid dans ou sous vos légumes, poissons ou viandes dont la chaleur le fait fondre.

N° 34. *Sauce Béchamel.*

Prenez des parures de veau environ une demi-livre, et un quarteron de jambon ; coupez le tout en dés ; ajoutez deux carottes, émincez deux ognons, coupez en tranches deux clous de girofle, une feuille de laurier, deux échalottes, persil et ciboules hachés, gros poivre, muscade râpée, et peu de sel, à cause du jambon, et un quarteron de beurre ; passez le tout sur le feu en évitant de faire prendre couleur ; quand les viandes sont assez revenues, mettez une cuillerée de farine que vous mêlerez bien; mouillez avec une pinte de lait, faites bouillir tout doucement en tournant toujours pour que la sauce ne s'attache pas; il faut qu'elle prenne la consistance d'une bouillie; lorsqu'elle est à son point, vous la passez au tamis.

N° 35. *Sauce italienne.*

Mettez dans une casserole une demi-bouteille de vin blanc, un demi-quarteron de beurre, persil, échalottes et champignons hachés; faites bouillir jusqu'à ce qu'il n'y ait presque plus de sauce; ajoutez un bon verre de jus blond (voy. n° 7) ou de jus. Si vous n'avez pas de jus blond, faites un petit roux; mouillez-le avec du bon bouillon; ajoutez-le à votre sauce, et faites réduire à bonne consistance.

N° 36. *Sauce romaine.*

Préparez des parures de veau et du jambon comme pour la Béchamel (voyez ci-dessus), avec les mêmes garnitures et assaisonnements; quand votre viande sera bien revenue, mettez dans la casserole, que vous retirerez du feu, six jaunes d'œufs durs; remuez bien le tout; ensuite ajoutez peu à peu une chopine de crème pour bien délayer les jaunes; remettez la casserole sur le feu, et faites bouillir en tournant sans cesse; vous y remettrez de la crème si elle devenait trop épaisse, et après avoir fait bouillir la sauce pendant une bonne heure, vous la passerez au tamis.

N° 37. *Sauce tomate.*

Mettez dans une casserole une douzaine de tomates avec un bon morceau de beurre, quatre gros ognons coupés en tranches, un verre de bouillon, persil, une feuille de laurier, deux clous de girofle, sel, gros poivre et muscade râpée; faites bouillir en remuant souvent, de peur que vos tomates ne s'attachent; quand elles seront bien fondues, et que la sauce sera épaisse, vous la passerez au tamis.

Vous pouvez faire la même sauce avec la marmelade de tomates; mettez-en une cuillerée dans une casserole avec un bon morceau de beurre, un verre de bouillon; délayez-la bien, faites bouillir jusqu'à ce que la sauce ait acquis une consistance un peu épaisse. Voyez si elle est assez assaisonnée.

Ou bien coupez en dés un peu de jambon; faites-le revenir dans le beurre; mouillez ensuite avec du bouillon dans lequel vous aurez délayé une cuillerée de marmelade de tomates ; faites mijoter pendant une heure : passez votre sauce au tamis.

N° 38. *Sauce languedocienne.*

Passez sur le feu de l'échalotte et des champignons hachés avec deux cuillerées de bonne huile ; mettez une pincée de farine, que vous mêlez bien, et mêlez avec moitié bouillon et moitié vin blanc ; assaisonnez avec sel, gros poivre, un bouquet garni et deux gousses d'ail entières ; faites bouillir à petit feu pendant une demi-heure, dégraissez pour ôter la majeure partie de l'huile.

N° 39. *Sauce faute de beurre.*

Mettez dans une petite casserole trois jaunes d'œufs crus, six cuillerées d'huile fine, sel en poudre, gros poivre et muscade râpée; faites chauffer au bain-marie dont l'eau ne soit pas trop chaude, tournez sans cesse pour lier les jaunes d'œufs avec l'huile ; aussitôt qu'elle sera bien liée, retirez la casserole du bain-marie. Cette sauce ne doit être qu'un peu plus que tiède.

N° 40. *Sauce mayonnaise.*

Mettez dans un bol de faïence un ou deux jaunes d'œufs crus avec du sel et le jus d'un citron; ajoutez de l'huile peu à peu, en tournant sans cesse; votre sauce ne tardera pas à s'épaissir; mettez-y de temps en temps un peu de fort vinaigre aromatique; vous pouvez y ajouter de l'huile, tant que la sauce ne perd pas de sa consistance; servez-vous-en pour les salades de poissons, de volailles et de légumes cuits.

N° 41. *Sauce allemande.*

Passez sur le feu, avec un peu de beurre, des parures de veau ou de volaille, deux ognons coupés en tranches, une carotte émincée; lorsque vos viandes sont revenues, vous ajoutez un peu de farine; et après l'avoir bien mêlée, vous mouillez avec du bouillon; assaisonnez de gros poivre, muscade râpée, une feuille de laurier, un clou de girofle, pas de sel, à cause du mouillement qui est salé; lorsque les viandes sont cuites, passez la sauce à l'étamine, et mettez-y une liaison de jaunes d'œufs.

N° 42. *Sauce au Beurre d'anchois.*

Prenez du jus (voy. n° 4), ou du blond (voy. n° 7); ajoutez-y autant de vin blanc; faites réduire à moitié, et au moment de servir, jetez-y une once environ de beurre d'anchois, et le jus d'un citron.

N° 43. *Sauce dorée.*

Prenez du jus au vin, ou, si vous n'en avez pas, du blond (voy. n° 7), que vous ferez bouillir avec du vin blanc jusqu'à réduction de moitié; ajoutez à l'un ou à l'autre le jus d'un citron; quand votre sauce est bien chaude, passez à travers une passoire à petits trous, cinq ou six jaunes d'œufs durs; comprimez-les fortement pour les faire passer en petits filets que vous ajouterez à la sauce retirée du feu, et que vous ne ferez plus bouillir.

Si vous n'avez ni jus, ni blond, vous pourrez faire la même sauce avec un fonds de cuisson.

N° 44. *Sauce aux Échalottes.*

Hachez très fin six ou huit échalottes; mettez-les dans une casserole avec un demi-verre de vinaigre, une demi-gousse d'ail, sel, gros poivre, muscade râpée, une feuille de laurier, une cuillerée de gelée ou de jus de viande rôtie; faites bouillir et réduire des deux tiers; mouillez alors avec un peu de jus, ou à défaut avec quelques fonds de cuisson, et au moment de servir ajoutez une cuillerée d'huile.

N° 45. *Sauce Robert.*

Coupez en dés une douzaine de gros ognons; mettez-les dans une casserole avec un bon morceau de beurre, sur un feu vif; quand les ognons auront pris couleur, vous y mettrez une demi-cuillerée de farine que vous mêlerez bien, et vous mouillerez avec du bouillon, un peu de vinaigre; assaisonnez de sel et gros poivre; faites réduire votre sauce jusqu'à ce qu'elle soit épaisse comme une purée. Au moment de servir, vous y délaierez une cuillerée de moutarde, et vous ne la ferez plus bouillir.

N° 46. *Sauce hachée.*

Faites bouillir une cuillerée à café de persil, autant d'échalottes, et une bonne cuillerée de champignons, le tout haché, avec trois cuillerées de vinaigre et un peu de gros poivre; lorsque le vinaigre sera presque entièrement réduit, faites un petit roux dans une autre casserole; mouillez-le avec du bouillon, et versez-le sur votre sauce; faites-la réduire encore, et quand elle sera à son point, ajoutez-y une cuillerée de câpres, et autant de cornichons hachés; au moment de servir, mettez-y un peu de beurre d'anchois.

N° 47. *Sauce piquante.*

Passez au beurre, dans une casserole, une carotte, deux ognons, un panais émincé, jusqu'à ce que le tout ait pris couleur; ajoutez alors une bonne pincée de farine; mouillez avec du bouillon et un demi-verre de vinaigre; assaisonnez avec un bouquet garni, une gousse d'ail, sel, piment ou gros poivre et muscade râpée; faites bouillir à petit feu jusqu'à ce que votre sauce soit réduite en bonne consistance.

N° 48. *Autre.*

Faites réduire à moitié un verre et demi de bouillon, et autant de vin blanc; ajoutez alors deux échalottes, une pointe d'ail, estragon, pimprenelle, cerfeuil, civette, une pincée de chaque, le tout haché très fin, sel, poivre et muscade; faites bouillir un instant, et pour lier la sauce, mettez gros comme une noix de beurre manié de farine.

N° 49. *Autre sauce piquante.*

Faites bouillir et réduire de moitié au moins un tiers de bouillon, et deux tiers de vin blanc; ajoutez alors de l'échalotte, du persil, de la ciboule, un peu d'ail, et aussi un peu de toutes les herbes qui entrent dans les fournitures de salades, le tout haché finement; assaisonnez de sel et gros poivre; faites bouillir le tout ensemble pendant quelques minutes, et au moment de servir, mettez-y une cuillerée d'huile et le jus d'un citron.

N° 50. *Rémoulade.*

Battez cinq ou six cuillerées d'huile avec un jaune d'œuf cru et une pincée de sucre en poudre; quand l'huile sera devenue épaisse, ajoutez-y autant de cuillerées de moutarde aux anchois ou aux fines herbes; battez le tout ensemble, de manière à former une bouillie bien liée; vous ajouterez du sel fin en quantité suffisante.

Si vous n'avez que de la moutarde ordinaire, vous pouvez y mettre un ou deux anchois pilés, ou des fines herbes hachées; savoir: cerfeuil, estragon, pimprenelle, civette, cresson alenois, de chaque une bonne pincée, deux échalottes, et, si vous voulez, une pointe d'ail.

Servez la rémoulade dans une saucière.

N° 51. *Sauce de Kari.*

Faites fondre dans une casserole gros comme un œuf de beurre, avec une demi-cuillerée de poudre de kari (voy. n° 18); quand votre beurre sera près de roussir, ajoutez-y du velouté, si vous en avez, ou du jus, ou du fonds de cuisson. Ne dégraissez pas votre sauce.

N° 52. *Sauce au Gibier.*

Mettez dans une casserole un verre de vin blanc, autant de bouillon, le jus d'un citron, et la moitié du zeste, une cuillerée de chapelure de pain passée au tamis, deux cuillerées d'huile, un bouquet de persil et ciboule, une feuille de laurier, sel, gros poivre et muscade râpée; faites bouillir le tout pendant vingt minutes. Retirez le bouquet et la feuille de laurier avant de servir.

N° 53. *Sauce à la Carpe.*

Garnissez le fond d'une casserole avec quelques bardes de lard et des parures de veau; mettez par-dessus une carpe coupée en tronçons, deux carottes, quatre ognons émincés, un bouquet garni, sel, gros poivre, deux clous de girofle, et muscade râpée; mouillez avec un verre de vin blanc; faites bouillir à petit feu, et réduire jusqu'à ce que ce qui est dans votre casserole menace de s'attacher; mouillez de nouveau avec moitié vin blanc et moitié bouillon, en ajoutant un bouquet de persil et ciboule, et des champignons; faites bouillir à petit feu pendant une bonne heure, et passez au tamis; pour lier la sauce, faites un roux un peu chargé de farine; quand il est de belle couleur, versez peu à peu votre sauce par-dessus, pour que le roux soit bien délayé; faites encore bouillir votre sauce, pour qu'elle réduise à bonne consistance.

N° 54. *Autre Béchamel.*

Faites bouillir dans une casserole une pinte de lait; lorsqu'il est réduit d'un tiers, ajoutez un demi-quarteron de beurre manié avec de la farine, sel, muscade râpée, et peu de poivre; faites lier votre sauce en tournant toujours pendant un quart d'heure; retirez-la alors du feu et mettez-y un autre demi-quarteron de beurre, en tournant pour le faire fondre et le bien mêler.

Si vous avez du jus blond, de la gelée, ou quelque fonds de cuisson de veau ou de volaille, vous pouvez en ajouter : la sauce n'en sera que meilleure.

N° 55. *Sauce pour le poisson d'eau douce.*

Faites bouillir jusqu'à réduction au tiers, une bouteille de bon vin rouge chargé en couleur, avec de l'ognon, un bouquet garni, des champignons et une gousse d'ail ; ajoutez ensuite un verre de jus (voy. n° 5), et mouillez avec le court-bouillon dans lequel vous avez fait cuire votre poisson ; ensuite passez-la au tamis avec expression, et ajoutez-y deux anchois hachés et pilés, et un bon morceau de beurre.

N° 56. *Beurre noir.*

Faites bouillir deux bonnes cuillerées de vinaigre, avec du sel et du poivre ; en même temps, faites chauffer du beurre dans une poêle, jusqu'à ce qu'il ait pris une couleur très brune ; versez-le sur le vinaigre.

N° 57. *Rémoulade créole.*

Pilez des jaunes d'œufs durs, avec autant de cuillerées d'huile que vous avez de jaunes ; mettez l'huile peu à peu pour qu'elle s'incorpore bien avec les jaunes ; ajoutez ensuite du sel et suffisante quantité de poudre de kari ; délayez le tout en consistance de sauce épaisse, avec du fort vinaigre ; tâchez que votre sauce soit bien liée, et que l'huile ne s'en sépare pas.

N° 58. *Sauce espagnole.*

Mettez dans une casserole quatre cuillerées de jus blond, avec un verre de vin blanc et autant de bouillon, deux carottes, deux ognons, la moitié d'un panais émincé, un bouquet garni, deux gousses d'ail, sel, gros poivre, muscade râpée, et deux cuillerées d'huile ; faites bouillir à petit feu pendant une bonne heure ; dégraissez et passez au tamis. Il faut que votre sauce soit bien liée.

N° 59. *Sauce à la bonne Femme.*

Passez sur le feu, avec un morceau de beurre, des champignons, un ognon, une carotte, un panais, une pointe d'ail, persil, ciboule ; mouillez avec moitié bouillon et moitié vin blanc ; assaisonnez de sel, gros poivre et muscade râpée; faites bouillir à petit feu pendant une heure; passez au tamis; faites bouillir en même temps une poignée de mie de pain, avec un bon verre de lait; lorsque le pain aura bu tout le lait, passez-le au tamis et ajoutez-le à votre sauce.

N° 60. *Sauce à Manon.*

Faites bouillir tout doucement, pendant une demi-heure, un verre de vin blanc, avec quatre cuillerées de jus blond, un peu de mie de pain fine, une once de beurre, deux échalottes, persil et ciboule hachés, sel, gros poivre et muscade râpée; au moment de servir, ajoutez le jus d'une moitié de citron.

N° 61. *Sauce au mouton rôti.*

Prenez le jus que votre mouton a rendu; ajoutez-y un verre de vin blanc, un anchois haché, sel, gros poivre, muscade râpée en assez grande quantité pour qu'elle domine; faites bouillir pendant un quart d'heure; un peu avant de servir, ajoutez, pour lier la sauce, un peu de beurre manié de farine. En servant, exprimez le jus de la moitié d'un citron.

N° 62. *Sauce à la Ravigote.*

Faites un roux blanc (voy. n° 9), que vous mouillerez avec du bouillon; quand il est fait, mouillé et bien lié, ajoutez-y une cuillerée de vinaigre, sel et gros poivre. Vous avez haché du cerfeuil, de la pimprenelle, de la civette et de l'estragon: ce dernier doit dominer; au moment de servir, vous ajoutez à votre sauce une cuillerée de ces fines herbes, et gros comme la moitié d'un œuf de beurre; faites fondre le beurre en tournant pour bien mêler les fines herbes; servez quand le beurre est fondu.

N° 63. *Marinade.*

Mettez ensemble moitié vinaigre et moitié vin blanc, autant de bouillon, sel, gros poivre et épices; augmentez ou diminuez la proportion du vinaigre suivant la nature des viandes que vous voulez faire mariner. Vous pouvez ajouter du jus de citron, et même le substituer au vinaigre. On peut aussi remplacer ce dernier par le verjus.

Pour faire une marinade cuite, passez au beurre, dans une casserole, une carotte et deux ognons coupés en tranches, et un bouquet garni; quand le tout est passé, ajoutez une pincée de farine, et ensuite un demi-verre de vinaigre et un verre de bouillon, sel, gros poivre et épices; faites cuire à petit feu pendant une heure; passez au tamis.

N° 64. *Sauce aux Truffes.*

Hachez finement deux truffes et passez-les légèrement au beurre; mouillez avec un peu de jus au vin (voy. n° 5), ou avec un bon fonds de cuisson et du bouillon; assaisonnez, si le jus ne l'est pas; faites bouillir un bon quart d'heure. A défaut de jus et de fonds de cuisson, on ajoute une pincée de farine: après avoir passé les truffes, on mouille avec de bon bouillon, et on fait cuire à petit feu.

N° 65. *Sauce à l'Huile.*

Coupez deux petits citrons en tranches, après en avoir ôté le zeste et le blanc; retirez les pepins; ajoutez sel, gros poivre, persil et estragon hachés, une pointe d'ail écrasée, un peu de poudre de piment (voy. n° 28), très peu de vinaigre, et suffisante quantité d'huile pour que les acides ne dominent pas trop; mêlez bien le tout ensemble.

N° 66. *Sauce brune.*

Mettez dans une casserole des parures de bœuf, de veau, de volaille, avec des carottes, des ognons et un verre d'eau; faites bouillir vivement jusqu'à ce qu'il n'y ait plus de mouillement; mettez la casserole sur un feu doux, pour que la glace qui est au fond se colore sans brûler; quand elle a pris une belle couleur un peu foncée, mouillez avec du bouillon; ajoutez un fort bouquet garni, deux clous de girofle et des champignons; écumez et laissez cuire à petit feu pendant deux ou trois heures; passez le fonds de la cuisson et servez-vous-en pour mouiller un roux que vous ferez dans une autre casserole. Laissez bouillir doucement votre sauce pendant une heure; dégraissez-la et passez-la à l'étamine.

N° 67. *Sauce au Beurre et à l'Ail.*

Faites chauffer dans une casserole suffisante quantité de jus au vin (voy. n° 5). Au moment de servir, ajoutez-y un petit morceau de beurre dans lequel vous aurez incorporé une demi-gousse d'ail bien écrasée.

N° 68. *Sauce suprême.*

Mettez dans une casserole un verre de jus blond (voy. n° 7), et autant de consommé ; faites réduire à moitié, et au moment de servir, ajoutez une bonne pincée de persil haché fin, une once de beurre et un peu de jus de citron ; mêlez bien le tout ensemble sans faire bouillir.

N° 69. *Sauce à la Poivrade.*

Mettez dans une casserole, avec du beurre, une pincée de persil, deux ou trois ciboules hachés grossièrement, une feuille de laurier, un peu de thym, sel, gros poivre en quantité suffisante pour qu'il domine, peu de muscade râpée, et un demi-verre de vinaigre ; faites réduire au moins à moitié. Ajoutez alors un verre de jus au vin (voy. n° 5), et un demi-verre de bouillon ; faites réduire de nouveau jusqu'à consistance convenable, et passez au tamis.

RAGOUTS ET GARNITURES.

N° 70. *Purée de Lentilles.*

Si vous voulez faire une purée maigre, faites cuire vos lentilles (un litron et demi pour un plat ordinaire) avec de l'eau, du sel, deux ognons et un bouquet de persil et ciboule ; lorsqu'elles sont cuites, écrasez-les dans une passoire à petits trous, en les mouillant avec une petite quantité de l'eau dans laquelle elles ont cuit. Faites ensuite un petit roux que vous mouillerez avec la purée ; ajoutez persil et ciboule hachés, sel et gros poivre ; faites réduire, et en servant ajoutez un morceau de beurre.

Pour la purée au gras, faites cuire les lentilles avec un quarteron de petit lard blanchi auparavant, ognon, persil et ciboule ; mouillez avec suffisante quantité de bouillon ; passez les lentilles en les mouillant avec le bouillon qui a servi à les faire cuire ; ajoutez à la purée quelques cuillerées de jus ou de quelque fonds de cuisson, et faites-la réduire ; ou bien faites un petit roux que vous mouillerez avec la purée, et faites réduire jusqu'à consistance suffisante. Il faut bien prendre garde que la purée ne s'attache.

N° 71. *Purée de Haricots.*

Elle se fait en gras et en maigre, comme la purée de lentilles.

N° 72. *Purée de Pois secs.*

Si vous employez des pois entiers, vous procéderez comme ci-dessus; si vous employez des pois mondés de leur écorce, faites-les cuire, si c'est en maigre, avec la quantité d'eau strictement nécessaire, sel, gros poivre et un morceau de beurre; ajoutez de l'eau peu à peu en tournant toujours jusqu'à ce que la purée soit cuite et de bonne consistance; évitez qu'elle ne soit trop claire, parce qu'elle perdrait sa couleur en la faisant réduire; ajoutez en servant un peu de beurre.

Si c'est au gras que vous voulez servir la purée, faites cuire les pois avec du bouillon et du dégraissis de quelque sauce ou cuisson; tenez-la toujours un peu épaisse.

N° 73. *Purée d'Ognons.*

Coupez en deux, et ensuite en tranches, vingt-cinq ou trente ognons épluchés, et dont vous retranchez la tête et la queue, qui sont les parties les plus âcres; passez vos ognons au beurre, assaisonnez de sel et poivre, jusqu'à ce qu'ils soient d'une belle couleur; mouillez-les alors avec du bouillon, un peu de jus au vin (voy. n° 5), si vous en avez, ou du mouillement de quelque cuisson; si vous n'avez que du bouillon, ajoutez-y un demi-verre de vin blanc; faites réduire; passez ensuite les ognons au tamis, en pressant avec une cuiller de bois; ajoutez une demi-cuillerée de caramel.

Si vous voulez avoir une purée blanche, ne laissez pas prendre couleur à l'ognon; mouillez avec un peu de blond de veau, ou, si vous n'en avez pas, avec un verre de bon bouillon, un demi-verre de vin blanc et une chopine de crème; faites réduire à grand feu et passez à l'étamine. Ajoutez un morceau de sucre.

N° 74. *Purée de Carottes.*

Émincez suffisante quantité de carottes et quelques ognons; mettez-les dans une casserole avec un bon morceau de beurre; quand vos racines commencent à se fondre, mouillez avec du bouillon; ajoutez une cuillerée de caramel; et faites cuire à très petit feu, jusqu'à ce que les racines soient assez cuites pour s'écraser facilement; mettez-les alors sur un tamis ou dans une passoire à petits trous, et faites-les passer à travers en les écrasant avec une cuiller de bois; vous faciliterez leur passage en les mouillant de temps en temps avec un peu de leur cuisson. Mettez la purée dans une casserole avec un peu de jus et le reste de leur mouillement, ou si vous n'avez pas de jus, avec quelque fonds de cuisson ou de dégraissis de quelque sauce; faites réduire jusqu'à bonne consistance, et dégraissez avant de servir.

N° 75. *Purée de Navets.*

Émincez suffisante quantité de navets; mettez dans une casserole un bon morceau de beurre avec une demi-cuillerée de sucre en poudre; passez-y vos navets jusqu'à ce qu'ils aient pris une belle couleur; mouillez-les alors avec un peu de jus, ou, si vous n'en avez pas, avec du fonds de cuisson ou du bon bouillon, auquel vous ajouterez un demi-verre de vin blanc; faites réduire, et quand les navets sont bien fondus, passez-les au tamis, en les arrosant avec leur mouillement, s'il y en a; si la purée est trop claire, faites-la réduire.

N° 76. *Purée de Marrons.*

Prenez des marrons rôtis à moitié, mais suffisamment pour qu'il soit facile d'enlever la première et la seconde peau; passez-les dans une casserolle avec un peu de beurre, et mouillez-les avec du bon bouillon et un verre de vin blanc; ajoutez une demi-cuillerée de caramel; faites cuire à très petit feu jusqu'à ce que les marrons soient bien fondus; passez-les au tamis; faites cuire dans une casserole et dans leur jus, une demi-douzaine de saucisses; ajoutez à votre purée ce que les saucisses ont rendu; servez-la avec les saucisses par-dessus, ou comme entrée, ou comme garniture.

N° 77. *Purée d'Oseille.*

Hachez suffisante quantité d'oseille, avec une poignée de cerfeuil, quelques cœurs de laitue ou de la poirée; mettez le tout dans une casserole avec un morceau de beurre.

Vous pouvez y joindre, si vous voulez, quelques échalottes et du persil; quand l'oseille est bien fondue, mouillez avec du bouillon et faites réduire; passez au tamis; si vous avez du jus ou quelque fonds de cuisson, ajoutez-en à votre purée, sinon, mettez-y des jaunes d'œufs pour l'adoucir et pour la lier; ne la faites plus bouillir.

En maigre, vous la ferez cuire comme ci-dessus; vous la mouillerez avec du lait, et en finissant, vous ajouterez des jaunes d'œufs en suffisante quantité.

No 78. *Pommes-de-terres frites.*

Épluchez la quantité de pommes-de-terre dont vous avez besoin; coupez-les en long ou de toute autre manière; mettez-les dans une casserole sur un feu ardent, avec suffisante quantité de beurre; couvrez la casserole et mettez du feu sur le couvercle; quand elles sont cuites et de belle couleur, retirez-les pour les faire égoutter.

No 79. *Ragoût de Laitances.*

Nettoyez les laitances; faites-les dégorger à l'eau froide, et blanchissez-les à l'eau bouillante à laquelle vous aurez ajouté un peu de vinaigre. Après les avoir égouttées, mettez-les cuire avec quelques cuillerées de blond de veau, un demi-verre de bon bouillon, autant de vin blanc, un bouquet de persil et ciboule, et une pointe d'ail; assaisonnez de sel, gros poivre et muscade râpée; faites cuire pendant un quart d'heure; quand elles sont cuites, retirez-les; faites réduire la sauce, et liez-la avec un demi-quarteron de beurre manié d'une pincée de farine; ajoutez en servant un jus de citron.

En maigre, passez au beurre une carotte, deux ognons, la moitié d'un panais, le tout émincé; un bouquet garni, une pointe d'ail, sel, gros poivre et muscade râpée; ajoutez une pincée de farine que vous mêlez bien en tournant: mouillez ensuite avec du bouillon maigre ou de l'eau, et un demi-verre de vin blanc; faites bouillir jusqu'à réduction à moitié; passez la sauce, et mettez-y cuire les laitances pendant un quart d'heure; au moment de servir, mettez une liaison de jaunes d'œufs délayés avec de la crème; faites lier sans bouillir, et ajoutez un jus de citron.

No 80. *Ragoût de Moules.*

En maigre (voy. no 527).

En gras, passez au beurre une carotte, un ognon et une poignée de champignons émincés, un bouquet de persil et ciboule; mettez ensuite une pincée de farine, et mouillez avec du vin blanc, un peu d'eau de moules, quelques cuillerées de jus ou de bon bouillon; assaisonnez de poivre, une muscade râpée, une pointe d'ail, pas de sel, parce que l'eau des moules doit saler suffisamment; faites bouillir et réduire; passez au tamis et versez sur les moules séparées de leurs coquilles.

Il faut que la sauce soit un peu épaisse.

N° 81. *Ragoût de Champignons.*

Passez vos champignons, bien épluchés, au beurre, avec un bouquet de persil et ciboule; mettez ensuite un peu de farine; mêlez-la et mouillez avec du bon bouillon, autant de vin blanc et du jus, si vous en avez; faites cuire pendant une bonne heure; liez la sauce avec du jus, ou avec un peu de beurre manié de farine.

Les morilles se préparent de même; il faut auparavant les laver plusieurs fois à grande eau, pour les débarrasser du sable qu'elles contiennent presque toujours.

N° 82. *Ragoût de Foies gras.*

Après les avoir bien nettoyés, dégorgés à l'eau froide, et blanchis à l'eau bouillante, faites-les cuire avec du jus, du vin blanc et du bouillon, de chacun égale quantité; ajoutez un bouquet garni, gros poivre, muscade râpée, une pointe d'ail, et peu ou point de sel, à cause du bouillon et du jus qui sont déjà salés; faites cuire pendant une demi-heure; retirez les foies lorsqu'ils sont cuits, et faites réduire la sauce jusqu'à bonne consistance.

N° 83. *Ragoût mêlé.*

Prenez des champignons, des foies gras, des culs d'artichauts blanchis, des crêtes et rognons de poulets; coupez les champignons et les culs d'artichauts; mettez le tout dans une casserole, faites cuire comme ci-dessus, et terminez de même.

N° 84. *Observation.*

Tous les ragoûts ci-dessus peuvent être servis seuls, au lieu d'être employés comme garniture; on les met alors au blanc; pour cela il suffit d'y ajouter, au moment de servir, une liaison de jaunes d'œufs délayés avec de la crême.

N° 85. *Ragoût de Ris de veau.*

Il se prépare comme le ragoût des foies gras; mais il vaut mieux mélanger le ris de veau avec des foies, des champignons, des culs d'artichauts, etc.

N° 86. *Purée de Haricots brune.*

Faites cuire vos haricots à l'eau de sel ; égouttez-les ; ensuite passez dans le beurre cinq ou six ognons coupés en dés, jusqu'à ce qu'ils aient pris une belle couleur ; mouillez avec du bouillon ou quelque fonds de cuisson, et laissez cuire votre ognon à petit feu jusqu'à ce qu'il soit bien fondu ; ajoutez les haricots ; mêlez-les bien avec l'ognon ; mettez un peu de bouillon, s'il est nécessaire, et faites mijoter jusqu'à ce que les haricots soient presque en bouillie ; passez-les au tamis ou dans une passoire ; ajoutez-y au moment de servir un morceau de beurre.

N° 87. *Godiveau.*

Hachez bien fin une livre de noix ou de rouelle de veau, dont vous aurez retranché les nerfs et les cartillages ; hachez également une livre de graisse de bœuf ; mêlez la viande et la graisse ; ajoutez persil et ciboule hachés, sel et épices mêlés ; pilez ensuite le tout ensemble, en mettant successivement des œufs, jusqu'à ce qu'il forme une espèce de pâte bien liée ; ajoutez alors un peu d'eau pour l'amollir. Employez ce godiveau pour des farces, ou pour garnir des ragoûts, des tourtes, etc. Lorsqu'on emploie le godiveau pour farcir, il ne faut point y mettre d'œufs.

N° 88. *Quenelles.*

Prenez des blancs de volaille crus, ou de la viande maigre de veau ; séparez-en les nerfs et les peaux ; hachez et pilez votre viande ; vous aurez auparavant fait dessécher sur le feu la mie d'un pain mollet trempé dans le lait ; il faut qu'elle soit assez desséchée pour qu'elle ne s'attache plus aux doigts ; ajoutez cette mie de pain desséchée et refroidie à la viande pilée, avec autant de beurre ou de tétine de veau que vous avez de viande ; assaisonnez de sel et épices mêlés ; pilez le tout ensemble, en ajoutant successivement des œufs entiers, jusqu'à ce que votre pâte ait une bonne consistance, moulez-la en quenelles à l'aide d'une cuiller ; jetez-les dans de l'eau de sel bouillante ; retirez-les ensuite pour les mettre égoutter ; vous vous en servirez pour garnir des ragoûts, des tourtes ou des pâtés chauds.

On peut faire des quenelles comme du godiveau, avec toutes sortes de viandes. Il s'agit toujours de mélanger une matière grasse, soit lard, tétine de veau, etc., avec une viande sèche comme chair de volaille, rouelle ou noix de veau, chair de gibier. Les pâtes de godiveau ou de quenelles peuvent s'employer également pour farcir; dans ce cas on n'y met pas d'œufs : ceux qu'on y ajoute servent à donner de la solidité à la pâte lorsqu'on veut l'employer en garniture dans les ragoûts; sans cela elle s'y fondrait entièrement. D'après ces principes, on peut varier la composition du godiveau et des quenelles d'une infinité de manières, et faire entrer dans leur composition ce qu'on a sous la main.

N° 89. *Quenelles de Poisson.*

Elles se préparent comme celles ci-dessus : on peut y ajouter, pour les relever davantage, la chair de quelques anchois.

N° 90. *Ragoût de Marrons.*

Otez la première peau des marrons, et sautez-les avec un peu de beurre, pour pouvoir leur enlever la seconde; faites-les cuire avec un demi-verre de vin blanc, deux cuillerées de jus ou un peu de fonds de cuisson, et du bon bouillon; retirez-les marrons lorsqu'ils sont cuits, afin qu'ils ne se défassent pas; faites réduire la sauce, et mettez-la avec vos marrons.

Les marrons vont très bien dans toutes sortes de ragoûts et de garnitures, et comme ils contiennent une grande quantité de sucre, c'est une preuve qu'on peut, avec avantage, introduire cette substance dans beaucoup de ragoûts où on n'est pas dans l'habitude d'en mettre.

N° 91. *Pâte à frire.*

Prenez un quarteron de farine, quatre jaunes d'œufs, une cuillerée d'huile, sel, poivre et bière, ou du vin blanc un peu sucré; délayez bien votre pâte; ne la tenez ni trop claire ni trop épaisse : il suffit que ce que vous trempez dedans en sorte bien couvert; avant de vous en servir, incorporez-y un blanc d'œuf fouetté en neige.

N° 92. *Autre Pâte à frire.*

Délayez de la farine avec des jaunes d'œufs, une cuillerée d'huile, ou plus, si vous faites beaucoup de pâte, ou du vin blanc.

Vous pouvez aussi la délayer avec des jaunes d'œufs, du lait et un peu d'eau-de-vie.

N° 93. *Ognons glacés.*

Épluchez vos ognons; coupez-leur légèrement la tête et la queue, pour qu'il ne se défassent pas en cuisant; mettez-les dans une casserole, avec un morceau de beurre et du sucre; passez vos ognons jusqu'à ce qu'ils soient colorés; mouillez avec de bon bouillon; faites bouillir à grand feu; quand le mouillement aura diminué des trois quarts, tenez-les à petit feu jusqu'à ce qu'ils soient tombés tout-à-fait à glace.

N° 94. *Autre Pâte à frire.*

Détrempez la farine avec de l'eau; ajoutez un blanc d'œuf, une cuillerée d'huile et un petit verre d'eau-de-vie; battez bien la pâte.

N° 95. *Ragoût à la Morin.*

Faites cuire à l'eau du petit lard coupé en petites tranches, et une douzaine de petites saucisses à chipolata; faites cuire des champignons, des marrons et des quenelles, si vous en avez, avec un verre de vin et autant de bouillon; faites réduire la sauce; mettez-y le petit lard et les saucisses, et ajoutez quelques cuillerées du fonds de cuisson de la pièce que vous devez servir avec le ragoût.

N° 96. *Garniture de Choucroûte.*

(Voyez n° 473.)

N° 97. *Purée d'Ognons blanche.*

(Voyez ci-dessus n° 73.)

N° 98. *Chicorée en garniture.*

(Voyez n° 601 *bis*.)

N° 99. *Farce cuite.*

Coupez en dés des blancs de volailles crus, et passez-les au beurre dans une casserole, avec sel, gros poivre et muscade râpée; retirez-les au bout d'un quart d'heure, égouttez-les et laissez-les refroidir.

Mettez dans la même casserole un morceau de mie de pain proportionné à la quantité de blanc de volaille que vous avez, avec du bouillon et un peu de persil finement haché; tournez toujours jusqu'à ce que le bouillon soit réduit, et la mie de pain à l'état de panade épaisse; laissez-la refroidir.

Pilez séparément les blancs de volaille, la mie de pain, et une tétine de veau cuite. Si vous n'avez pas de tétine, vous emploierez du beurre à la place. Il faut qu'il y ait parties égales de blanc, de mie et de tétine, ou de beurre. Quand chaque chose aura été pilée séparément, pilez le tout ensemble pendant une demi-heure; vous ajouterez alors successivement quatre ou cinq jaunes d'œufs, en continuant toujours à piler, jusqu'à ce que la farce forme une pâte bien liée.

Toutes les farces se font de la même manière, quelle que soit la viande qu'on emploie.

Nº 100. *Salpicons.*

Coupez en petits dés des ris de veau, des foies gras, du jambon ou de la langue à l'écarlate, des champignons et des truffes, le tout cuit à part, afin que chaque chose soit à son point; mettez le tout dans une casserole avec suffisante quantité de jus au vin préalablement réduit; faites chauffer sans bouillir. On fait aussi des salpicons avec des blancs de volaille ou des chairs de gibier cuites à la broche, du godiveau, etc.

Nº 101. *Purée de Racines.*

Coupez en lames suffisante quantité de carottes, et quelques ognons; mettez-les dans une casserole avec un bon morceau de beurre, et tournez sans cesse jusqu'à ce que les légumes commencent à se fondre; mouillez avec du bouillon, et laissez cuire à petit feu pendant deux ou trois heures; quand les carottes s'écrasent facilement, retirez-les pour les écraser sur un tamis de crin, ou dans une passoire à petits trous; mouillez-les de temps en temps avec un peu de leur mouillement, pour faciliter le passage. Remettez la purée dans la casserole et ajoutez-y du jus blond, ou si vous n'en avez pas, le reste du mouillement de vos légumes, que vous aurez fait réduire auparavant, en y joignant, s'il le faut, quelques cuillerées de bouillon. Au moment de servir, mêlez bien à la purée une demi-cuillerée de caramel peu foncé.

Nº 102. *Purée de Champignons.*

Faites blanchir des champignons bien lavés et épluchés; faites-les égoutter, ensuite hachez-les bien fin, attendu qu'on ne peut pas les passer, et pressez-les dans un linge blanc. Passez vos champignons hachés dans une casserole, avec un morceau de beurre et le jus d'un citron. Lorsque le beurre sera en huile, mouillez avec du jus blond (voy. nº 7), et autant de bouillon; faites réduire jusqu'à ce que la purée ait acquis une bonne consistance. Voyez si elle est assez assaisonnée.

N° 103. *Ragoût de Ris de veau.*

Mettez dans une casserole une douzaine de champignons avec deux verres de vin blanc, une cuillerée de marmelade de tomates (voy. n° 22), et un peu de gelée; faites réduire jusqu'à ce qu'il n'y ait presque plus de mouillement; ajoutez alors un verre de jus blond (voy. n° 7), ou quelque fonds de cuisson de volaille, ou si vous n'avez rien de tout cela, le double de bon bouillon; faites réduire de nouveau; quand la sauce est au point convenable, ajoutez-y les ris de veau cuits à part et coupés en morceaux, et quelques quenelles, si vous en avez.

N° 104. *Concombres farcis.*

Pelez trois concombres, faites-leur une ouverture sur le côté, pour pouvoir ôter les graines avec une cuiller; remplissez-les d'une farce cuite (voy. n° 99), et fermez l'ouverture avec le morçeau que vous avez ôté. Foncez une casserole avec quelques bardes de lard, et des parures de viandes, si vous en avez; placez-y vos concombres; couvrez-les de bardes de lard, et ajoutez des carottes et des ognons en tranches, une feuille de laurier, gros poivre et muscade râpée; mouillez avec du bouillon; faites cuire à petit feu; retirez-les lorsqu'ils fléchissent sous le doigt. Au moment de servir, égouttez-les, et versez par-dessus du jus au vin (voy. n° 5) suffisamment réduit. Si vous n'avez pas de jus, vous mettrez dans la cuisson un verre de vin blanc, vous la ferez réduire, et vous lierez la sauce avec un peu de beurre manié de fécule de pommes-de-terre.

N° 105. *Macédoine de Légumes.*

Coupez en bâtons des carottes et des navets, de chacun égale quantité; faites-les blanchir, et achevez de les faire cuire dans du bouillon, jusqu'à réduction à la glace.

Faites cuire à l'eau de sel des petits pois, des haricots verts, des petites fèves, des haricots blancs, des choux-fleurs, des concombres, des petits ognons, des pointes d'asperges, etc.

Au moment de servir, égouttez tous vos légumes, préparez une sauce allemande (voy. n° 41), à laquelle vous ajouterez la glace de vos carottes et navets, avec un morceau de beurre et une demi-cuillerée de caramel peu coloré; lorsque la sauce sera bien chaude, jetez-y tous les légumes, et mêlez le tout ensemble.

POTAGES GRAS.

N° 106. *Bouillon gras.*

La base de tous les potages gras et de la plupart des sauces, c'est le bouillon : il est donc essentiel, pour le succès de toutes les opérations de la cuisine, de connaître les moyens les plus sûrs et les plus économiques, pour tirer d'une quantité donnée de viande le meilleur bouillon possible; ces moyens se déduisent de la théorie qui va être exposée.

Toute viande est composée principalement de fibres, de graisse, de gélatine, d'osmazone et d'albumine.

Les fibres sont insolubles; elles constituent presque seules ce qui reste de la viande lorsqu'elle a subi une longue ébullition.

La graisse est soluble par l'ébullition; mais comme elle est enveloppée dans des cellules formées par une membrane très fine, qui ne se dissout pas, une partie de la graisse se retrouve toujours adhérente aux fibres; l'autre partie surnage sur le bouillon; c'est celle qui s'est échappée des cellules qui n'étaient pas entières, ou qui ont été brisées par l'ébullition.

La gélatine est soluble, c'est la base et la partie nourrissante du bouillon; c'est elle qui, lorsqu'elle est abondante, fait prendre le bouillon en gelée en se refroidissant.

L'osmazone, qui est soluble, même à froid, est ce qui donne au bouillon sa saveur et son parfum.

L'albumine est de même nature que le blanc d'œuf; elle est soluble dans l'eau froide ou tiède, et se coagule comme cette substance, à un degré de chaleur inférieur à celui de l'eau bouillante.

D'après cette propriété de l'albumine, il est évident que si on mettait la viande dans la marmite lorsque l'eau bout, ou si on faisait bouillir l'eau avec rapidité, l'albumine se coagulant, dans le premier cas, à la surface, et dans le second, à l'intérieur de la viande, empêcherait la gélatine et l'osmazone de se dissoudre dans l'eau, et on n'obtiendrait qu'un bouillon peu substantiel et sans parfum.

Cet effet, c'est-à-dire la coagulation de l'albumine à l'intérieur de la viande, a toujours lieu plus ou moins, selon la grosseur des morceaux, parce que les points éloignés de la surface acquièrent toujours le degré de chaleur qui coagule l'albumine avant qu'elle soit entièrement dissoute ; ce qui le prouve, c'est que lorsqu'on met dans la marmite une forte pièce de bœuf, on la retire toujours moins épuisée et plus savoureuse qu'une plus petite, quoiqu'on l'ait fait bouillir aussi long-temps, et dans une quantité d'eau proportionnée à sa grosseur.

Ce qui le prouve encore, c'est qu'en hachant grossièrement la viande et en la mettant sur le feu avec de l'eau froide, on la dépouille complétement de tous ses principes solubles, et qu'on obtient en une demi-heure d'ébullition un bouillon très chargé.

Si on faisait bouillir la viande uniquement pour avoir du bouillon, il faudrait la couper le plus menu qu'il serait possible; mais comme dans la plupart des cas on se propose d'obtenir à la fois de bon bouillon et un morceau de viande savoureux, il est nécessaire, pour atteindre ce double but, de mettre toujours dans la marmite un morceau de viande un peu gros, sauf à faire du bouillon pour deux ou trois jours, espace de temps pendant lequel il est facile de le conserver en toutes saisons (voy. ci-après, nº 107).

Les os sont composés d'une base terreuse à laquelle ils doivent leur solidité, de gélatine et de graisse fluide, analogue à celle de la moelle. Les os abondent tellement en gélatine, que deux onces en contiennent autant qu'une livre de viande; mais cette gélatine est tellement enveloppée par la base terreuse, que l'eau bouillante ne peut la dissoudre qu'à la surface des os entiers. Elle en dissout davantage lorsqu'on multiplie les surfaces en concassant les os, elle la dissout en totalité lorsque les os sont réduits en poudre, plutôt en pâte, car il ne faut pas les broyer à sec.

On a vu ci-dessus que la gélatine faisait la base du bouillon; la gélatine, quoique éminemment nourrissante, est totalement insipide : pour que le bouillon ait la saveur agréable qu'on y recherche, il faut qu'il contienne de l'osmazone. Les os n'en contiennent pas un atome; c'est ce qui a discrédité le bouillon fait uniquement avec les os; mais lorsqu'on mêle les os concassés ou pulvérisés avec la viande, l'osmazone qu'elle fournit parfume suffisamment le bouillon, et celui-ci, plus chargé de gélatine, est beaucoup plus substantiel.

Les viandes des vieux animaux contiennent plus d'osmazone que celles des jeunes. Les viandes brunes en contiennent plus que les blanches; les premières donnent donc du bouillon plus parfumé.

Par la coction des viandes à la broche, l'osmazone paraît acquérir des propriétés plus exaltées; c'est ce qui fait qu'on obtient du bouillon plus sapide lorsqu'on met dans la marmite des débris de viandes rôties.

La viande de bœuf est celle qui donne le meilleur bouillon. Celle de veau ne donne qu'un bouillon sans couleur et sans goût; celle de mouton lui communique souvent une odeur de suif peu agréable; mais elle n'a pas cet inconvénient lorsqu'elle a été rôtie ou grillée. Les volailles ajoutent peu à la sapidité du bouillon, à moins qu'elles ne soient vieilles et un peu grasses. De toutes les volailles, c'est le pigeon qui, lorsqu'il est vieux, ajoute le plus à la saveur du potage : le lapin et la perdrix lui communiquent aussi un excellent parfum.

La viande la plus fraîche donne un meilleur bouillon que celle qui est mortifiée.

D'après les données ci-dessus, il est facile de tracer, en connaissance de cause, la marche qu'il faut suivre pour avoir toujours de bon bouillon, sans trop épuiser la viande.

1º Prenez toujours le plus fort morceau de viande que comporte votre consommation; si elle est faible, réunissez celle de deux ou trois jours, le bouillon et la viande en vaudront beaucoup mieux, et il y aura économie de combustible; choisissez la viande la plus fraîche, et faites couper carrément le morceau; s'il est plat, il n'aura pas bonne mine, et il sera très épuisé par l'ébullition.

2º Ne lavez pas la viande, vous dépouilleriez la surface de tous ses sucs; séparez-en les os, et ficelez-la pour qu'elle ne se déforme pas en bouillant; mettez-la dans la marmite avec une pinte d'eau par livre de viande; pressez-la dans l'eau avec la main pour en faire sortir l'air qu'elle contient, et qui la fait souvent surnager.

3º Mettez la marmite sur un feu doux pour qu'elle s'échauffe lentement. L'albumine se dissoudra d'abord, elle se coagulera ensuite; et comme dans cet état elle est plus légère que le liquide, elle s'élève à la surface, en entraînant avec elle toutes les impuretés qu'elle peut contenir : c'est ce qui forme l'écume. L'ascension de l'albumine coagulée opère le même effet que les blancs d'œufs qu'on emploie pour clarifier. L'écume est d'autant plus abondante, et par conséquent le bouillon reste d'autant plus limpide, qu'il s'est écoulé plus de temps depuis qu'on a mis la marmite sur le feu, jusqu'au moment où elle se forme. Le temps doit être d'une heure environ. Ayez soin que le feu soit toujours égal.

4º Enlevez l'écume lorsqu'elle est bien formée, prévenez l'ébullition de la marmite, parce qu'alors une partie de l'écume se dissout, l'autre se précipite, et il devient difficile d'obtenir le bouillon bien clair. Si le feu est bien conduit, vous n'aurez pas besoin de rafraîchir la marmite pour faire monter de nouvelle écume. Il n'est nécessaire de rafraîchir que lorsque le feu a été trop fort dans les commencements.

5º Lorsque la marmite est bien écumée, et qu'elle commence à bouillir, on sale et on met les légumes, qui consistent en deux ou trois carottes, deux navets, un panais, un bouquet de poireaux et de céléri bien ficelé. On peut ajouter aussi, selon le goût, un morceau de chou, deux ou trois clous de girofle qu'on pique dans un ognon, et une tomate, qui donne une saveur très agréable au bouillon. L'ognon grillé doit être enveloppé dans un nouet, ou enfermé dans une petite boîte d'étain percée de trous; sans cette précaution il se déferait et salirait le bouillon.

Vous avez préalablement concassé avec le couperet les os que vous avez séparés de la viande et ceux qui restent des rôtis de la veille; plus ils sont concassés, plus ils rendent de gélatine; le mieux serait de les piler grossièrement dans un mortier de fer, en ajoutant de temps en temps un peu d'eau pour empêcher qu'ils ne s'échauffent. Ce serait une grande économie, car il est certain, comme on l'a dit plus haut, que deux onces d'os contiennent autant de gélatine, qui est la partie nutritive du bouillon, qu'une livre de viande.

Renfermez dans un sac les os ainsi concassés ou broyés, et mettez-le dans la marmite; mettez-y aussi les parties cartilagineuses des rôtis de la veille, dont vous ne sauriez faire un autre emploi. Si, pour compléter le poids de votre viande, on vous a donné un morceau de mouton ou de veau, faites-le griller légèrement sur un feu doux avant de le mettre dans la marmite, et ayez bien soin qu'il ne contracte pas un goût de brûlé.

6º L'addition des légumes suspend l'ébullition de la marmite; attendez qu'elle recommence à bouillir; si jusque-là elle était suspendue, c'est le moment de la descendre; si elle était devant le feu, diminuez celui-ci, ou éloignez-la. Il faut que dès-lors, jusqu'au moment de servir, la marmite ne fasse plus que bouilloter; entretenez le feu toujours égal. Couvrez la marmite pour empêcher l'évaporation; ne la remplissez jamais, même dans le cas où vous seriez obligé de retirer du bouillon, à moins que la viande ne reste à découvert; alors vous y ajouteriez de l'eau bouillante, mais seulement assez pour qu'elle soit baignée.

Après six heures d'ébullition lente et toujours égale, le potage est à son point. Il vous faut régler là-dessus pour ne pas le faire bouillir plus long-temps qu'il n'est nécessaire.

7° Si vous employez le fourneau économique de Harel, qui est excellent (voy. n° 979 la description de ce fourneau), tout ce qui est prescrit ci-dessus s'exécutera avec plus de facilité et moins de surveillance.

Après avoir ouvert la partie du cendrier et fermé celle du foyer (il vaut mieux condamner celle-ci tout-à-fait), jetez quelques charbons allumés dans le foyer, et achevez de le remplir avec du charbon; placez le pot-au-feu, couvrez-le avec le seau de fer-blanc, et attendez que l'écume monte; quand vous l'aurez enlevée, et que vous aurez mis les légumes, retirez le pot-au-feu, pour remplacer dans le foyer la portion de charbon déjà consumée; remettez-le ensuite, et attendez qu'il recommence à bouillir : fermez hermétiquement alors la porte du cendrier; versez deux pintes d'eau dans le seau de fer blanc, et ne vous occupez plus du pot-au-feu. Il bouillotera pendant six heures sans interruption, et avec une égalité parfaite. Si vous apercevez de la vapeur sortant entre les bords du pot-au-feu et ceux du vase qui lui sert de couvercle, versez dans ce vase un peu d'eau froide, l'évaporation s'arrêtera à l'instant. Par ce moyen le pot-au-feu ne perdra rien, et se fera sans que vous preniez la peine de le surveiller (voy. au n° 979 les autres usages de ce fourneau).

N° 107. *Conservation du Bouillon.*

On est souvent fort embarrassé pendant l'été de conserver du bouillon d'un jour à l'autre. Il s'aigrit dans les meilleurs garde-manger. A la cave il contracte presque toujours un mauvais goût. Il y a un moyen sûr et bien simple de le conserver au milieu des plus grandes chaleurs : c'est de le faire bouillir soir et matin; mais comme par ces ébullitions répétées il se concentre de plus en plus, il faut le saler très peu dans la marmite.

N° 108. *Potage au Naturel.*

Mettez des tranches de pain ou des croûtes d'une belle couleur dans la soupière, et versez dessus assez de bouillon pour les faire tremper. Au moment de servir le potage, ajoutez de nouveau bouillon pour que le pain soit complétement baigné. Évitez de faire bouillir le bouillon avec du pain.

N° 109. *Potage de Vermicelle.*

Faites bouillir la quantité de bouillon suffisante pour le potage que vous voulez faire. Jettez-y du vermicelle bien frais et sans aucun goût, et ayez soin de le disséminer de manière qu'il ne forme pas de paquets, sans cependant trop se briser. Une demi-heure d'ébullition suffit. Le vermicelle doit être un peu renflé, mais non dissout. Le potage ne doit pas être épais.

N° 110. *Potage à la Semoule.*

On met la semoule comme le vermicelle, lorsque le bouillon est en pleine ébullition. On la répand successivement en agitant avec une cuiller, pour éviter qu'elle ne s'attache et ne forme des boulettes. Une demi-heure d'ébullition suffit.

N° 111. *Potage aux Lazagnes.*

Les lazagnes sont formées de la même pâte que le vermicelle, mais elles sont en rubans. Ce potage se prépare comme celui au vermicelle, mais il exige trois quarts d'heure d'ébullition.

N° 112. *Potage au Riz.*

Il faut à peu près une once de riz par assiette; lavez-le plusieurs fois à l'eau tiède, en le frottant entre les mains. Si on veut que le riz ne soit pas trop crevé, on le fait bouillir avec une grande quantité de bouillon. Si au contraire on préfère que le riz soit réduit en une espèce de crème, on ne met d'abord que la quantité de bouillon qu'il peut boire, et on en ajoute peu à peu. Dans tous les cas, il est nécessaire que le bouillon soit peu salé, parce qu'il se concentre par l'ébullition, qui doit durer au moins une heure.

Avec le fourneau de Harel, on peut faire crever le riz en même temps que le bouillon se fait. Pour cela, lorsque le bouillon est très avancé, on met le riz dans une casserole de fer-blanc, qui s'introduit dans la marmite, et qui repose sur ses bords au moyen de trois attaches : on ajoute plus ou moins de bouillon, selon que l'on veut avoir du riz plus ou moins crevé, et on recouvre la marmite et la casserole avec le seau de fer-blanc. Par ce moyen, lorsqu'on retire la marmite, on trouve le riz parfaitement cuit, et il n'y a plus qu'à y ajouter la quantité de bouillon nécessaire, et à le faire bouillir un instant.

No 112 *bis. Pour colorer les Potages aux Riz et aux Pâtes.*

Les potages aux ris et aux pâtes sont presque toujours trop blancs. Pour leur donner une belle couleur, il suffit d'y ajouter une cuillerée de jus (voy. no 4).

Si on n'a pas de jus, on fait un caramel de cette manière :

Mettez dans une petite casserole non étamée du sucre blanc en poudre. Le sucre le plus blanc et le plus sec est le meilleur. Posez la casserole sur un fourneau bien allumé. Le sucre se boursouffle et se colore. Remuez avec un bâton, afin que tout le sucre éprouve l'action du feu. Lorsque le caramel a pris une belle couleur, versez dans la casserole assez de bouillon pour bien délayer le caramel ; ajoutez une petite pincée de safran, un ognon bien grillé, et une cuillerée de marmelade de tomates, si vous en avez (voy. no 22); faites bouillir quelques instants pour dissoudre le caramel et la marmelade, et passez à travers un tamis. Ce caramel se conserve pourvu qu'il ne soit pas trop délayé. Une cuillerée suffit pour colorer un potage, et corriger la fadeur du riz et des pâtes. On peut en mettre aussi dans les potages au pain.

No 113. *Potage aux Nouilles.*

Les nouilles sont une espèce de pâte qui ressemble aux lasagnes et qui les remplace avantageusement. On les prépare au moment de s'en servir de la manière suivante :

Prenez un demi-litron de farine (la farine de gruau de froment est la meilleure pour tous les usages de la cuisine) ; ajoutez-y quatre ou cinq jaunes d'œufs, un peu de sel, et très peu d'eau. Faites du tout une pâte bien mêlée, et un peu ferme ; étendez-la avec un rouleau jusqu'à l'épaisseur d'une ligne au plus. Coupez-la en filets ou en losanges que vous saupoudrerez de farine pour qu'ils ne s'attachent pas ensemble. Jetez cette pâte dans du bouillon bien bouillant : vingt minutes suffisent pour la cuisson. On colore avec une cuillerée de jus (no 4) ou de caramel (no 21).

On peut aussi faire des nouilles avec des œufs entiers. La pâte est alors moins sujette à se délayer dans le bouillon.

No 114. *Potage aux Nouilles à l'allemande.*

Prenez un demi-litron de farine que vous délayez avec trois jaunes d'œufs, et deux œufs entiers. Ajoutez du sel et assez de bouillon pour que la pâte soit liquide et puisse passer à travers une écumoire à larges trous, et qui doit être creuse comme une cuiller. Assaisonnez avec un peu de muscade et de gros poivre. Versez cette pâte liquide à travers une écumoire dans du bouillon bouillant. Que le feu soit vif, afin que l'ébullition ne se ralentisse pas pendant que vous versez la pâte; car alors elle ne prendrait pas, elle se dissoudrait, et vous n'auriez qu'une bouillie.

Ajoutez une bonne cuillerée de jus (n° 4) ou de caramel (n° 21). Un quart d'heure de cuisson est suffisant.

N° 115. *Potage aux Herbes.*

Prenez deux laitues, une demi-poignée de poirée, une poignée d'oseille; ôtez les côtes de la laitue et de la poirée, épluchez l'oseille et hachez le tout grossièrement. Faites fondre les herbes dans une casserole sans eau; lorsqu'elle sont bien fondues, mouillez avec du bouillon. Lorsqu'elles sont suffisamment cuites, versez-les sur votre potage.

N° 116. *Potage à la Julienne.*

Coupez en petits filets des carottes et des navets, quelques ognons en deux, et ensuite en tranches; coupez aussi en filets des poireaux et des tiges de céleri. Tous les filets doivent avoir au plus dix lignes de longueur. Hachez grossièrement une laitue, une poignée d'oseille et une demi-poignée de cerfeuil. Faites revenir les racines au beurre; ajoutez ensuite les herbes, et lorsque tout est bien revenu, mouillez avec du bon bouillon. Faites cuire pendant une heure au moins. Lorsque la julienne est faite, on la verse sur le pain préparé dans une soupière.

N° 117. *Potage aux Choux.*

Faites blanchir pendant une demi-heure un chou que vous coupez en morceaux. Après l'avoir rafraîchi et égoutté, mettez-le dans une casserole, avec quelques carottes et ognons. Mettez au fond de la casserole quelques bardes de lard maigre. Mouillez avec le gras du bouillon. Faites cuire à petit feu. Lorsque le chou est cuit, mettez-le sur le potage que vous aurez trempé à l'ordinaire; vous versez dans le potage le fonds de la cuisson du chou après l'avoir dégraissé.

N° 118. *Potage aux Choux et au Fromage.*

Après avoir fait cuire un ou plusieurs choux de la manière indiquée dans l'article précédent, on met au fond d'une casserole ou d'un plat creux qui supporte le feu, un morceau de beurre, puis un lit de pain qu'on saupoudre de fromage de Parme râpé, ou de fromage de Gruyère coupé en tranches minces. On ajoute un lit de chou, ensuite un lit de pain, etc., et entre chaque lit on met du fromage. On trempe avec du bouillon en suffisante quantité pour bien imbiber le tout, et on place la casserole sur un feu doux pour faire mijoter pendant une demi-heure. On verse le potage dans la soupière, et on ajoute du bouillon pour le rendre moins épais. On en sert à part dans un vase.

N° 119. *Potage à la Purée de Racines.*

Prenez des carottes ou des navets, ou l'un et l'autre ensemble; ajoutez quelques ognons et un panais; coupez les racines en tranches minces; passez-les au beurre pendant une demi-heure, en remuant sans cesse, pour qu'elles ne s'attachent pas; mouillez avec du bouillon, et ajoutez un peu de sucre à demi caramélisé; faites cuire à petit feu; passez ensuite dans une passoire percée finement. Cette opération sera moins longue si on pile auparavant les racines cuites dans un mortier. Éclaircissez la purée avec du bouillon, et versez-la sur le potage trempé avec du bouillon clair.

N° 120. *Potage à la Moelle.*

Faites fondre sur le feu un quarteron de moelle de bœuf, et passez-la au tamis; lorsqu'elle est refroidie, mêlez-y deux œufs entiers, blancs et jaunes. Ajoutez-y un petit pain chapelé, mouillé dans du bouillon et exprimé, un peu de persil, de muscade et de sel; donnez de la consistance au tout, avec un peu de farine. Formez des bautelles que vous mettrez dans le bouillon; laissez sur le feu pendant quelques minutes seulement, et versez dans la soupière.

N° 121. *Potage à la Purée de Lentilles, de Haricots et de Pois.*

Faites cuire un litron de lentilles avec du bouillon, quelques morceaux de carottes et un ou deux ognons. Quand elles sont cuites, écrasez-les légèrement dans un mortier, et passez-les à travers un tamis ou une passoire à petits trous; faites une purée claire, en ajoutant du bouillon, et versez sur des croûtes trempées auparavant avec du bouillon clair. Si on ajoute un peu de beurre à la purée, elle n'en sera que meilleure.

On fait de même la purée de haricots et celle de pois verts.

Quant à la purée de pois, il est préférable de la faire avec les pois qu'on trouve chez les grainetiers, débarrassés de leur enveloppe. On en met la quantité suffisante dans une casserole, avec ce qu'il faut de bouillon pour les faire tremper; on remue sans cesse, et on ajoute du bouillon à mesure que les pois se dissolvent; quand ils sont bien réduits en purée, on ajoute du bouillon, et on laisse cuire à petit feu pendant une heure au moins.

Si on veut que la purée soit très verte, on y ajoute du vert d'épinards (voyez n° 25).

N° 122. *Potage aux Croûtons et à la Purée.*

Faites frire des morceaux de mie de pain dans le beurre, jusqu'à ce qu'ils aient pris une belle couleur blonde. On taille ces morceaux de mie, ou en dés, ou en rond, ou en losange, ou en telle autre forme qu'on préfère. On verse sur ces croûtons une purée claire de lentilles ou de pois.

N° 123. *Potage à la Purée de Marrons.*

Prenez un quarteron de marrons. Otez-en la première écorce. Mettez-les sur le feu avec de l'eau, sans faire bouillir. Retirez-les lorsque la seconde écorce peut s'enlever, et épluchez-les. Mettez tremper dans du bouillon un morceau de mie de pain que vous pilez avec les marrons épluchés. Délayez ensuite avec du bouillon chaud, et passez au tamis. Éclaircissez la purée avec du bouillon; faites cuire, et versez sur des croûtons passés au beurre.

N° 124. *Remarque.*

Tous les potages à la purée peuvent être faits avec des pâtes au lieu de pain ou de croûtes.

N° 125. *Potage aux OEufs.*

Battez dans un peu de bouillon froid une demi-cuillerée de farine, et ensuite trois œufs entiers. Assaisonnez avec un peu de macis. Versez en agitant dans du bouillon bouillant. Faites cuire un quart d'heure. Versez ce potage sur du pain trempé auparavant, ou sur des croûtons passées au beurre.

N° 126. *Autre Potage aux OEufs.*

Prenez six jaunes d'œufs, et deux œufs entiers délayés avec

une chopine de bouillon froid. Faites prendre ce mélange au bain-marie, dans un plat creux. Lorsque tout est bien pris, enlevez-en, avec une cuiller ou une écumoire, des émincés que vous mettrez dans une soupière remplie de bon bouillon sortant du feu.

N° 127. *Potage aux Huîtres.*

Pilez dans un mortier deux douzaines de belles huîtres bien fraîches et lavées. Mettez le coulis dans du bouillon, et faites cuire à petit feu pendant une demi-heure. Trempez des croûtes avec le bouillon en le passant par un tamis. Ce potage est plus restaurant et plus sain que tous les consommés qu'on ne fait qu'à force de viande.

N° 128. *Croûtes au Pot.*

Prenez des croûtes du dessus du pain, d'une belle couleur; mettez-les dans un plat creux, ou mieux dans une écuelle d'argent, avec de bon bouillon non dégraissé. Ajoutez même un peu de graisse du pot. Mettez-les sur le feu, jusqu'à ce que tout le bouillon soit réduit, et que les croûtes commencent à gratiner; au moment de servir, égouttez la graisse qui reste encore, et ajoutez une cuillerée de bouillon dégraissé.

N° 129. *Bisque aux Écrevisses.*

Lavez bien un quarteron d'écrevisses; faites-les cuire à grand feu avec sel, gros poivre, un peu de muscade et un morceau de beurre. Vous les sauterez ou les remuerez avec une cuiller sans discontinuer; un quart d'heure doit suffire. Quand elles seront cuites, vous les ouvrirez pour en retirer l'intérieur du ventre et un intestin qui se prolonge jusqu'à l'extrémité de la queue. Vous avez fait frire dans le beurre des morceaux de mie de pain, jusqu'à ce qu'ils soient secs et cassants. Lorsque les écrevisses sont bien épluchés, jetez-les dans un mortier avec les croûtes frites, et pilez-le tout. Mettez ensuite dans une casserole, et délayez avec du bouillon, de manière qu'elle ne soit ni trop épaisse ni trop claire. Ajoutez le beurre dans lequel vous avez fait cuire les écrevisses; passez à travers un tamis. Vous mettrez ensuite cette purée dans une casserole sur un feu doux, en veillant à ce qu'elle ne bouille pas; il suffit qu'elle soit bien chaude. Versez la purée sur du pain trempé avec du bouillon très chaud, ou sur des croûtons passés au beurre.

N° 130. *Potage à la Reine.*

Prenez des blancs de volailles cuites à la broche, et pilez-les avec du riz très peu cuit, et seulement crevé dans de l'eau bouillante. Quand le tout sera bien pilé, délayez avec de bon bouillon et passez au tamis. Que cette purée ne soit ni trop claire ni trop épaisse.

D'un autre côté, mettez dans du bouillon les débris des volailles dont vous avez pris les blancs, et dont vous briserez les os; ajoutez aussi ce qui sera resté sur le tamis, en passant la purée de blanc. Faites mijoter le tout sur un petit feu pendant une heure. Passez ce bouillon au tamis, et trempez avec votre potage composé soit de pain, soit de pâte, et ajoutez au moment de servir la purée de blanc, après l'avoir assaisonnée de sel, poivre et un peu de macis.

N° 131. *Potage au Macaroni.*

Prenez un quarteron de macaroni; brisez-le en morceaux, jetez-le dans de bon bouillon, et lorsqu'il est suffisamment cuit, ajoutez un peu de fromage de Parmesan râpé. Mêlez bien pour faire fondre le fromage, et versez dans la soupière.

A défaut de macaroni, on peut employer du vermicelle. Comme tout le monde n'aime pas le fromage, on peut n'en pas mettre dans le potage, et le servir à part.

N° 132. *Consommé.*

Mettez dans une marmite quatre livres de tranches de bœuf, deux vieilles poules ou coqs, un quasi et un fort jarret de veau. Remplissez la marmite avec de bon bouillon; faites-la écumer; ajoutez des carottes, navets et ognons, point de sel, puisque le bouillon est déjà salé. Faites bouillir doucement pendant quatre ou cinq heures. Passez le consommé à travers une serviette ou un tamis.

N° 133. *Consommé économique.*

Mettez dans une marmite, après les avoir concassés avec un couperet, tous les os de viande crue ou cuite que vous avez, les carcasses de volaille que vous avez désossées, les parures de viande; hachez ces dernières. Ajoutez une vieille poule coupée en morceaux. Remplissez la marmite de bon bouillon, et observez exactement tout ce qui est prescrit dans l'article ci-dessus.

N° 134. *Potage à la Condé.*

Faites cuire dans du bouillon non dégraissé suffisante quantité de haricots rouges, avec une ou deux carottes, et une ognon piqué de clous de girofle; écrasez-les ensuite dans une passoire à petits trous, en les mouillant de temps en temps avec du bouillon, pour en faire une purée claire que vous verserez bien chaude sur des morceaux de mie de pain découpés comme vous le jugerez à propos, et frits au beurre jusqu'à ce qu'ils soient blonds.

N° 135. *Garbure aux Ognons.*

Passez au beurre des ognons coupés en quatre, et ensuite en tranches, jusqu'à ce qu'ils aient pris une belle couleur; faites dans un plat creux qui aille au feu un lit de tranches de pain et un lit d'ognons, et ainsi alternativement, jusqu'à ce que le plat soit plein; assaisonnez chaque lit avec du gros poivre et du sel fin en petite quantité; mouillez le tout avec du bouillon; mettez le plat sur un feu doux, mais suffisant pour faire gratiner un peu la garbure, sans la brûler. Servez avec un vase plein de bouillon.

N° 136. *Garbure aux Marrons.*

Dépouillez de leur première peau suffisante quantité de marrons: passez-les ensuite dans une poêle non percée, avec un peu de beurre bien chaud, jusqu'à ce que la peau intérieure s'enlève avec facilité; ôtez cette peau; mettez les marrons dans une casserole entre des bardes de lard, avec quelques parures de viandes, si vous en avez, des carottes, des ognons, dont un piqué de deux clous de girofle, une feuille de laurier et un peu de céleri; mouillez avec du bouillon, et faites cuire à petit feu. Une heure de cuisson suffit amplement. Lorsqu'ils sont cuits, retirez-les et écrasez-les à moitié. Faites ensuite dans un plat un lit de pain, un lit de marrons, et ainsi de suite, jusqu'à ce que le plat soit rempli, mouillez le tout avec la cuisson des marrons préalablement passée au tamis; posez le plat sur un feu doux, et laissez gratiner un peu la garbure; servez avec un vase rempli de bouillon.

N° 137. *Potage aux Quenelles de Pommes-de-terre.*

Faites cuire à la vapeur (voyez n° 571) suffisante quantité de pommes-de-terre violettes; épluchez-les, et pilez-les ensuite; hachez et pilez séparément du blanc de volailles cuites à la broche.

Pilez ensuite les pommes-de-terre et les blancs avec un morceau de beurre, en ajoutant successivement des jaunes d'œufs crus, jusqu'à ce que votre pâte soit bien liée; si elle était trop ferme, vous pourriez y ajouter un peu de crème; assaisonnez en pilant avec sel, gros poivre et muscade râpée. Moulez votre pâte en boulettes avec une petite cuiller. Faites bouillir le bouillon que vous destinez à votre potage; jetez-y les quenelles. Un quart d'heure d'ébullition suffit. Servez de suite.

N° 138. *Potages au Sagou, au Salep, etc.*

(Voyez nos 852, 855, 856, 858.)

POTAGES MAIGRES.

N° 139. *Bouillon maigre.*

Coupez en lames minces douze carottes et autant de navets et d'ognons, deux pieds de céleri, deux panais, un chou, plus un fort bouquet de persil. Mettez le tout dans une marmite avec un quarteron de beurre et une chopine d'eau. Faites bouillir jusqu'à ce que toute l'eau soit évaporée, et que les légumes commencent à frémir dans le beurre.

Remplissez alors la marmite d'eau; ajoutez un demi-litron de pois, et autant de haricots; assaisonnez de sel, poivre et girofle. Faites bouillir pendant au moins trois heures, et passez le bouillon au tamis de soie.

Ce bouillon sert à faire en maigre presque tous les potages dont la recette a été donnée en gras.

N° 140. *Potage printannier.*

Mettez dans une marmite un litron de pois nouveaux, avec du cerfeuil, du pourpier, de la laitue, deux ognons, très peu de persil, et un morceau de beurre. Faites bouillir le tout ensemble avec suffisante quantité d'eau. Assaisonnez de sel et de poivre. Quand tout est cuit, passez en purée claire. Trempez votre potage avec les deux tiers de ce bouillon, et faites-le mitonner; délayez dans l'autre tiers trois jaunes d'œufs; faites lier sur le feu, et versez dans votre potage au moment de servir.

N° 141. *Soupe à l'Ognon.*

Épluchez une douzaine d'ognons; séparez-en la tête et la queue, et coupez-les en tranches minces. Faites fondre un morceau de beurre dans une casserole ; lorsqu'il est bien chaud, jetez-y l'ognon, que vous ferez roussir jusqu'à ce qu'il soit blond. Ajoutez ensuite de l'eau suivant l'étendue de votre potage. Assaisonnez de sel et de poivre ; laissez bouillir un quart d'heure. Versez ce bouillon sur le pain.

N° 142. *Panade.*

Prenez une suffisante quantité de mie de pain. Mettez-la dans une casserole avec un peu d'eau ; elle se dissoudra plus facilement. Ajoutez du sel, et successivement de l'eau en quantité suffisante ; lorsque la mie de pain est bien réduite, vous ajoutez un quarteron de beurre, et lorsqu'il est fondu et bien mêlé, vous retirez la panade du feu, et y versez une liaison de trois ou quatre jaunes d'œufs, en remuant bien pour empêcher la liaison de se prendre en grumeaux.

On peut faire la liaison avec les œufs entiers ; mais alors il faut laisser refroidir un peu la panade, pour que les blancs ne cuisent pas tout-à-fait, et restent en consistance de lait.

N° 143. *Potage aux Herbes.*

Hachez grossièrement une poignée d'oseille, deux laitues et un peu de cerfeuil. Passez le tout avec un morceau de beurre, jusqu'à ce qu'il soit bien fondu ; ajoutez suffisante quantité d'eau, sel et poivre, et laissez bouillir trois quarts d'heure. Retirez du feu, liez avec trois jaunes d'œufs, et versez sur le pain coupé en tranches minces.

Si on désire que le potage soit bien mitonné, on met le pain dans le bouillon un quart d'heure avant de le retirer du feu.

N° 144. *Potage aux Concombres.*

Prenez un gros concombre, ôtez-en la peau, fendez-le en quatre et retirez les graines. Coupez-le en petites tranches minces. Mettez-les sur un plat avec un peu de sel, pour leur faire jeter leur eau. Égouttez-les et mettez-les dans une casserole avec un morceau de beurre. Quand ils sont bien revenus, sans avoir pris couleur, mouillez avec de bon bouillon maigre (voy. n° 26), et ajoutez une poignée d'oseille et un peu de cerfeuil hachés grossièrement : assaisonnez de sel et gros poivre ; laissez bouillir un bon quart d'heure. Retirez du feu et mettez, au moment de servir, une liaison de jaunes d'œufs avec un peu de crême. Versez dans la soupière sur le pain coupé en tranches minces.

Ce potage est aussi très bon au gras.

No 145. *Potage de Chicorée à l'Eau.*

Hachez assez fin cinq ou six chicorées frisées, dont vous ôterez les grosses côtes, ou ce qui vaut mieux autant de scarolles. Passez-les au beurre sans les faire roussir. Mouillez avec de l'eau, et mettez du sel, du poivre, et un peu de muscade; laissez bouillir trois quarts d'heure. Au moment de servir, liez avec trois jaunes d'œufs, et versez sur le pain.

No 146. *Potage au Riz à l'Ognon.*

Fendez des ognons en quatre, et ensuite coupez-les en travers. Passez-les dans le beurre jusqu'à ce qu'ils soient un peu bruns. Mouillez avec du bouillon maigre, ou à défaut avec de l'eau. Assaisonnez de sel, gros poivre, et un peu de muscade râpée. Mettez dans le bouillon un quarteron de riz, ce qui suffit pour cinq ou six assiettes, et laissez bouillir le tout pendant une heure et demie ou deux heures.

On peut préparer de même un potage au vermicelle ou à la semoule, en ayant soin de ne les mettre dans le bouillon qu'un quart d'heure avant de verser dans la soupière.

No 147. *Potage au Riz à la Purée.*

Mouillez avec du bouillon maigre du riz bien lavé. Ne mettez d'abord du bouillon que ce qu'il faut pour faire crever le riz; ajoutez ensuite la quantité nécessaire selon l'étendue de votre potage. Quand le riz est cuit, mettez-y une purée de pois, de lentilles ou de haricots (voy. nos 70, 71, 72). Le potage doit être bien lié, et n'être ni trop clair ni trop épais. Au moment de servir, ajoutez un morceau de beurre gros comme la moitié d'un œuf.

No 148. *Potage aux Choux.*

Coupez finement la moitié d'un chou dont vous aurez ôtez les grosses côtes. Passez-le au beurre, jusqu'à ce qu'il commence à prendre couleur. Mouillez avec de l'eau, à défaut de bouillon maigre. Assaisonnez de sel et de gros poivre, et laissez bouillir pendant une heure au moins. Lorsque le chou est bien cuit, versez le potage sur le pain.

N° 149. *Julienne au Riz.*

Faites une julienne comme il est indiqué au chapitre des potages gras (voy. n° 116); mouillez avec de l'eau ou avec du bouillon maigre, si vous en avez. Ajoutez un quarteron de riz, plus ou moins, selon l'étendue que vous voulez donner à votre potage. Faites bouillir pendant une heure et demie; assaisonnez de sel et gros poivre.

N° 150. *Potage au Potiron.*

Coupez en morceaux une tranche de potiron, que vous mettrez dans une casserole avec très peu d'eau. Quand le potiron est bien mûr, l'eau n'est pas nécessaire. Faites bouillir, en remuant souvent avec une cuiller de bois, jusqu'à ce que le potiron soit cuit. Passez à travers un tamis ou une passoire à petits trous. Mettez la purée dans une casserole avec une quantité de lait suffisante. Ajoutez un demi-quarteron de beurre, ou plus, si le potage est grand. Assaisonnez avec quelques grains de sel et un bon morceau de sucre. Versez sur le pain.

Le potage est plus agréable, si on y fait bouillir une feuille de laurier-amande, ou si on y ajoute, au moment de servir, un filet d'eau de fleur d'orange.

N° 151. *Potage au Potiron et à la Semoule.*

Faites la purée de potiron comme dans l'article précédent. Faites bouillir le lait à part, et jetez-y la semoule successivement, en tournant sans cesse pour qu'il ne se forme pas de grumeaux lorsque la semoule est cuite, ce qui a lieu en un quart d'heure; mettez la purée dans le potage et liez-la bien; assaisonnez avec quelques grains de sel, un bon morceau de sucre et un peu d'eau de fleur d'orange.

N° 152. *Potage au Lait et aux OEufs.*

Assaisonnez le lait avec quelque grains de sel, un bon morceau de sucre et un petit bâton de cannelle. Faites bouillir le lait, retirez-le du feu, et lorsqu'il sera un peu refroidi, ajoutez une liaison de trois œufs. Remettez sur le feu, en tournant toujours, et quand le lait commencera à s'épaissir, versez sur des tranches de pain mollet. Prenez garde que le lait ne bouille lorsque vous y avez mis la liaison.

N° 153. *Potages au Lait avec des pâtes.*

Observez, pour faire ces potages, tout ce qui est prescrit pour les pâtes au gras. Le lait remplace le bouillon. On assaisonne avec peu de sel, et suffisante quantité de sucre. On aromatise avec l'eau de fleur d'orange, la cannelle, la vanille ou une feuille de laurier-amande.

N° 154. *Riz au Lait.*

Si on veut que le riz soit peu crevé, et ne forme pas bouillie, il faut, après l'avoir épluché et lavé dans plusieurs eaux, le jeter dans le lait bouillant, et continuer à le faire bouillir à petit feu, pendant une heure et demie ou deux heures. Surtout qu'il y ait assez de lait pour que le riz soit à l'aise.

Si on préfère que le riz soit réduit presque en crème, il faut mettre d'abord avec peu de lait précisément ce qu'il faut pour le couvrir, et en ajouter successivement, jusqu'à ce que le riz soit crevé au point qu'on le désire. On assaisonne avec quelques grains de sel et du sucre, et on aromatise comme pour les recettes précédentes.

N° 155. *Bisque aux Écrevisses.*

Faites une purée d'écrevisses, comme il est indiqué dans le chapitre des potages gras (voy. n° 129); trempez votre pain ou vos croûtons avec du bouillon maigre (voy. n° 26). Ajoutez votre purée au moment de servir.

N° 156. *Potage aux Quenelles de poissons.*

Prenez de la chair de poissons cuits à l'eau ou au court-bouillon; hachez-la et pilez-la avec de la mie de pain trempée dans le lait et bien exprimée; ajoutez quelques jaunes d'œufs, un peu de beurre, et assaisonnez de sel, poivre et muscade râpée; mêlez exactement le tout ensemble; et mouillez avec quelques œufs entiers. Moulez les quenelles avec une cuiller à café.

Mettez sur le feu suffisante quantité de bouillon maigre; lorsqu'il est bouillant, jetez-y les quenelles; laissez-les cuire pendant quelques minutes, et versez votre potage.

N° 157. *Panade au Vin.*

Passez au beurre une assiettée de mie de pain, jusqu'à ce qu'elle ait prit une couleur blonde. Ajoutez du sucre, de la cannelle et de l'écorce de citron râpée, et seulement assez d'eau pour faire bouillir le tout. Faites cuire à petit feu, en agitant sans cesse, jusqu'à ce que la mie de pain soit entièrement divisée. La panade doit être alors très épaisse. Ajoutez-y de bon vin vieux en suffisante quantité pour lui donner une consistance convenable. Ne faites plus bouillir. Servez lorsque la panade est suffisamment chaude.

N° 158. *Potage au Pain grillé.*

Faites griller légèrement des mies de pain. Il faut qu'elles n'aient qu'une couleur blonde. Saupoudrez-les de sucre, et passez par-dessus la pelle rouge pour faire caraméliser très légèrement le sucre. Coupez ces mies de pain en carré, en losange, ou en telle autre forme que vous voudrez; faites bouillir à part une pinte de lait suffisamment sucré; mettez-y une liaison de trois jaunes d'œufs au moment de servir, et versez-les sur les mies de pain; aromatisez avec un peu d'eau de fleur d'orange.

N° 159. *Potage au Lait d'amandes.*

Jetez dans de l'eau bouillante un quarteron d'amandes douces et cinq ou six amandes amères. Au bout de quelques instants, leur peau s'enlèvera en les pressant entre les doigts. Otez-les et mondez-les; vous les pilerez ensuite dans un mortier, en y versant de temps en temps un peu d'eau, pour empêcher qu'elles ne tournent en huile; quand elles sont bien pilées, mouillez-les avec un verre de lait que vous incorporerez bien avec la pâte. Jetez le tout dans une serviette un peu serrée, et passez en tordant.

Faites un potage à l'ordinaire avec du riz ou de la semoule, ou du vermicelle, ou du pain, et versez-y le lait d'amandes au moment de servir.

N° 160. *Potage aux Grenouilles.*

Prenez des cuisses de grenouilles, séparées de leur peau: vingt-cinq ou trente suffisent pour un potage de cinq ou six assiettes. Passez-les au beurre dans une casserole, et lorsqu'elles sont bien revenues, mouillez avec du bouillon maigre (voy. n° 139); faites cuire à petit feu. Quand elles sont cuites, retirez-les, égouttez-les et laissez-les refroidir; ensuite vous en séparez les os, vous hachez la chair et vous la pilez. Passez au tamis un peu clair la chair pilée, en l'arrosant de temps en temps avec le bouillon dans lequel les cuisses de grenouilles ont cuit. Si votre purée passée est trop épaisse; délayez-la avec suffisante quantité de bouillon;

faites-la chauffer sans bouillir, et versez-la sur des croûtons de mie de pain passés au beurre.

Si vous voulez faire votre potage au pain, trempez-le d'abord avec du bouillon maigre bouillant, et ajoutez la purée de grenouilles.

N° 161. *Potage à la Tartufe.*

Faites une purée avec des blancs de volailles cuites à la broche, ainsi qu'il est prescrit au n° 130; colorez-la avec du vert d'épinards (voy. n° 25); délayez suffisamment votre purée avec de bon bouillon gras ou du consommé, et après l'avoir fait chauffer sans bouillir, versez-la sur des croûtons de mie de pain passés au beurre.

Au moment de servir, mettez sur le potage une cuillerée à pot de carottes et de navets coupés en filets, que vous aurez passés au beurre et fait cuire en les mouillant avec du bouillon.

DU BOEUF.

N° 162. *Bœuf bouilli.*

Quel que soit le morceau que vous avez, il faut le désosser et le ficeler avant de le metttre dans la marmite. Donnez-lui, en le ficelant, une forme régulière un peu bombée en dessus, qui doit être le côté couvert de graisse.

Si votre morceau est sec, piquez-le en travers de gros lard, ou mieux encore avec de la graisse de bœuf, et surtout de celle du rognon. Servez sur un plat bien garni à l'entour de persil en branches.

N° 163. *Sauce aux Anchois pour le Bœuf.*

Faites dessaler pendant une demi-heure dans l'eau fraîche quelques anchois; enlevez leurs arêtes et hachez-les; passez-les ensuite dans le beurre avec un peu de farine. Mouillez avec du bouillon, et ajoutez des cornichons coupés en dés. Assaisonnez avec poivre et muscade. Faites cuire à petit feu. Avant de servir la sauce, ajoutez-y quelques câpres.

Servez dans une saucière.

N° 164. *Bœuf à la Sauce Tomate.*

(Voyez Sauce Tomate, n° 37.)

N° 165. *Garniture de Choucroûte pour le Bœuf.*

(Voyez n° 96.)

Dans le chapitre des sauces, on en trouvera plusieurs qui peuvent se servir avec le bœuf bouilli. On choisira celle qui convient le mieux au goût des convives, ou qui est la plus commode à exécuter dans le moment.

N° 166. *Bœuf en Miroton.*

Coupez du bœuf bouilli en tranches minces. Coupez toujours en travers des fibres, afin que la viande soit courte. Coupez aussi en tranches une douzaine d'ognons ; passez-les au beurre ou avec la graisse de potage, jusqu'à ce qu'ils soient roux ; ajoutez un peu de farine ; mélangez-la bien, et mouillez avec un peu de bouillon. Assaisonnez avec du sel, du poivre et très peu de vinaigre ; faites bouillir un quart d'heure, et versez sur le bouilli que vous aurez disposé dans un plat. Faites mijoter sur le feu pendant une demi-heure.

On peut ajouter de la chapelure, dont on couvre tout le plat.

N° 167. *Autre façon.*

Prenez un plat qui aille au feu; mettez dans le fond deux cuillerées de jus, de bon bouillon non dégraissé, du persil, de la ciboule, des câpres, un anchois et très peu d'ail, le tout bien haché, avec suffisante quantité de sel et de poivre. Arrangez sur ce fond vos tranches de bœuf, et mettez par-dessus le même assaisonnement que dessous. Couvrez le plat, et faites bouillir à petit feu pendant une demi-heure.

N° 168. *Hachis de Bœuf bouilli.*

Hachez très fin quatre ognons avec des fines herbes. Passez-les au beurre jusqu'à ce qu'ils soient presque cuits ; ajoutez une demi-cuillerée de farine, et tournez jusqu'à ce qu'elle ait pris une belle couleur. Mouillez avec du bouillon, un demi-verre de vin blanc ; assaisonnez de sel et de poivre. Quand l'ognon est tout-à-fait cuit, et que la sauce est bien réduite, mettez-y le bœuf haché finement. Laissez pendant une demi-heure sur un feu doux. On peut ajouter, au moment de servir, une cuillerée de moutarde.

N° 169. *Bœuf bouilli en Quenelles.*

Hachez très fin du bœuf; avec des pommes-de-terre cuites.

Ajoutez des fines herbes, du beurre ou de la graisse du pot, et quelques œufs entiers ; maniez bien le tout, et formez-en des boulettes que vous passerez au beurre dans une casserole. Servez à sec, ou avec une sauce à votre choix.

N° 170. *Bœuf bouilli en Matelote.*

Faites un roux avec du beurre et une cuillérée de farine ; mettez-y des petits ognons entiers et faites-les cuire à moitié ; mouillez avec moitié vin rouge et moitié bouillon gras ou maigre. Ajoutez encore un peu de beurre et quelques champignons, du sel, du poivre et une feuille de laurier. Quand les ognons sont bien cuits, versez le tout sur les tranches de bouilli que vous avez arrangées dans un plat. Mettez le plat sur un feu doux, et laissez mijoter pendant une demi-heure.

N° 171. *Langue de Bœuf à la Braise.*

Parez la langue en retranchant la racine, et plongez-la dans l'eau bouillante, pour pouvoir en enlever la peau. Piquez-la de lard maigre saucé dans les fines herbes avec un peu de poivre et de muscade râpée. Couvrez le fond d'une casserole avec des bardes de lard et des émincés de bœuf. Mettez la langue par-dessus avec des ognons, du persil, du basilic, des champignons ou des truffes ; une feuille de laurier, du poivre et du sel. Mouillez avec un verre de vin blanc autant de bouillon. Couvrez la langue avec des bardes de lard, et des émincés de bœuf, de manière qu'elle soit entièrement enveloppée. Mettez la casserole sur un feu doux ; couvrez-la, et entretenez de la braise allumée sur le couvercle. Faites cuire pendant cinq ou six heures. Lorsque la langue est cuite, fendez-la en long, sans la séparer, et étendez-la sur le plat. Servez avec une sauce piquante bien garnie de cornichons coupés en tranches.

Pour cette sauce, faites un roux brun ; mouillez avec le jus provenant de la braise. Ajoutez le jus d'un citron ou un filet de vinaigre. Laissez réduire la sauce, et quelque temps avant de servir ajoutez les cornichons.

N° 172. *Langue de Bœuf en Paupiettes.*

Parez la langue après l'avoir fait dégorger, et faites-la cuire dans la marmite avec le bœuf. Quand la peau veut s'enlever, retirez la langue, enlevez-en toute la peau, et laissez-la refroidir. Coupez-la ensuite en tranches minces. Couvrez chaque morceau d'un peu de farce de godiveau (voy. n° 87) ; passez un couteau trempé dans l'œuf sur la farce. Roulez les morceaux ; enveloppez-les d'une barde de lard, et embrochez avec un hatelet. Quand elles seront presque cuites, jetez de la mie de pain bien fine sur les bardes, et faites prendre une belle couleur. Servez avec une sauce piquante (voy. n° 47).

N° 173. *Langue de Bœuf en Papillotes.*

Faites cuire la langue à la braise (voy. n° 171); coupez-la en tranches un peu épaisses, auxquelles vous donnerez la forme qui vous conviendra le mieux ; maniez du beurre avec de fines herbes, des champignons hachés menus et de la mie de pain. Couvrez-en chaque morceau des deux côtés, et empapillotez-le avec du papier fort et bien huilé. Faites griller à un feu doux. Vous pouvez les servir dans les papillotes, ou les en retirer pour les dresser sur un plat.

N° 174. *Langue de Bœuf en Filets.*

Faites cuire à moitié dans la marmite une langue de bœuf; dépouillez-la de sa peau, et coupez-la en filets gros et longs comme le doigt, que vous arrangez dans une casserole avec du persil, de la ciboule, des champignons, le tout haché très fin ; assaisonnez de sel et gros poivre ; mouillez avec de l'huile fine, et faites cuire à très petit feu. Quand elle commencera à bouillir, ajoutez un bon verre de vin blanc, et sur la fin un peu de jus, si vous en avez. Au moment de servir, exprimez-y le jus d'un citron.

N° 175. *Langue de Bœuf à l'Écarlate.*

Parez une langue, faites-la dégorger, essuyez-la à sec, et frottez-la partout avec du salpêtre en poudre. Arrangez-la dans une terrine avec du thym, du basilic, du laurier et du poivre en grain. Faites une forte saumure à l'eau bouillante, et lorsqu'elle sera refroidie, versez-la sur la langue, de manière qu'elle soit bien couverte ; vous la laisserez dans la saumure cinq à six jours au plus (moins long-temps en été qu'en hiver).

Vous ferez cuire cette langue dans deux pintes d'eau avec du thym, du basilic, du laurier, du poivre, des carottes, des ognons et trois clous de girofle. Vous salerez avec une partie de saumure. Il faut faire cuire à petit feu pendant deux heures. Vous laisserez refroidir la langue dans le bouillon que vous verserez dans une terrine.

N° 176. *Langue de Bœuf au Gratin.*

Faites cuire une langue à la braise (voy. n° 171), ou, si vous êtes pressé, dans la marmite ; ôtez-en la peau ; mettez-la refroidir et coupez-la en tranches. Hachez du persil, de la ciboule, de l'estragon, trois échalottes, des câpres et deux anchois. Maniez du beurre et de la mie de pain, avec une partie des herbes hachées ; faites-en une couche au fond du plat, et arrangez par-dessus la moitié des morceaux de langues ; assaisonnez de sel, gros poivre, et saupoudrez avec les herbes hachées ; faites une seconde couche de morceaux de langue ; assaisonnez de même par-dessus ; mouillez avec quelques cuillerées de bouillon et autant de vin ; faites bouillir jusqu'à ce qu'il se forme du gratin au fond du plat. Avant de servir, ajoutez un peu de jus ou de bouillon.

N° 177. *Cervelles de Bœuf au Beurre noir.*

Épluchez les cervelles, en ôtant le sang caillé, la membrane qui les enveloppe, et toutes les fibres ; faites-les dégorger dans l'eau tiède. Mettez-les ensuite dans une casserole avec quelques bardes de lard, une feuille de laurier, des carottes et des ognons coupés, un bouquet de persil et ciboule, du bouillon et du vin blanc par moitié ; assaisonnez de sel et gros poivre ; faites cuire à petit feu pendant une demi-heure. Servez avec du beurre noir et du persil frit par-dessus.

Pour faire le beurre noir, faites chauffer du beurre dans une casserole, jusqu'à ce qu'il devienne d'un brun foncé. Ajoutez du vinaigre, du sel et du poivre que vous aurez fait bouillir à part.

N° 178. *Cervelles en Marinade.*

Faites cuire les cervelles comme il est prescrit ci-dessus. Retirez-les et mettez-les égoutter. Délayez quatre cuillerées de farine avec suffisante quantité d'eau tiède, dans laquelle vous aurez fait fondre un petit morceau de beurre ; assaisonnez de sel, et ajoutez deux jaunes d'œufs et les blancs fouettés ; faites du tout une pâte en consistance de crème double. Coupez les cervelles en morceaux, trempez-les dans cette pâte, et faites-les frire d'une belle couleur. Dressez sur le plat avec du persil frit par-dessus. Un peu d'eau-de-vie ajoutée à la pâte la rend plus légère et plus croquante.

N° 179. *Cervelles en Matelote.*

Faites cuire les cervelles comme pour le beurre noir (voy. n° 177);

en les mouillant avec du vin rouge au lieu de vin blanc. Quand elles seront cuites, retirez-les; passez au beurre des petits ognons entiers, jusqu'à ce qu'ils soient blonds. Saupoudrez de farine, et mouillez avec la cuisson des cervelles; ajoutez quelques champignons. Quand le ragoût sera cuit, mettez-y les cervelles un instant pour les réchauffer. Dressez-les ensuite sur le plat, et versez le ragoût par-dessus. Il faut qu'il soit bien assaisonné.

N° 180. *Cervelles à la Sauce Tomate.*

Faites cuire les cervelles comme pour le beurre noir (voy. n° 177). Quand elles sont cuites, dressez-les sur le plat, et couvrez-les d'une sauce tomate (voy. n° 37).

N° 181. *Cervelles de Bœuf à la Mayonnaise.*

Faites cuire de même; égouttez et laissez refroidir; dressez-les sur le plat et couvrez d'une mayonnaise (voy. n° 40).

N° 182. *Observation.*

Les cervelles de bœuf peuvent se préparer d'une infinité d'autres manières. La cuisson est toujours la même, la variation est dans les sauces; une habile cuisinière peut se distinguer par de nouvelles applications de celles qui sont décrites dans ce traité.

(Voyez le chapitre des sauces, nos 30 et suivants).

N° 183. *Palais de Bœuf en Filets.*

Faites dégorger et blanchir un palais de bœuf jusqu'à ce que vous puissiez enlever, en grattant avec un couteau, la petite peau qui le recouvre; parez en enlevant tout ce qui est noir; faites cuire à l'eau; coupez ensuite en filets gros et longs comme le petit doigt. Passez de l'ognon sur le feu avec du beurre, et quand il est à moitié cuit, mettez-y le palais; mouillez avec du bouillon et un peu de jus, si vous en avez; assaisonnez de sel, poivre et un bouquet garni. Faites réduire la sauce, et ajoutez un peu de moutarde au moment de servir.

N° 184. *Palais de Bœuf mariné.*

Préparez et faites cuire un palais de bœuf comme il est prescrit ci-dessus; coupez en filets, et faites mariner avec sel, poivre, une gousse d'ail, une feuille de laurier, deux clous de girofle et du vinaigre. Faites une pâte avec de la farine, une cuillerée d'huile fine, un peu de sel, deux jaunes d'œufs, dont vous battrez les blancs, et du vin blanc. Donnez à la pâte la consistance d'une crème. Saucez-y les filets, et faites frire d'une belle couleur.

N° 185. *Palais de Bœuf grillés.*

Faites mariner des palais de bœuf préparés, cuits et coupés comme ci-dessus, avec huile fine, sel, gros poivre, persil, ciboule, champignons, un peu d'ail et un jus de citron. Trempez-les bien dans la marinade, et couvrez-les de mie de pain. Faites griller et servez avec une sauce piquante (voy. n° 47, etc.).

N° 186. *Gras-Double grillé.*

Faites cuire du gras-double, après l'avoir bien nettoyé dans de l'eau, avec carottes, ognons, laurier, thym, un peu d'ail, sel, gros poivre, persil et quatre clous de girofle. Lorsqu'il est bien cuit, mettez-le égoutter, et coupez-le en morceaux larges de quatre doigts; faites mariner avec sel, poivre, une ciboule, persil, pointe d'ail, le tout haché, et un peu de graisse du pot, ou de beurre que vous ferez fondre. Ajoutez le jus d'un citron, et maniez bien le tout. Couvrez de cette marinade les morceaux de gras-double, et panez avec de la mie de pain, faites griller, et servez avec une sauce piquante (voy. n° 47, etc.).

N° 187. *Gras-Double à la Sauce Robert.*

Faites un sauce Robert (voy. n° 45), et quand elle est à moitié cuite, mettez-y du gras-double cuit comme ci-dessus, et coupé en petits carrés; laissez bouillir une demi-heure, et en servant ajoutez une cuillerée de moutarde.

N° 188. *Queue de Bœuf à la Purée.*

Coupez une queue de bœuf par morceaux; faites-la blanchir; et faites-la cuire dans la marmite, ou mieux encore dans une braise de la manière suivante.

Mettez au fond d'une casserole des bardes de lard, et quelques émincés de veau ou de bœuf; arrangez par-dessus les morceaux de queue, et couvrez-les de bardes de lard et d'émincés. Ajoutez trois carottes, autant d'ognons, un bouquet garni (voy. n° 11), du sel, du poivre, et trois clous de girofle. Faites cuire à très petit feu. Quand elle est cuite, arrangez les morceaux sur le plat, et couvrez-les avec une purée de lentilles ou de pois (voyez nos 70, 72).

Vous pouvez préparer votre purée avec la cuisson de la braise.

N° 189. *Queue de Bœuf à la Sauce Tomate.*

Faites cuire une queue de bœuf comme il est indiqué ci-dessus, et couvrez-la d'une sauce tomate (voy. n° 37).

N° 190. *Queue de Bœuf à la Sainte-Menehould.*

Coupez une queue de bœuf en travers, et fendez le gros bout en deux avec un couperet, ce qui vous donnera trois morceaux d'égale longueur. Faites-la cuire dans la marmite ou à la braise, comme au n° 188. Quand elle est cuite ou refroidie, saucez-là dans une marinade composée d'huile fine, sel, gros poivre, persil, ciboule, une pointe d'ail, le tout haché très fin; panez avec de la mie de pain et faites griller.

La queue de bœuf peut encore se servir avec une purée d'ognons, (voy. n° 73) avec un ragoût de champignons (voy. n° 81), ou à la purée de racines (voy. n° 74).

N° 191. *Queue de Bœuf en Matelote.*

Coupez une queue de bœuf en morceaux, et faites-la cuire à moitié dans du bouillon. Faites roussir une cuillerée de farine avec un peu de beurre; mouillez avec le bouillon dans lequel vous avez fait cuire la queue; mettez-y les morceaux avec une douzaine d'ognons. Ajoutez deux verres de vin blanc; un bouquet garni (voy. n° 11), deux clous de girofle, sel et poivre; faites cuire à petit feu. Quand les ognons sont bien cuits, mettez au fond du plat des croûtes de pain émincées, ou des tartines passées au beurre; arrangez les morceaux de queue par-dessus, et couvrez le tout avec la sauce au moment de servir.

N° 192. *Bœuf à l'Écarlate.*

Désossez un morceau de culotte ou de tranche de bœuf; piquez-le de gros lardons maniés avec des fines herbes; frottez-le avec du salpêtre (une once pour quatre ou cinq livres); mettez votre morceau dans une terrine, avec du genièvre un peu concassé, du thym, du basilic, du gros poivre, quatre clous de girofle; saupoudrez avec un mélange de six onces de sel et deux onces de cassonade, pour la quantité de viande ci-dessus; laissez le morceau pendant huit jours dans la saumure, en le retournant souvent. Lorsqu'il a pris le sel, faites-le tremper pendant deux heures dans l'eau froide, ou lavez-le avec de l'eau chaude. Enveloppez d'un linge blanc et ficelez. Faites cuire à petit feu avec moitié vin rouge et moitié eau, des ognons, des carottes, un panais, une gousse d'ail, un bouquet garni. Quand elle est cuite, ce qui n'a lieu qu'en cinq ou six heures, vous la laissez refroidir dans sa cuisson, si vous avez employé un vase de terre; mais si vous vous êtes servi d'une braisière de cuivre, il faut en retirer la pièce de bœuf, la déposer dans une terrine, et verser la cuisson par-dessus.

Avant de servir, vous parez les côtés du morceau, en enlevant toute la superficie qui n'est pas rouge.

N° 193. *Bœuf à la Braise.*

Prenez un morceau de culotte ou de tranche coupé séparément; lardez avec du gros lard, après l'avoir désossé; mettez le morceau dans une terrine proportionnée à sa grandeur, avec des carottes, quelques ognons et un bouquet garni. Foncez la terrine de quelques bardes de lard et ajoutez la moitié d'un jarret de veau; assaisonnez de sel et gros poivre, deux clous de girofle; mouillez avec du bouillon et un verre de vin blanc; couvrez hermétiquement; faites cuire à petit feu. Au moment de servir, dégraissez, et servez avec les légumes autour. Si vous voulez servir la pièce froide, passez la cuisson, et laissez-la refroidir jusqu'à ce qu'elle soit prise en gelée. Arrangez la gelée autour de la pièce.

N° 194. *Bœuf à la Mode.*

Faites roussir une cuillerée de farine avec du beurre; lorsque le roux a pris une belle couleur, passez-y votre morceau de bœuf, culotte, tranche, ou noix; mouillez avec du bouillon; ajoutez des carottes fendues, quelques ognons, du sel, du gros poivre et un bouquet garni; faites cuire à petit feu; dégraissez avant de servir.

N° 195. *Entre-Côte grillée.*

Parez la côte, en ne laissant que l'os principal; battez-la, trempez-la dans du beurre que vous ferez fondre après l'avoir manié avec de la mie de pain, et faites griller à petit feu. Il faut une demi-heure ou trois quarts d'heure, selon l'épaisseur de la côte.

L'entre-côte ainsi grillée peut se servir avec une sauce piquante, dans laquelle on met des cornichons (voy. n° 171).

Avec un beurre d'anchois (voy. n° 12).

Avec une sauce tomate (voy. n° 37).

Avec une purée d'ognons (voy. n° 73).

Nº 196. *Entre-Côte à la Braise.*

Prenez une côte, piquez-la de gros lard. Foncez une casserole de bardes de lard et d'émincés de veau; mettez la côte par-dessus et couvrez-la de bardes et d'émincés; ajoutez des carottes fendues, quatre ognons, un bouquet garni, et deux clous de girofle, sel, gros poivre; mouillez avec un bon verre de bouillon et un demi-verre de vin blanc; faites cuire à petit feu. Lorsqu'elle est cuite, dégraissez la cuisson, faites-la réduire, et couvrez-en la côte. Arrangez les carottes autour du plat.

Nº 197. *Filet d'Aloyau à la Braise.*

Parez-le, et faites-le cuire, comme l'entre-côte à la braise. Il faut qu'il soit piqué, ficelé, et lui faire prendre une bonne forme; faites cuire à petit feu. Lorsqu'il est cuit, dégraissez la cuisson; passez-la; faites-la réduire, et au moment de servir, ajoutez un beurre d'anchois (voy. nº 12), ou une cuillerée de marmelade de tomates (voy. nº 22). Vous pouvez aussi y mettre des cornichons.

On peut substituer les parures du filet aux émincés indiqués dans la braise.

Nº 198. *Biftecks au Naturel.*

Coupez de l'épaisseur d'un doigt des tranches de filet ou de tout autre morceau, pourvu qu'il soit bien tendre, sans nerfs et sans graisse; battez-les; graissez avec peu de beurre le fond d'une sautoire (plat de cuivre à rebords peu élevés, avec une queue); placez-y vos biftecks sur un feu vif, pour qu'ils soient bien saisis; retournez-les; quand ils sont cuits, dressez-les sur un plat chaud, et mettez sur chacun gros comme une noix de beurre manié avec de fines herbes, sel et gros poivre, dans lequel vous exprimerez le jus d'un citron. Versez par-dessus le fonds de votre cuisson.

Nº 199. *Biftecks aux Pommes-de-terre et de diverses façons.*

Préparez et faites cuire les biftecks comme ci-dessus; mettez sur chacun du beurre manié avec des fines herbes, et entourez le plat de pommes-de-terre coupées en long et passées au beurre jusqu'à ce qu'elles aient pris une belle couleur.

On peut aussi servir les biftecks avec un beurre d'anchois.

En ne mettant pas de beurre dessus, on les sert avec une garniture de cresson alenois ou de fontaine. On exprime un jus de citron dans la cuisson qu'on verse sur les biftecks.

On peut servir aussi les biftecks avec une sauce tomate.

No 200. *Filet de Bœuf rôti.*

Parez un filet, piquez-le finement, et attachez-le sur la broche au moyen d'un hatelet; donnez-lui une bonne forme. Quand il sera cuit, servez avec une sauce piquante (voy. no 47), ou une sauce tomate (voy. no 57). Il est d'usage de servir la sauce dans une saucière.

No 201. *Aloyau rôti.*

Il faut l'embrocher en passant la broche le long des os, de manière qu'il n'y ait pas plus de poids d'un côté que de l'autre; contenez-le bien avec des brochettes; faites rôtir sans dessécher.

On sert avec les mêmes sauces que pour le filet de bœuf.

No 202. *Noix de Bœuf braisée.*

Piquez une noix de bœuf, ou un bon morceau de tranche avec du gros lard roulé dans des fines herbes assaisonnées d'épices; foncez la braisière de bardes de lard et de tranches minces de rouelle de veau. Placez dessus la noix, et couvrez-la de bardes et de tranches, ou des parures de viandes et de volailles. Mettez quelques carottes et ognons, un bouquet garni, du poivre, quelques clous de girofle et peu de sel. Mouillez avec une bouteille de vin blanc de Bordeaux, et un demi-verre d'eau-de-vie; faites cuire à petit feu dans une braisière luttée. Si vous voulez servir la pièce chaude, dégraissez le fond, faites-le réduire et délayez dedans une cuillerée de marmelades de tomates. Si vous voulez servir la pièce froide, il faudra ajouter dans la braise un jarret de veau coupé en trois ou quatre morceaux. Vous passerez le fond après l'avoir dégraissé. S'il est trouble, vous le clarifierez avec un blanc d'œuf. Faites refroidir dans un vase de terre ou de faïence, et quand la gelée sera prise, arrangez-la autour de la pièce.

No 203. *Hachis de Rôti de Bœuf.*

Hachez très fin ce qui vous reste de filet ou d'aloyau rôti.

Faites roussir une cuillerée de farine dans du beurre; passez-y le hachis; mouillez avec un fond de braise, si vous en avez, ou avec du bouillon et un verre de vin; assaisonnez de sel, poivre et fines herbes hachées très fin. Ajoutez sur la fin un morceau de beurre. Servez avec des croûtons passés au beurre, autour du plat, ou avec des œufs mollets que vous arrangerez régulièrement sur le hachis.

N° 204. *Hachis à la Toulousaine.*

Hachez très fin deux cervelles cuites à l'eau, avec du bœuf rôti; maniez le hachis avec un beurre d'anchois fondu, et trois ou quatre jaunes d'œufs; assaisonnez de sel, poivre et muscade râpée. Formez-en des boules d'une moyenne grosseur, que vous roulerez ensuite dans la mie de pain; passez-les au beurre jusqu'à ce qu'elles aient pris une belle couleur; servez à sec ou avec une sauce tomate (voy. n° 37).

N° 205. *Émincé d'Aloyau à la Bourgeoise.*

Faites roussir une cuillerée de farine dans du beurre; passez-y votre émincé; mouillez avec moitié bouillon, moitié vin; assaisonnez de sel, poivre, muscade, une pointe d'ail et un bouquet garni; faites bouillir jusqu'à réduction du mouillement; au moment de servir, ajoutez une cuillerée d'huile fine.

Lorsqu'on fait bouillir pendant peu de temps de la viande de bœuf rôtie, elle devient dure; mais si on prolonge l'ébullition à petit feu, la viande, qui s'était d'abord racornie, se détend, elle devient tendre, et comme elle est mieux imprégnée de l'assaisonnement, elle est beaucoup meilleure.

N° 206. *Bœuf à la Champenoise.*

Faites bouillir dans la marmite un morceau de poitrine de bœuf, jusqu'à ce qu'il soit à moitié cuit; retirez-le alors pour le faire égoutter et refroidir; piquez-le de gros lard roulé dans des fines herbes et mettez-le à la broche. Mettez dans la lèchefrite une marinade composée de vinaigre, sel, poivre, muscade, ognon haché, et écorce de citron râpée; arrosez la poitrine avec cette marinade, à laquelle vous ajouterez de bon bouillon, ou quelques cuillerées de jus, si vous en avez.

N° 207. *Tranches de Bœuf roulées et farcies.*

Prenez des tranches de bœuf larges et minces; aplatissez-les avec le couperet; hachez du blanc de volailles, de la rouelle de veau, du lard gras et maigre, un ris de veau, du persil, de l'ognon et des champignons; assaisonnez avec sel, poivre, muscade râpée: liez cette farce avec quatre jaunes d'œufs et un peu de crème;

étendez cette farce sur vos tranches, et roulez-les sur elles-mêmes. Faites cuire dans une braise (voy. n° 188) à petit feu; quand les tranches roulées sont cuites, dégraissez la cuisson, passez-la au tamis, faites réduire, et au moment de servir, ajoutez, si vous voulez, un beurre d'anchois, ou une cuillerée de marmelade de tomates.

Si vous voulez servir à froid, faites réduire la cuisson jusqu'à ce qu'elle soit à glace, versez-la dans un plat, posez les tranches dessus et laissez refroidir.

N° 208. *Biftecks au Vin de Madère.*

Après avoir paré un filet de bœuf, coupez-le en tranches égales que vous aplatissez avec le couperet; faites fondre très peu de beurre dans une casserole ou une sautoire, mettez-y vos biftecks en les saupoudrant de sel et gros poivre. Il faut que le feu soit vif pour qu'ils ne languissent pas; lorsqu'ils sont assez saisis d'un côté, retournez-les de l'autre. Ne les laissez pas trop cuire; retirez-les à propos; mettez dans la casserole un verre de vin blanc (il importe assez peu qu'il soit de Madère); faites réduire vivement avec un peu de gelée, si vous en avez; versez sur vos biftecks.

N° 209. *Côte de Bœuf à la Purée d'Ognons.*

Faites cuire une côte de bœuf à la braise (voy. n° 193). Quand elle est cuite, dressez-la sur le plat que vous devez servir, et couvrez-la avec une purée d'ognons brune, que vous mouillerez avec la cuisson de votre braise (voyez, pour la purée d'ognons, n° 75).

N° 210. *Côte de Bœuf à la Fermière.*

Piquez une côte avec de gros lardons assaisonnés; faites fondre un morceau de beurre dans une casserole; mettez-y la côte avec sel, gros poivre, sur un feu un peu vif; quand elle a bien pris couleur des deux côtés, étouffez un peu le feu, et laissez-la cuire tout doucement.

Quand elle est cuite, dressez-la sur le plat; passez dans la cuisson des cornichons coupés en tranches, et saucez-en la côte.

Au lieu de cornichons, vous pouvez délayer dans la cuisson une cuillerée de marmelade de tomates (voy. n° 22).

N° 211. *Côte de Bœuf à la Marseillaise.*

Mettez dans une casserole une côte de bœuf, avec quatre cuillerées d'huile fine, sur un feu vif; retournez-la plusieurs fois jusqu'à ce qu'elle ait pris couleur ; mettez-la ensuite sur un feu plus doux, et laissez-la cuire. Lorsqu'elle est cuite, vous la dressez à sec sur un plat. Vous avez préparé à l'avance de gros ognons que vous coupez en deux, et ensuite en tranches minces ; vous remettez un peu d'huile dans la casserole, et quand elle est bien chaude, vous y jettez votre ognon que vous faites frire ; quand il a pris une belle couleur, vous ajoutez quelques cuillerées de vinaigre, ou de la moutarde, du sel, du poivre et un peu de bouillon, et vous versez le tout sur votre côte.

MOUTON.

N° 212. *Rognon de Mouton à la brochette.*

Fendez les rognons en deux, sans les séparer, après les avoir dépouillés de leur peau ; contenez-les avec des brochettes, pour que les parties séparées ne puissent pas se réunir ; frottez de beurre le fond d'une casserole ou d'une sautoire ; mettez-y les rognons ; faites un feu vif; retournez-les, et quand ils seront cuits, arrangez-les sur un plat chauffé ; mettez sur chaque un petit morceau de beurre manié avec des fines herbes ou du beurre d'anchois; exprimez le jus d'un citron.

N° 213. *Langues de Mouton grillées.*

Parez-les, et faites-les cuire dans la marmite ; enlevez la peau, et fendez-les en deux, sans les séparer ; saucez-les dans l'huile avec persil, champignons, ciboule, une pointe d'ail, le tout haché très fin, sel et poivre. Panez avec de la mie de pain, et faites griller ; servez avec une sauce piquante (voy. n° 46 et suiv.).

N° 214. *Langues de Mouton braisées.*

Dégorgez et blanchissez les langues ; parez-les ensuite ; piquez avec des lardons assaisonnés ; foncez une casserole avec des bardes de lard et des parures de viande ; arrangez les langues par-dessus ; couvrez-les de bardes ; ajoutez quelques carottes et ognons, sel et poivre, deux clous de girofle, un bouquet garni et de la muscade rapée ; mouillez avec du bouillon ; faites cuire à très petit feu. Quand les langues sont cuites, retirez-les, arrangez-les sur un plat que vous tenez chaudement ; faites réduire la cuisson, et au moment de servir, ajoutez des cornichons coupés en filets et des câpres; versez sur les langues.

No 215. *Langues de Mouton à la Liégeoise.*

Faites cuire des langues de mouton dans la marmite ou à l'eau avec quelques légumes, sel et poivre.

Coupez en tranches trois ou quatre ognons; passez-les au beurre jusqu'à ce qu'ils aient pris couleur; mettez une pincée de farine, et mouillez avec du vin blanc et du bouillon; ajoutez des champignons, des échalottes, du persil et de la ciboule, le tout haché très fin, sel, poivre et un filet de vinaigre; faites bouillir, et mettez les langues dans cet assaisonnement que vous tiendrez sur le feu jusqu'à ce qu'il soit bien réduit.

No 216. *Langues de Mouton au Gratin.*

Faites-les cuire avec moitié bouillon et moitié vin blanc, un bouquet garni, deux échalottes, une pointe d'ail hachée très fin, deux clous de girofle, sel et gros poivre.

Mettez au fond d'un plat qui aille au feu une farce faite avec de la mie de pain, du lard râpé ou du beurre, deux jaunes d'œufs crus, persil et ciboule hachés, sel, gros poivre, et une cuillerée de jus ou de bouillon, le tout bien mêlé ensemble; posez le plat sur les cendres chaudes pour faire attacher le gratin; égouttez le beurre ou la graisse; arrangez les langues sur le gratin, et versez la cuisson par-dessus.

No 217. *Queues de Mouton à la Purée.*

On les fait cuire dans une braise composée de bardes de lard, parures de mouton, ognons, carottes, bouquet garni, sel, poivre et muscade râpée (voy. no 193, la manière de disposer une braise); mouillez avec un peu de bouillon, faites cuire à très petit feu; retirez-les avec soin lorsqu'elles sont cuites; dressez-les sur le plat, et couvrez-les d'une purée de lentilles, de pois ou de haricots (voy. nos 70, 71, etc.).

Vous pourrez encore les servir avec une sauce tomate (voy. no 37), ou sur de la chicorée (voy. no 98). Employez, dans tous les cas, le fond de votre cuisson à préparer les purées, la chicorée ou les sauces que vous servirez avec les queues.

No 218. *Queues de Mouton grillées.*

Prenez des queues de mouton cuites comme ci-dessus; trempez

les dans l'huile ou dans le dégraissis de la braise, ou dans du beurre; panez-les le plus épais que vous pourrez; faites-les ensuite griller sur un feu très doux; servez avec une ravigote (voy. n° 62.)

N° 219. *Queues de Mouton au Riz.*

Prenez des queues de mouton cuites à la braise (voy. n° 193); faites crever du riz dans peu de bouillon, après l'avoir lavé à plusieurs eaux; ajoutez la cuisson de votre braise sans la dégraisser; faites mijoter à petit feu; mettez une couche de riz au fond du plat; arrangez les queues par-dessus, et couvrez-les de riz.

N° 220. *Cervelles de Mouton.*

Elles sont moins délicates que celles de veau; on peut cependant les apprêter de la même manière (voy. nos 273 et 274).

N° 221. *Pieds de Mouton à la Poulette.*

Prenez des pieds de mouton échaudés; faites-les blanchir; enlevez ce qui reste de poil, surtout la petite touffe qui est dans la fente du pied; faites-les cuire dans un blanc (voy. n° 27). Il faut qu'ils cuisent à très petit feu. Quand ils sont cuits, retirez-les; ôtez les gros os. Faites réduire la cuisson avec des champignons coupés en quatre, du persil haché bien fin; sel, gros poivre, muscade râpée, et une bonne cuillerée de jus blond (voy. n° 7), si vous en avez, ou du bouillon avec un morceau de beurre; faites réchauffer les pieds dans une sauce, et au moment de servir, mettez-y une liaison de deux ou trois jaunes d'œufs et le jus d'un citron, ou un filet de vinaigre.

N° 222. *Pieds de Mouton frits.*

Faites-les cuire comme ci-dessus; ôtez les gros os, et faites-les tremper dans une marinade (voy. n° 63); mettez-les ensuite dans une pâte à frire (voy. n° 91); faites frire de belle couleur. Servez avec du persil frit.

N° 223. *Pieds de Mouton à la Sainte-Menehould.*

Faites-les cuire à l'eau; ôtez les gros os; mettez-les dans une casserole avec un beau morceau de beurre, ciboule, persil, une pointe d'ail haché, sel et poivre; faites-les cuire jusqu'à ce que la sauce soit presque entièrement réduite; retirez les pieds et laissez-les refroidir; trempez-les dans le reste de la sauce; panez-les, et faites griller. Servez avec une sauce piquante.

N° 224. *Pieds de Mouton au Gratin.*

Prenez des pieds cuits, comme au n° 221, et faites un gratin, comme il est indiqué pour les langues de mouton (voy. n° 216).

N° 225. *Côtelettes au Naturel.*

Parez les côtelettes et battez-les; frottez de beurre le fond d'une casserole ou d'une sautoire, et mettez-y les côtelettes sur un feu vif; retournez-les, et prenez garde qu'elles ne se dessèchent; servez avec le jus qu'elles ont rendu.

N° 226. *Côtelettes panées et grillées.*

Parez les côtelettes, en en ôtant tous les os, excepté celui de la côte; décharnez le bout de la côte; battez les côtelettes; faites fondre du beurre manié avec de fines herbes; trempez-y les côtelettes, et panez-les avec de la mie de pain; faites griller sur un feu un peu vif, et tenez le gril assez élevé pour que la mie de pain ne brûle pas; ne faites pas trop cuire; servez à sec.

Au lieu de saucer les côtelettes dans le beurre, on peut les tremper dans l'huile.

N° 227. *Côtelettes à la Purée d'Ognons.*

Passez au beurre des côtelettes après les avoir parées; mouillez avec du jus (voy. n° 4), ou si vous n'en avez pas, avec du bouillon; dans ce dernier cas, ajoutez des carottes, des ognons, un bouquet garni, sel, poivre et deux clous de girofle; faites cuire à très petit feu; dressez-les sur le plat en couronne, et mettez au milieu une purée d'ognons (voy. n° 73).

N° 228. *Côtelettes à la Purée de Lentilles.*

Faites cuire comme ci-dessus, dressez de même, avec une purée de lentilles.

N° 229. *Côtelettes à la Sauce Tomate.*

Faites cuire comme ci-dessus, et retirez les côtelettes pour faire réduire la cuisson; quand elle est bien réduite et un peu refroidie, saucez-y les côtelettes, et couvrez-les de mie de pain; laissez-les refroidir; cassez quatre œufs dans le restant de la sauce; trempez-y les côtelettes, et panez-les une seconde fois; imbibez-les de beurre tiède avec un pinceau, et saupoudrez-les de mie de pain bien fine; faites griller à un feu très doux. Servez avec un sauce tomate (voy. n° 37).

Nº 230. *Oreilles de Mouton farcies.*

Parez, dégorgez et blanchissez des oreilles de mouton; faites-les cuire dans un blanc; quand elles sont cuites, retirez-les pour les faire égoutter; remplissez les oreilles d'une farce cuite (voy. nº 99); trempez-les dans du beurre chauffé, et couvrez-les de mie de pain; mêlez deux œufs entiers à ce qui vous reste de beurre; assaisonnez de sel, gros poivre et muscade râpée; trempez dans l'œuf ainsi préparé les oreilles, et couvrez-les partout de mie de pain; au moment de servir, faites frire dans une friture pas trop chaude, jusqu'à ce qu'elles aient pris une belle couleur; servez à sec avec du persil frit.

Nº 231. *Côtelettes de Mouton farcies.*

Faites cuire les côtelettes comme pour la purée d'ognons (voy. nº 227); quand elles sont cuites, retirez-les; faites réduire la cuisson après en avoir ôté les légumes, et saucez-y vos côtelettes. Hachez de la rouelle de veau et de la graisse de bœuf avec persil, ciboule et champignons; assaisonnez-les de sel et poivre; maniez avec de la crème et deux œufs; couvrez de tous côtés vos côtelettes avec cette farce; arrangez-les sur une tourtière, et saupoudrez-les de mie de pain; posez la tourtière sur des cendres chaudes, et couvrez avec le four de campagne; faites prendre peu de couleur. On peut servir à sec ou avec une sauce tomate (voy. nº 37), ou toute autre selon le goût.

Nº 232. *Collets de Mouton à la Sainte-Menehould.*

Coupez le bout saigneux, et faites-les cuire à la braise, avec bardes de lard, carottes, ognons, un bouquet garni, sel, gros poivre et muscade râpée; mouillez avec du bouillon ou de l'eau; faites cuire à petit feu; quand ils sont cuits, saucez-les dans du beurre tiède, et après les avoir assaisonnés de sel et gros poivre, panez-les de mie de pain; faites griller à petit feu en les retournant; servez avec une sauce piquante à votre choix (voy. nº 47).

Nº 233. *Haricot de Mouton.*

Coupez en morceaux une épaule ou un carré; faites roussir une cuillerée de farine avec du beurre; faites-y revenir votre viande; mouillez avec du bouillon; assaisonnez de sel, poivre, un bouquet garni et un ognon piqué de deux clous de girofle; dégraissez lorsque le mouton est à moitié cuit; passez des navets au beurre, jusqu'à ce qu'ils aient pris une belle couleur, et mettez-les avec le mouton ; ajoutez, quelque temps avant de servir, un peu de sucre en caramel.

Si vous mettez des pommes-de-terre dans le haricot, vous les passerez auparavant dans le dégraissis.

Des marrons rôtis ajoutés au haricot n'y gâtent rien.

Si le haricot se fait avec un carré, on peut le couper en côtelettes qu'on parera proprement, et qu'on tiendra très courtes. On dressera ces côtelettes autour du plat, avec les navets dans le milieu.

N° 234. *Gigot à l'Eau.*

Rognez le manche ; piquez de gros lard roulé dans des fines herbes hachées menu, avec une pointe d'ail, sel, gros poivre, muscade râpée et un anchois ; ficelez le gigot, et mettez-le dans une braisière avec quelques bardes de lard par-dessus ; ajoutez des carottes, des ognons, un bouquet garni et du sel ; mouillez avec de l'eau en suffisante quantité pour que le gigot soit couvert ; faites bouillir pendant au moins trois heures ; lorsqu'il sera cuit, déficelez-le, posez-le sur un plat avec des légumes autour ; si la cuisson est trop longue, faites-la réduire, et versez sur le gigot. On peut y délayer un peu de marmelade de tomates.

N° 235. *Gigot braisé.*

Rognez le manche et piquez le gigot avec des lardons assaisonnés comme ci-dessus ; mettez au fond de la braisière des bardes de lard maigre, quelques tranches de mouton, ou des parures de viande ; posez le gigot par-dessus, et ajoutez des carottes, des ognons et un bouquet garni ; assaisonnez de sel, gros poivre et muscade râpée ; couvrez le gigot avec des bardes de lard ; mouillez avec une cuillerée à pot de bouillon ; faites cuire à très petit feu pendant six ou sept heures ; servez avec la cuisson réduite.

N° 236. *Gigot aux Truffes.*

Raccourcissez le manche ; fendez le gigot du côté opposé jusqu'à l'os, et enlevez tout ce que vous pourrez atteindre de cet os ; retirez avec un couteau bien affilé environ une demi-livre de chair du milieu du gigot ; lardez-le avec du gros lard assaisonné ; hachez avec des truffes la chair que vous avez enlevée, et mettez le hachis dans l'intérieur du gigot, que vous recoudrez ensuite, pour lui rendre sa première forme ; introduisez dans la chair du gigot, avec la pointe d'un couteau, des filets de truffes. Pendez-le pendant deux ou trois jours dans un endroit aéré, après l'avoir enveloppé exactement de papier.

Faites-le cuire lentement, enveloppé de tranches de veau et de lard, avec un verre de vin blanc. Servez avec la cuisson, que vous ferez dégraisser et réduire.

No 237. *Gigot en Terrine.*

Fendez un gigot dans toute sa longueur, et enlevez l'os; coupez la chair en travers, en tranches de deux doigts d'épaisseur; piquez ces tranches de gros lard assaisonné; garnissez le fond d'une casserole, ou mieux, d'une terrine proportionnée à la grosseur du gigot, avec des bardes de lard maigre; assaisonnez de sel, poivre et muscade râpée; mettez entre les tranches des champignons et des ognons hachés grossièrement. Mouillez avec un verre de vin blanc; couvrez hermétiquement, et faites cuire à petit feu; dégraissez la cuisson; faites-la réduire; ajoutez un jus de citron, et servez-vous-en comme de sauce.

No 238. *Gigot à la Chicorée.*

Préparez et faites cuire comme ci-dessus; prenez des chicorées blanchies et bien égouttées en les pressant; hachez-les, passez-les au beurre; ajoutez la cuisson des tranches de gigot; faites réduire la chicorée, et quand elle est bien fondue, versez dans un plat; arrangez vos tranches par-dessus; râpez-y un peu de muscade; garnissez le tour du plat de croûtons passés au beurre.

No 239. *Gigot à la Flamande.*

Raccourcissez le manche, et coupez le joint pour pouvoir plier et arrondir votre gigot; ficelez-le et faites-le cuire dans une marmite juste à sa grandeur, avec du bouillon, un bouquet bien garni et une gousse d'ail, du sel, du poivre et deux clous de girofle; servez avec une sauce piquante (voy. no 47), à votre choix, ou avec une sauce tomate.

No 240. *Carré de Mouton au Persil.*

Levez les peaux qui se trouvent sur les filets, et piquez tout le carré avec du persil en branches; marinez avec de l'huile, sel et poivre; faites cuire à la broche; mettez du saindoux ou du beurre dans la lèchefrite, et arrosez de temps en temps; mettez dans une casserole un peu de jus ou du bouillon, des câpres, un anchois, ciboule, persil, une échalotte et deux jaunes d'œufs durs, le tou haché très fin; assaisonnez de sel et de poivre; faites bouillir pendant quelques minutes, et servez sous le carré.

No 241. *Poitrine de Mouton à la Sainte-Menehould.*

Mettez au fond d'une casserole des bardes de lard et quelques émincés de jambon placés par-dessus, ou des parures de viande; placez par-dessus la poitrine entière, après l'avoir parée. Ajoutez deux ou trois carottes et autant d'ognons, un bouquet garni, sel, poivre et deux clous de girofle; mouillez avec une cuillerée à pot de bouillon, et faites cuire à très petit feu. Quand elle sera cuite, enlevez les os des côtes; assaisonnez avec un peu de sel et de poivre; dorez avec du beurre tiède, et panez partout; faites griller à petit feu; servez avec une sauce piquante (voy. no 47).

No 242. *Poitrine aux Épinards, à la Chicorée, etc.*

Coupez la poitrine en morceaux de forme régulière; faites cuire comme ci-dessus; quand elle est cuite, faites réduire la cuisson; glacez-en les morceaux, et servez sur de la chicorée, des épinards, etc. (voy. no 98).

Vous pouvez les servir aussi de la même manière, après les avoir fait griller.

No 243. *Râble ou Selle de Mouton braisée.*

La selle est la partie comprise entre les côtes et le gigot; faites-la cuire comme ci-dessus. On la sert comme la poitrine.

No 244. *Épaule de Mouton braisée.*

Cassez les os par-dessous avec le dos d'un couperet, et faites-la cuire dans une braise comme le gigot (voy. no 235); on la sert de même, soit glacée avec sa cuisson réduite, soit sur de la chicorée, des épinards, ou une purée d'ognons.

No 245. *Épaule de Mouton au Riz.*

Faites-la cuire dans du bouillon avec des carottes, ognons, panais, un bouquet garni, sel, poivre et deux clous de girofle; quand elle est cuite, faites crever un quarteron de riz avec la cuisson de l'épaule; tenez-le un peu épais; ajoutez-y un peu de caramel (voy. no 21), ou si vous voulez, un peu de beurre de piment (voy. no 28); mettez l'épaule sur un plat, et couvrez-la entièrement avec le riz que vous relèverez en calotte. Si vous ne mettez pas de beurre de piment, saupoudrez le riz de fromage râpé. Faites prendre couleur, en mettant le plat sous un couvercle de tourtière que vous garnirez bien de charbons allumés, car le riz prend difficilement couleur; vous pourrez servir à part une sauce tomate.

N° 246. *Épaule de Mouton en Saucisson.*

Désossez-la complétement; étendez-la le plus que vous pourrez, et couvrez-la de chair à saucisses ou de toute autre farce; semez par-dessus des champignons et des cornichons hachés grossièrement; recouvrez d'un peu de farce; roulez l'épaule, enveloppez-la dans un linge blanc, et faites-la cuire avec un peu de bouillon, un bouquet garni, des carottes, ognons, sel, poivre et deux clous de girofle. Dégraissez la cuisson; faites-la réduire, s'il est nécessaire; liez-la avec une cuillerée de jus, si vous en avez, ou avec deux jaunes d'œufs durs; servez sur le saucisson.

N° 247. *Gigot de Mouton rôti.*

Parez le manche et le bout du gigot; contenez-le fixement sur la broche, et ne le présentez au feu que lorsqu'il est bien vif. Le mouton comme le bœuf qu'on fait rôtir, doivent être saisis d'abord par le feu, et il ne faut pas les laisser languir à la broche; mettez dans la lèchefrite du beurre fondu, et un peu de vinaigre et de sel; arrosez souvent; si on aime l'ail, mettez-en une gousse sous la peau, près du manche. Le temps que doit durer la cuisson ne peut être déterminé; il dépend de la grosseur de la pièce, de l'activité du feu, et du degré de cuisson qu'on veut obtenir.

N° 248. *Émincé de Gigot rôti.*

Faites roussir une demi-cuillerée de farine dans du beurre; passez-y votre émincé; mouillez avec quelques fonds de cuisson, ou, à défaut, avec du bouillon et un demi-verre de vin; assaisonnez de sel, poivre et muscade; faites bouillir pendant une heure, parce que le mouton qui ne bout que quelques instants durcit, tandis que si on prolonge l'ébullition, il devient tendre en même temps qu'il s'imprègne mieux de l'assaisonnement; une minute avant de servir, mettez une cuillerée d'huile fine, et mêlez-la bien.

Au lieu d'huile, vous pouvez mettre, après avoir retiré la casserole du feu, gros comme une noix de beurre d'anchois (voy. n° 12).

N° 249. *Hachis de Mouton rôti.*

Otez les nerfs et les peaux, et hachez très fin, avec des marrons grillés ou des pommes-de-terre cuites; faites roussir une demi-cuillerée de farine avec du beurre; passez-y votre hachis; mouillez avec du bouillon ou avec du fond de cuisson, si vous en avez; assaisonnez de sel, gros poivre et muscade râpée; laissez cuire à très petit feu pendant une heure; au moment de servir, faites-y fondre gros comme un œuf de beurre. Servez avec des œufs pochés dessus et des croûtons autour.

N° 250. *Hachis de Mouton rôti aux Champignons.*

Hachez les champignons et le mouton séparément, et mêlez-les ensemble; du reste, faites comme il est prescrit ci-dessus.

N° 251. *Hachis de Mouton rôti aux fines Herbes.*

Hachez séparément le mouton, six gros champignons, six échalottes, plein la main de persil épluché, une pincée d'estragon; mêlez le tout ensemble; et finissez le hachis comme ci-dessus.

N° 252. *Boulettes de Hachis frites.*

Hachez séparément du mouton rôti, des marrons et une cervelle de veau cuite à l'eau, avec sel et vinaigre; mêlez le tout ensemble, et assaisonnez de sel et poivre, avec des fines herbes hachées très fin, mêlez le tout ensemble avec trois jaunes d'œufs; formez-en de grosses boulettes, que vous panerez à l'œuf; passez-les au beurre jusqu'à ce qu'elles soient bien dorées; servez avec une sauce tomate (voy. n° 37).

AGNEAU.

N° 253. *Langues, Oreilles, Cervelles et Pieds d'Agneau.*

Les langues, oreilles, cervelles et pieds se préparent comme ceux du mouton (voy. nos 213, 220 et 221).

N° 254. *Épaules d'Agneau aux Truffes.*

Désossez complétement deux épaules d'agneau; assaisonnez-les dans l'intérieur de sel, gros poivre, et un peu de muscade râpée; lardez la chair aussi à l'intérieur avec des morceaux de truffes; renversez les deux épaules l'une sur l'autre; rassemblez les chairs, de manière à leur donner la forme d'une boule aplatie, et cousez-les par le bord avec un carrelet et du gros fil ; piquez l'une des épaules avec du lard fin ; dessinez avec vos lardons une rosace, ou telle autre chose que vous voudrez ; foncez une casserole avec des bardes de lard et quelques tranches ou parures de veau; placez-y votre boule ; ajoutez trois carottes, autant d'ognons, un bouquet garni, un verre de bouillon, un verre de vin blanc, sel et poivre; ajoutez aussi les épluchures de vos truffes ; fermez hermétiquement la casserole, et faites cuire à petit feu : deux heures suffisent. Lorsqu'elles sont cuites, enlevez le ballon, ôtez les fils, et dressez-les sur le plat ; passez les fonds de la cuisson, après l'avoir dégraissée ; faites-la réduire, s'il est nécessaire, et versez sur le plat.

N° 255. *Poitrine d'Agneau à la Sainte-Menehould.*

Elle se prépare comme la poitrine de mouton (voy. n° 241).

N° 256. *Agneau rôti à la Bernoise.*

Piquez un quartier d'agneau (celui de devant est plus délicat) de lardons fins du côté de la peau ; dorez l'autre côté avec du beurre tiède, et panez-le de mie de pain ; assaisonnez de sel, poivre et persil hachés très fin ; enveloppez le quartier avec une grande feuille de papier, pour qu'il ne soit pas saisi trop vivement par le feu ; faites rôtir ; lorsqu'il est aux trois quarts cuit, retirez-le du feu, et, sans le débrocher, panez une seconde fois le côté qui n'est que lardé ; ne remettez pas l'enveloppe de papier, et approchez le quartier d'un feu vif, pour lui faire prendre couleur ; servez, et arrosez-le d'un jus de citron.

N° 257. *Blanquettes d'Agneau.*

Émincez un gigot, ou toute autre partie d'agneau rôtie ; passez des champignons coupés par quartiers dans du beurre, et lorsqu'il commence à tourner en huile ; ajoutez plus ou moins de farine, suivant l'étendue de votre blanquette ; tournez pour la bien mêler avec les champignons ; mouillez avec du jus blond (voy. n° 7), ou à défaut, avec du bouillon ; assaisonnez de sel et poivre, persil et ciboules non hachées ; mettez votre émincé dans la casserole, et faites mijoter à petit feu pendant une demi-heure. Un instant avant de servir, ajoutez une liaison de deux jaunes d'œufs ; mêlez-la bien pour qu'elle ne tourne pas. Vous pouvez exprimer dans la blanquette le jus de la moitié d'un citron.

N° 258. *Côtelettes d'Agneau.*

On peut les préparer de toutes les manières décrites au chapitre du mouton (voy. n° 225 et suiv.).

N° 259. *Ris d'Agneau.*

Ils se préparent comme les ris de veau (voy. n° 285 et suiv.).

N° 260. *Côtelettes d'Agneau à la Parmesane.*

Parez des côtelettes d'agneau, saucez-les dans du beurre tiède, et panez-les avec de la mie de pain et du fromage de Parmesan râpé. Battez des œufs entiers, trempez-y vos côtelettes, et panez-les de nouveau avec de la mie de pain et du fromage; passez-les au beurre, jusqu'à ce qu'elles soient cuites et de belle couleur. Servez à sec ou avec une sauce tomate.

N° 261. *Pieds de Mouton à la Sauce Tomate.*

Préparez et faites cuire des pieds de mouton ou d'agneau comme il est prescrit au n° 211. Quand ils sont cuits, dressez-les sur un plat, et couvrez-les d'une sauce tomate (voy. n° 37).

N° 262. *Pieds de Mouton marinés.*

Après les avoir préparés et fait cuire comme ci-dessus, et en avoir ôté les gros os, faites-les tremper dans une marinade cuite (voy. n° 63); égouttez-les et trempez-les dans une pâte à frire (voy. n° 91); faites frire de belle couleur.

N° 263. *Mouton en Chevreuil.*

Le filet et le gigot se préparent surtout de cette manière; faites-les mariner vingt-quatre ou quarante-huit heures, suivant la saison, avec vinaigre, ognons, thym, laurier, poivre, sel et muscade râpée; faites cuire à la broche, et servez avec une sauce à la poivrade.

N° 264. *Cervelles et Langues d'Agneau.*

Elles se préparent comme celles de mouton (voy. nos 213 et 220).

VEAU.

N° 265. *Pieds de Veau au Naturel.*

Après les avoir blanchis et épluchés, faites-les cuire dans la marmite; servez-les avec une sauce composée de vinaigre, bouillon, sel et gros poivre, et de fines herbes hachées très fin.

N° 266. *Pieds de Veau à la Poulette.*

Désossez-les lorsqu'ils sont cuits, et coupez-les en plusieurs morceaux; vous les mettez ensuite dans une casserole avec du beurre, des champignons, un bouquet garni, une demi-gousse d'ail, deux échalottes, l'ail et l'échalotte hachés bien fin, et deux clous de girofle; sel et gros poivre; passez-les sur le feu; ajoutez un peu de farine; mouillez avec moitié vin blanc et moitié bouillon; faites bouillir à petit feu; lorsque la sauce est réduite à moitié, mettez-y une liaison de trois jaunes d'œufs, un jus de citron, du verjus, ou un filet de vinaigre; mêlez bien dans la casserole que vous avez retirée du feu.

N° 267. *Pieds de Veau frits.*

Faites cuire dans la marmite ou à l'eau; désossez et coupez en morceaux que vous mettrez mariner avec vinaigre, sel et poivre, un morceau de beurre manié de farine, ail, échalotte, persil, ciboule, thym et basilic, et une feuille de laurier : cette marinade doit être cuite auparavant. Retirez les pieds de veau quand ils sont bien imprégnés de marinade; farinez et faites frire; servez avec du persil frit. Vous pouvez aussi tremper vos morceaux dans une pâte à frire (voyez n° 91).

N° 268. *Tête de Veau au Naturel.*

Prenez une tête de veau bien dégorgée, bien échaudée et épluchée; plongez-la dans l'eau bouillante, et laissez-la blanchir pendant une demi-heure au moins, en écumant avec soin; retirez et faites rafraîchir dans l'eau froide; enlevez la mâchoire supérieure jusqu'à l'œil; désossez aussi le sommet de la tête; conservez bien sa forme, et enveloppez-la avec un linge blanc et fin, que vous contiendrez avec de la ficelle; il sera bon, avant d'envelopper la tête, de la frotter partout avec des tranches de citron pour la blanchir. Pour la faire cuire, délayez dans de l'eau une bonne poignée de farine ou de fécule de pommes-de-terre; ajoutez-y un bon morceau de beure, ou de lard râpé, des ognons, des panais, des carottes, un gros bouquet garni, sel et gros poivre, le reste des citrons qui ont servi à frotter la tête, et la pulpe intérieure, sans les pepins; mettez la tête dans cette eau lorsqu'elle sera bouillante; enlevez toute l'écume qui s'élève;

quand elle sera cuite, servez avec une sauce à part, comme à la poivrade, à la ravigote, ou toute autre sauce piquante qui vous conviendra le mieux.

Nº 269. *Tête de Veau farcie.*

Désossez complétement une tête de veau blanchie comme ci-dessus, en coupant en croix toutes les chairs par-dessous; prenez la cervelle, la langue, et une partie de la chair des bajoues et des autres endroits où elle est plus épaisse; coupez le tout en filets ou en dés; hachez de la rouelle de veau, de la graisse de bœuf et des fines herbes; mêlez et hachez encore le mélange, ou, ce qui vaut mieux, pilez dans un mortier, en ajoutant successivement trois œufs entiers, ou plus, pour que la farce soit bien liée; ajoutez-y encore deux cuillerées d'eau-de-vie, et un peu de jus, si vous en avez; mêlez la farce avec ce que vous avez retiré de la tête, et assaisonnez de sel, gros poivre et un peu de muscade râpée; étendez sur une serviette la tête désossée, les oreilles en dessous; mettez-y votre farce : relevez les chairs; cousez-les avec du gros fil, et tâchez de conserver la forme de la tête; enveloppez-la d'un linge blanc et fin, que vous attacherez par quelques points de couture; mettez-la cuire dans un vase juste à sa grandeur, avec moitié vin blanc et moitié bouillon, un bon bouquet garni, une carotte, un panais, quatre ognons, une gousse d'ail, trois clous de girofle, quelques zestes de citron, et la pulpe, dont vous ôterez les pepins, sel et gros poivre. Faites cuire à petit feu pendant au moins trois heures; quand elle est cuite, enlevez la tête et décousez le linge sur lequel la tête doit avoir été mise dans sa position naturelle; glissez par-dessous un couvercle de casserole, faites-la descendre dans le plat que vous devez servir.

Passez une partie de la cuisson; ajoutez-y un peu de jus, si vous en avez, des champignons coupés en dés, un anchois haché; faites réduire; et, au moment de servir, jetez-y des cornichons coupés en tranches ou en filets, et exprimez-y le jus d'un citron.

Cette tête peut encore se servir en entremets froid; mais alors il faut la faire cuire dans le vin blanc, sans bouillon; conservez tout l'assaisonnement ci-dessus, et ajoutez une demi-livre de lard coupé en dés que vous aurez passé dans une casserole jusqu'à ce qu'il soit légèrement blond. Il faut frotter la tête avec du jus de citron, avant de l'envelopper dans le linge.

N° 270. *Tête de Veau en Tortue.*

Prenez ce qui reste d'une tête de veau cuite la veille, soit farcie, soit au naturel; passez dans du beurre des champignons, des crêtes et rognons de coq, des ris de veau, enfin, ce que vous avez sous la main; ajoutez un peu de farine; mouillez avec du jus au vin (voy. n° 5), si vous en avez, ou avec la cuisson de la tête, si elle était farcie, ou avec du bouillon; mettez-y aussi deux verres de vin blanc; assaisonnez de sel, poivre ou piment; faites cuire et réduire; sur la fin ajoutez des quenelles de veau (voy. n° 88), des cornichons, des jaunes d'œufs durs en entier, et les blancs coupés par morceaux; lorsque la sauce est suffisamment réduite et bien liée, versez sur les morceaux de tête coupés de forme régulière; tenez le plat chaudement sans faire bouillir.

Ce ragoût peut se servir sous une tête farcie entière.

N° 271. *Tête de Veau frite.*

Coupez en morceaux une tête de veau cuite; faites-les mariner (voy. n° 63); trempez-les dans une pâte de friture (voy. n° 91) et faites-les frire. La friture doit être modérément chaude.

On frit également la cervelle et les yeux, après en avoir enlevé la partie noire.

La langue peut se préparer à la Sainte-Menehould (voy. n° 259), ou de toute autre manière (voy. n° 171 et suiv.).

N° 272. *Tête de Veau à la Sainte-Menehould.*

Prenez de la tête de veau cuite au naturel ou farcie; faites une sauce avec un morceau de beurre, une demi-cuillerée de farine, sel, gros poivre, trois jaunes d'œufs, du vinaigre ou du jus de citron; délayez le tout ensemble, et ajoutez un peu de bouillon : faites lier la sauce sur le feu. Il est nécessaire qu'elle soit épaisse.

Couvrez-en les morceaux de tête, et panez-les avec de la mie de pain; dorez ensuite les morceaux avec du beurre, et panez-les une seconde fois; mettez-les au four ou sous un couvercle de tourtière jusqu'à ce qu'ils aient pris une belle couleur.

Servez avec une sauce piquante.

N° 273. *Cervelles de Veau en Matelote.*

Faites dégorger deux cervelles de veau; enlevez la petite peau et le sang caillé qui se trouve à la surface. Faites-les cuire avec moitié bouillon et moitié vin, ou avec de l'eau et du vinaigre, sel et poivre. Faites roussir une demi-cuillerée de farine dans du beurre, et passez-y des champignons et des petits ognons; mouillez avec la cuisson des cervelles, si elle a été faite au vin, ou avec du bouillon et un verre de vin; ajoutez sel, poivre et un bouquet garni; faites réduire la sauce, et ajoutez, pour la lier, une cuillerée de jus au vin, si vous en avez.

No 274. *Cervelles braisées.*

Faites blanchir à l'eau bouillante, avec un peu de vinaigre, deux cervelles dégorgées et épluchées. Mettez au fond d'une casserole des bardes de lard; mouillez avec un verre de vin blanc; ajoutez deux carottes coupées, deux ognons, deux clous de girofle, un bouquet garni, sel et poivre; faites cuire à très petit feu. Vous pouvez les servir en matelote, ou de toute autre manière décrite ci-après.

No 275. *Cervelles de Veau frites.*

Coupez en morceaux des cervelles cuites comme pour la matelote ou braisées : ces dernières sont préférables. Trempez-les dans une pâte à frire (voy. no 91), après les avoir saucées dans un peu de vinaigre, sel et poivre, et jetez-les dans une friture modérément chaude; servez avec du persil frit par-dessus.

No 276. *Cervelles de Veau à la Sauce verte.*

Ayez deux cervelles cuites comme il a été prescrit ci-dessus; mettez dans une casserole un morceau de beurre avec une demi-cuillerée de farine; tournez, et ne laissez pas roussir; mouillez avec du jus blond (voy. no 7), si vous en avez, ou avec du bouillon et un filet de vinaigre aromatique; ajoutez sel et poivre; faites réduire la sauce; au moment de servir, mettez-y un peu de ravigote hachée, pétrie avec un morceau de beurre.

No 277. *Cervelles de Veau à la Poulette, etc.*

(Voy. no 221); au beurre noir (voy. no 16); à la sauce tomate (voy. no 37).

La manière de faire cuire les cervelles est toujours la même.

No 278. *Oreilles de Veau à la Sainte-Menehould.*

Dégorgez et épluchez des oreilles de veau bien échaudées auparavant; foncez un casserole de bardes de lard; mettez vos oreilles par-dessus, et recouvrez-les de bardes; mouillez avec moitié vin blanc et moitié bouillon; ajoutez quelques tranches de citron, dont on ôte le blanc et les pepins, ou des groseilles à maquereaux, ou du verjus, quelques racines et un bouquet garni; faites cuire à petit feu. Quand elles sont cuites et égouttées, saucez-les dans du beurre tiède, et roulez-les dans la mie de pain. Trempez-les ensuite dans un œuf entier battu, et panez-les de nouveau. Posez-les sous un couvercle de tourtière, jusqu'à ce qu'elles aient pris une belle couleur. Servez avec une sauce piquante (voy. n° 47 et suiv.).

N° 279. *Oreilles de Veau farcies.*

Faites-les cuire comme les précédentes; remplissez-les d'une farce cuite (voy. n° 99); panez-les au beurre et à l'œuf, et faites prendre couleur sous le four de campagne.

N° 280. *Oreilles de Veau à la Napolitaine.*

Prenez des oreilles de veau cuites comme pour la Sainte-Menehould; faites une farce avec de la mie de pain, du lait et du fromage de Parme râpé; faites réduire en tournant sans cesse, jusqu'à ce que le mélange soit bien épais; ajoutez ensuite un peu de beurre, quatre jaunes d'œufs; mêlez bien le tout ensemble et remplissez-en les oreilles; trempez-les ensuite dans du beurre, et panez-les avec de la mie de pain et autant de fromage râpé; faites prendre couleur sous un four de campagne.

N° 281. *Langue de Veau.*

La langue de veau peut se préparer de toutes les manières indiquées pour la langue de bœuf (voy. n° 171 et suiv.).

N° 282. *Fraise de Veau au Naturel.*

Faites-la blanchir dans l'eau bouillante pendant un quart d'heure; retirez-la à l'eau froide, et laissez égoutter; faites-la cuire avec des bardes de lard, du vin blanc, un peu de bouillon, un ognon piqué et un bouquet garni, sel et poivre; faites cuire à petit feu; quand elle est cuite, faites réduire la cuisson; mettez-y, lorsqu'elle est réduite, des cornichons et un filet de vinaigre, et servez-vous-en comme de sauce.

No 283. *Fraise de Veau à l'Orientale.*

Faites cuire comme ci-dessus; faites réduire la cuisson; ajoutez-y un peu de jus blond, si vous en avez, et une bonne pincée de poudre de kari (voy. no 18).

No 284. *Fraise de Veau frite.*

Faites cuire comme ci-dessus; coupez la fraise en morceaux, et laissez-les tremper pendant une heure dans une marinade tiède, composée de beurre, de vinaigre et de persil, ciboules, échalottes hachées fin, sel et poivre. Roulez les morceaux en les sauçant dans la marinade; trempez-les, lorsqu'ils sont refroidis, dans la pâte à frire, et faites-les frire d'une belle couleur.

No 285. *Ris de Veau en Fricandeau.*

Faites dégorger et blanchir deux ris de veaux; ôtez le cornet. Piquez-les de lard fin roulé dans les fines herbes, et mettez-les dans une casserole; enveloppez dessus et dessous de bardes de lard; mouillez avec moitié bouillon et moitié vin blanc; assaisonnez de sel et poivre, un bouquet garni, quelques tranches de citron dont on ôte le blanc et les pepins, ou des groseilles à maquereaux légèrement écrasées, ou du verjus, ou, à défaut de tout cela, un filet de vinaigre; faites cuire à très petit feu. Trois quarts d'heure suffisent. Retirez les ris lorsqu'ils sont cuits; passez la cuisson; faites-la réduire, et lorsqu'il n'y en a presque plus, passez-y les ris de veau du côté du lard pour les glacer. Servez sur une purée d'oseille.

Vous mettrez un peu de bouillon dans la casserole pour détacher la glace qui reste au fond, et vous vous en servirez pour préparer votre purée d'oseille (voy. no 77).

No 286. *Ris de Veau à la Sauce Tomate.*

Faites-les cuire comme ci-dessus, et servez avec une sauce tomate un peu épaisse (voy. no 37).

On peut les servir aussi avec de la chicorée ou une purée de lentilles, etc.

No 287. *Ris de Veau en Caisse.*

Coupez en tranches des ris de veau cuits, comme pour le fricandeau, mais non lardés; saucez-les dans une marinade composée d'huile fine, jus de citron, verjus ou vinaigre, fines herbes hachées finement, sel et poivre; faites une caisse de fort papier; huilez-en le fond; placez dedans vos ris de veau; dorez le dessus avec du beurre, et panez avec de la mie de pain; répétez une seconde fois cette opération; mettez la caisse sur un gril avec des cendres chaudes par-dessous; couvrez avec le four de campagne pour faire prendre couleur par-dessus, ou présentez-y une pelle rouge.

Vous pouvez traiter de même des ris de veau que vous avez fait seulement blanchir; mais alors il faut les tenir plus long-temps sur le feu, et que celui-ci soit un peu plus vif; mettez sous la caisse une feuille de papier bien beurrée. On sert dans la caisse.

N° 288. *Ris de Veau frits.*

Qu'ils soient cuits ou seulement blanchis; marinez-les avec du beurre manié de farine, du jus de citron, du verjus ou du vinaigre, un peu de bouillon, des fines herbes, des échalottes et des ciboules hachées; tenez-les dans cette marinade tiède pendant une heure au moins; mettez-les ensuite égoutter, et trempez-les dans une pâte à frire (voy. n° 71); faites frire de belle couleur. Servez avec du persil frit.

Au lieu de les tremper dans la pâte à frire, on peut les rouler dans la farine.

N° 289. *Ragoût de Ris de Veau.*

Faites cuire comme pour le fricandeau; passez la cuisson; ajoutez-y des champignons et un bouquet garni, sel et poivre; faites bouillir jusqu'à ce que les champignons soient cuits, et la sauce réduite; ajoutez une bonne cuillerée de jus blond, si vous en avez, ou un morceau de beurre manié de farine; faites bouillir quelques instants, et versez sur les ris de veau coupés par morceaux. Ce ragoût sert à garnir des entrées de viande ou des tourtes.

Si vous voulez servir les ris comme entrée, il faut les laisser entiers, et y mettre une liaison de trois jaunes d'œufs délayés avec de la crème.

Vous pouvez employer des ris de veau simplement blanchis; coupez-les chacun en sept à huit morceaux que vous mettez dans une casserole avec un morceau de beurre, des champignons, un bouquet garni, sel, poivre et muscade râpée; passez le tout avec le beurre, et ajoutez un peu de farine; mouillez avec de bon bouillon et autant de vin blanc; après une demi-heure de cuisson, dégraissez et ajoutez un peu de jus blond pour lier la sauce.

Si vous voulez servir les ris en entier, ne les coupez pas, supprimez les coulis, et faites une liaison avec des jaunes d'œufs et de la crème; prenez garde que la liaison ne tourne; exprimez dans la sauce le jus de la moitié d'un citron.

No 290. *Pâté chaud de Ris de Veau. Croûte de Riz.*

Faites crever un quarteron de riz avec du bouillon bien gras et non dégraissé; s'il n'est pas assez gras, ajoutez du dégraissis de bouillon ou autre; assaisonnez de sel. Il faut que le riz ne soit que baigné; faites bouillir à petit feu pendant une demi-heure, jusqu'à ce que le riz soit bien crevé; retirez du feu, et remuez en écrasant avec une cuiller de bois; quand il sera bien lié, versez-le dans une terrine pour qu'il refroidisse, et continuez à le manier en ajoutant de temps en temps très peu d'eau fraîche. Lorsque le riz sera assez refroidi pour que les mains puissent en supporter la chaleur, mettez-en au fond d'un plat quantité suffisante pour le couvrir de l'épaisseur d'un demi-doigt; placez sur le fond deux ris de veau cuits comme pour fricandeau, et coupés en morceaux; donnez au tout une forme arrondie comme une calotte; couvrez entièrement cette calotte avec du riz, que vous faites joindre avec celui du fond; unissez en frottant avec une cuiller ou avec votre main trempée dans l'eau; faites aux deux tiers de la hauteur un sillon circulaire; dorez avec un œuf battu et saupoudrez de chapelure blonde et bien fine; mettez votre plat sur des cendres chaudes, et couvrez avec le four de campagne. Quand votre pâté sera bien chaud, retirez-le; enlevez-le haut de la calotte dans la direction du sillon circulaire, et versez dans le pâté une garniture de tourte composée de ce que vous aurez (voy. nos 85, 87, 88, etc.).

No 291. *Queues de Veau à la Sainte-Menehould.*

Coupez les queues de veau en deux ou trois, après en avoir retranché le bout; faites-les blanchir pendant quelques minutes à l'eau bouillante; mettez-les dans une casserole avec quelques morceaux de lard, de bon bouillon et un verre de vin blanc, un bouquet garni, un ognon piqué de trois clous de girofle, deux carottes et un panais coupé, sel, gros poivre, des tranches de citron sans blancs ni pepins, ou du verjus; faites cuire à petit feu; passez la cuisson sans dégraisser; faites-la réduire si elle ne l'est pas assez; ajoutez pour l'épaissir trois jaunes d'œufs que vous mêlez bien en tournant; quand la sauce est un peu refroidie, trempez-y les morceaux de queue, et panez-les de suite avec de la mie de pain; arrangez-les sur votre plat que vous mettez sous un four de campagne pour leur faire prendre couleur; servez avec une sauce piquante (voy. n° 47 et suiv.).

N° 292. *Rôti de Rognons de Veau.*

Cuit à la broche, on s'en sert pour faire des farces, en le hachant avec sa graisse et le mêlant avec des fines herbes et des champignons passés au beurre et hachés à part, sel et poivre. On lie cette farce avec des jaunes d'œufs.

Passez au beurre des tranches de mie de pain, jusqu'à ce qu'elles aient pris une belle couleur; étendez sur ces rôties une couche de votre farce de l'épaisseur d'un doigt; panez avec de la mie de pain; dorez avec des œufs battus, et panez une seconde fois; arrangez vos rôties sur un plat qui aille au feu; posez-le sur des cendres chaudes, et couvrez avec le four de campagne; posez-les sur le gril, et faites prendre couleur avec une pelle rouge.

N° 293. *Foie de Veau à la Broche.*

Piquez-le de gros lard assaisonné, et enveloppez-le de panne que vous contiendrez avec de la ficelle; faites-le rôtir à petit feu pendant deux heures.

Ou bien, après l'avoir piqué de gros lard dans l'intérieur, piquez-le en dessus de lard fin, et embrochez-le sans enveloppe. Dans ce cas, il faut le contenir sur la broche avec des hatelets; servez avec une sauce piquante (voy. n° 47 et suiv.).

N° 294. *Foie de Veau braisé.*

Ayez un foie de veau bien blond; piquez-le de gros lard assaisonné; foncez une braisière de bardes de lard; mettez-y le foie avec des carottes, un bouquet bien garni, des ognons, dont un piqué de clous de girofle, de la muscade râpée, sel et gros poivre; couvrez avec des bardes de lard; mouillez avec du bouillon et deux verres de vin blanc ou rouge; ajoutez aussi des tranches de citron sans blancs ni pepins, ou du verjus, ou un filet de vinaigre; si vous n'avez pas de bouillon, mouillez avec de l'eau, et remplacez, si vous voulez, le vin par un demi-verre de vinaigre; faites cuire à petit feu. Lorsque le foie est cuit, faites réduire la cuisson, après l'avoir dégraissée, et servez-vous-en pour mouiller un roux que vous ferez à part; au moment de servir, ajoutez des cornichons coupés.

No 295. *Gâteau de Foie de Veau.*

Hachez un foie de veau, et pilez-le; hachez et pilez une demi-livre de graisse de bœuf et une demi-livre de lard; ajoutez des champignons, deux ognons coupés en dés et passés au beurre, six œufs dont vous fouetterez les blancs, un demi-verre d'eau-de-vie, sel, poivre et muscade; pilez le tout ensemble; garnissez le fond et les côtés d'une casserole avec des bardes de lard; mettez-y tout le hachis en l'entrelardant de truffes coupées en morceaux, si vous en avez; couvrez le dessus avec des bardes de lard; posez la casserole sur un feu étouffé, entretenez des charbons allumés sur le couvercle. Comme, pour que le gâteau ne se déforme pas, il faut le laisser refroidir dans la casserole, il est indispensable que celle-ci soit en fer battu ou en fer-blanc. Quand le gâteau est froid, trempez un instant la casserole dans l'eau bouillante, et renversez-la sur un plat; enlevez les bardes de lard; parez et couvrez de chapelure de belle couleur et bien fine.

No 296. *Côtelettes de Veau grillées et panées.*

Faites mariner vos côtelettes pendant une heure dans de l'huile avec des fines herbes hachées, sel et poivre, un peu de jus de citron, de verjus ou de vinaigre aromatique; au moment de les paner, saucez-les bien dans la marinade; couvrez-les de mie de pain, et aplatissez-les avec la main pour attacher la mie et leur donner une bonne forme; faites-les griller sur un feu doux, et servez à sec, ou avec une sauce à la ravigote (voy. no 62).

No 297. *Côtelettes de Veau en Papillotes.*

Faites-les mariner comme ci-dessus; ajoutez à la marinade une gousse d'ail écrasée; faites-la marinade un peu longue; mettez chaque côtelette dans une feuille de papier huilée; saupoudrez-les de mie de pain, et versez par-dessus le reste de la marinade; couvrez avec une barde de lard; pliez la feuille de papier par-dessus la côtelette, retranchez ce qui est inutile dans les angles, et formez votre papillote, en plissant et reployant les deux bords du papier, de manière que l'huile ne puisse pas sortir; serrez le plus que vous pourrez la côtelette dans sa papillote, et terminez les plis du côté de l'os, où vous les attacherez avec du gros fil;

faites griller à petit feu pour que le papier ne brûle pas. Servez dans les papillotes.

N° 298. *Côtelettes de Veau braisées aux Truffes.*

Parez vos côtelettes; piquez-les de gros lard et de filets de truffes; foncez une casserole avec des bardes de lard; mettez-y vos côtelettes, et recouvrez-les avec des bardes; assaisonnez de sel, gros poivre et un bouquet garni, deux carottes et un ognon piqué de deux clous de girofle, et une demi-gousse d'ail; mouillez avec moitié vin blanc et moitié bon bouillon; faites cuire à petit feu; dégraissez la cuisson; faites-la réduire, en ajoutant une cuillerée de jus au vin (voy. n° 5), si vous en avez, ou une cuillerée de marmelade de tomates (voy. n° 22), et servez-vous-en comme de sauce.

N° 299. *Côtelettes de Veau à la Lyonnaise.*

Lardez les côtelettes avec du lard, des anchois et des cornichons; mettez-les pendant une heure dans une marinade composée d'huile, sel et gros poivre, persil, ciboules, échalottes, hachées finement; faites-les cuire à petit feu dans la marinade; enveloppez de bardes de lard.

Mettez dans une casserole un peu de beurre manié avec une pincée de farine, du persil, de la ciboule et des échalottes hachées; tournez pendant quelques instants; mouillez avec le fonds de la cuisson que vous aurez dégraissée auparavant; faites lier, et servez sous les côtelettes; ajoutez un jus de citron au moment de servir.

N° 300. *Côtelettes de Veau au Lard.*

Mettez dans le fond d'une casserole du petit lard coupé en tranches, un peu de beurre, et les côtelettes par-dessus; faites cuire à petit feu; lorsqu'elles sont cuites, arrangez-les dans un plat et couvrez-les avec le lard; dégraissez à moitié la cuisson, ajoutez-y du persil et deux échalottes hachées, du gros poivre; faites un peu réduire; au moment de servir, mettez une liaison de trois jaunes d'œufs, et un jus de citron ou un filet de vinaigre.

N° 301. *Poitrine de Veau au Blanc.*

Coupez une poitrine par morceaux que vous ferez blanchir, passez-les au beurre avec un bouquet garni, des champignons, des morilles, une pincée de farine, sel et gros poivre; mouillez avec du bouillon ; quand la poitrine est cuite, versez-y une liaison de trois jaunes d'œufs délayés avec de la crème.

N° 302. *Tendons de Veau aux Pois.*

Coupez par morceaux, et faites blanchir ; faites revenir dans le beurre, et ajoutez de la farine en suffisante quantité ; mouillez avec du bouillon ; assaisonnez avec poivre et un bouquet garni, pas de sel, puisque le bouillon est salé ; lorsque la poitrine est à moitié cuite, ajoutez les pois et un morceau de sucre ; au moment de servir, mettez une liaison de trois jaunes d'œufs délayés avec de la crème.

N° 303. *Poitrine de Veau farcie.*

Coupez le bout des os des côtes qui font partie de votre poitrine ; séparez la chair de dessus de celle de dessous, pour y introduire une farce composée ainsi qu'il suit : hachez une demi-livre de rouelle de veau, et autant de tétine ; mêlez le tout ensemble, après avoir ajouté du persil et des échalottes hachées fin, sel, gros poivre et muscade râpée, plus trois jaunes d'œufs crus ; mêlez bien, et remplissez la poitrine avec cette farce ; cousez-les chairs afin que la farce ne puisse point sortir ; foncez une braisière de bardes de lard ; mettez-y la poitrine, et couvrez-la de bardes de lard ; ajoutez des carottes, des ognons, dont un piqué de deux clous de girofle, et un bouquet garni ; mouillez avec du bouillon et un verre de vin blanc ; faites cuire à petit feu pendant trois heures. Lorsque la poitrine est cuite, faites un roux peu coloré que vous mouillez avec la cuisson de la poitrine ; faites réduire la sauce, et ajoutez-y une cuillerée de jus, si vous en avez, et un jus de citron.

N° 304. *Poitrine de Veau à la Purée.*

Coupez une poitrine de veau en morceaux ; faites-la blanchir et cuire avec du bon bouillon, une demi-livre de petit lard coupé en tranches, un bouquet garni, une demi-gousse d'ail, poivre, et peu de sel, à cause du lard ; quand elle est cuite, servez avec une purée de lentilles ou de pois verts ; vous vous servirez de la cuisson de votre poitrine pour préparer la purée (voy. nos 70 et suiv.).

N° 305. *Tendons de Veau frits.*

Blanchissez des tendons coupés en morceaux ; mettez du beurre dans une casserole, et passez-y les tendons; quand ils sont bien revenus, mettez-y une bonne cuillerée de farine; tournez pour que la farine se mêle bien au beurre; mouillez avec suffisante quantité de bouillon, et mettez un peu de sel, gros poivre, des champignons coupés en dés et un bouquet garni; lorsque tout est cuit et que la sauce est courte, ôtez les tendons, retirez la casserole du feu, et mettez une liaison de trois jaunes d'œufs. Versez votre sauce dans un vase de faïence pour la faire refroidir.

Trempez-y les tendons, couvrez-les de mie de pain, dorez-les avec des œufs entiers battus, panez une seconde fois, et faites frire avec une friture qui ne soit pas trop chaude.

N° 306. *Tendons de Veau en Kari du Bengale.*

Préparez vos tendons comme ci-dessus; mettez plus de beurre, et ajoutez autant de lard maigre coupé en tranches minces, et ensuite en carrés ou en losanges; assaisonnez avec suffisante quantité de poudre de kari (voy. n° 18); que l'assaisonnement soit très fort, et laisse dans la bouche une saveur brûlante; sur la fin, mettez dans le ragoût des culs d'artichauts ou des topinambours, ou des petits ognons cuits d'avance aux trois quarts; ne dégraissez pas, et faites en sorte que votre sauce soit bien liée, quoique longue; vous servez avec ou sans liaison de jaunes d'œufs.

On sert à côté du kari un pain de riz que vous préparez de la manière suivante : faites crever avec du bouillon ou avec de l'eau autant de riz bien lavé qu'il vous en faut, à raison d'un quarteron pour quatre assiettes; ne mettez que la quantité de bouillon nécessaire pour que le riz crève; faites égoutter le riz sur un tamis; beurrez une casserole que vous puissiez emplir avec votre riz; tenez-la sur un feu doux pendant quelque temps pour que le riz se dessèche; couvrez ensuite avec le four de campagne; lorsque le pain de riz vous paraît bien formé, renversez votre casserole sur une assiette.

N° 307. *Kari à la Mexicaine.*

Préparez entièrement vos tendons comme ci-dessus; mais liez la sauce au moment de servir avec deux cuillerées de marmelade de tomates.

N° 308. *Poitrine ou Tendons de Veau à l'Allemande.*

Laissez la poitrine entière, ou coupez-la en morceaux; coupez les tendons; faites cuire entre des bardes de lard, avec un bouquet garni, quelques racines, sel et poivre; mouillez avec moitié bouillon et moitié vin blanc.

Faites roussir une demi-cuillerée de farine avec du beurre; mouillez avec le fonds de votre cuisson; ajoutez deux anchois, deux foies de volaille cuits, du persil blanchi, le tout haché très fin; faites lier la sauce.

No 309. *Épaule de Veau farcie.*

Désossez entièrement une épaule de veau, sans attaquer le dessus; prenez une partie de la chair et autant de lard que vous hacherez pour faire une farce dans laquelle vous incorporerez quelques œufs battus avec des fines herbes et une pointe d'ail hachés très fin, poivre, peu de sel à cause du lard; étendez votre épaule, le côté de la peau en dessous; couvrez le côté de la chair d'une couche de farce; mettez sur cette couche des lardons, des filets de langues braisés ou à l'écarlate, des filets de cornichons, des morceaux de truffes, des blancs de volailles, enfin, ce que vous avez; couvrez avec un lit de farce. Roulez l'épaule en réunissant bien les chairs; couvrez-la de bardes de lard, et ficelez-la. Enveloppez-la d'un morceau de toile claire, juste à sa grandeur, que vous coudrez; foncez une braisière de quelques bardes de lard; mettez-y l'épaule, et ajoutez les os brisés, des parures de viande, si vous en avez, un pied de veau fendu, des carottes, des ognons, dont un piqué de trois clous de girofle, un fort bouquet garni, sel et poivre; mouillez avec du bouillon ou avec de l'eau et un bon verre de vin blanc; faites cuire à petit feu. Lorsque l'épaule est cuite, vous la retirez, et mettez égoutter et refroidir; passez la cuisson dans un linge peu serré, sans expression; remettez-la dans une casserole, et cassez-y deux œufs entiers, que vous mêlerez bien avec votre gelée; assaisonnez-la, si elle ne l'est pas assez; remettez la casserole sur le feu; faites bouillir; étouffez le feu, et laissez continuer l'ébullition tout doucement pendant une demi-heure; passez de nouveau la gelée, et laissez-la refroidir. Quand elle sera prise, parez-en l'épaule dont vous aurez ôté l'enveloppe.

No 310. *Épaule de Veau à l'Étouffade.*

Mettez une épaule de veau dans une terrine ou une braisière foncée de bardes de lard, avec un peu de bouillon, des tranches de citron sans blancs ni pepins, ou deux cuillerées de vinaigre à l'estragon, quatre carottes coupées, six ognons, dont un piqué de deux clous de girofle, une gousse d'ail, sel et poivre, et un fort bouquet garni; couvrez avec un couvercle lutté avec de la pâte; faites cuire à petit feu; ou mettez au four pendant trois heures; faites réduire la cuisson après l'avoir dégraissée.

On peut désosser et piquer l'épaule avant de la mettre dans la braisière : on brise les os, et on les met avec l'épaule.

N° 311. *Veau en Fricandeau.*

Prenez une tranche de rouelle de veau épaisse de deux doigts; après l'avoir parée, piquez-la en dessus régulièrement avez du petit lard; mettez le veau dans une casserole, le lard en dessus, avec un bouquet garni, un peu de beurre, sel et poivre; mouillez avec du bouillon; faites cuire à petit feu; sur la fin faites bouillir plus fort pour réduire le mouillement. Lorsque le veau est cuit, passez-le avec un peu de beurre dans une autre casserole, le lard en dessous, pour lui faire prendre couleur; ajoutez un peu de sucre au beurre. Dégraissez votre cuisson, et servez-vous-en pour la préparation d'un plat d'oseille, chicorée, ou épinards que vous servirez sous le morceau de veau. On peut le servir avec une sauce tomate (voy. n° 37).

N° 312. *Veau rôti.*

Piquez-le de lard, si vous voulez, et faites-le rôtir long-temps à un feu doux; il doit être cuit, sans être desséché; pour éviter la déperdition de ses sucs, lorsqu'il est embroché, il faut appliquer légèrement sur toutes les parties de la surface une pelle rouge, ce qui crispe les chairs et retient les sucs en dedans.

N° 313. *Veau rôti à la Languedocienne.*

Faites-le crisper avec la pelle rouge; mettez dans la lèchefrite une marinade composée d'huile, de jus de citron ou de vinaigre, deux anchois, sel et poivre; arrosez-le souvent avec cette marinade; lorsqu'il est cuit, servez-le avec ce qui est dans la lèchefrite, après avoir dégraissé.

N° 314. *Blanquette de Veau.*

Passez avec un bon morceau de beurre, du persil et de la ciboule hachés; mettez-y un peu de farine; mouillez avec du bouillon; assaisonnez de sel, poivre et muscade râpée; ajoutez des champignons, si vous en avez; lorsque les champignons sont cuits, mettez le veau émincé dans la sauce, et tenez-la sur le coin du fourneau; au moment de servir, mettez une liaison de trois jaunes d'œufs, un peu de jus de citron, du verjus ou du vinaigre.

N° 315. *Quasi de Veau glacé.*

Piquez-le de petit lard d'un côté, et faites-le cuire comme pour le fricandeau (voy. n° 311); faites réduire la cuisson après l'avoir dégraissée; mettez-y le quasi, le lard en dessous, pour prendre glace; lorsqu'il est cuit, retirez-le; versez un peu de jus au vin (voy. n° 5) dans la casserole, pour en détacher la glace qui y reste, ou si vous n'avez pas de jus, un peu de bouillon et un demi-verre de vin; ajoutez un anchois haché, des câpres et des cornichons, et versez sous le quasi.

La noix de veau se prépare de même.

N° 316. *Veau à la Gelée.*

Prenez un morceau de veau coupé bien carrément; piquez-le de lard, jambon, truffes, si vous en avez; mettez-le dans une braisière enveloppé de bardes de lard, avec des os de veau concassés, des parures de veau ou de volailles, un pied de veau fendu, deux carottes, deux ognons, un panais, un bouquet garni, sel et gros poivre; mouillez avec du bouillon ou de l'eau, un grand verre de vin blanc; faites bouillir, écumez, laissez achever la cuisson à petit feu.

Lorsque le veau est cuit, retirez-le pour le faire refroidir; traitez la cuisson comme il est prescrit pour celle de l'épaule farcie (voy. n° 309); donnez une bonne forme à votre veau avant qu'il soit refroidi, et contenez-le en le mettant sous presse; couvrez-le de gelée lorsque celle-ci est bien prise.

N° 317. *Veau en Paupiettes.*

Coupez du veau en tranches minces, et séparez-les ensuite en carrés; aplatissez chaque morceau avec le couperet, et couvrez-le de godiveau ou de toute autre farce de viande; roulez chaque paupiette; couvrez-la d'une barde de lard que vous attachez avec du fil; embrochez-les avec un hatelet; couvrez-les de papier et couchez le hatelet sur la broche, pour les faire cuire; passez ensuite les paupiettes par-dessus les bardes de lard, et faites-leur prendre couleur à un feu clair; servez avec une sauce piquante (voy. nos 47, 48 et 49).

N° 318. *Veau en Caisse.*

Prenez une tranche de rouelle de veau de l'épaisseur de deux doigts; faites une caisse de papier de la grandeur de votre morceau; huilez le fond, et mettez-y le veau, avec de l'huile, persil, ciboules, champignons, échalottes, un pointe d'ail, le tout haché très fin, sel et gros poivre; mettez la caisse sur le gril, avec un morceau de papier huilé par dessous; lorsque la viande est cuite d'un côté, retournez-la; servez avec la caisse, en ajoutant un peu de jus de citron ou de verjus, ou de vinaigre.

Au lieu de mettre le veau en caisse, on peut le mettre dans une papillote de papier double, qui sera plus facile à retourner, et dans laquelle la viande s'imprégnera mieux de l'assaisonnement.

N° 319. *Rissoles de Veau.*

Coupez en très petits dès du veau rôti; passez-le sur le feu avec du beurre, persil et ciboules hachés; mettez une pincée de farine, et mouillez avec du bouillon, ou avec un fond de cuisson, si vous en avez; faites reduire la sauce jusqu'à ce qu'elle s'attache à la viande; vous versez alors le contenu de la casserole dans une assiette pour le faire refroidir; faites une pâte avec de la farine, du beurre, de l'eau et du sel; étendez-la très mince, et posez dessus la viande en petits tas séparés les uns des autres, que vous couvrirez ensuite avec un morceau de la même pâte; découpez la pâte autour des tas, et pincez le fond avec le dessus, pour les faire tenir ensemble; faites-les frire.

On peut réchauffer ainsi les restes d'un hachis.

N° 320. *Rouelle de Veau dans son Jus.*

Prenez un morceau de rouelle de veau bien coupé, et un peu épais; lardez-le de gros lard bien assaisonné; passez-le au beurre pour lui faire prendre couleur; laissez-le ensuite cuire dans son jus à très petit feu; servez avec le jus qui est dans la casserole, après l'avoir dégraissé.

N° 321. *Carré de Veau rôti aux fines Herbes.*

Parez le carré, et lardez le filet avec du lard fin; faites-le mariner pendant deux ou trois heures avec persil, ciboules, champignons, thym, basilic, deux échalottes, une pointe d'ail, le tout haché très fin, sel, gros poivre et muscade râpée, de l'huile et du jus de citron ou du verjus, ou un filet de vinaigre à l'estragon; embrochez le carré; couvrez-le avec le reste de la marinade, et enveloppez-le avec du papier beurré, de manière que rien ne puisse s'échapper; faites cuire à très petit feu; lorsque le carré est cuit, enlevez avec un couteau les fines herbes qui tiennent au papier et à la viande, pour les mettre dans une casserole avec deux cuillerées de jus ou un verre de bon bouillon, un morceau de beurre manié avec de la farine, et un jus de citron ou du verjus, ou du vinaigre; faites lier la sauce sur le feu; mettez un jaune d'œuf dans un peu de beurre tiède; mêlez bien, et frottez-en le dessus du carré, que vous panerez ensuite, sans le débrocher; faites prendre une belle couleur devant un feu vif; servez avec la sauce ci-dessus.

N° 322. *Coquilles de Ris et de Cervelles de Veau.*

Faites cuire les ris et les cervelles avec un peu de beurre et du jus de citron ou du verjus, et du bouillon; ajoutez des champignons, sel et gros poivre; retirez-les aussitôt qu'ils sont cuits; coupez-les en petits morceaux, ainsi que les champignons; mettez dans une casserole un peu de jus blond (voy. n° 7), ou d'allemande (voy. n° 41), et une cuillerée de gelée; faites bouillir et jetez-y vos ris ou cervelles, avec les champignons; avant de retirer du feu, ajoutez un peu de beurre et du jus de citron; remplissez les coquilles avec ce ragoût; laissez refroidir, et panez avec de la mie de pain mêlée de fromage râpé; faites prendre couleur sous un four de campagne.

N° 323. *Veau en Esturgeon.*

(Voyez, n° 927, la manière de préparer la chair de veau pour lui donner la saveur de celle de l'esturgeon.)

N° 324. *Godiveau.*

(Voy. n° 87.)

N° 325. *Ragoût de Ris de Veau.*

(Voy. n° 85 et 103.)

N° 326. *Cervelles de Veau en Mayonnaise.*

Elles se préparent comme celles de bœuf (voy. n° 181).

COCHON.

N° 327. *Avertissement.*

Il y a un grand nombre de préparations de diverses parties du cochon, qui font l'objet d'un commerce particulier; rarement on les fait chez soi; on prefère avec raison les acheter chez le charcutier qui, travaillant en grand dans cette partie, peut presque toujours faire mieux et à meilleur marché; nous aurions donc pu nous borner à faire connaître les seuls apprêts du cochon qui font partie de la cuisine proprement dite; mais, comme dans les compagnes, et même dans beaucoup de villes, où il n'y a pas de charcutiers, on tue dans chaque ménage un et quelquefois plusieurs cochons par an, nous décrirons dans un chapitre à part, intitulé *Charcuterie*, les procédés par lesquels on peut tirer de leur chair le parti le plus utile et le plus agréable.

No 328. *Boudins et Saucisses plates et longues.*

Ciselez légèrement les boudins noirs, et faites-les griller, ou faites-les cuire à sec dans une tourtière; retournez-les.

Les saucisses se cuisent aussi de deux manières; servez avec un moutardier.

Les andouilles doivent être grillées; on peut aussi les faire cuire sous les cendres chaudes enveloppées de papier.

No 329. *Pieds de Cochon à la Sainte-Menehould.*

Prenez des pieds de cochon cuits (voy., no 354, la manière de les faire cuire); trempez-les dans du beurre tiède, et panez-les, après les avoir assaisonnés de sel fin et gros poivre; tâchez de leur faire prendre beaucoup de mie de pain; faites griller à un feu doux; servez à sec avec un moutardier.

On fait griller de même, et on sert aussi à sec les pieds de cochon aux truffes, qu'on trouve tout préparés chez les charcutiers.

No 330. *Oreilles de Cochon à la Sainte Menehould.*

Faites-les cuire avec moitié bouillon et moitié vin rouge ou blanc, des carottes et ognons, dont un piqué de clous de girofle, un fort bouquet garni, gros poivre et du sel, si elles n'ont pas été mises auparavant dans la saumure. Lorsqu'elles sont cuites et refroidies, dorez-les avec du beurre tiède, et panez-les; couvrez-les ensuite avec de l'œuf battu, et panez une seconde fois; faites prendre couleur sous un four de campagne. Servez avec une rémoulade (voy. no 50).

No 331. *Oreilles de Cochon à la Purée.*

Faites cuire comme ci-dessus, et servez avec une purée de lentilles ou de pois verts (voy. nos 70 et 72).

Ou bien faites cuire des oreilles avec un litre de lentilles, un bon bouquet garni, deux ognons piqués de deux clous de girofle, sel et gros poivre; retirez les oreilles quand elles sont cuites, et tenez-les chaudement; séparez les lentilles du bouillon, et écrasez-les pour les passer en purée à travers un tamis ou une passoire à petits trous; ajoutez successivement un peu de bouillon pour faciliter le passage de la purée; assaisonnez suffisamment, et faites réduire la purée, si elle est trop claire.

N° 332. *Côtelettes de Cochon grillées.*

Parez vos côtelettes en leur donnant une belle forme; faites-les griller à feu doux; servez avec une sauce Robert (voy. n° 45), ou une sauce aux cornichons (voy. n° 171).

N° 333. *Côtelettes de Cochon à la Poêle.*

Mettez-les dans une poêle ou sur une tourtière beurrée; faites-les cuire dans leur jus; saupoudrez-les, pendant qu'elles cuisent, de mie de pain assaisonnée de fines herbes, sel et poivre. Mettez dans une casserole un peu de poivre et une pincée de farine, passez-y des échalottes hachées; mouillez avec du jus (voy. n° 4), ou avec le jus des côtelettes, sel et poivre; faites lier avec un morceau de beurre manié avec de la farine; au moment de servir, ajoutez une cuillerée de moutarde; servez les côtelettes avec cette sauce.

N° 334. *Cervelles de Cochon.*

On les prépare comme celles de veau (voy. n° 274).

N° 335. *Queue de Cochon à la Purée.*

Faites cuire comme les oreilles à la purée (voy. n° 331), et servez une purée de lentilles ou de pois.

N° 336. *Rognons au Vin de Champagne.*

Faites roussir du beurre avec un peu de farine; passez-y les rognons émincés, avec sel, gros poivre et muscade râpée, persil et échalottes hachés fin; lorsqu'ils seront bien revenus, mouillez avec un verre de vin blanc ou rouge; ajoutez sur la fin un peu de beurre manié avec de la farine pour lier la sauce.

N° 337. *Rôties au Lard.*

Coupez les deux extrémités d'un pain mollet d'une livre, et piquez-le d'une extrémité à l'autre avec du petit lard; coupez ensuite en travers le pain en tranches minces ; trempez ces rôties dans des œufs battus comme pour une omelette, et faites-les frire à petit feu ; servez à sec ou avec une sauce à votre choix.

N° 338. *Échine de Cochon rôtie.*

Parez-la bien carrément ; ciselez la graisse dont elle est couverte ; tenez à la broche pendant deux heures ; servez à sec ou avec une sauce Robert (voy. n° 45), ou une sauce piquante (voy. nos 47, 48). Le cochon ne saurait être trop cuit ; et comme sa chair est couverte de graisse, elle ne se dessèche pas facilement. Avant de faire rôtir le cochon, il faut le garder pendant un ou deux jours, et même plus suivant la saison, saupoudré de sel et épices.

N° 339. *Cochon de lait rôti.*

Épilez le cochon de lait, en le trempant un instant dans l'eau chaude ; quand il est bien net, videz-le, et troussez-le après l'avoir frotté dans tout l'intérieur avec du beurre pétri avec des fines herbes, sel, poivre et muscade ; mettez-y aussi quelques zestes de citron ; ciselez légèrement la peau de la tête, des épaules et des cuisses, pour l'empêcher de crever ; faites rôtir, et arrosez souvent avec de l'huile pour que la peau devienne croquante et prenne une belle couleur.

N° 340. *Cochon de lait farci.*

Désossez un cochon de lait excepté la tête, que vous laisserez entière, étendez-le, la peau en dessous, et couvrez-le d'une farce faite avec moitié lard, moitié foie de veau ; assaisonnez la farce avec sel, poivre, girofle et muscade en poudre, un peu de sauge et de basilic hachés, couvrez cette couche de farce avec du jambon coupé en filets, des lardons, des truffes, des filets de langue à l'écarlate, etc. ; recousez la peau de manière que le cochon reprenne sa première forme ; enveloppez-le d'un linge blanc avec quelques feuilles de sauge, laurier et basilic, et quelques bardes de lard ; mettez-le dans une braisière avec moitié de bouillon et moitié vin blanc, sel et poivre ; faites cuire à très petit feu ; laissez-le dans la cuisson jusqu'à ce qu'il soit assez refroidi pour que vous puissiez, en le pressant avec les mains, en faire sortir le liquide qu'il peut retenir. Ne le développez que lorsqu'il est tout-à-fait froid ; servez sur une serviette.

N° 341. *Cochon de lait en Blanquette.*

Coupez en filets les débris d'un cochon de lait rôti ; passez au beurre dans une casserole des champignons coupés aussi en filets, un bouquet garni, une gousse d'ail, deux échalottes ; mettez une pincée de farine, et mouillez avec moitié vin blanc et moité bouillon ; assaisonnez de sel, poivre et muscade ; faites réduire à moitié ; ôtez alors le bouquet, et mettez vos filets ; faites chauffer sans bouillir ; au moment de servir, ajoutez une liaison de trois jaunes d'œufs, et un jus de citron ou une bonne cuillerée de verjus.

N° 342. *Jambon.*

Parez-le en enlevant légèrement le dessus de la chair, et tout ce qui est jaune sur le pourtour ; laissez la couenne, et coupez le bout du jarret.

Faites dessaler le jambon en le trempant plus ou moins de temps dans l'eau froide, selon la saison et le degré de salure que vous reconnaîtrez en piquant la noix avec une pointe de bois ; mettez-le, enveloppé dans un linge, dans un vase proportionné à sa grandeur, avec des carottes, des ognons, dont un piqué, un fort bouquet garni ; mouillez avec moitié eau et moitié vin ; faites bouillir, et continuez pendant cinq ou six heures à petit bouillon ; quand il est suffisamment cuit, ce que vous jugerez lorsqu'en le piquant avec une lardoire vous n'éprouvez pas de résistance, ôtez de la braisière, retirez l'os du milieu, et laissez-le refroidir ; enlevez alors la couenne sans toucher à la graisse, et couvrez-le de persil haché très fin, et ensuite de chapelure fine et d'une belle couleur.

N° 343. *Jambon aux Épinards.*

Prenez une belle tranche de jambon cuit ; passez dans du beurre une grosse carotte, deux ognons, persil, laurier, thym, le tout émincé, poivre et muscade râpée ; mettez votre tranche de jambon, et mouillez avec une cuillerée de jus et un verre de vin ; si vous n'avez pas de jus, mettez de bon bouillon avec un peu de caramel. Quand les légumes sont à peu près cuits, passez le fond, remettez la tranche dans la casserole, et versez par-dessus le fond que vous aurez passé ; mettez du feu sur un couvercle au-dessus de la casserole ; prenez de temps en temps une cuillerée du fond, et versez-la sur la tranche jusqu'à ce qu'elle soit bien glacée.

Passez au beurre des épinards blanchis et bien verts ; assaisonnez de sel et poivre ; mouillez-les avec du jus (voy. n° 4), et de la cuisson de la tranche ; servez la tranche sur des épinards, le côté glacé en dessus.

CHARCUTERIE.

No 344. *Boudins noirs.*

Coupez en dés des ognons en quantité suffisante ; passez-les au saindoux jusqu'à ce qu'ils soient fondus, sans être roux ; coupez aussi en dés autant de livres de panne que vous avez de pintes de sang ; mêlez le tout ensemble avec du persil et de la ciboule hachés, sel, épices et de la crême ; entonnez ce mélange dans des boyaux bien lavés et nettoyés, et noués par en bas ; fermez-les lorsqu'ils sont pleins, en ayant grand soin qu'il n'y reste pas d'air ; mettez le boudin dans de l'eau assez chaude pour ne pas pouvoir y tenir la main, mais qui ne doit pas être bouillante, parce que cette chaleur fait crever le boudin. Lorsqu'il commence à être ferme, et qu'il ne sort plus de sang en le piquant, retirez-le pour le mettre égoutter et refroidir ; coupez-le par morceaux en bec de flûte.

No 345. *Boudins blancs.*

Faites réduire du lait avec de la mie de pain, jusqu'à la consistance d'une bouillie très épaisse ; coupez en travers, et très mince, de la chair de volaille rôtie ; coupez en dés de la panne ; pilez ensemble la panne et la chair, et ajoutez la mie de pain bouillie avec le lait. On doit employer parties égales de mie de pain, de chair de volaille et de panne ; coupez en petits dés une quantité suffisante d'ognons, que vous passerez au saindoux jusqu'à ce qu'ils soient fondus ; ajoutez les ognons cuits à votre hachis ; et mettez-y quelques jaunes d'œufs pour le lier ; mêlez bien le tout ensemble, et assaisonnez de sel, poivre, muscade râpée. Remplissez des boyaux bien nettoyés avec ce mélange ; faites-les cuire dans l'eau chaude sans être bouillante.

On peut faire ce boudin, en substituant à la chair de volaille celle de lapin, faisan, perdix, veau et toute autre viande blanche.

No 346. *Saucisses plates.*

Hachez de la chair de cochon dépouillée de nerfs et membranes avec autant de lard ; ajoutez du persil, de la ciboule, thym et basilic hachés, du sel, du poivre ; mêlez le tout ensemble, roulez, aplatissez et enveloppez avec de la crépine.

N° 347. *Saucisses rondes.*

Les saucisses rondes se préparent de la même manière, excepté qu'au lieu d'envelopper la chair hachée avec de la crépine, on l'enferme dans les intestins de volaille qu'on a auparavant bien nettoyés.

N° 348. *Andouilles.*

Après avoir nettoyé et lavé les boyaux les plus charnus du cochon, on les fait dégorger dans l'eau pendant douze heures en été, et vingt-quatre heures en hiver; on les fait égoutter, on les essuie, et on les coupe en filets; on y ajoute de la viande de cochon aussi coupée en filets, et de la panne coupée en dés; on mélange bien le tout en assaisonnant de sel, poivre, herbes aromatiques pilées, épices; et après l'avoir laissé pendant quelque temps dans une terrine, pour l'imprégner de l'assaisonnement, on introduit le mélange dans des boyaux, qu'on lie sans les remplir entièrement. On place les andouilles au fond du saloir.

N° 349. *Andouilles de Troyes.*

Faites cuire une fraise de veau, comme il est prescrit (n° 272); faites cuire aussi une ou deux tétines de veau. Coupez la fraise et les tétines en filets.

Passez dans du beurre des champignons hachés, des échalottes, du persil et des truffes coupées en morceaux; mouillez avec un verre de vin blanc; assaisonnez de sel, poivre et épices; et lorsque la sauce commencera à diminuer, ajoutez quelques cuillerées de jus au vin (voy. n° 5), ou si vous n'en avez pas, de fond de cuisson d'une bonne braise; faites réduire en bonne consistance, et ajoutez la fraise, les tétines et cinq à six jaunes d'œufs crus; tournez le tout ensemble; faites chauffer, mais ne faites pas bouillir. Remplissez des boyaux avec ce mélange, sans les remplir entièrement; ficelez-les par les deux bouts, et mettez-les en presse, de manière que les andouilles prennent une forme carrée.

Ces andouilles ne peuvent se garder que pendant quelques jours.

On les fait cuire à très petit feu dans moitié bouillon et moitié vin blanc; on les fait refroidir, et ensuite on les grille comme les andouilles de cochon.

N° 350. *Andouilles à la Béchamel.*

Coupez en filets de la poitrine de cochon, une fraise de veau blanchie, de la panne et du petit lard; assaisonnez avec sel, poivre, muscade râpée, coriandre en poudre : faites réduire quelques cuillerées de Béchamel (voy. n° 34), avec de la mie de pain, jusqu'à ce que le tout fasse une bouillie épaisse; mêlez-y vos filets, avec cinq ou six jaunes d'œufs crus; faites vos andouilles comme ci-dessus.

On les fait cuire avec moitié lait et moitié bouillon, et lorsqu'elles sont refroidies, on les fait griller à feu doux.

N° 351. *Hure de Cochon.*

Désossez entièrement une tête de cochon, en évitant d'attaquer la peau; piquez-la en dedans avec du gros lard et des truffes, et assaisonnez-la de sel, gros poivre et épices, persil, ciboules et un peu de sauge hachés; laissez-la s'imprégner de l'assaisonnement pendant vingt-quatre heures. Remplissez l'intérieur de la tête avec sa langue, sa cervelle, une langue de veau à l'écarlate, de la panne, du petit lard et des truffes, le tout coupé en filets et convenablement assaisonné; entremêlez ces filets, pour que, lorsqu'on la coupera, la tranche soit bien marbrée; recousez alors la tête de manière à lui rendre à peu près sa première forme; enveloppez-la dans un linge blanc pas plus grand qu'il ne faut, que vous coudrez; mettez-la dans une braisière avec les os concassés, quelques couennes, de la sauge, du thym, du basilic, des feuilles de laurier, un bon bouquet de persil et ciboules, du sel et des clous de girofle; mouillez avec de l'eau et une bouteille de vin. Il faut que la tête soit baignée. Faites cuire à petit feu pendant huit heures; lorsqu'elle sera cuite, ce que vous reconnaîtrez lorsqu'en piquant avec une lardoire vous n'éprouverez presque point de résistance, vous ôterez la braisière du feu, en y laissant la tête jusqu'à ce que vous puissiez la toucher sans vous brûler; retirez-la alors; pressez-la pour en extraire le liquide qui y sera entré, et laissez refroidir. Quand elle sera froide, vous la développerez, et après l'avoir parée, vous la couvrirez partout de chapelure passée au tamis et de belle couleur.

N° 352. *Fromage de Cochon.*

Désossez complétement une tête de cochon; levez toute la chair, sans couper la couenne; coupez toute la chair en filets; séparez le gras d'avec le maigre; coupez les oreilles de la même manière; assaisonnez le tout de sel, poivre, muscade râpée, épices, thym, laurier, basilic, sauge et persil hachés très fin, zeste de citron râpé et jus de citron; mettez la peau de la tête dans un saladier, et arrangez sur cette peau vos filets, en entremêlant le gras et le maigre ; ajoutez-y un peu de panne, de la langue à l'écarlate et des truffes, si vous en avez, aussi coupées en filets ; lorsque vous avez tout employé, retroussez la peau, retranchez-en ce qui est inutile, et cousez-la ; vous aurez alors une espèce de boule plate que vous mettrez dans une marmite juste à sa grandeur, avec des racines, des aromates, sel et poivre ; mouillez avec de l'eau et du vin blanc ; faites bouillir à petit feu pendant six ou sept heures ; lorsque le fromage est cuit, laissez-le dans la cuisson jusqu'à ce qu'elle soit presque tiède ; retirez-le alors, pour le mettre dans un moule, ou dans une casserole de fer-blanc ; posez par-dessus un plateau de bois que vous chargerez avec un corps pesant, pour lui faire prendre la forme du moule, qui doit être celle d'une petite meule épaisse.

On fait aussi ce fromage avec des oreilles seulement ; on les épluche bien, on les fend en deux, et après les avoir assaisonnées, on les met à plat dans une braisière, et on les fait cuire avec du vin blanc ; lorsqu'elles sont cuites, on les range dans un moule, par couches, en mettant entre chacune des tranches de langue à l'écarlate déjà cuite ; on presse comme ci-dessus.

Il ne faut jamais employer de vases de cuivre pour mouler ces fromages, ni en général pour y faire refroidir des matières grasses ou acides, ou seulement salées, parce que le meilleur étamage n'empêche pas la production du vert-de-gris à froid.

N° 353. *Fromage d'Italie.*

Hachez et pilez séparément un foie de cochon ou de veau ; hachez et pilez aussi deux tiers de lard, un tiers de panne, de manière que le poids du lard et celui de la panne égalent celui du foie ; mêlez le tout ensemble et assaisonnez de sel, poivre, muscade, épices, persil, ciboules, thym, basilic et sauge hachés, coriandre et anis pilés ; couvrez exactement le fond et les bords d'un moule ou d'une casserole de fer-blanc, avec une crépine ou des bardes de lard ; mettez-y le hachis et couvrez-le de bardes de lard ; faites cuire au four ; laissez refroidir entièrement dans le moule ; et pour en sortir le fromage, trempez le moule un instant dans l'eau bouillante.

N° 354. *Pieds de Cochon à la Sainte-Menehould.*

On les fend en deux dans le sens de la fourchure du pied ; on réunit les deux moitiés, et pour empêcher qu'elles ne se déforment en cuisant, on les enveloppe avec un large ruban de fil ; on les fait cuire dans une marmite avec des carottes, des ognons, du persil, de la ciboule, des aromates, sel et poivre ; on mouille avec moitié eau et moitié vin. On les fait cuire à petit feu pendant vingt-quatre heures : on les verse avec leur cuisson dans une terrine, et on les laisse refroidir avant de les développer.

N° 355. *Langues fourrées.*

Prenez des langues de cochon, de bœuf ou de veau; parez-les en ôtant le cornet, et faites-les blanchir pendant un quart d'heure à l'eau bouillante; enlevez la première peau; mettez vos langues dans un pot de grès, le gros bout de l'une contre le petit bout de l'autre, pour laisser le moins de vide possible ; saupoudrez-les de sel mêlé avec un seizième de salpêtre et d'herbes aromatiques hachées grossièrement ; faites de même à chaque couche ; quand toutes vos langues son arrangées, couvrez-les d'un plateau de bois sur lequel vous mettrez des poids, afin de les comprimer, et qu'elles trempent dans la saumure qui se formera ; couvrez le pot, et placez-le dans un endroit aéré et frais ; laissez les langues dans la saumure pendant huit ou dix jours ; au bout de ce temps, retirez-les pour les faire égoutter ; et enveloppez-les d'un boyau de cochon ou de veau, que vous liez par les deux bouts. Si vous voulez les fumer, placez-les sur un grillage élevé de quatre à cinq pieds au-dessus du foyer, et entretenez par-dessous un petit feu de branche de genièvre vert, sur lequel vous projeterez de temps en temps quelques branches d'herbes aromatiques.

N° 356. *Jambons de Bayonne.*

Attachez le manche des jambons à la noix avec une ficelle, et mettez-les en presse entre deux planches chargées de pierres, pendant vingt-quatre heures, et plus, si la saison le permet ; saupoudrez-les ensuite de sel mélangé d'un douzième de salpêtre, et laissez-les encore en presse pendant trois ou quatre jours ; faites une saumure avec du vin et de l'eau que vous saturerez de sel en la faisant bouillir ; faites bouillir avec la saumure, thym, sauge, laurier, genièvre, basilic, poivre, coriandre et anis ; tirez la saumure à clair, et laissez-la refroidir ; arrangez vos jambons dans un saloir en bois, ou en grès, ce qui vaut mieux, et versez votre saumure par-dessus ; il faut qu'ils y soient entièrement plongés ; ajoutez encore quelques poignées de sel ; laissez les jambons dans la saumure pendant quinze jours ou trois semaines, suivant la saison ;

retirez-les et mettez-les sécher; quand ils sont secs, enfumez-les, comme il est prescrit pour les langues, pendant quatre ou cinq jours, à différents intervalles. Frottez-les avec de la grosse lie, laissez-les sécher, et conservez-les dans la cendre.

N° 357. *Pieds de Cochon aux Truffes.*

Faites cuire des pieds entiers, comme il est prescrit pour ceux à la Sainte-Menehould (voy. n° 354); désossez-les; faites une farce ainsi qu'il suit : hachez des blancs de volaille cuite; mettez sur le feu avec de bon bouillon, de la mie de pain émiettée, et de la tétine de veau hachée, autant de tétine qu'il y a de mie et de blanc et de truffes hachées; faites réduire jusqu'à ce que la mie de pain ait tout bu, et qu'il en résulte une bouillie épaisse et presque sèche; ajoutez vos blancs hachés, des truffes coupées en tranches, trois jaunes d'œufs, sel, poivre et épices; mêlez bien le tout ensemble avec un peu de crème. Remplissez de ce mélange l'intérieur des pieds, que vous enveloppez avec de la crépine par le gros bout, pour que la farce ne s'échappe pas. Dorez ensuite les pieds avec du beurre tiède, et panez-les; passez-les une seconde fois à l'œuf battu.

N° 358. *Saucissons de Lyon.*

Prenez de la chair de cochon courte et maigre; celle qui enveloppe les os de l'échine est la meilleure; prenez moitié en poids de filet de bœuf, et autant de lard : ainsi, si vous avez six livres de cochon, vous aurez trois livres de filet de bœuf, trois livres de lard, en tout douze livres; hachez le tout, et pilez-le ensuite à l'exception du lard, que vous couperez en dés; mêlez le tout ensemble, de manière qu'il se trouve du lard partout; assaisonnez pour douze livres, avec dix onces de sel, un quart d'once de poivre moulu, un quart d'once de mignonette, un quart d'once de poivre entier, et six gros de salpêtre, ail et échalotte pilés, selon le goût : pétrissez le tout, et laissez reposer pendant vingt-quatre heures, remplissez de ce mélange de gros boyaux bien nettoyés et lavés successivement à l'eau chaude et au vinaigre; foulez avec un tampon de bois bien uni pour ne pas déchirer les boyaux, dans lesquels il ne doit pas rester d'air; fermez les boyaux, et ficelez-les en travers comme une carotte de tabac; mettez-les dans un saloir avec sel et salpêtre pendant huit jours; retirez-les ensuite pour les faire sécher dans la cheminée : vous reconnaîtrez qu'ils sont suffisamment secs, quand ils seront devenus blancs. Faites bouillir de la lie de vin avec de la sauge, du thym et du laurier; resserrez les ficelles des saucissons, et barbouillez-les avec cette lie; lorsqu'ils sont secs, enveloppez-les de papier, et conservez-les dans la cendre.

N° 359. *Cervelas.*

Prenez la chair de cochon dans les parties les plus tendres et les plus entrelardées; hachez-la avec du persil et des ciboules, et un peu d'ail, selon votre goût; assaisonnez de sel et épices mêlées; remplissez de ce mélange des boyaux d'une grosseur convenable; liez-les, et faites-les cuire pendant deux ou trois heures.

N° 360. *Cervelas à l'Ognon.*

Mêlez avec la viande hachée, comme ci-dessus, des ognons coupés en dés, que vous aurez passés dans le saindoux et fait cuire aux trois quarts.

N° 361. *Cervelas à l'Italienne.*

Hachez quatre livres de chair maigre avec une livre de lard; assaisonnez de sel et épices mêlés, coriandre et anis pilés; versez sur votre hachis autant de vin blanc et de sang de cochon frais qu'il est nécessaire pour délayer la consistance du mélange, sans le rendre trop liquide; coupez dans la partie la plus charnue d'une tête de cochon des filets gros comme le petit doigt; mettez-les avec le hachis, et introduisez le tout dans des boyaux bien nettoyés; liez les cervelas, et faites-les cuire; vous les laisserez ensuite sécher à la fumée jusqu'à ce qu'ils soient devenus tout-à-fait fermes.

N° 362. *Petit Salé.*

Toutes les parties du cochon qui sont maigres et entrelardées sont propres à faire du petit salé; le filet et la poitrine sont les meilleurs morceaux; coupez l'un et l'autre en plusieurs parties; mettez au fond d'un saloir de grès une couche de sel; arrangez vos morceaux par couches en les pressant bien les uns contre les autres, pour qu'il ne reste pas de vide; couvrez chaque couche avec du sel mélangé de salpêtre (quinze onces de sel et une once de salpêtre); mettez plus de sel sur la dernière couche; couvrez le saloir avec un linge plié en quatre; mettez sur le linge un plateau de bois, et sur celui-ci une grosse pierre. Au bout de cinq à six jours on peut retirer le petit salé et s'en servir. Si on veut le garder plus long-temps, il faut le saler davantage.

N° 363. *Lard en Planches.*

Levez le lard en y laissant le moins de chair possible; frottez-le avec du sel fin bien sec, à raison d'une livre de sel pour dix livres de lard; mettez les morceaux l'un sur l'autre, lard contre lard; couvrez-les d'une planche que vous chargerez avec des pierres; laissez-le ainsi en presse pendant vingt-cinq jours au moins, et retirez-le pour le suspendre dans un endroit sec et aéré. Vous pouvez ajouter à chaque livre de sel environ une demi-once de salpêtre.

N° 364. *Lard à l'Anglaise.*

Prenez une flèche de cochon, dont vous enlevez toute la graisse intérieure qui ne fait pas partie du lard; frottez-la des deux côtés avec du sel, et laissez-la vingt-quatre heures dans cet état; faites un mélange dans la proportion de deux parties de sel et une de cassonade; essuyez votre flèche; frottez-la avec le mélange indiqué, et déposez-la dans un saloir, en mettant du mélange dessus et dessous; arrosez-la tous les jours avec la saumure qui s'est formée; au bout de ce temps, séchez-la à la fumée, et suspendez-la dans un endroit sec, non exposé au soleil, et où on ne fasse pas de feu.

N° 365. *Saindoux.*

Épluchez la panne en en enlevant des membranes qui s'y trouvent; battez-la, et coupez-la en petits morceaux; faites-la fondre dans un chaudron avec très peu d'eau; mettez-y quelques clous de girofle concassés et deux ou trois feuilles de laurier. Faites fondre à petit feu, et assez long-temps pour qu'elle soit bien cuite: vous reconnaîtrez qu'elle est à son point quand les cortons deviendront cassants; veillez à ce que le saindoux ne se colore pas; vous le retirez pour le faire refroidir, et avant qu'il ne soit figé, vous le passerez à travers un tamis.

N° 366. *Jambons et Langues à la Mayençaise.*

Faites une saumure dans les proportions suivantes: quatre livres de sel, demi-livre de salpêtre, une livre de cassonade, une once de calamus aromaticus enfermé dans un nouet, et suffisante quantité d'eau pour dissoudre le tout. Faites bouillir cette saumure pendant une demi-heure, et laissez-la ensuite refroidir; mettez vos jambons, ou des langues, et même du lard, dans cette saumure, pendant trois semaines; faites ensuite sécher de la manière indiquée pour les jambons.

Si avant de mettre les jambons et les langues dans la saumure, on les met tremper dans de l'eau de puits pendant vingt-quatre ou quarante-huit heures, ils en seront meilleurs et plus tendres.

No 367. *Sanglier.*

La hure se prépare comme celle de cochon.

Le filet, et toute autre pièce, se fait cuire à la braise, après avoir été mariné.

Toutes les parties du sanglier doivent être servies avec une sauce très relevée.

GIBIER A POIL.

No 368. *Cerf. Daim.*

On fait peu d'usage dans la cuisine de la chair de cerf et de daim : on peut cependant apprêter l'une et l'autre comme celle du chevreuil.

No 369. *Chevreuil.*

La chair du chevreuil ne doit se faire cuire, dans presque tous les cas, qu'après avoir été marinée avec vinaigre, sel, poivre, épices, aromates, ognons en tranches, persil et ciboules. Tenez-la dans cette marinade pendant quarante-huit heures au moins, et de six à huit jours, si c'est une grosse pièce. Soit qu'on la fasse cuire à la braise ou à la broche, soit qu'on la mette en civet, il faut la servir avec une sauce piquante très relevée.

No 370. *Lièvre.*

On distingue le lapereau du lièvre, en tâtant les pates de devant au-dessus de la première jointure: s'il s'y trouve un petit saillant, c'est un lapereau.

N° 371. *Lièvre en Civet.*

Coupez un lièvre en morceaux ; mettez le sang à part, s'il s'en trouve dans la poitrine ; faites roussir une demi-cuillerée de farine avec un bon morceau de beurre ; passez-y des petits ognons que vous retirerez ; mettez-y ensuite des morceaux de petit lard ; quand ils seront bien revenus, ajoutez le lièvre ; mouillez avec du vin rouge et du bouillon, ou de l'eau en assez grande quantité pour que votre lièvre soit couvert, assaisonnez de sel et poivre avec un bouquet garni ; ajoutez des champignons, si vous en avez ; faites cuire à grand feu pour faire réduire aux trois quarts ; mettez alors vos ognons, faites cuire encore pendant une demi-heure, et quelques instants avant de retirer le civet du feu, versez-y le sang que vous avez mis à part, et tournez pour faire lier la sauce.

N° 372. *Filets de Lièvre en Civet.*

Levez toutes les chairs d'un lièvre rôti, et coupez-les en filets ; brisez-les os et passez-les dans une casserole avec un morceau de beurre et une pincée de farine : passez-y aussi les flancs du lièvre, quelques ognons en tranches, un bouquet garni, sel et poivre ; mouillez avec du vin rouge et du bouillon ; faites bouillir et réduire au quart ; passez la sauce au tamis ; mettez-y les filets et faites chauffer sans bouillir.

N° 373. *Lièvre rôti.*

Faites-le revenir sur les charbons pour donner de la fermeté aux chairs ; piquez-le ensuite de lard fin depuis le cou jusqu'à l'extrémité des cuisses ; faites rôtir pendant uue heure ; servez avec une sauce piquante dans laquelle vous mettrez le foie écrasé.

N° 374. *Lièvre en Daube.*

Désossez entièrement un lièvre, brisez tous les os et la tête ; coupez en plusieurs morceaux un jarret de veau : émincez des carottes et quelques ognons, et faites-les cuire avec du vin blanc, sel et poivre, un bouquet de persil et ciboules, trois feuilles de laurier, quelques branches de thym, trois clous de girofle ; faites bouilloter à petit feu pendant une heure et demie. La moitié de ce temps pourra suffire, si vous avez bien broyé les os, et coupé en petit fragments le jarret de veau ; passez avec expression.

Foncez avec des bardes de lard une terrine de faïence qui aille au feu ; mettez-y la chair de lièvre, en l'entremêlant d'émincés de petit lard et de rouelle de veau ; assaisonnez de poivre et épices, peu de sel, parce que le mouillement est salé ; mouillez avec la cuisson des os ; couvrez avec des bardes de lard, et faites cuire à petit feu ; laissez refroidir, et servez dans la terrine.

N° 375. *Gâteau de Lièvre.*

Désossez un lièvre rôti ; séparez de la chair tous les nerfs et membranes ; hachez-la et broyez-la ensuite dans un mortier ; hachez et pilez une tétine de veau cuite ; faites bouillir de la mie de pain avec du bon bouillon, jusqu'à ce qu'elle l'ait absorbé entièrement, et qu'elle commence à se sécher. Mêlez ensemble, en les pilant, la chair de lièvre, la tétine et la mie de pain ; il faut qu'il y ait à peu près autant de mie de pain que de chair, et que la tétine pèse au moins les deux tiers du poids de la chair et de la mie de pain réunies ; assaisonnez avec sel, gros poivre et épices, persil, échalottes, thym et basilic hachés très fin, amollissez et liez la farce avec trois jaunes et un œuf en entier ; garnissez entièrement un moule de fer-blanc avec des bardes de lard ; mettez-y votre farce, et couvrez-la de bardes ; faites cuire au four, ou au bain-marie ; lorsque le gâteau est cuit, laissez-le refroidir dans le moule ; pour l'en retirer, trempez un instant le moule dans l'eau bouillante ; ôtez les bardes de lard, et couvrez le gâteau avec de la chapelure de pain bien fine et de belle couleur.

Si vous n'avez pas assez de farce pour faire un gâteau, roulez-la en cylindres sur de la farine : jetez un instant ces cylindres dans l'eau bouillante ; passez-les au beurre, ensuite à l'œuf, et faites-leur prendre couleur sous un four de campagne.

N° 376. *Lapin.*

On distingue le lapereau du lapin, en tâtant les pattes de devant au-dessus de la première jointure ; si c'est un lapereau, vous devez sentir en cet endroit une petite saillie qui n'existe pas dans le lapin. Les lapins domestiques se distinguent souvent par leur fourrure qui n'est plus la même que celle du lapin de garenne ; mais pour peu qu'on ait d'habitude, on les reconnaît aisément en les flairant au ventre. Le lapin domestique est très inférieur au lapin de garenne, dont il n'a pas le fumet ; cependant, pourvu qu'il n'ait pas été nourri de choux, au moins pendant les derniers quinze jours, il n'est pas mauvais, surtout si en le mettant à la broche, on enferme dans son ventre un bouquet de mélilot, ou quelques feuilles de cerisier de Saint-Lucie. Il faut aussi ajouter quelques brins de mélilot aux bouquets garnis qu'on met dans les gibelottes et autres préparations du lapin domestique.

N° 377. *Gibelotte de Lapin.*

Coupez un lapin par morceaux et une petite anguille en tronçons; faites un roux avec un bon morceau de beurre et de la farine en suffisante quantité; lorsque le roux est bien blond, passez-y le lapin, les tronçons d'anguille, des champignons et des petits ognons; ajoutez quelques tranches de petit lard; quand le tout est bien revenu, mouillez avec un tiers de vin blanc et deux tiers de bouillon; ôtez les tronçons d'anguille et les ognons; assaisonnez de sel et poivre, avec persil, ciboules et un peu de thym en bouquet; faites bouillir à grand feu; lorsque le mouillement sera réduit à un tiers, mettez les tronçons d'anguille et les petits ognons; achevez à petit feu; dégraissez la sauce.

N° 378. *Lapin aux fines Herbes.*

Coupez un lapin en morceaux; mettez-les dans une casserole avec un bon morceau de beurre, persil, ciboules, champignons, laurier, basilic, thym haché très finement; quand le tout est bien revenu, mettez une demi-cuillerée de farine; mouillez avec un verre de vin blanc ou bouillon, et une cuillerée de jus; si vous n'avez pas de jus, mettez plus de bouillon; assaisonnez de sel et gros poivre; faites cuire et réduire à consistance de sauce; au moment de servir, écrasez le foie qui a cuit dans le ragoût, et mêlez-le avec la sauce.

N° 379. *Lapin en Galantine.*

Désossez complétement deux lapins; piquez la chair de l'un avec des lardons assaisonnés; hachez la chair de l'autre avec égale quantité de lard; ajoutez du gros poivre, des épices, peu ou point de sel, à cause du lard employé, et des truffes hachées, si vous en avez; couvrez la chair de votre lapin d'un lit de farce sur lequel vous entremêlerez des filets de lard, de langue à l'écarlate, ou de jambon et de truffes; couvrez avec un lit de farce, et continuez ainsi jusqu'à ce que vous ayez tout employé; rapprochez alors les chairs de votre lapin; ficelez-le, et enveloppez-le dans un linge blanc que vous ficellerez aussi; foncez une braisière de bardes de lard, et mettez-y votre galantine avec les os des deux lapins bien concassés, un jarret de veau coupé en morceaux, des carottes, des ognons, dont un piqué de deux clous de girofle, une feuille de laurier, un bouquet de persil et ciboules, et une branche de thym, sel et gros poivre; mouillez avec moitié vin et moitié bouillon; faites cuire à très petit feu. Retirez la galantine lorsqu'elle est cuite, et laissez-la refroidir dans le linge qui l'enveloppe; passez la cuisson; faites-la clarifier avec un blanc d'œuf, et ensuite réduire; versez sur des assiettes; lorsque la gelée sera prise, vous en décorerez votre galantine.

N° 380. *Gâteau de Lapin.*

Vous pouvez mettre en gâteau un lapin cuit à la broche, en vous conformant à ce qui est prescrit pour le gâteau de lièvre (voy. n° 375).

N° 381. *Lapin au Blanc.*

Coupez un lapin en morceaux; lavez-les pour en ôter le sang qui colorerait le ragoût; ôtez aussi le foie et les poumons; mettez votre lapin dans une casserole avec un bon morceau de beurre; faites-le revenir, et ajoutez une cuillerée de farine; mouillez avec du bouillon et un verre de vin blanc; mettez-y aussi un bouquet garni, des champignons et des culs d'artichauds blanchis, du lard coupé en tranches minces, sel et poivre; faites cuire vivement pour que la sauce réduise; quand la cuisson est avancée, mettez des petits ognons; au moment de servir, liez la sauce avec trois jaunes d'œufs.

N° 382. *Filets de Lapin aux Concombres.*

Levez toute la chair d'un lapin rôti, et coupez-la en filets. Coupez en tranches minces deux concombres épluchés; mettez-les sur un plat avec du sel pour leur faire jeter leur eau; égouttez-les et faites-les mouiller pendant deux heures avec deux cuillerées de vinaigre et de sel; retournez-les de temps en temps; quand ils auront mariné suffisamment, pressez-les dans un linge blanc: mettez-les dans une casserole avec un morceau de beurre, un bouquet de persil, ciboules, une gousse d'ail, deux échalottes, laurier, basilic, thym, sel et poivre; passez les concombres sur le feu jusqu'à ce qu'ils soient un peu colorés, ajoutez un peu de farine; mouillez avec du bon bouillon, ou avec de l'essence de gibier, que vous obtiendrez en passant dans du beurre la carcasse et la tête de votre lapin bien concassées, mouillant avec du bouillon et faisant bouillir jusqu'à réduction au tiers; laissez cuire vos concombres à petit feu pendant une bonne demi-heure; lorsque le ragoût sera un peu lié, mettez-y les filets de lapin; faites chauffer sans bouillir.

On peut préparer de même des filets de lapin, à la chicorée, à la purée de champignons, ou avec une sauce tomate; dans tous les cas, il est préférable de mouiller le ragoût avec une essence de gibier, faite comme il est prescrit ci-dessus.

N° 383. *Lapin rôti.*

Piquez-le de petit lard depuis le cou jusqu'à l'extrémité des cuisses; vous pouvez aussi, au lieu de le piquer, le couvrir de bardes. On ne doit faire rôtir que les lapereaux.

N° 384. *Hachis de Lapin.*

Désossez un lapin rôti; hachez-en la chair dépouillée de nerfs et de membranes; mettez dans une casserole un bon morceau de beurre avec la carcasse de votre lapin bien concassée, des parures de veau coupées en dés, du jambon ou du lard maigre coupé de même, sel, poivre et muscade râpée; faites bien revenir le tout, ajoutez une cuillerée de farine que vous mêlerez bien avec ce qui est dans la casserole; mouillez avec du lait, et faites bouillir en remuant toujours, pendant une bonne heure; passez au tamis, et faites réduire jusqu'à consistance d'une bouillie; il faut remuer sans cesse pour qu'elle ne s'attache pas; vous aurez un peu salé cette sauce, à cause du lard et de la réduction; vous aurez ainsi une espèce de béchamel un peu brune, mais qui n'en sera pas moins bonne. Mettez votre hachis dans cette sauce, et faites-le chauffer sans bouillir.

N° 385. *Croquettes de Lapin.*

Préparez un hachis comme il est prescrit ci-dessus; divisez-le en petits tas gros comme des noix, que vous laisserez refroidir; arrondissez-les, et roulez-les dans la mie de pain; trempez-les ensuite dans l'œuf battu; assaisonnez de sel et poivre, et panez-les une seconde fois; jetez les croquettes dans une friture un peu chaude, et retirez-les lorsqu'elles ont pris une belle couleur, pour les faire égoutter.

Servez avec du persil frit.

N° 386. *Lapereau frit.*

Coupez en morceaux deux jeunes lapereaux ; faites-les mariner avec du vin blanc, un jus de citron, persil, ciboules, thym, laurier, une pointe d'ail, le tout haché grossièrement, sel et poivre; égouttez vos morceaux, après les avoir laissés une heure dans la marinade ; essuyez-les, roulez-les dans la farine, et faites-les frire; servez avec une sauce piquante à votre choix (voy. nos 47, 48), ou une sauce tomate (voy. n° 37).

N° 387. *Marinade de Lapereau.*

Coupez en morceaux deux jeunes lapereaux rôtis; n'employez que les membres et le râble; faites-les mariner comme ci-dessus; trempez-les dans une pâte à frire, après les avoir égouttés; mettez-les dans une friture qui ne soit pas trop chaude ; servez à sec avec du persil frit.

N° 388. *Salade de Lapereau.*

Désossez un ou deux lapereaux rôtis; coupez la chair en filets; faites-les mariner dans l'huile avec un peu de vinaigre, sel, poivre, estragon, pimprenelle, cerfeuil, civette hachée; mettez au fond d'un saladier des cœurs de laitue coupés par quartier; arrangez par-dessus vos filets, en les entremêlant de filets d'anchois, de tas oblongs de câpres, de betteraves, de blancs et de jaunes d'œufs durs hachés, de cerfeuil, pimprenelle et estragon également hachés; terminez par un cordon de cœurs de laitue coupés en quatre; servez avec un huilier.

GIBIER A PLUME.

N° 389. *Faisan rôti.*

Il faut laisser mortifier le faisan pendant quelques jours avant de le mettre à la broche; piquez-le de lard fin ; faites rôtir à feu doux, et arrosez souvent.

N° 390. *Faisan en Salmis.*

Dépecez un faisan cuit aux trois quarts à la broche ; coupez les ailes et les cuisses en deux ; levez les blancs et toutes les chairs qui tiennent à la carcasse; coupez-les en filets ; mettez ces débris dans une casserole avec un verre de vin blanc, des échalottes hachées, un peu de zeste de bigarade râpé, deux cuillerées de jus ou de bon bouillon, sel, poivre et muscade râpée ; faites réduire ; quelque temps avant de servir, ajoutez deux cuillerées d'huile fine, et le foie du faisan bien écrasé ; servez avec des croûtons passés au beurre. Si vous n'êtes pas pressé, pilez la carcasse de votre faisan avec des échalottes, un peu de persil, sel, poivre et muscade râpée ; passez au beurre la carcasse pilée ; mouillez avec du vin blanc ; faites bouillir pendant trois quarts d'heure à petit feu ; passez la cuisson, et employez-la pour mouiller votre salmis.

N° 391. *Faisan à l'Angoumoise.*

Lardez un faisan dans toutes les parties charnues, avec des truffes épluchées et coupées en morceaux ; mettez dans une casserole un quarteron de lard râpé et autant de beurre ; passez-y des truffes coupées en morceaux, et les parures de celles que vous avez employées à larder le faisan ; ces parures doivent être hachées finement ; assaisonnez de sel et poivre ; après avoir laissé revenir le tout pendant quelques minutes, laissez refroidir, et ajoutez vingt-cinq ou trente marrons grillés ; remplissez de ce mélange le corps du faisan ; enveloppez-le avec des émincés de veau et de mouton, et ensuite avec des bardes de lard ; ficelez-le ; mettez-le dans une terrine juste à sa grandeur, dans le fond de laquelle vous jetterez quelques bardes de lard ; mouillez avec un bon verre de vin de Malaga ; faites cuire à très petit feu ; lorsque le faisan est cuit, déficelez-le ; dégraissez la cuisson : ajoutez-y un peu de truffes hachées ; faites bouillir quelques instants, et liez la sauce avec deux ou trois marrons pilés ; servez sous le faisan.

N° 392. *Perdrix.*

Il y en a de deux sortes, les rouges et les grises ; ces dernières sont les plus estimés dans les pays où les rouges sont les plus communes ; c'est le contraire dans les contrées où il ne se trouve que des perdrix grises. On distingue les perdreaux des perdrix, en examinant la dernière grande plume de l'aile, qui est pointue dans les perdreaux, et ronde dans les perdrix.

N° 393. *Perdreaux rôtis.*

Flambez-les légèrement ; troussez les pates sur la cuisse ; enveloppez-les par-devant avec une feuille de vigne couverte d'une barde de lard ; faites rôtir à feu modéré ; servez à sec avec une bigarade ou un citron coupé en deux.

On peut les envelopper avec du papier quand ils sont sur la

broche; ils restent plus blancs, mais ne sont peut-être pas si bons que lorsqu'ils sont un peu saisis par le feu.

N° 394. *Perdrix aux Choux.*

Flambez deux vieilles perdrix; piquez-les et ficelez-les après les avoir troussées; mettez-les dans une casserole avec des bardes de lard, une demi-livre de petit lard, un gros cervelas, et quelques parures de viande ou de gibier, si vous en avez; ajoutez quelques carottes et ognons, dont un piqué de deux clous de girofle, et une feuille de laurier; assaisonnez de poivre et muscade râpée, peu ou point de sel, à cause du lard employé; vous avez des choux blanchis et bien égouttés; ficelez-les, et mettez-les avec les perdrix; mouillez avec du bouillon; faites cuire à petit feu; lorsque les perdrix sont cuites, vous les retirez et les tenez chaudement; retirez aussi les choux et les autres légumes, s'ils sont cuits, sinon laissez-les encore quelque temps: les choux surtout doivent être parfaitement cuits; dégraissez la cuisson, passez-la, et faites-la réduire, si elle est trop longue; jetez-y quelques marrons grillés, et écrasez-en un ou deux pour lier la sauce. Arrangez vos choux autour des perdrix; entremêlez-les de carottes et de tranches de cervelas, dont vous enlèverez la peau; versez la sauce sur le tout.

N° 395. *Perdrix à la Purée.*

Faites-les cuire comme ci-dessus, mais sans cervelas et sans choux; quand elles sont cuites, servez-les avec une purée, à votre choix (voy. nos 70 à 77), que vous préparerez avec la cuisson de la perdrix.

N° 396. *Salmis de Perdreaux.*

On le prépare comme le salmis de faisan (voy. nos 390); il faut que les perdreaux ne soient pas tout-à-fait cuits; on écrase les foies pour lier la sauce.

N° 397. *Perdrix braisées.*

Piquez de moyen lard trois vieilles perdrix; enveloppez-les avec des émincés de veau et des bardes de lard; mettez-les dans une casserole foncée de bardes, avec quelques parures de viande, si vous en avez, deux carottes, deux ognons, un bouquet garni, et deux clous de girofle; si vous avez quelque carcasse ou débris de lapin, ajoutez-les après les avoir concassés; assaisonnez de sel, poivre et muscade râpée; mouillez avec moitié vin et moitié bouillon; faites cuire à petit feu pendant une heure et demie;

dégraissez la cuisson ; passez-la au tamis : ajoutez-y un peu de caramel (voy. n° 21), un peu de jus de bigarade et de zeste de bigarade râpé ; servez sous la perdrix. Si votre sauce n'était pas assez liée, faites un petit roux, que vous mouillerez avec la sauce, et faites réduire pendant quelque temps.

Au lieu d'ajouter à votre braise les carcasses et débris de perdrix ou de lapins que vous pouvez avoir, pilez ces débris, après les avoir concassés avec le couteau ; passez-les au beurre ; ajoutez quelques épices, du sel, un bouquet garni, et mouillez avec du vin blanc et du bouillon ; faites bouillir et mijoter ensuite pendant trois quarts d'heure ; passez au tamis, et servez-vous de cette essence pour mouiller votre braise.

N° 398. *Perdreaux aux Truffes.*

Préparez les truffes comme il est prescrit pour le faisan à l'angoumoise, et remplissez-en entièrement vos perdreaux ; cousez-les pour que rien ne s'échappe ; enveloppez-les entièrement de feuilles de vigne couvertes de bardes de lard, et faites-les rôtir.

N° 399. *Canard sauvage.*

Faites-le rôtir sans le piquer et sans le couvrir de bardes ; mettez dans la lèchefrite, ou mieux dans le corps du canard un morceau de beurre, sel et poivre, le jus et la moitié du zeste d'un citron ; arrosez souvent. Le canard sauvage doit être cuit un peu rouge.

N° 400. *Canard sauvage en Salmis.*

Coupez en aiguillettes l'estomac d'un canard cuit aux deux tiers à la broche ; levez aussi les membres ; faites le salmis de la manière prescrite pour celui du faisan (voy. n° 390).

N° 401. *Sarcelle.*

La sarcelle, plus petite et plus délicate que le canard, se prépare de même.

N° 402. *Bécasses rôties.*

Il y a plusieurs espèces de bécasses, qui toutes sont excellentes ; on ne les vide pas, et on les couvre de feuilles de vigne, une barde de lard par-dessus ; on met des rôties dans la lèchefrite pour recevoir ce qui tombe ; on sert les rôties sous les bécasses.

N° 403. *Bécasses farcies.*

Fendez-les par derrière pour les vider ; hachez tout ce que

vous retirez, avec moitié de lard râpé, persil et échalottes, sel et gros poivre; remplissez les bécasses de cette farce; couvrez-les de bardes, et embrochez-les avec un hatelet que vous fixerez sur la broche; faites rôtir comme ci-dessus, et servez de même, avec des rôties par-dessous.

N° 404. *Bécasses en Salmis.*

Faites votre salmis comme celui de faisan (voy. n° 390).

N° 405. *Pluviers et Vanneaux.*

On ne les vide pas; préparez-les et servez-les comme les bécasses.

N° 406. *Cailles.*

Les cailles sont meilleures rôties que de toute autre manière; choisissez-les très fraîches; couvrez-les d'une feuille de vigne, une barde de lard par-dessus; mettez des rôties dans la lèchefrite, et servez-les sous les cailles.

N° 407. *Rouge-Gorge.*

Il est excellent en automne; faites-le rôtir, et servez comme la caille.

N° 408. *Grives.*

C'est après les vendanges que la grive atteint toute sa perfection dans les pays vignobles, parce qu'alors elle est gorgée de raisins; elle est cependant meilleure encore dans les pays où elle est forcée de se nourrir presque exclusivement de baies de genévrier, qui communique à sa chair un fumet très agréable. On ne la vide pas et on la fait rôtir comme la caille, avec des rôties dessous. On peut saupoudrer la barde de lard dont on la recouvre, avec du genièvre concassé, ou en introduire dans le corps une pincée avec du beurre.

N° 409. *Merles.*

On les fait rôtir comme les grives.

N° 409 *bis.* *Mauviettes.*

La meilleure manière de les apprêter est de les mettre en salmis (voy. n° 390).

VOLAILLE.

No 410. *Poulets.*

Ceux qui ont la chair blanche et la peau fine sont les meilleurs; choisissez ceux qui sont bien en chair, courts et gras; après les avoir plumés et épluchés, flambez-les légèrement, et videz-les par en haut, en évitant, avec soin, de crever l'amer; si cela vous arrive, lavez sur-le-champ l'intérieur du poulet avec de l'eau chaude.

No 411. *Fricassée de Poulets.*

Levez proprement les membres de votre poulet; coupez les ailerons et les pates; parez les cuisses en coupant le bout de l'os au-dessous de son articulation avec la pate; épluchez les pates après les avoir fait griller un instant sur les charbons; coupez la poitrine en deux, et le dos en quatre; séparez la tête du cou; faites dégorger le tout dans de l'eau tiède, et ensuite égoutter sur un tamis ou dans une passoire; faites fondre un bon morceau de beurre dans une casserole, mettez-y votre poulet coupé; quand il est bien revenu, ajoutez un peu de farine que vous mêlez bien; mouillez avec du bouillon; ajoutez en même temps des champignons, quelques émincés de jambon ou de petit lard, un bouquet de persil et ciboules, sel, gros poivre et une feuille de laurier; menez votre fricassée à grand feu pour faire réduire la sauce; lorsqu'elle est cuite aux trois quarts, mettez des petits ognons. Au moment de servir, retirez le bouquet, et mettez une liaison de trois jaunes d'œufs délayés avec de la crème si vous en avez.

No 412. *Poulets à la Sainte-Menehould.*

Laissez refroidir une fricassée de poulets faite comme ci-dessus, à sauce courte et bien liée; trempez chaque morceau dans la sauce, et roulez-les dans la mie de pain; panez une seconde fois à l'œuf battu, faites prendre couleur sous un four de campagne, ou faites frire à la poêle.

No 413. *Poulets en Marinade.*

Coupez par morceaux un poulet rôti; faites-le mariner pendant une heure (voy. no 65); égouttez-le et trempez chaque morceau dans une pâte à frire, où vous aurez mis des blancs d'œufs fouettés; faites frire de belle couleur; servez avec une poignée de persil frit.

N° 414. *Poulet en Friteau.*

Faites mariner un poulet coupé en morceaux, avec de l'huile, du jus de citron et du vinaigre, sel, gros poivre, ognons coupés en tranches et persil haché; quand les morceaux auront suffisamment mariné, égouttez-les, farinez-les, et faites-les frire à l'huile; faites frire ensuite de l'ognon coupé en tranches, passé auparavant à l'huile avec un peu de farine; dressez vos morceaux sur un plat, et mettez l'ognon par-dessus; vous pouvez y joindre des œufs frits; servez avec une sauce composée d'huile, tranches de citron sans pepins et sans peau, persil et estragon hachés, sel et poivre, et une pointe d'ail.

N° 415. *Poulet à la Tartare.*

Coupez les pates et le cou de votre poulet; fendez-le par le dos; videz-le et aplatissez-le; trempez-le ensuite dans du beurre tiède, assaisonné de sel, gros poivre et muscade râpée; panez partout, et le plus épais que vous pourrez; faites griller à feu doux pendant trois quarts d'heure; servez avec une sauce piquante à votre choix (voy. nos 47, 48 et 49).

N° 416. *Poulet à la Poêle.*

Fendez en deux un poulet, par le milieu de l'estomac; passez-le au beurre dans une casserole; mettez une pincée de farine, et mouillez avec moitié vin blanc et moitié bouillon; ajoutez une pointe d'ail, deux échalottes, des champignons, persil et ciboules, le tout haché, sel, gros poivre et muscade râpée; faites cuire vivement, et réduire à courte sauce.

N° 417. *Poulet en Matelote.*

Faites roussir avec du beurre une cuillerée de farine; lorsque le roux est bien coloré, passez-y votre poulet coupé par membres, et la carcasse en quatre morceaux; passez également une douzaine de petits ognons, des champignons, si vous en avez, ou deux carottes fendues en quatre, un tronçon de panais fendu de même; mouillez avec moitié bouillon et moitié vin blanc; ajoutez un bouquet garni, une demi-gousse d'ail, sel, poivre et épices; faites bouillir à petit feu pendant une heure, réduisez à courte sauce; écrasez dans la sauce le foie de votre poulet, et au moment de servir, ajoutez-y un anchois haché et une demi-cuillerée de câpres.

On doit retirer l'ognon, après l'avoir passé au beurre, et ne le remettre que quand le poulet est à moitié cuit.

N° 418. *Poulet rôti pour Entrée.*

Mettez dans le corps de votre poulet du lard râpé avec le foie haché, persil et ciboules hachés, du jus et un peu de zeste de citron; enveloppez-le de bardes de lard, et faites-le rôtir, en le couvrant sur la broche d'une feuille de papier beurrée. Vous éviterez avec soin qu'il prenne couleur; en servant, vous ôterez les bardes, et vous mettrez sous votre poulet telle sauce ou ragoût qui vous convient (voy. *Sauces* et *Garnitures*).

N° 419. *Poulet aux fines Herbes.*

Hachez le foie, et mêlez-le avec un morceau de beurre, persil, ciboules, estragon, cerfeuil hachés, sel et gros poivre; mettez ce mélange dans le corps de votre poulet, que vous coudrez pour que rien ne s'échappe; passez le poulet au beurre dans une casserole, et faites-le cuire à la broche, enveloppé de lard et de papier; mettez dans le beurre qui a servi à passer le poulet, deux carottes et deux ognons émincés, une demi-gousse d'ail, deux clous de girofle, une feuille de laurier, thym, basilic; passez le tout sans colorer; mouillez avec moitié vin et moitié bouillon; faites bouillir à petit feu pendant une demi-heure, et passez au tamis; hachez très fin de l'estragon, de la pimprenelle, cerfeuil, civette, cresson alenois; mettez ces herbes dans la sauce et laissez-les infuser pendant une demi-heure, à petit feu, sans bouillir; passez au tamis avec expression; ajoutez un morceau de beurre manié avec de la farine, sel, gros poivre et muscade râpée; faites lier au feu sans bouillir. Servez sous le poulet.

Vous pouvez aussi faire cette sauce avec du beurre, des fines herbes qu'on ajoute au moment de servir.

N° 420. *Poulet à l'Estragon.*

Faites blanchir une pincée de feuilles d'estragon, que vous hachez finement, après les avoir rafraîchies et pressées; hachez le foie de votre poulet; mêlez-le avec un morceau de beurre, ou avec du lard râpé et le tiers de l'estragon, sel, gros poivre et muscade râpée; mettez cette muscade dans le corps de votre poulet; couvrez-lui l'estomac avec une barde de lard, et faites-le cuire à la broche, enveloppé d'une feuille de papier beurrée; faites fondre dans une casserole un morceau de beurre manié avec de la farine, et ajoutez-y le reste de l'estragon que vous avez haché, un peu de jus, si vous en avez, ou de bon bouillon, un filet de vinaigre, deux jaunes d'œufs, sel et gros poivre; faites lier la sauce sans bouillir.

N° 421. *Poulets à la Mulâtre.*

Coupez deux poulets; mettez-les dans une casserole avec un bon morceau de beurre, une demi-livre de lard coupé en petites tranches minces, et suffisante quantité de poudre de kari (voy. n° 18); faites bien revenir le tout; ajoutez ensuite une cuillerée de farine, que vous mêlerez bien avec ce qui est dans la casserole; mouillez largement avec du bouillon; ajoutez des champignons: lorsque votre ragoût sera avancé aux deux tiers, vous pourrez y mettre aussi de petits ognons, des culs d'artichauts, des haricots verts, des brins de choux-fleurs, ce qui vous conviendra le mieux. Faites cuire à grand feu pour que le mouillement réduise, sans cependant que la sauce soit courte: il faut qu'il y en ait assez pour que le ragoût baigne dedans. Ne dégraissez pas, et servez avec ou sans liaison, à votre choix.

N° 422. *Poulet aux Anchois.*

Hachez du lard avec du persil, des ciboules et deux ou trois anchois; ajoutez un peu de poivre et de muscade râpée; introduisez cette farce entre la peau et la chair de votre poulet; couvrez-le de bardes de lard contenues avec du gros fil, et enveloppez-le sur la broche avec du papier beurré; faites rôtir à un feu modéré. Servez avec un jus de veau et de jambon, dans lequel vous mettrez deux anchois hachés.

N° 423. *Poulet à la Vénitienne.*

Fendez un peu le dos d'un poulet, et aplatissez-le comme pour la tartare; passez-le au beurre dans une casserole; mouillez avec moitié vin blanc et moitié bouillon; ajoutez un bouquet garni, une demi-gousse d'ail, deux clous de girofle, sel et gros poivre; faites cuire à petit feu; retirez-le poulet lorsqu'il est cuit; passez la cuisson; faites-la réduire si elle est trop longue; ajoutez-y, pour la lier, un peu de beurre manié de farine; versez cette sauce sur le poulet, et couvrez le poulet et la sauce de deux cuillerées de fromage de Parme râpé; mettez le plat sur un feu doux, et couvrez-le avec le four de campagne, jusqu'à ce que le poulet ait pris une belle couleur, et que la sauce soit presque entièrement réduite.

N° 424. *Poulets au Céleri, aux Choux-fleurs, etc.*

Hachez les foies de vos poulets avec du lard, persil, ciboules, quelques champignons, sel, gros poivre et muscade râpée; mettez cette farce dans le corps des poulets, que vous ferez cuire à la braise avec des bardes de lard, quelques parures de veau, deux carottes, un ognon piqué, un bouquet garni, sel et gros poivre: faites cuire le céleri, les choux-fleurs, ou tout autre légume que vous voulez servir avec vos poulets, dans l'eau avec un peu de sel; quand ils sont cuits à moitié, retirez-les, faites-les égoutter, et mettez-les dans la cuisson de vos poulets, que vous aurez dégraissée, pour y achever de cuire; servez sous vos poulets.

N° 425. *Chapon et Poularde.*

La poularde est plus délicate que le chapon; cependant l'un et l'autre sont susceptibles des mêmes préparations. Il faut choisir ceux qui ont la chair blanche et la peau fine. On convertit souvent en poulardes des poules qui ont pondu; on les reconnaît à leur derrière qui est rouge et très ouvert. Les chapons vieux se reconnaissent à la longueur de leurs ergots, et à la rougeur de leur chair.

N° 426. *Chapon braisé.*

Couchez les pates sur les cuisses, et bridez-les de manière à faire bomber l'estomac; foncez une casserole de bardes de lard; passez votre chapon par-dessus, et couvrez-le avec des bardes de lard et quelques émincés de veau, ou des parures de viande, si vous en avez; ajoutez une carotte coupée en tranches, deux ognons, dont un piqué de deux clous de girofle, un bouquet garni, quelques tranches de citron sans blancs ni pepins, sel et poivre; mouillez avec du bouillon et autant de vin blanc; faites cuire à petit feu pendant une heure; dégraissez la cuisson; faites-la réduire, si elle est trop longue; liez-la avec un peu de jus, si vous en avez, ou avec un morceau de beurre manié de farine, et servez sous votre chapon.

N° 427. *Chapon farci braisé.*

Hachez le foie de votre chapon avec un morceau de lard, persil et ciboules, quelques champignons et des marrons rôtis; ajoutez sel, poivre et muscade râpée, un morceau de beurre; mêlez bien le tout ensemble, et remplissez de cette farce le corps de votre chapon; cousez l'ouverture pour que rien ne s'échappe; faites cuire dans une braise comme ci-dessus; passez la cuisson, et faites-la réduire; liez la sauce avec une demi-cuillerée de marmelade de tomates (voy. n° 37), ou avec une cuillerée de jus au vin (voy. n° 5), si vous en avez, ou avec quelques marrons écrasés; servez sous le chapon. On peut aussi le faire rôtir au lieu de le braiser.

N° 428. *Chapon rôti aux Truffes.*

Passez au beurre des truffes avec du sel, gros poivre et muscade râpée; remplissez-en le corps de votre chapon jusqu'au jabot; recousez les peaux pour que rien ne s'échappe; troussez le chapon, et conservez-le, enveloppé de papier, dans un endroit frais et sec, pendant quatre ou cinq jours, selon la saison; faites-le rôtir pendant deux heures, enveloppé d'un papier beurré; découvrez-le quelques instants avant de servir, pour lui faire prendre couleur. Servez à sec ou avec une sauce aux truffes (voy. n° 64).

N° 429. *Poularde à l'Angoumoise.*

Piquez toutes les parties charnues d'une poularde avec des filets de truffes; remplissez tout le corps avec des truffes coupées et passées sur le feu avec du lard râpé, sel, poivre et épices; conservez-la pendant quelques jours envéloppée de papier, dans un endroit frais et sec, pour qu'elle s'imprègne bien du parfum des truffes; lorsque vous voulez la faire cuire, enveloppez-la d'émincés de rouelle de veau, et par-dessus des bardes de lard; mettez-la dans une braisière juste à sa grandeur, ou dans une terrine, avec deux carottes, deux ognons, dont un piqué de deux clous de girofle, un panais, un bouquet garni, sel, gros poivre et épices; mouillez avec une demi-bouteille de vin de Madère ou de Malaga. Faites cuire à très petit feu, et couvrez hermétiquemnt la braisière ou la terrine; dégraissez et passez la cuisson; ajoutez une poignée de truffes hachées très fin; faites un peu réduire et liez la sauce avec quelques marrons rôtis et écrasés.

N° 430. *Chapon au gros Sel.*

Flambez-le légèrement, et troussez-le, les pates dans le corps, après les avoir passées sur le feu pour les éplucher; ficelez-le, et faites-le cuire dans la marmite; il vaut mieux cependant le faire cuire à part dans un vase juste à sa grandeur, avec du bon bouillon, quelques racines, un bouquet de persil, une gousse d'ail, gros poivre et muscade râpée, pas de sel, parce que le bouillon est salé; il faut même que le bouillon soit peu salé à cause de la réduction. Lorsque le chapon est cuit, ce que l'on reconnaît lorsque l'aileron cède sous le doigt, on le retire et on le tient chaudement; on passe la cuisson, on la fait réduire, et on la verse sous le chapon. On peut y ajouter un peu de jus ou de marmelade de tomates (voy. nos 4 et 37).

No 431. *Chapon à la Béchamel.*

Coupez par membres un chapeau rôti, ou s'il a été entamé, levez toutes les chairs, et coupez-les en filets; faites une béchamel (voy. nos 34 et 54), et lorsqu'elle est suffisamment réduite, mettez-y les débris de votre chapon pour le faire chauffer sans bouillir. Si la béchamel n'était pas assez liée, vous pouvez y mettre un jaune d'œuf; ajoutez un peu de jus de citron au moment de servir.

No 432. *Chapon farci à la Crème.*

Enlevez tout l'estomac du chapon rôti, prenez-en les chairs, et hachez-les très fin. Faites bouillir une forte poignée de mie de pain avec une chopine de crême ou de lait, jusqu'à consistance d'une bouillie épaisse, laissez refroidir et mêlez avec cette bouillie la chair hachée provenant de l'estomac du chapon; ajoutez six onces de graisse de bœuf, du persil, de la ciboule, des champignons, le tout haché et passé au beurre, sel, poivre, épices et quatre jaunes d'œufs; remplissez de cette farce le corps du chapon, et arrangez-la par-dessus, de manière à figurer l'estomac que vous avez enlevé; unissez avec un couteau trempé dans l'œuf battu; panez avec de la mie de pain. Mettez le chapon ainsi préparé dans une tourtière sur des bardes de lard; posez la tourtière sur des cendres chaudes; et couvrez avec le four de campagne. Servez avec une sauce piquante à votre choix (voy. nos 47 et suiv.).

No 433. *Chapon à la Nantaise.*

Faites une farce avec le foie, une douzaine de marrons rôtis, un morceau de beurre, persil, ciboules, une pointe d'ail, deux jaunes d'œufs, sel, gros poivre et muscade râpée; faites cuire le chapon à la broche, après l'avoir rempli avec la farce et enveloppé d'un papier beurré; lorsqu'il est cuit, dorez-le avec un jaune d'œuf délayé dans du beurre tiède; panez avec de la mie de pain, et faites-lui prendre une belle couleur; servez avec une sauce piquante (voy. nos 47 et suiv.).

N° 434. *Chapon au Riz.*

Faites cuire un chapon à la braise (voy. n° 426); lorsqu'il est cuit, retirez-le et tenez-le chaudement; passez la cuisson ; mettez-y un quarteron de riz, que vous aurez fait crever auparavant dans du bouillon ; laissez-le mijoter pendant un quart d'heure ; ajoutez un peu de caramel, pour lui donner de la couleur, et servez sous votre chapon.

N° 435. *Chapon en Croûte.*

Piquez votre chapon avec du petit lard ; troussez les pates dans le corps, et faites-le cuire à la braise, comme il est prescrit ci-dessus (voyez n° 426), ou avec un peu de bon bouillon, quelques racines, poivre et épices. Quand il est cuit, passez la cuisson, faites-la bien réduire, et remettez-y votre chapon, pour que toute la sauce s'y attache. Laissez-le ensuite refroidir ; mettez dans une casserole un bon morceau de beurre manié de farine, du lait, sel, poivre et muscade râpée ; faites épaissir cette sauce, et couvrez-en entièrement votre chapon ; panez-le avec de la mie de pain bien épais ; passez-le sous le four de campagne jusqu'à ce qu'il ait pris une belle couleur dorée ; servez avec une sauce piquante (voy. nos 47 et suiv.).

N° 436. *Blanquette de Chapon.*

Coupez en filets toutes les chairs d'un chapon rôti. Concassez les os et faites-les bouillir avec du bouillon et un bouquet garni ; passez le jus au tamis ; après une demi-heure ou trois quarts d'heure d'ébullition, passez avec un bon morceau de beurre, du persil et de la ciboule hachés ; mettez un peu de farine et mouillez avec le jus tiré des os de votre chapon, ajoutez des champignons ; lorsqu'ils seront cuits, mettez les filets de chapon dans la sauce, et tenez la casserole chaudement sans bouillir ; au moment de servir, faites une liaison de deux jaunes d'œufs, et mettez un peu de jus de citron ou de verjus.

N° 437. *Hachis de Chapon.*

Levez toutes les chairs d'un chapon rôti ; ôtez-en tous les nerfs, et hachez-les très fin ; mêlez-y une vingtaine de marrons rôtis et pilés ; traitez les os de votre chapon comme il est prescrit ci-dessus ; passez-en le jus au tamis ; faites roussir légèrement une demi-cuillerée de farine dans du beurre ; mouillez avec le jus tiré des os; faites un peu réduire, après avoir assaisonné de poivre et muscade râpée, pas de sel, parce que le jus doit être assez salé. Au moment de servir, ajoutez une liaison de trois jaunes d'œufs; mettez votre hachis dans la sauce, et tenez chaudement sans faire bouillir.

N° 438. *Chapon en Mayonnaise.*

Coupez en morceaux un chapon rôti; faites-les mariner avec de l'huile, du vinaigre aromatique, sel, gros poivre, cerfeuil, civette, pimprenelle et estragon hachés; dresssez vos morceaux sur un plat; entourez-les d'un cordon d'œufs durs, d'anchois, de cornichons et de câpres hachés; versez par dessus une mayonnaise (voy. n° 40).

N° 439. *Croquettes de Chapon.*

Hachez les chairs d'un chapon rôti, après en avoir ôté les nerfs. Préparez votre hachis comme il est prescrit ci-dessus (voy. n° 437). Faites-en de petits tas que vous laissez refroidir; roulez-les en boules et panez-les; trempez-les ensuite dans de l'œuf battu, et panez-les une seconde fois; faites-les frire, et servez avec du persil frit ou avec une sauce piquante, si vous le préférez (voy. nos 47 et suiv.)

N° 440. *Observation.*

Le chapon et la poularde peuvent encore se préparer en marinade, en kari, etc., comme le poulet (voy. nos 411 et suiv.); lorsqu'ils sont vieux, on peut les mettre en daube, en galantine, etc., comme le dindon (voy. nos 444 et suiv.).

N° 441. *Dindon.*

La dinde est ordinairement plus délicate que le dindon; tous deux doivent être choisis bien en chair, gras, et ayant la peau fine et blanche: les vieux dindons ne sont bons qu'à mettre en daube ou en galantine.

N° 442. *Dindon aux Truffes rôti.*

Préparez-le comme il est prescrit pour le chapon aux truffes (voy. n° 428.)

N° 443. *Dindon aux Truffes braisé.*

(Voyez *Faisan à l'Angoumoise*, n° 391.)

N° 444. *Dindon en Daube.*

Ce sont les vieux dindons qu'on met ordinairement en daube ; choisissez-en un qui soit bien en chair ; piquez-le partout avec de gros lardons assaisonnés ; coupez-lui les pates, et bridez-le pour qu'il conserve une belle forme ; mettez-le dans une braisière ou une terrine juste à sa grandeur, avec des bardes de lard dessous ; ajoutez les pates épluchées, un fort jarret de veau coupé en autant de morceaux que vous pourrez, deux carottes fendues, quatre gros ognons dont un piqué de trois clous de girofle, un panais coupé, quelques zestes de citron, un bouquet garni, sel, gros poivre ; mouillez avec moitié bouillon et moitié vin blanc ; couvrez hermétiquement, et faites cuire à petit feu pendant quatre heures ; quand le dindon est cuit, retirez la braisière du feu, et n'ôtez le dindon que lorsque la cuisson est un peu refroidie : sans cette précaution il prendra une mauvaise couleur. Passez la cuisson ; si elle est trop longue, faites-la réduire ; vous connaîtrez qu'elle est à son point, quand en en versant quelques gouttes sur une cuiller que vous exposerez à l'air, elles se prendront en gelée. Si vous voulez que votre gelée soit tout-à-fait transparente, il faut la clarifier ; à cette effet, fouettez un blanc d'œuf et versez-le dans la gelée un peu plus que tiède ; battez bien et mettez sur le feu ; quand la gelée aura jeté quelques bouillons, passez-la à travers un tamis ou une serviette ; laissez-la prendre et décorez-en le tour du plat sur lequel vous servirez votre dindon.

N° 445. *Dindon roulé.*

Coupez en deux un dindon dans le sens de sa longueur ; désossez-le complétement, sans endommager la peau ; mettez sur chaque moitié une farce de viande (voy. n° 87), et roulez-les comme un saucisson ; couvrez-les de bardes de lard et ficelez-les ; faites cuire avec moitié eau et moitié bouillon, un bouquet garni, une pointe d'ail, deux carottes, deux ognons, dont un piqué de deux clous de girofle, un panais, sel, gros poivre et épices ; dégraissez la cuisson ; faites-la réduire, et liez-la avec un peu de jus, si vous en avez, ou avec un morceau de beurre manié de farine.

N° 446. *Galantine de Dindon.*

Désossez entièrement un dindon d'une bonne grosseur, et bien en chair ; commencez à désosser par le dos, et prenez garde d'endommager la peau ; levez une partie des chairs de l'estomac et des cuisses, en retranchant de celle-ci tous les nerfs qui s'y trouvent; coupez en filets la moitié de la chair que vous avez levée sur le dindon, et hachez le reste; prenez un morceau de veau d'un poids proportionné à la grosseur de votre dindon, et autant de lard bien gras; coupez-en aussi la moitié en filets et en lardons; et hachez l'autre moitié ; préparez encore des filets de truffes, si vous voulez en mettre, et de la langue à l'écarlate; étendez la peau du dindon, la chair en-dessus; couvrez-la de la farce que que vous avez faite en mêlant vos viandes hachées, que vous avez assaisonnées de sel, poivre et épices; sur cette couche, arrangez, en les entremêlant, des filets de dindon, de lard, de truffes, de veau et de langue; recouvrez d'une couche de farce; mettez encore des filets, et ainsi de suite, jusqu'à ce que tout soit employé; roulez la peau du dindon; cousez-la pour que rien ne s'en échappe; donnez à votre galantine une forme allongée; couvrez-la de bardes de lard, et enveloppez-la d'une toile très claire, que vous contiendrez avec une ficelle, ou que vous coudrez après l'avoir bien serrée; mettez-la dans une braisière, ou tout autre vase juste à sa grandeur, avec des bardes de lard dessus et dessous ; ajoutez un fort jarret de veau coupé en morceaux, quatre carottes coupées et fendues, et quatre ognons, dont un piqué de trois clous de girofle, un fort bouquet garni, sel, poivre et épices.

Pendant tous ces préparatifs, concassez la carcasse de votre dindon ; mettez-la dans une casserole avec deux ou trois cuillerées à pot de bouillon; faites bouillir pendant trois quarts d'heure ou une heure ; passez le jus au tamis, et servez-vous-en pour mouiller votre galantine ; ajoutez un verre de vin blanc; faites cuire à petit feu pendant quatre heures. Observez, pour retirer votre galantine et pour clarifier la gelée, ce qui est prescrit à l'article du dindon en daube (voy. n° 444).

N° 447. *Cuisses de Dindon à la Sauce Robert.*

Ciselez légèrement les cuisses d'un dindon cuit à la broche ; assaisonnez-les de sel et poivre; faites-les griller à feu doux et servez avec une sauce Robert (voy. n° 45).

N° 448. *Dindonneau à la Languedocienne.*

On le met à la broche, et on l'arrose avec de l'huile, ce qui lui fait prendre une belle couleur et rend la peau croquante.

On peut le servir avec une sauce piquante (voy. nos 47, 48 et 49).

N° 449. *Dindon en Surprise.*

Faites cuire à la broche un dindon, et laissez-le refroidir, levez-en l'estomac, et remplissez-le entièrement d'un ragoût à votre choix (voy. nos 85, 95 et suivants); vous ferez entrer dans ce ragoût les blancs qui tiennent à l'estomac, que vous avez levés; couvrez le ragoût avec de la farce à quenelle, et disposez-la de manière à figurer l'estomac; panez avec de la mie de pain mêlée avec du fromage râpé, faites chauffer et prendre couleur sous le four de campagne; servez avec une sauce allemande (voy. n° 41).

N° 450. *Ailerons de Dindon en Fricandeau.*

Après les avoir échaudés et épluchés, piquez-les de petits lardons; faites-les blanchir à l'eau bouillante ou dans la marmite, et finissez comme les fricandeaux de veau (voy. n° 311). Servez avec de l'oseille ou une purée de lentilles, de marrons, etc. (voy. nos 70 à 77).

N° 451. *Ailerons en Fricassée de Poulets.*

Faites-les blanchir, après les avoir échaudés et épluchés, et faites comme il est prescrit pour la fricassée de poulets (voy. n° 411).

N° 452. *Ailerons à la Sainte-Menehould.*

Faites-les cuire avec moitié bouillon et moitié vin blanc, un bouquet garni, gros poivre et muscade râpée, pas de sel, parce qu'il faut que le mouillement réduise, et que le bouillon est déjà salé; faites bouillir jusqu'à ce que la sauce s'attache aux ailerons; saucez-les bien dedans, et mettez-les refroidir; trempez-les dans l'huile et panez-les avec de la mie de pain; faites-les griller, ou mettez-les sous le four de campagne pour leur faire prendre couleur; arrosez-les auparavant d'un peu d'huile; en servant, exprimez dessus un jus de citron.

N° 453. *Ailerons en Haricot.*

Faites roussir dans le beurre une demi-cuillerée de farine; passez-y vos ailerons, et mouillez avec du bouillon en assez grande quantité, parce qu'il faut que les ailerons cuisent à grand feu; assaisonnez d'un bouquet garni, poivre et épices, pas de sel, parce que le bouillon est salé et qu'il réduira; quand les ailerons sont cuits aux trois quarts, faites roussir un peu de farine dans du beurre; ajoutez un peu de sucre dans votre roux, et passez-y des petits navets, jusqu'à ce qu'ils aient pris une belle couleur; versez le tout sur les ailerons, et laissez-les achever de cuire; dégraissez avant de servir.

Vous pouvez substituer des marrons aux navets, ou mettre moitié des uns et des autres.

N° 454. *Ailerons frits.*

Faites cuire des ailerons comme il est prescrit pour une fricassée de poulets; que la sauce soit courte et bien liée; laissez refroidir (on ne doit rien laisser refroidir dans un vase de cuivre); quand ils sont froids, trempez-les bien dans leur sauce et panez-les; trempez-les ensuite dans l'œuf battu, et panez-les une seconde fois; faites-les frire jusqu'à ce qu'ils soient bien blonds; servez avec du persil frit.

N° 455. *Ailerons en Matelote.*

Faites roussir dans le beurre une demi-cuillerée de farine; passez-y les ailerons; mouillez avec moitié vin et moitié bouillon, et ajoutez un bouquet garni, une gousse d'ail, deux clous de girofle, sel et poivre; faites cuire à grand feu; quand les ailerons sont cuits à moitié, mettez dans le ragoût des petits ognons passés au beurre et des champignons; sur la fin, ajoutez une demi-cuillerée de câpres; servez avec des croûtons.

N° 456. *Hachis de Dindon à la Béchamel.*

Enlevez les chairs d'un dindon rôti; hachez-les très fin; faites bouillir une quantité suffisante de béchamel (voy. n° 34) un peu claire; mettez-y votre hachis avec un peu de beurre, du sel, poivre et muscade râpée; tenez chaudement sans faire bouillir. Servez avec des croûtous ou des œufs pochés.

N° 457. *Capilotade de Dindon.*

Coupez les chairs d'un dindon en filets minces, que vous arrangez par couches dans une casserole, en assaisonnant chaque couche avec persil, ciboules, échalottes, basilic, champignons, le tout haché très fin, sel, poivre et muscade râpée; mettez dessus et dessous quelques bardes de lard; mouillez avec un verre de vin blanc; faite cuire à petit feu. Vers la fin, ajoutez deux cuillerées d'huile fine. Écrasez le foie dans la sauce pour la lier; en servant, ajoutez un jus de citron ou du verjus, ou un filet de vinaigre.

N° 458. *Pintade.*

Quoique la pintade soit presque toujours élevée dans les basses-cours, elle n'a pas encore entièrement dégénéré, et elle se rapproche plus par sa saveur du faisan que des volailles domestiques : mais pour la manger dans toute sa perfection, il faut l'attendre autant de temps que la saison peut le permettre. On peut la préparer de toutes les manières prescrites pour le faisan et le chapon.

N° 459. *Canard.*

Le jeune canard, qu'on nomme caneton, se sert souvent rôti à la broche ; on met un jus de citron dans la lèchefrite, et on l'arrose souvent.

Après l'avoir fait rôtir, on peut le servir aussi avec une sauce piquante (voy. nos 46 et suiv.).

N° 460. *Canard en Salmis.*

(Voyez ce qui est prescrit pour le salmis de canard sauvage, n° 400).

N° 461. *Canard aux Navets.*

Faites roussir dans le beurre une cuillerée de farine ; passez-y votre canard ; mouillez avec du bouillon et un demi-verre de vin blanc ; ajoutez un bouquet garni, sel, gros poivre et muscade râpée ; quand le canard est à moitié cuit, faites roussir des navets dans le beurre en ajoutant un peu de sucre dans votre roux ; lorsqu'ils ont pris une belle couleur, mettez-les dans la casserole où est le canard, et finissez de cuire le tout ensemble ; dégraissez et faites réduire la sauce.

N° 462. *Autre manière.*

Faites cuire votre canard dans une braisière juste à sa grosseur, enveloppé de bardes de lard avec un bouquet garni, des tranches de citron sans blancs ni pepins, deux carottes, deux ognons, dont un piqué de deux clous de girofle, un panais, sel, gros poivre et épices ; mouillez avec du bouillon et un verre de vin blanc ; faites cuire à petit feu ; quand le canard est cuit, retirez-le, et tenez-le chaudement ; vous avez des navets auxquels vous avez fait prendre couleur en les passant au beurre avec un peu de sucre ; mettez-les dans la cuisson de votre canard pour achever de cuire ; faites réduire la sauce, et liez-la avec un peu de jus, si vous en avez, ou avec un peu de beurre manié de farine.

Vous pouvez substituer des marrons aux navets, ou mettre à la fois des uns et des autres; si vous employez des marrons rôtis, vous ne les mettrez dans la sauce que lorsqu'elle sera réduite à son point; si vous n'avez que des marrons crus, enlevez-en la première peau; sautez-les dans le beurre, jusqu'à ce que la seconde peau se détache; épluchez-les, et mettez-les dans le ragoût en même temps que les navets.

N° 463. *Canard aux Olives.*

Faites cuire un canard à la braise, comme il est prescrit ci-dessus; retirez-le lorsqu'il est cuit; passez la cuisson; ajoutez-y des champignons coupés, et faites-la réduire; épluchez des olives, en coupant la chair autour du noyau, en spirale; elles conserveront par-là leur première forme; jetez-les dans votre sauce et faites-les bouillir un instant. Versez sur le canard.

N° 464. *Canard farci.*

Désossez entièrement un canard sans endommager la peau; commencez par la poche, et renversez la peau et la chair à mesure que vous la séparez des os; enlevez une partie de la chair des filets et des cuisses; hachez-la avec un quarteron de rouelle de veau, une demi-livre de graisse de bœuf, persil, ciboules, champignons, deux œufs crus, sel, poivre et un bon verre de crème réduite; mêlez bien le tout ensemble, et remplissez-en votre canard; recousez la peau, et ficelez pour que rien ne s'échappe; faites cuire à la braise, comme il est prescrit ci-dessus (voy. n° 462). Servez avec un ragoût de marrons que vous préparez avec la cuisson de votre canard.

N° 465. *Canard aux petits Pois.*

Faites cuire un canard à la braise, comme il est prescrit ci-dessus (voy. n° 462); faites roussir un peu de farine dans du beurre; passez-y du petit lard coupé en tranches minces, et un litron de pois; mouillez avec la cuisson du canard que vous avez passée au tamis; assaisonnez de sel et poivre, avec un bouquet garni; quand les pois sont cuits, masquez-en votre canard.

N° 466. *Canard aux Ognons.*

Faites cuire un canard à la braise, comme il est prescrit au n° 462; coupez de gros ognons en tranches après les avoir fendus en deux, et en avoir retranché la tête et la queue; faites-les roussir dans du beurre avec une pincée de farine; mouillez-les avec la cuisson du canard; faites réduire à courte sauce; dégraissez, ajoutez un filet de vinaigre, et servez sur le canard.

N° 467. *Canard à l'Italienne.*

Faites-le cuire comme ci-dessus (voy. n° 462); mettez dans une casserole deux cuillerées d'huile, persil, ciboules, champignons, une gousse d'ail, le tout haché; passez le tout avec une pincée de farine; mouillez avec la cuisson du canard, dégraissée et passée au tamis; faites réduire à courte sauce; servez sur le canard.

On peut encore servir le canard avec une purée de pois, de lentilles ou de marrons; il faut toujours le faire cuire à la braise, comme il est prescrit, et employer la cuisson dégraissée et passée pour mouiller les purées.

N° 468. *Oie.*

On ne met à la broche que les jeunes oies; on les reconnaît, lorsqu'en pliant la partie supérieure du bec, elle se rompt facilement.

N° 469. *Oie farcie de Marrons.*

Otez la première peau de cinquante marrons ou plus, et passez-les avec un peu de beurre jusqu'à ce que la seconde peau s'enlève facilement; ou bien, prenez des marrons rôtis à la poêle; épluchez-les, mettez à part les plus beaux et les plus entiers; hachez les autres avec le foie de votre oie, une demi-livre de chair à saucisse, un peu de panne de cochon, ou un morceau de beurre, une échalotte, une pointe d'ail, persil, ciboules, sel, poivre et muscade râpée; passez cette farce sur le feu pendant un bon quart d'heure, et remplissez-en le corps d'une jeune oie; cousez les ouvertures pour que rien ne sorte; faites cuire à la broche, et servez avec un ragoût de marrons (voy. n° 90).

N° 470. *Oie en Daube.*

Lardez-la partout avec du lard assaisonné de persil, ciboules, échalottes, une demi-gousse d'ail, un peu de sauge, thym, basilic, le tout haché très fin, poivre, sel et muscade râpée; épluchez des marrons rôtis, passez-les au beurre avec un peu de sucre, et remplissez-en le corps de votre oie; ficelez-la pour qu'elle ne se déforme pas, et mettez-la dans une braisière ou terrine, juste à sa grandeur, avec des bardes de lard dessus et dessous; mouillez avec moitié eau ou bouillon, et moitié vin blanc ; ajoutez un fort jarret de veau coupé en morceaux, quatre carottes, quatre ognons, dont un piqué de trois clous de girofle, un panais, un bouquet garni, sel, gros poivre et épices. Faites cuire à petit feu, pendant deux ou trois heures, suivant l'âge de votre oie ; retirez-la lorsqu'elle est cuite ; dégraissez la cuisson, et passez-la au tamis ; faites la réduire, si elle est trop longue, jusqu'à ce qu'elle puisse se prendre en gelée en refroidissant. Si vous voulez que la gelée soit bien transparente, vous la clarifierez avec un blanc d'œuf ; quand la gelée est prise, dressez-la autour du plat sur lequel la daube doit être servie.

N° 471. *Oie aux Navets.*

Préparez-la comme il est prescrit pour le canard aux navets (voy. n° 461).

N° 472. *Manière de conserver les Cuisses et les Ailes d'Oies.*

Prenez des oies bien grasses ; faites-les cuire à moitié à la broche ; levez ensuite les cuisses et les ailes sans rien laisser à la carcasse ; laissez-les refroidir ; frottez-les avec un peu de salpêtre, mêlé de sel fin ; rangez-les par lits dans une terrine, en mettant entre elles des feuilles de laurier, de sauge et un peu de thym ; laissez-les vingt-quatre heures dans cet état. Mettez à part toute la graisse qui peut se trouver encore dans le corps de vos oies ; faites-la fondre à petit feu ; et réunissez-la à celle que les oies ont rendue en cuisant. Lorsque vos cuisses et ailes ont mariné pendant vingt-quatre heures, essuyez-les ; faites fondre toute la graisse, et si vous ne croyez pas en avoir assez pour couvrir les ailes et les cuisses, ajoutez-y quantité suffisante de saindoux ; mettez les ailes et les cuisses dans cette graisse pour achever de cuire ; ne poussez pas trop le feu : il suffit que la graisse frémisse, ce qui est causé par les matières aqueuses qui se dégagent. Quand elles sont assez cuites, ce qui se reconnaît lorsqu'on peut y enfoncer une paille, retirez-les, et laissez-les presque refroidir ; arrangez-les alors dans un pot de terre, en les serrant le plus que vous pourrez les unes contre les autres ; versez par-dessus votre graisse encore chaude : il faut qu'elles soient couvertes de l'épaisseur de trois doigts ; ne couvrez le pot que lorsque ce qu'il contient est entièrement refroidi.

On les sert avec différentes sauces et ragoûts : à la sauce Robert (voy. n° 45), à la Sainte-Menehould (voy. n° 452), avec une sauce piquante (voy. nos 46, 47), ou avec une rémoulade (voy. n° 50).

On peut encore, après les avoir fait un peu frire dans leur graisse, les servir avec une sauce à la moutarde que l'on fait ainsi :

Mettez dans une casserole un petit morceau de beurre manié de farine, avec une cuillerée de bonne moutarde, quelques échalottes hachées, une pointe d'ail, sel, gros poivre et muscade râpée, un peu de jus ou du bouillon; faites lier sur le feu.

La graisse dans laquelle on a conservé les ailes et les cuisses, peut être employée dans la cuisine au lieu de beurre; elle est excellente pour préparer la choucroûte.

N° 473. *Oie à la Choucroûte.*

Faites cuire une oie à la broche; vous avez auparavant bien lavé la quantité de choucroûte qui vous est nécessaire; mettez-la dans une casserole avec des tranches de petit lard, un cervelas et des saucisses; mouillez-la avec du bouillon et la graisse de votre oie; faites-la cuire pendant deux heures à petit feu; mettez-y alors votre oie rôtie pour la réchauffer; dressez-la ensuite sur un plat; égouttez la choucroûte; mettez-la autour de l'oie avec les saucisses et le cervelas dépouillé de sa peau et coupé en tranches.

N° 474. *Pigeons.*

Le pigeon de volière est le seul qu'on soit dans l'usage de mettre à la broche; choisissez-le jeune; enveloppez-le d'une barde de lard et d'une feuille de vigne dans la saison.

N° 475. *Pigeons en Compote.*

Faites roussir une demi-cuillerée de farine avec du beurre; passez-y des tranches de petit lard et vos pigeons; mouillez avec du bouillon; ajoutez des champignons, quelques foies de volaille, si vous en avez, ou un ris de veau coupé en morceaux, un bouquet garni, une pointe d'ail, du poivre, de la muscade râpée, pas de sel, parce que le bouillon est salé; faites cuire et réduire à courte sauce; dégraissez avant que les pigeons soient entièrement cuits; mettez des petits ognons que vous aurez passés au beurre jusqu'à ce qu'ils soient bien blonds; ajoutez, au moment de servir, un peu de jus de citron, ou un filet de vinaigre.

N° 476. *Pigeons aux Pois.*

Faites roussir une demi-cuillerée de farine dans du beurre; mettez-y vos pigeons avec des tranches minces de petit lard; faites bien revenir le tout; mouillez avec du bouillon; assaisonnez de poivre avec un bouquet garni, peu de sel, parce que le bouillon est salé; mettez vos pois (un litron pour trois ou quatre pigeons); faites cuire à petit feu et réduire à courte sauce; avant de servir, ajoutez un petit morceau de sucre, ou, ce qui vaut mieux, mettez-le quand vous faites votre roux.

N° 477. *Pigeons aux Pointes d'Asperges.*

Ils se préparent de même que ceux aux pois, avec cette différence, qu'on n'ajoute les pointes d'asperge que lorsque les pigeons sont presque cuits. Les asperges doivent avoir auparavant été blanchies à l'eau bouillante.

N° 478. *Pigeons à la Sainte-Menehould.*

Après les avoir vidés, flambés et troussés, mettez dans une casserole un morceau de beurre manié de farine, un bouquet de persil et ciboules, deux ognons en tranches, des filets de carottes et de panais, une gousse d'ail entière, deux clous de girofle, une feuille de laurier, sel, poivre, muscade râpée, et une chopine de lait; faites bouillir quelques instants, et mettez-y vos pigeons, que vous faites cuire à petit feu; lorsqu'ils sont cuits, retirez-les et faites-les égoutter; enlevez le plus gras de la cuisson et mettez-le sur une assiette; saucez-y vos pigeons et panez-les; faites-les griller, en les arrosant avec ce qui reste du gras dans lequel vous les avez trempés; servez avez une rémoulade (voy. n° 50).

N° 479. *Pigeons à la Crapaudine.*

Fendez-les par le dos, sans les séparer, depuis le cou jusqu'au croupion; aplatissez-les; assaisonnez-les de sel, gros poivre et muscade râpée; trempez-les dans du beurre tiède et panez-les partout; faites-les griller, d'abord l'estomac en dessous; retournez-les quand ils sont assez cuits de ce côté; servez avec une sauce piquante à l'échalotte (voy. n° 44.).

Si vous n'avez pas le temps de les paner, mettez-les dans une casserole, toujours l'estomac en dessous, avec un morceau de beurre; assaisonnez de sel, gros poivre et muscade râpée; retournez-les lorsqu'ils sont assez cuits d'un côté; retirez-les lorsqu'ils sont cuits; ajoutez à votre fonds une pincée de farine, un peu de bouillon et de vinaigre, des échalottes hachées, sel et poivre; faites bouillir et réduire, et versez sur vos pigeons.

N° 480. *Pigeons en Matelote.*

Faites roussir une demi-cuillerée de farine avec du beurre; passez-y vos pigeons avec du petit lard coupé en tranches minces; mouillez avec du bouillon et autant de vin blanc; assaisonnez de sel, poivre, épices, un bouquet garni; ajoutez des champignons et des petits ognons passés au beurre; faites cuire vivement pour réduire à courte sauce.

N° 481. *Pigeons frits.*

Prenez des pigeons de sept à huit jours; flambez-les légèrement et épluchez-les; laissez les ailes, la tête et les pates; faites-les cuire avec un morceau de beurre, du vin blanc, un bouquet garni, deux clous de girofle, une pointe d'ail, sel, gros poivre et muscade râpée; lorsqu'ils sont cuits, retirez-les pour les égoutter et les faire refroidir; trempez-les dans une pâte à frire, et faites-les frire de belle couleur; servez avec du persil frit.

(Voy. pour la pâte à frire, n° 91.)

POISSON DE MER.

N° 482. *Esturgeon rôti.*

La chair de l'esturgeon ressemble beaucoup à celle du veau; prenez-en un tronçon; piquez-le de gros lard bien assaisonné; faites-le mariner (voy. n° 63) et ensuite rôtir, en l'arrosant souvent avec sa marinade; servez avec une sauce piquante (voy. n° 46 et suivants).

N° 483. *Esturgeon braisé.*

Piquez-le comme ci-dessus; mettez-le dans une braisière juste à sa grosseur, avec du lard râpé, quatre ognons coupés en tranches, deux carottes coupées en lames, un panais coupé de même, un fort bouquet garni, sel poivre et épices; épicez fortement; mouillez avec du vin blanc; faites cuire à grand feu; servez avec une sauce piquante, dans laquelle vous ferez entrer le fond de votre cuisson.

N° 484. *Saumon à la Sauce aux Câpres.*

Prenez une tranche ou dalle de saumon; marinez-la avec de l'huile, du persil, de la ciboule, sel, poivre et muscade rapée; faites-la griller à un feu modéré en l'arrosant avec sa marinade; servez avec une sauce au beurre avec des câpres (voy. n° 31).

N° 485. *Saumon au Bleu.*

Faites-le cuire dans une poissonnière avec du vin, des carottes coupées en lames, des ognons en tranches, quatre clous de girofle, quatre feuilles de laurier, une poignée de persil, quelques branches de thym, sel et gros poivre; faites-le cuire tout doucement: vous reconnaîtrez qu'il est cuit lorsque les yeux sortiront de la tête. Il faut qu'il soit totalement couvert par le court-bouillon; si vous le servez pour entrée, enlevez les écailles et masquez-le avec une bonne sauce au beurre, dans laquelle vous mettrez des câpres, des cornichons coupés et quelques anchois; si vous voulez le servir pour rôt, ne l'écaillez pas, mettez-le à sec sur une serviette avec un lit de persil par-dessous.

N° 486. *Saumon à la Sauce Tomate.*

Faites griller une dalle de saumon, comme il est prescrit au n° 484; servez avec une sauce tomate (voy. n° 37).

N° 487. *Saumon salé.*

On ne le mange qu'en salade: pour cela, après l'avoir dessalé, faites-le cuire à l'eau; ne le laissez pas bouillir, parce qu'il durcirait; faites-le bien égoutter.

N° 488. *Turbot et Barbue.*

On les prépare l'un et l'autre de la même manière; faites-les cuire à l'eau de sel, ou avec moitié lait et moitié eau de sel, ou au court-bouillon; avec des ognons coupés en tranches, des ciboules, du thym, du laurier, du persil, de l'ail, du girofle, du gros poivre, le tout en quantité proportionnée à la grandeur de votre turbot; salez fortement. Si vous voulez que le turbot soit très blanc, il faut faire bouillir le court-bouillon à part pendant un quart d'heure; passez-le au tamis; frottez avec du jus de citron le côté blanc du turbot; versez par-dessus votre court-bouillon passé; faites-le cuire à petit feu et sans bouillir, de peur qu'il ne se rompe : vous reconnaîtrez qu'il est cuit, quand il cède sous le doigt; retirez-le alors, et mettez-le égoutter.

N° 489. *Turbot à la Sauce aux Câpres.*

Faites-le cuire de l'une des manières indiquées ci-dessus; servez avec une sauce aux câpres (voy. n° 31).

N° 490. *Turbot à la Béchamel.*

Levez les chairs d'un morceau de turbot cuit comme ci-dessus, ou d'un turbot de desserte; arrangez-les dans un plat, et couvrez-les d'une béchamel (voy. n° 34).

N° 491. *Turbot à la Sainte-Menehould.*

Levez les chairs d'un turbot de desserte; faites-les échauffer dans une béchamel (voy. n° 34) un peu épaisse; arrangez le tout dans un plat, en unissant bien le dessus; panez avec de la mie de pain, et saupoudrez par-dessus du fromage de Parme râpé; faites prendre couleur sous un four de campagne, ou avec une pelle rouge.

N° 492. *Raie.*

Il y en a de plusieurs espèces, la bouclée est la meilleure; faites-la cuire dans l'eau avec du vinaigre et du sel, et quelques tranches d'ognons; ne lui faites faire que deux bouillons; lorsqu'elle est cuite, retirez-la pour l'égoutter et l'éplucher.

Vous pouvez la servir avec une sauce aux câpres (voy. n° 31) ou au beurre noir (voy. n° 26).

Le foie ne doit rester que deux ou trois minutes dans l'eau bouillante.

N° 493. *Raie en Marinade.*

Arrachez-en la peau, et coupez-la par morceaux larges de deux doigts; faites-les mariner pendant deux ou trois heures avec du vinaigre, sel, poivre, persil, ciboules, une gousse d'ail; égouttez-les; essuyez-les; roulez-les dans la farine, et faites-les frire; servez avec du persil frit.

No 494. *Raie à la Sainte-Menehould.*

Préparez-la comme le turbot à la Sainte-Menehould (voy. no 491).

No 495. *Soles, Limandes, Carlets et Plies.*

Ces quatre espèces de poissons se préparent ordinairement de la même manière ; ainsi ce qui sera prescrit pour une espèce pourra s'appliquer aux trois autres.

No 496. *Soles frites.*

Essuyez-les après les avoir vidées et lavées; fendez-les avec un couteau sur la raie du dos, du côté noir; farinez-les à sec, ou mieux encore, après les avoir trempées dans du lait; faites frire de belle couleur. Il faut que la friture soit bien chaude, et qu'elle ne languisse pas, sans quoi votre poisson sera mollasse; servez avec des citrons coupés en deux.

No 497. *Soles au Gratin.*

Préparez-les comme ci-dessus; mettez au fond d'un plat qui aille au feu, du beurre tiède avec persil, ciboules, échalottes, champignons, le tout haché, sel, poivre et muscade râpée; posez par-dessus vos soles, et couvrez-les du même assaisonnement, avec du beurre; vous pouvez en faire un second lit, en procédant de même; ajoutez un verre de vin blanc ou rouge, et masquez avec de la mie de pain; posez le plat sur un feu doux; couvrez avec le four de campagne, et bon feu par-dessus. Pour que la mie de pain prenne bien couleur, il faut l'arroser avec des gouttes de beurre, avant de mettre le plat sous le four de campagne.

No 498. *Filets de Soles à l'Italienne.*

Levez-les filets de vos soles, et séparez-en la peau; saupoudrez-les de sel, gros poivre, muscade râpée et persil haché; mettez-les sur le feu avec du beurre ; quand ils sont bien revenus, arrosez-les avec un jus de citron; retournez-les; dressez-les sur un plat; servez avec une sauce italienne (voy. no 35).

No 499. *Filets de Soles à la Mayonnaise.*

Mettez sur le gril des soles frites jusqu'à ce qu'elles soient assez chaudes pour que vous puissiez en enlever la peau; levez les filets, et arrangez-les sur un plat; versez par-dessus une mayonnaise (voy. n° 40).

N° 500. *Éperlans frits.*

Les éperlans sont de petits poissons de mer un peu plus gros que le goujon. Lorsqu'ils sont bien frais, ils ont l'odeur de la violette; quelques personnes les apprêtent sans les vider.

Pour les faire frire, on les écaille, on les essuie, et après les avoir enfilés par les yeux avec des brochettes, on les trempe dans du lait, on les farine et on les fait frire.

N° 501. *Éperlans au Gratin.*

Préparez-les comme il est prescrit pour les soles.

N° 502. *Cabillaud.*

Après l'avoir vidé et lavé, saupoudrez-le de sel; laissez-le ainsi pendant une heure; ensuite faites-le cuire comme le turbot (voy. n° 448), et servez avec les mêmes sauces.

N° 503. *Alose.*

L'alose se sert ordinairement grillée, après avoir été marinée dans l'huile avec sel et poivre, persil, ciboules, muscade râpée; quand elle est grillée, on la masque d'une sauce aux câpres. On la sert aussi sur une purée d'oseille.

N° 504. *Anguille de Mer.*

Otez-en la peau; faites cuire l'anguille à l'eau de sel, avec une poignée de persil; lorsqu'elle est cuite, servez avec une sauce aux câpres et aux anchois (voy. n° 31).

Vous pouvez aussi la servir avec une sauce tomate.

N° 505. *Maquereaux à la Maître-d'Hôtel.*

Après qu'ils sont vidés, essuyez-les avec une serviette mouillée; mettez-les sur le gril, enveloppés d'un papier huilé; retournez-les quand ils sont cuits d'un côté; dressez-les sur un plat, après les avoir fendus par le dos, et y avoir mis un morceau de beurre manié avec du persil, de la ciboule, une pointe d'ail, le tout haché très fin, sel et gros poivre; servez de suite, avant que le beurre soit fondu entièrement. Arrosez-les de jus de citron.

N° 506. *Maquereaux au Court-Bouillon.*

Faites-les cuire dans l'eau, avec persil, ciboules, une gousse d'ail, du fenouil, si vous en avez, un peu de basilic, sel et gros poivre; ajoutez un verre de vin blanc; ne mettez les maquereaux dans le court-bouillon que lorsqu'il sera bouillant; ne les y laissez qu'un quart d'heure; égouttez-les; arrangez-les sur le plat.

On peut les servir au beurre noir avec du persil frit (voy. no 26).

Ou avec une sauce aux câpres et aux anchois (voy. no 31).

Ou avec du beurre manié de fines herbes et d'une pointe d'ail, hachés très fin, qu'on fait seulement tiédir. Ajoutez sel et poivre; et un jus de citron, ou du verjus.

No 507. *Mulet et Surmulet.*

On peut les apprêter de toutes les manières indiquées pour les maquereaux.

No 508. *Merlans frits.*

Écaillez, videz et lavez vos merlans; laissez-leur les foies dans le corps; après les avoir bien essuyés, ciselez-les des deux côtés; farinez-les, et faites-les frire. Il faut que la friture soit très chaude et qu'elle ne languisse pas, si vous voulez que vos merlans soient fermes. Saupoudrez-les de sel fin, en les sortant de la friture.

No 509. *Merlans au Gratin.*

Conformez-vous en tout point à ce qui est prescrit pour les soles au gratin (voy. no 497).

No 510. *Merlans au Court-Bouillon.*

Faites cuire avec persil, ciboules, une gousse d'ail, basilic, sel, gros poivre; mouillez avec de l'eau et un verre de vin blanc; ne mettez les merlans dans le court-bouillon que lorsqu'il bout. Dix minutes suffisent pour les cuire.

Vous pouvez les servir avec une sauce aux câpres et aux anchois.

Ou avec du beurre manié de fines herbes avec une pointe d'ail, hachées très fin; faites seulement tiédir, et versez sur vos merlans.

No 511. *Filets de Merlans à l'Italienne.*

(Voyez *Filets de Soles*, no 498).

No 512. *Sardines et Harengs frits.*

Après les avoir vidés, écaillés, lavés et essuyés, mettez-les sur le gril à nu, ou, ce qui vaut mieux, enveloppez-les d'une feuille de papier huilé; quand ils sont cuits, servez-les avec une sauce au beurre, dans laquelle vous délayez une cuillerée de moutarde.

N° 513. *Grondin.*

Le grondin se fait cuire au court-bouillon fait avec du vin blanc, des ognons en tranches, persil, laurier, deux clous de girofle, sel et gros poivre; servez-le avec une sauce aux câpres et aux anchois, ou toute autre à votre choix. Ne mettez votre poisson dans le court-bouillon que lorsqu'il bout.

N° 514. *Rouget.*

Faites-le cuire au court-bouillon comme ci-dessus, et servez avec les mêmes sauces.

N° 515. *Vives.*

Faites-les cuire au court-bouillon comme les rougets, et servez-les avec les mêmes sauces.

Vous pouvez aussi faire une sauce avec une partie du court-bouillon, en y ajoutant un morceau de beurre manié de farine; faites réduire, et ajoutez en servant quelques câpres, ou un jus de citron.

Cette dernière sauce peut aussi servir pour le grondin et le rouget.

N° 516. *Morue.*

Pour faire dessaler la morue, il faut la mettre dès la veille dans de l'eau de rivière, qu'on renouvelle de temps en temps; ensuite on la ratisse et on la nettoie.

Faites-la cuire à l'eau pure de rivière (n'employez jamais l'eau de puits, parce qu'elle durcit la morue); mettez-la dans l'eau froide; écumez lorsque l'eau est presque bouillante; et lorsqu'elle bout, retirez le vase du feu, et couvrez-le pendant un quart d'heure; ôtez ensuite la morue.

N° 517. *Morue à la Maître-d'Hôtel.*

Lorsqu'elle est cuite comme il est prescrit ci-dessus, laissez le morceau entier, ou, ce qui est mieux, levez les feuillets; mettez la morue dans une casserole avec un bon morceau de beurre, persil et ciboules hachés, gros poivre et muscade râpée; faites seulement fondre le beurre; évitez qu'il ne tourne en huile; quand il est bien mêlé avec la morue, servez en ajoutant un peu de jus de citron ou du verjus.

N° 518. *Morue à la Béchamel.*

Mettez dans une casserole un morceau de beurre proportionné à la quantité de morue que vous avez, un peu de farine, du persil, de la ciboule et une pointe d'ail hachés bien fin, gros poivre et muscade râpée; mouillez avec de la crème ou du lait, faites lier sur le feu; mettez-y la morue en filets; lorsqu'elle est chaude, servez.

Si la morue est très dessalée, il faut mettre un peu de sel dans la béchamel.

N° 519. *Morue à la Provençale.*

Mettez dans un plat qui aille au feu, du beurre que vous étalez; saupoudrez avec du persil, des échalottes, de la ciboule, une pointe d'ail, poivre, muscade râpée; ajoutez une bonne cuillerée d'huile; mettez par-dessus cet assaisonnement la morue cuite et en feuillets, en la saupoudrant légèrement du même assaisonnement que vous avez mis dessous; arrosez avec une cuillerée d'huile; unissez bien, et panez avec de la mie de pain que vous arrosez de gouttes d'huile; mettez le plat sur un petit feu; faites prendre couleur avec le four de campagne un peu chaud, ou avec la pelle rouge.

N° 520. *Morue frite.*

Hachez grossièrement des feuillets de morue cuite; préparez-les comme pour la béchamel; il faut que la sauce soit courte et épaisse; laissez refroidir la morue dans sa sauce; faites-en des petits tas, auxquels vous donnerez la forme qui vous convient le mieux; panez-les; trempez-les dans l'œuf entier battu, pour les paner une seconde fois; faites-les frire de belle couleur; servez en buisson avec du persil frit.

N° 521. *Morue au Beurre roux.*

Coupez de gros ognons en tranches; faites roussir un bon morceau de beurre avec une demi-cuillerée de farine, et un peu de sucre en poudre; passez-y vos ognons jusqu'à ce qu'ils soient bien colorés; ajoutez-y une cuillerée de vinaigre; faites bouillir un instant, et versez sur votre morue cuite et en feuillets.

N° 522. *Harengs saurs grillés.*

Coupez-en la tête et le bout de la queue; fendez-les par le dos; ouvrez-les; posez-les sur le gril pendant un instant, la chair en-dessous ; retournez-les et arrosez-les avec de l'huile : il ne faut que deux ou trois minutes pour les cuire.

N° 523. *Harengs saurs à la Sainte-Menehould.*

Faites-les dessaler dans l'eau, après leur avoir coupé la tête et la queue, et mettez-les ensuite deux heures dans du lait ; égouttez-les et essuyez-les ; fendez-les par le dos ; trempez-les dans du beurre tiède assaisonné d'un peu de laurier et basilic hachés extrêmement fin, et auquel vous ajoutez deux jaunes d'œufs, du poivre et un peu de muscade râpée ; panez-les avec de la mie de pain ; faites-les griller à un feu doux ; en servant, exprimez sur les harengs un jus de citron, ou versez-y une cuillerée de verjus.

N° 524. *Harengs et Maquereaux salés.*

On peut les servir au beurre roux, comme la morue (voy. n° 521), ou après les avoir fait dessaler, on les grille et on les sert avec une purée de pois ou de lentilles.

N° 525. *Harengs pecs.*

Ce sont de gros harengs salés qui viennent de Hollande ; on les sert crus pour hors-d'œuvre, après les avoir dépouillés de leur peau.

N° 526. *Anchois et Sardines salés.*

On les lave, on lève les filets, et on les sert pour hors-d'œuvre avec des fines herbes, des blancs et des jaunes d'œufs hachés. On les arrose d'huile.

N° 527. *Moules à la Poulette.*

Raclez les coquilles pour en détacher tout ce qui y est adhérent ; lavez-les à plusieurs eaux ; mettez-les à sec dans une casserole sur un feu ardent ; retournez-les ; à mesure qu'elles s'ouvrent, vous les ôtez des coquilles (vous pouvez, si vous voulez, laisser une des valves de la coquille) ; passez au tamis l'eau que les moules ont rendue ; mettez-les dans une casserole avec un bon morceau de beurre, persil et ciboules hachés, gros poivre et muscade râpée ; passez-les sur le feu ; ajoutez un peu de farine ; mouillez avec du bouillon et un peu de l'eau de vos moules ; faites jeter quelques bouillons, tenez-les ensuite chaudement sans bouillir ; au moment de servir, liez la sauce avec des jaunes d'œufs, et ajoutez du jus de citron.

N° 528. *Huîtres à la Poulette.*

Ouvrez les huîtres, et faites-les blanchir dans leur eau sans bouillir ; préparez-les ensuite comme il est prescrit ci-dessus.

Ou bien, après les avoir fait blanchir dans de l'eau, passez-les dans du beurre sans les faire bouillir, avec des échalottes, persil, champignons hachés, une cuillerée d'huile, poivre et muscade râpée ; arrangez-les dans un plat, et couvrez-les de mie de pain que vous arrosez de gouttes d'huile ; posez le plat sur les cendres chaudes, et faites prendre couleur sous le four de campagne, ou avec une pelle rouge ; au moment de servir, exprimez sur le plat le jus d'un citron.

N° 529. *Huîtres en Hachis.*

Prenez des huîtres au panier, bien fraîches ; faites-les blanchir à l'eau sans bouillir, ce qui les racornirait ; mettez-les dans l'eau fraîche ; ensuite égouttez-les ; séparez le milieu qui est tendre, des bords qui sont plus fermes ; hachez ceux-ci assez fin ; hachez le tendre grossièrement, avec de la chair de carpe, si vous en avez, ou de tout autre poisson cuit à l'eau, ou au court-bouillon ; mêlez le tout ensemble ; assaisonnez de poivre et muscade râpée.

Mettez dans une casserole un bon morceau de beurre avec persil, ciboules, champignons hachés ; passez sur le feu ; mouillez avec moitié vin blanc et moitié bouillon gras ou maigre ; ajoutez votre hachis ; faites-le chauffer sans bouillir ; quand le hachis a bu presque toute la sauce, mettez une liaison de trois jaunes d'œufs.

N° 530. *Homards et Langoustes.*

La langouste diffère du homard, en ce qu'elle est plus allongée, et que ses pinces sont plus petites. Il faut les choisir bien pleins, lourds, et n'ayant pas mauvaise odeur ; flairez-les sur le dos à la naissance de la queue.

On les sert avec une rémoulade composée ainsi qu'il suit : retirez ce qui se trouve dans l'intérieur du corps, ainsi que les œufs que l'on trouve quelquefois sous la queue ; pilez le tout légèrement ; ajoutez de la moutarde, du persil et des échalottes hachés, de l'huile, pas de vinaigre ; battez bien ; servez votre rémoulade à part.

N° 531. *Crevettes.*

Il y en a de deux espèces : l'une est d'un rouge pâle, c'est la meilleure ; l'autre tire sur le noir. Comme elle s'altère très facilement, on l'apporte toujours cuite. Il faut la choisir fraîche ; ce qu'on reconnaît lorsqu'elle a bonne odeur et que la queue est ferme. Servez sur un lit de persil ou de cerfeuil.

N° 532. *Thon mariné.*

On le sert dans l'huile avec des fines herbes, pour hors-d'œuvre.

N° 533. *Huîtres marinées.*

On les sert en hors-d'œuvre, après les avoir lavées. On les arrose d'huile. On en garnit aussi les salades.

POISSON D'EAU DOUCE.

N° 534. *Truite.*

Il y en a de deux espèces ; la saumonée, qui a la chair rouge, et la blanche ; la première est la meilleure.

On la fait cuire au court-bouillon, avec du vin rouge ou blanc, des ognons en tranches, une poignée de persil, quelques clous de girofle, trois feuilles de laurier, un peu de thym et de sel ; on la sert sur un lit de persil ; mettez à côté un huilier ou une sauce faite avec une partie du court-bouillon, que vous liez avec un bon morceau de beurre bien manié de farine ; faites réduire à grand feu.

On peut aussi la servir avec une sauce aux câpres et aux anchois (voy. n° 31), et la préparer de toutes les manières indiquées pour le saumon (voy. nos 484 et suivants).

N° 535. *Brochet au Court-Bouillon.*

Faites-le cuire avec des carottes en tranches, ognons coupés de même, un fort bouquet garni, des clous de girofle, thym, basilic, sel et gros poivre ; mouillez avec du vin et moitié eau, ou avec de l'eau et du vinaigre aromatique ; mettez le brochet sur une feuille percée dans une poissonnière, ou si vous n'en avez pas, enveloppez-le d'un linge pour ne pas le rompre en le retirant ; ces précautions sont indispensables pour tous les poissons qu'on fait cuire au court-bouillon. Il faut aussi ficeler la tête pour qu'elle ne se déforme pas ; faites cuire à petit feu. Si vous le servez pour rôt, laissez-le refroidir, et mettez-le sur un lit de persil. Dans ce cas on ne doit pas enlever les écailles.

N° 536. *Brochet à la Sauce aux Câpres.*

Faites-le cuire au court-bouillon comme ci-dessus; enlevez les écailles, et servez-le avec une sauce au câpres et aux anchois (voy. n° 31).

N° 537. *Brochetons à la Maître-d'Hôtel.*

Écaillez-les; mettez-les sur le gril, enveloppés d'une feuille de papier beurré, après les avoir saupoudrés de sel fin. Quand ils sont cuits, fendez-les par le dos; et remplissez-les avec un morceau de beurre manié de fines herbes comme les maquereaux. Il faut avoir soin de retirer les œufs, qui sont purgatifs.

On peut encore les mariner et les faire frire; les mettre en matelote (voy. n°. 539), ou les servir avec une sauce au court-bouillon, comme la truite (voy. n° 534); en mayonnaise (voy. n° 40).

N° 538. *Carpe au Bleu.*

Arrosez votre carpe de vinaigre ou de vin rouge tout bouillant; faites-la cuire au court-bouillon, comme le brochet; servez-avec un cordon de persil, et un huilier auprès.

On peut aussi la servir chaude, avec une sauce ou court-bouillon, comme la truite (voy. n° 534).

N° 539. *Carpe à l'Étuvée.*

Faites roussir un peu de farine dans du beurre; passez-y de petits ognons jusqu'à ce qu'ils soient colorés; ajoutez du beurre, des champignons, un bouquet garni, sel, poivre, muscade râpée, et une feuille de laurier; mouillez avec moitié vin rouge, et moitié bouillon gras ou maigre; ajoutez votre carpe coupée en tronçons et écaillée; faites cuire à grand feu pendant une demi-heure; mettez dans le fond du plat, où vous devez servir, quelques croûtons; arrangez votre carpe dans le plat, et versez la sauce pardessus. On peut joindre à la carpe d'autres poissons de rivière, comme anguille, brochet, barbillon, etc.; toutes les matelotes se font de même. Si la sauce n'est pas assez liée, mettez-y du beurre manié de farine.

N° 540. *Carpe grillée.*

Après l'avoir écaillée, ciselez-la; frottez-la avec de l'huile, du poivre et du sel; faites-la griller à feu doux; servez en la couvrant d'une sauce aux câpres et aux anchois (voy. n° 31).

La carpe grillée peut aussi se servir avec une purée d'oseille (voy. n° 77).

N° 541. *Carpe farcie.*

Choisissez une belle carpe laitée ; faites-la cuire aux trois quarts dans un court-bouillon ; écaillez-la et levez-en toutes les chairs ; retranchez la majeure partie de la carcasse ; ne conservez que deux ou trois pouces d'arêtes du côté de la tête et du côté de la queue ; faites avec la chair de votre carpe une farce à quenelles, comme il est prescrit pour les quenelles de volaille (voy. n° 88) ; placez sur un plat long la tête et la queue de votre carpe, dans la position où elles devraient être si la carpe était encore entière ; faites au fond du plat un lit de farce : mettez au milieu un ragoût de ris de veau (voy. n° 303), ou tout autre qui vous conviendra. Il faut que le ragoût soit froid ; couvrez avec le reste de la farce, en lui donnant la forme d'une carpe dont la tête et la queue seront formées par celles que vous avez conservées ; unissez bien le tout ensemble ; dorez avec de l'œuf battu, blanc et jaune ; saupoudrez de mie de pain ; posez le plat sur les cendres chaudes, et couvrez avec le four de campagne ; mettez autour de votre carpe un ragoût fait avec la laitance que vous en avez retirée (voy. n° 79), ou tout autre ragoût.

N° 542. *Carpe frite.*

Fendez-la par le dos, farinez-la, et faites-la frire de belle couleur ; saupoudrez-la de sel fin, et exprimez dessus le jus d'un citron.

N° 543. *Anguille en Matelote.*

(Voyez *Carpe à l'Étuvée*, n° 539).

N° 544. *Anguille à la Tartare.*

Dépouillez votre anguille ; passez au beurre des carottes et des ognons coupés en tranches, et un fort bouquet garni ; ajoutez un peu de farine ; mouillez avec du vin blanc ; ajoutez sel, poivre et muscade râpée ; faites bouillir une demi-heure ; passez la sauce, et mettez-y l'anguille coupée en tronçons ; lorsqu'ils seront cuits, laissez-les refroidir ; roulez-les dans la mie de pain ; trempez-les ensuite dans l'œuf battu, pour les paner une seconde fois ; faites-les griller sur un petit feu, et couvrez avec le four de campagne : servez avec une sauce piquante (voy. nos 47 et suiv.).

N° 545. *Barbillon.*

Lorsqu'il est très gros, on le fait cuire au bleu comme la carpe ;

plus petit, on le met en matelote ; on le fait aussi griller, et on le sert avec une sauce aux câpres et aux anchois.

N° 546. *Tanche.*

Pour l'écailler, il faut la tremper un instant dans l'eau presque bouillante ; écaillez-la en commençant par la tête, sans endommager la peau.

On la sert grillée, avec une sauce aux câpres et aux anchois.

On la prépare aussi à la poulette : faites-la dégorger, après l'avoir coupée en morceau; passez-la au beurre ; ajoutez une demi-cuillerée de farine ; mouillez avec du vin blanc ; assaisonnez de sel, gros poivre, muscade râpée, un bouquet garni, mettez aussi des champignons, si vous en avez, et de petits ognons ; faites cuire à bon feu ; au moment de servir, ajoutez une liaison de trois jaunes d'œufs et un jus de citron.

N° 547. *Perches.*

Faites-les cuire au court-bouillon avec du vin blanc ; vous pouvez les servir avec une sauce à l'huile (voy. n° 65), ou avec une sauce aux câpres (voy. n° 31), ou avec une sauce faite de court-bouillon qu'on fait réduire, et qu'on lie avec du beurre manié de farine et des fines herbes hachées ; ajoutez un anchois haché.

On peut aussi les apprêter en matelote (voy. n° 543), après les avoir trempées un instant dans l'eau presque bouillante, pour les écailler.

N° 548. *Lotte.*

Trempez-la un instant dans l'eau bouillante, et essuyez-la ; faites-la cuire au court-bouillon avec du vin blanc ; mais comme il ne faut que quelques minutes pour la cuire ; faites votre court-bouillon à l'avance ; passez-le au tamis, et servez-vous-en pour faire cuire votre lotte. Choisissez une sauce.

On la met aussi en matelotte ; elle est très bonne frite après avoir été marinée.

On l'apprête encore en fricandeau, piquée de petit lard (voy. n° 311), et on peut la faire entrer dans les ragoûts au gras, tels que salpicons (voyez n° 100), ragoûts à la Morin (voyez n° 21), etc.

N° 549. *Lamproie.*

La lamproie a la forme d'une anguille ; mais elle est sans arêtes, et elle a sept trous de chaque côté de la tête ; on l'apprête comme l'anguille en matelote et à la tartare; quand on la met en matelote, on réserve le sang qu'elle rend lorsqu'on la coupe pour lier la sauce; on peut mouiller la matelote avec du vin rouge ou avec du vin blanc.

N° 550. *Brême.*

On la met en matelote, ou bien on la fait griller et on la sert avec une sauce aux câpres et aux anchois. Comme c'est un poisson assez fade, vous pouvez mettre un peu de moutarde dans la sauce.

N° 551. *Goujons.*

On les fait frire après les avoir farinés. Il est bon de les vider, quoiqu'on s'en dispense quelquefois.

N° 552. *Écrevisses.*

Faites-les cuire dans un court-bouillon mouillé de vin blanc, ou d'eau et de vinaigre; faites cuire à grand feu; laissez-les refroidir dans leur cuisson, après les avoir versées dans un vase de faïence ou de terre; servez en buisson sur un lit de persil, après les avoir fait égoutter.

N° 553. *Grenouilles en Fricassée de Poulets.*

Prenez des cuisses de grenouilles dépouillées de leur peau; faites-les blanchir un instant à l'eau bouillante; retirez-les à l'eau froide et faites-les ensuite égoutter; faites-les cuire comme une fricassée de poulets (voy. n° 411).

N° 554. *Grenouilles frites.*

Après avoir blanchi les cuisses de grenouilles, faites-les mariner (voy. n° 63) pendant une heure; trempez-les dans une pâte à frire (voy. n° 91); faites frire de belle couleur.

LÉGUMES.

N° 555. *Petits Pois à la Bourgeoise.*

Faites un roux très léger; passez-y un instant vos pois; et prenez garde qu'ils ne se racornissent si vous les laissez trop long-temps ; mouillez avec un peu d'eau bouillante ; ajoutez du sel, poivre, un bouquet de persil et ciboules, et un cœur de laitue ; laissez réduire jusqu'à ce qu'il n'y ait plus de sauce ; au moment de servir, ajoutez une liaison de jaunes d'œufs.

Ou bien, ne faites pas de roux ; mettez dans une casserole un morceau de beurre manié avec un peu de farine ; lorsque le beurre est tiède, mettez-y vos pois, avec un bouquet de persil et ciboules, sel et poivre ; laissez-les cuire dans leur jus, sans mouillement ; au moment de servir, retirez la casserole du feu ; versez dans un vase la cuisson de vos pois ; mettez-y une liaison de jaunes d'œufs, avec un peu de crème et un peu de sucre en poudre : versez la sauce sur vos pois ; sautez-les, et servez.

N° 556. *Pois au Lard.*

Faites un roux léger ; passez-y du lard coupé en tranches minces ; mouillez avec du bon bouillon, et mettez-y vos pois avec un bouquet de persil et ciboules, sel et poivre ; faites cuire à petit feu.

N° 557. *Pois secs.*

On ne s'en sert que pour faire des purées (voy. n° 72).

N° 558. *Haricots blancs nouveaux.*

Mettez-les dans l'eau bouillante avec un peu de sel ; lorsqu'ils sont cuits, égouttez-les ; faites tiédir un morceau de beurre manié de fines herbes, avec sel et poivre ; mettez-y vos haricots ; sautez les ; en servant, ajoutez du jus de citron ou du verjus, ou un filet de vinaigre.

N° 559. *Haricots blancs au Roux.*

Faites un roux léger ; passez-y des ognons fendus en quatre et coupés en tranches ; mouillez avec du bouillon ou avec de l'eau dans laquelle ont cuit vos haricots ; assaisonnez de sel et poivre, un bouquet de persil et ciboules ; faites bouillir jusqu'à ce que l'ognon soit bien cuit ; mettez-y vos haricots cuits à l'eau de sel ; sautez-les.

N° 560. *Haricots secs au Jus.*

Faites un roux léger, que vous mouillerez avec du jus (voy. n° 4), ou avec un fond de cuisson, ou avec du jus de viande et volaille rôtie ; assaisonnez de sel, poivre et muscade râpée ; sautez vos haricots dans la sauce.

N° 561. *Purée de Haricots.*

(Voyez n° 71).

N° 562. *Observation.*

Les haricots, les pois et les lentilles, et beaucoup d'autres légumes ne cuisent bien que dans l'eau très pure et très légère; celle des rivières et ruisseaux est toujours la meilleure; celle des puits ne vaut rien. Il y a des haricots, des pois, etc., qui cuisent difficilement dans la meilleure eau; cela tient à l'espèce d'enduit qui les recouvre et qui empêche l'eau de les bien pénétrer; on remédie à cet inconvénient, en mettant dans l'eau un petit nouet rempli de cendres de bois neuf, ou, ce qui vaut mieux, gros comme une noisette de carbonate de soude; les légumes cuisent très bien alors; dans les endroits où il n'y a que de l'eau de puits, on peut la rendre propre à cuire les légumes, en y versant un peu de carbonate de soude dissous dans l'eau, jusqu'à ce qu'il ne la fasse plus blanchir. Il se fait un petit dépôt; on prend le clair, et on s'en sert pour cuire les légumes.

N° 563. *Lentilles.*

Mettez-les dans une casserole avec un morceau de beurre, un ognon haché, un bouquet de persil et ciboules, sel et gros poivre; mouillez avec du bouillon et de l'eau; laissez-les cuire à petit feu.

Ou bien, faites-les cuire à part; passez dans un roux léger de l'ognon coupé en dés: mouillez avec du bouillon ou de l'eau; mettez-y vos lentilles avec sel, gros poivre et un peu de fines herbes.

N° 564. *Purée de Lentilles.*

(Voyez n° 70).

N° 565. *Lentilles à la Maître-d'Hôtel.*

Mettez vos lentilles cuites dans une casserole avec du beurre, persil et ciboules hachés, sel et gros poivre; sautez-les et servez-les.

N° 566. *Fèves de Marais.*

Faites-les blanchir dans l'eau de sel: mettez-les ensuite dans l'eau froide; après les avoir égouttées, mettez-les dans une casserole avec du beurre, un bouquet de persil et ciboules, un peu de sariette hachée, sel et poivre; passez-les sur le feu; ajoutez une pincée de farine et un petit morceau de sucre; mouillez avec du bouillon; quand elles sont cuites, mettez une liaison de jaunes d'œufs.

N° 567. *Purée de Fèves.*

(Voyez n° 72).

N° 568. *Haricots verts.*

Faites-les cuire à l'eau de sel; mettez dans une casserole un morceau de beurre manié de farine, persil et ciboules hachés, ou un bouquet; mettez les haricots quand le beurre est fondu; tournez-les et mouillez avec du bouillon; assaisonnez de sel et poivre; faites bouillir jusqu'à ce qu'il n'y ait presque plus de sauce; au moment de servir, mettez une liaison de jaunes d'œufs délayés avec de la crème et du lait. Vous pouvez ajouter un peu de jus de citron.

Au gras, on remplace la liaison par du jus (voy. n° 4), ou par un fond de cuisson réduit.

N° 569. *Haricots verts à la Maître-d'Hôtel.*

Lorsque vos haricots sont cuits à l'eau de sel, et suffisamment égouttés, tenez-les chaudement, faites tiédir un bon morceau de beurre manié de fines herbes, et arrosez-en vos haricots; vous assaisonnez le beurre de sel et gros poivre.

N° 570. *Haricots verts à la Provençale.*

Mettez dans une casserole quelques cuillerées d'huile avec des ognons coupés en tranches; lorsque l'ognon a pris couleur, ajoutez vos haricots cuits auparavant à l'eau de sel; assaisonnez avec persil et ciboules hachés, sel et gros poivre; sautez-les pendant quelques instants; mettez-les dans un plat; versez dans la casserole un filet de vinaigre, et quand il sera bouillant jetez-les sur les haricots.

Si vous n'aimez pas l'huile, faites un roux avec du beurre; passez-y vos ognons jusqu'à ce qu'ils soient bien colorés; mouillez avec du jus, ou avec quelque fond de cuisson réduit; mettez vos haricots; sautez-les deux ou trois fois; ajoutez, si vous voulez, en servant, un peu de jus de citron ou un filet de vinaigre.

N° 571. *Pommes-de-Terre.*

La meilleure manière de les faire cuire est de les exposer à la vapeur de l'eau bouillante; il suffit pour cela d'une simple casserole; ayez un clayon d'osier, à jour, juste à la grandeur de votre casserole, avec un rebord d'un pouce et demi de haut; placez-le rebord en dessous, et ne mettez qu'un pouce d'eau dans la casserole avec un couvercle, et un torchon blanc plié en plusieurs double par-dessous. Il faut que la casserole soit un peu profonde, si on veut faire cuire à la fois une certaine quantité de pommes-de-terre; on peut lui substituer avec avantage un pot de terre qu'on place sur un fourneau.

Si vous préférez les faire cuire dans l'eau, retirez l'eau lorsqu'elles sont cuites; couvrez le vase avec un linge plié, un couvercle par-dessus; laissez-les se ressuyer pendant un quart d'heure, ou plus, si vous avez le temps.

N° 572. *Pommes-de-Terre à la Maître-d'Hôtel.*

Dans l'été, prenez des pommes-de-terre dites vitelotes, et des petites jaunes; ce sont les espèces les plus hâtives; en automne et pendant l'hiver, choisissez les pommes-de-terre violettes, qui sont sucrées et moins sujettes à se mettre en bouillie, ou des rouges longues; faites-les cuire, épluchez-les, coupez-les en tranches; faites tiédir du beurre assaisonné de fines herbes, sel et gros poivre, et d'un peu de jus de citron; versez sur les pommes-de-terre, ou sautez-les un instant dans la casserole avec l'assaisonnement.

N° 573. *Pommes-de-Terre au Blanc.*

Coupez des pommes-de-terre cuites en tranches; faites fondre dans une casserole un bon morceau de beurre manié de farine; ajoutez de la crème ou du lait, du persil et de la ciboule hachés, sel, gros poivre et muscade râpée; faites bouillir la sauce, et mettez-y vos pommes-de-terre. Au moment de servir, ajoutez une liaison de jaunes d'œufs.

N° 574. *Pommes-de-Terre frites au Beurre.*

Pelez des pommes-de-terre crues, et coupez-les en tranches minces; mettez-les avec du beurre dans une casserole ou une poêle, sur un feu vif; retournez-les en les sautant jusqu'à ce qu'elles soient bien colorées; égouttez-les, et arrangez-les en buisson sur un plat, en les saupoudrant de sel fin.

N° 575. *Pommes-de-Terre au Roux.*

Faites un roux avec un bon morceau de beurre; passez-y des

ognons jusqu'à ce qu'ils soient bien colorés; ajoutez un peu de beurre manié de farine; mouillez avec du bouillon; assaisonnez de sel, gros poivre, muscade râpée, et un filet de vinaigre; lorsque les ognons sont cuits, mettez vos pommes-de-terre cuites; ne les laissez que le temps nécessaire pour prendre chaleur.

No 576. *Topinambours frits.*

Coupez-les en tranches, après les avoir épluchés crus; trempez-les dans une pâte à frire (voy. no 91). Faites-les frire de belle couleur. Saupoudrez-les de sel à mesure que vous les tirez de la friture.

Nota. On peut se servir du topinambour pour remplacer dans les ragoûts les culs d'artichauts dont il a un peu la saveur; il faut ne le mettre que vers la fin, parce qu'il cuit très facilement.

No 577. *Carottes.*

Coupez en tranches des carottes bien épluchées; blanchissez-les quelques instants à l'eau bouillante; faites un roux léger, auquel vous ajouterez un peu de sucre en poudre: mouillez avec du bouillon; mettez-y vos carottes; assaisonnez de sel, gros poivre et muscade râpée; faites réduire la sauce; et si elle n'est pas assez liée, ajoutez un peu de beurre manié de farine, ou un peu de jus, si vous en avez.

No 578. *Betteraves.*

On ne les emploie ordinairement que confites au vinaigre, pour garnir et décorer les salades.

On peut, si l'on veut, les préparer comme les carottes. Pour cet usage, il faut préférer les jaunes.

Les betteraves qui croissent dans les terrains trop fumés qui environnent les grandes villes, ont toujours dans leur saveur quelque chose d'âcre, qu'on ne retrouve pas dans celles qui ont crû sur des terres anciennement fumées.

No 579. *Navets à la Moutarde.*

Épluchez de petits navets bien farineux; faites-les cuire à l'eau; lorsqu'ils sont cuits, mettez-les sur un plat, et masquez-les avec une sauce au beurre, dans laquelle vous délaierez une demi-cuillerée de moutarde.

Si vous les préférez au blanc, supprimez la moutarde.

N° 580. *Navets au Roux.*

Faites un roux avec du beurre, de la farine et un peu de sucre; passez-y des navets blanchis, jusqu'à ce qu'ils aient pris couleur; mouillez avec du bouillon; faites réduire à courte sauce.

N° 581. *Purée de Navets.*

(Voyez n° 75).

N° 582. *Ognons en Matelote.*

Faites un roux avec du beurre, une cuillerée de farine et un bon morceau de sucre; passez-y des ognons blancs, jusqu'à ce qu'ils aient pris une belle couleur. Vous aurez soin, en épluchant vos ognons, d'attaquer le moins possible le côté de la tête et celui de la queue, afin qu'ils restent entiers en cuisant; mouillez avec du vin blanc et de bon bouillon, ou avec du jus, ou quelque fond de cuisson, si vous en avez; assaisonnez de poivre, muscade râpée et un bouquet garni, peu ou point de sel, selon la salure du bouillon ou du jus; quand vos ognons seront cuits, retirez-les et tenez-les chaudement; faites réduire la sauce; ajoutez-y, au moment de servir, un petit morceau de beurre; versez la sauce sur vos ognons.

N° 583. *Purée d'Ognons.*

(Voyez n° 73).

N° 583 *bis.* *Salsifis et Scorsonères.*

Ratissez-les à blanc, et jetez-les à mesure dans l'eau, où vous aurez mis un peu de vinaigre; faites-les cuire à grande eau, avec du sel et quelques cuillerées de vinaigre; quand ils sont cuits, ce que vous reconnaissez lorsqu'ils cèdent sous le doigt, vous les égouttez, et vous les servez avez une sauce blanche au beurre (voy. n° 30).

On les sert aussi au gras; faites un roux léger; mouillez avec du jus ou du bon bouillon; faites réduire, et mettez-y vos salsifis.

Si vous voulez les faire frire, il faut, après les avoir égouttés, les faire mariner avec un peu de vinaigre, sel et poivre; trempez-les dans une pâte à frire; que votre friture soit bien chaude; retirez-en les salsifis aussitôt qu'ils ont une belle couleur.

N° 584. *Céleri au Jus.*

Parez des pieds de céleri, en ôtant les premières feuilles qui sont dures; coupez-les d'égale longueur; faites-les blanchir; faites un roux léger; passez-y votre céleri; mouillez avec de bon bouillon; assaisonnez de sel, gros poivre et muscade râpée : quand le céleri est cuit, liez la sauce avec quelques cuillerées de jus, ou avec un bon fond de cuisson.

N° 585. *Céleri frit.*

Après l'avoir blanchi, faites-le cuire dans du bouillon; égouttez-le, trempez-le dans une pâte à frire; faites-le frire de belle couleur.

N° 586. *Cardons.*

Épluchez des cardons; rejetez toutes les côtes qui sont creuses et colorées; ne conservez que celles qui sont tendres et blanches; coupez-les de la même longueur; faites-les blanchir à l'eau bouillante, jusqu'à ce que vous puissiez enlever une petite membrane qui les recouvre; mettez-les alors dans l'eau tiède pour les éplucher, ou, ce qui est plus simple, rafraîchissez l'eau dans laquelle ils ont blanchi.

N° 587. *Cardons au Jus.*

Après les avoir blanchis comme ci-dessus, faites-les cuire dans du bouillon où vous avez délayé une cuillerée de farine; ajoutez du poivre, de la muscade râpée et un bouquet garni : quand ils sont cuits, faites un petit roux; passez-y les cardons; mouillez avec une partie de leur cuisson et du jus, ou avec quelque fond de cuisson de viandes ou de volailles; laissez-les une demi-heure dans cette sauce pour prendre goût; arrangez vos cardons les uns à côté des autres sur un plat, et versez la sauce par-dessus.

N° 588. *Cardons au Gratin.*

Faites cuire vos cardons comme ci-dessus; égouttez-les; faites une sauce blanche bien liée, dans laquelle vous mettrez du fromage de Parme râpé; mettez-y vos cardons pour qu'ils s'en imprègnent bien; saupoudrez de fromage, et ensuite de mie de pain, le fond du plat dans lequel vous devez servir; faites gratiner; posez vos cardes avec leur sauce sur le gratin, en saupoudrant chaque couche avec du fromage râpé; terminez par une couche de mie de pain mêlée de fromage; aspergez cette couche avec du beurre tiède; mettez le plat sur des cendres bien chaudes, et recouvrez avec le four de campagne.

N° 589. *Cardes poirées.*

Elles sont assez insipides; cependant on peut les préparer comme les cardons.

N° 590. *Asperges.*

On les épluche en les raclant avec un couteau; on les coupe de la même longueur; et on les met dans l'eau bouillante; quinze ou vingt minutes suffisent pour les cuire. Il faut bien saisir le moment pour les retirer, parce que si on les laisse trop long-temps, elles deviennent mollasses et filandreuses. Lorsqu'on les retire, il est bon de les étaler, parce que si on les laissait en tas, elles se recuiraient par leur propre chaleur.

On les sert avec une sauce blanche dans une saucière à part.

Ou avec une sauce faute de beurre (voy. n° 39). Froides, on les mange à l'huile.

N° 591. *Pointes d'Asperges en petits Pois.*

Coupez toute la partie de petites asperges en tronçons de quatre à cinq lignes; faites-les blanchir à l'eau de sel; mettez-les dans de l'eau froide pour en conserver la couleur; égouttez-les; faites ensuite comme il est prescrit pour les petits pois à la bourgeoise (voy. n° 555).

N° 592. *Artichauts.*

Épluchez-les en ôtant les dernières feuilles les plus petites, et en coupant au vif tout le dessous, coupez aussi l'extrémité des feuilles; mettez-les dans l'eau bouillante avec du sel; lorsqu'ils sont cuits, égouttez-les; enlevez les feuilles du milieu; retirez le foin, et remettez les feuilles en place; servez avec une sauce blanche, ou une sauce faute de beurre (voy. n° 39).

N° 593. *Artichauts frits.*

Après les avoir épluchés et blanchis, coupez-les en huit ou en douze, selon leur grosseur; ôtez-en le foin; coupez les feuilles extérieures à leur jonction avec le cul; ne laissez que les plus tendres; trempez-les dans une pâte à frire (voy. n° 91); faites frire de belle couleur.

N° 594. *Artichauts à la Barigoule.*

Parez-les comme il est prescrit ci-dessus; coupez les plus grosses feuilles à leur jonction avec le cul; faites-les blanchir, et ensuite ôtez le foin; mettez dans une casserole du lard râpé, du beurre et de l'huile, des champignons, des échalottes, du persil haché très fin, sel, poivre et muscade râpée; passez le tout au feu; laissez refroidir et remplissez vos artichauts avec cette farce; mettez-les dans une casserole sur des bardes de lard; ajoutez un verre de bouillon et un bouquet garni, sel et poivre; faites cuire à petit feu; vers la fin, mettez sur un couvercle des charbons ardents pour rissoler les feuilles; arrangez vos artichauts sur un plat; faites un petit roux, que vous mouillerez avec la cuisson de vos artichauts, et arrosez-les avec cette sauce.

N° 595. *Concombres à la Crême.*

Pelez-les et fendez-les en deux pour en ôter les graines; coupez-les ensuite en gros dés; faites-les blanchir jusqu'à ce qu'ils cèdent sous le doigt; égouttez-les, et roulez-les dans une serviette pour les sécher le plus possible; mettez un bon morceau de beurre dans une casserole avec une demi-cuillerée de farine, sel, gros poivre et muscade râpée, mêlez bien le tout ensemble; ajoutez de la crème; lorsque la sauce bouillira, mettez-y les concombres; faites chauffer sans bouillir.

N° 596. *Concombres au Gras.*

Après les avoir préparés et blanchis comme ci-dessus, mettez-les dans une serviette, que vous tordrez pour en exprimer l'eau; faites ensuite un roux léger; passez-y vos concombres jusqu'à ce qu'ils aient pris une belle couleur; mouillez-les avec du jus ou un fonds de cuisson, si vous en avez, ou avec du bouillon; dans ce dernier cas, ajoutez un peu de farine; assaisonnez de sel, gros poivre et muscade râpée; retirez les concombres quand ils sont assez cuits; faites réduire la sauce, si elle ne l'est pas assez, et versez-la sur les concombres.

N° 597. *Concombres farcis.*

Après les avoir pelés, enlevez sur un des côtés, avec la lame d'un couteau, un grand morceau ovale; retirez toutes les graines de l'intérieur, et remplissez-les avec une farce cuite (voy. n° 99); mettez au fond d'une braisière quelques bardes de lard, des parures de viande, si vous en avez, ou quelques émincés de veau; arrangez vos concombres, et couvrez-les de bardes de lard; ajoutez carottes et ognons coupés en tranches, deux feuilles de laurier, poivre et muscade râpée; mouillez avec du bouillon; faites cuire à très petit feu; quand les concombres cèdent sous le doigt, retirez-les; passez la cuisson; ajoutez-y un demi-verre de vin blanc; faites réduire; liez la sauce avec un peu de jus, ou avec un morceau de beurre manié de farine; versez sur vos concombres, que vous avez tenus chaudement.

N° 598. *Giraumont.*

On les prépare comme les concombres.

N° 599. *Aubergines à la Languedocienne.*

Fendez-les en deux dans le sens de leur longueur; ôtez les graines, et ciselez la chair avec la pointe d'un couteau, en long et en large, de manière à former des petits carrés ou des losanges; prenez bien garde d'endommager la peau; saupoudrez-les de sel fin, de gros poivre et muscade râpée; mettez-les sur un gril à un feu doux, et arrosez-les d'huile.

N° 599 *bis.* *Tomates.*

Elles servent à faire la sauce qui porte leur nom (voy. n° 37). On en fait aussi une marmelade qu'on fait entrer dans beaucoup de sauces, et qui se conserve pendant tout le temps où on ne trouve pas de tomates fraîches (voy. n° 22).

N° 600. *Épinards à la Maître-d'Hôtel.*

Faites-les blanchir à l'eau bouillante, jusqu'à ce qu'ils s'écrasent facilement lorsqu'on les presse entre les doigts; jetez-les de suite dans l'eau froide; égouttez-les et pressez-les pour en faire sortir l'eau qu'ils contiennent; hachez-les pas trop fin; mettez-les à sec dans une casserole, et faites-les chauffer au bain-marie; ajoutez du sel, du gros poivre et de la muscade râpée, que vous mêlez bien avec les épinards; quand ils sont chauds, mettez-y un bon morceau de beurre, et remuez jusqu'à ce qu'il soit fondu et bien mêlé.

N° 600 *bis.* *Épinards à la Cuisinière.*

Faites blanchir les épinards comme ci-dessus; hachez-les et mettez-les dans une casserole, avec du beurre, sel, gros poivre et muscade râpée ; quand ils seront bien revenus, ajoutez un peu de beurre manié de farine, et du lait ; servez avec des croûtons sur vos épinards.

N° 601. *Épinards au Gras.*

Mettez vos épinards blanchis et hachés dans une casserole, avec un bon morceau de beurre, gros poivre et muscade râpée ; quand ils sont bien passés, ajoutez du jus ou du fond de cuisson, si vous en avez, ou de bon bouillon ; dans ce dernier cas, il faudra y mettre un peu de beurre manié de farine, pour les lier ou faire réduire.

N° 601 *bis*. *Chicorée.*

On la prépare comme les épinards. C'est ordinairement la chicorée frisée que l'on emploie.

La scarole sert à faire des salades.

N° 602. *Laitues.*

On peut, après les avoir blanchies et hachées, les préparer comme les épinards.

N° 602 *bis*. *Laitues farcies.*

Prenez de belles laitues pommées ; ôtez-en les plus grosses feuilles ; faites-les blanchir ; mettez-les ensuite dans l'eau fraîche ; égouttez-les en les pressant avec les mains ; écartez les feuilles sans les séparer et mettez dans le milieu autant de farce (voy. n° 87) qu'il en pourra tenir ; rapprochez les feuilles et ficelez-les ; faites cuire à la braise, avec bardes de lard, carottes et ognons émincés, un bouquet garni, poivre et muscade râpée : mouillez avec bouillon ; quand les laitues sont cuites, passez le fond ; ajoutez-y un demi-verre de vin blanc, et faites réduire ; pour lier la sauce, ajoutez un morceau de beurre manié de farine.

N° 603. *Laitues frites.*

Préparez en tout point de petites laitues, comme il est prescrit ci-dessus ; quand elles sont braisées et un peu refroidies, pressez-les dans un linge, et lorsqu'elles sont tout-à-fait froides, trempez-les dans une pâte à frire ; faites frire de belle couleur.

N° 603 *bis*. *Oseille au Maigre.*

Hachez de l'oseille, de la poirée, de la laitue et un peu de cerfeuil ; après l'avoir épluchée, lavée et bien égouttée, mettez-la à sec dans une casserole, en remuant toujours jusqu'à ce qu'elle soit bien fondue; ajoutez ensuite un bon morceau de beurre; tournez encore jusqu'à ce que l'oseille soit bien passée; assaisonnez de sel et gros poivre; faites une liaison de trois jaunes d'œufs avec du lait; versez-la dans votre oseille, et servez.

No 604. *Oseille au Gras.*

Faites fondre votre oseille comme ci-dessus; si elle rend trop d'eau, vous en retirerez; quand elle sera bien fondue, ajoutez du beurre; tournez jusqu'à ce que le beurre commence à frémir; mouillez avec du jus, un fond de cuisson, du jus de rôti, ou du bouillon; faites réduire.

No 605. *Chou farci.*

Enlevez les feuilles extérieures d'un chou de Milan : faites-le blanchir un quart d'heure à l'eau bouillante; mettez-le dans l'eau froide, et ensuite pressez-le avec les mains pour bien l'égoutter; enlevez avec un couteau tout le trognon; écartez les feuilles sans les casser, et remplissez le chou avec de la chair à saucisse, mêlée avec des marrons rôtis hachés, ou avec telle autre farce qui vous conviendra davantage; couvrez l'ouverture avec quelques feuilles de chou, et ficelez-le pour qu'il ne se déforme pas; posez votre chou, l'ouverture en haut, dans une casserole, sur des bardes de lard; couvrez-le aussi de bardes; ajoutez des carottes, des ognons, dont un piqué de deux clous de girofle, un bouquet garni, gros poivre et muscade râpée; mouillez avec du bouillon. Faites cuire à petit feu jusqu'à ce que le chou soit bien cuit et la sauce réduite; enlevez le chou; déficelez-le, dressez-le dans un plat, et versez par-dessus la sauce passée au tamis.

No 606. *Chou au Lard.*

Coupez par quartier un chou, et faites-le blanchir; mettez-le dans une casserole sur des bardes de lard, avec un morceau de petit salé; mouillez avec du bouillon; assaisonnez de gros poivre et muscade râpée, un bouquet de persil et ciboules, pas de sel, à cause du bouillon qui est salé et qui réduira; faites bouillir et ensuite cuire à petit feu : dressez les choux sur un plat, le morceau de petit salé par-dessus; réduisez la cuisson; liez-la avec un peu de jus, si vous en avez, ou avec un peu de beurre manié de farine ; versez sur le chou que vous avez tenu chaudement.

N° 607. *Choux à la Crème.*

Faites-les cuire à l'eau de sel, jusqu'à ce qu'ils s'écrasent facilement entre les doigts ; égouttez-les et pressez-les. Après les avoir hachés grossièrement, passez-les au beurre dans une casserole, avec sel, gros poivre et muscade râpée ; mouillez avec de la crème ; faites mijoter jusqu'à ce que les choux soient bien fondus et bien liés.

N° 608. *Choucroûte.*

Laissez tremper la choucroûte dans l'eau fraîche, pendant deux heures ; faites-la égoutter ; mettez-la dans une casserole avec du petit lard coupé en tranches minces, un cervelas entier et des saucisses ; mouillez avec quelque fond de cuisson bien gras, ou de la graisse et du jus de rôti, surtout de la graisse d'oie ; si vous n'avez rien de tout cela, mettez plus de lard et mouillez avec de bon bouillon ; faites cuire à petit feu. La cuisson terminée, égouttez la choucroûte, dressez-la sur un plat, le lard en dessus, entremêlé de saucisses et de tranches de cervelas dont vous aurez ôté la peau.

N° 609. *Chou à la Lilloise.*

Faites blanchir un chou ; ôtez-en le trognon, et hâchez-le grossièrement ; mettez-le dans une casserole avec du beurre, un ognon piqué de deux clous de girofle, sel, gros poivre et muscade râpée ; mêlez le chou avec le beurre ; faites cuire à très petit feu, en retournant de temps en temps ; quand il est cuit, ôtez l'ognon et ajoutez un morceau de beurre, que vous incorporerez avec le chou.

Ce sont surtout les choux rouges que l'on prépare en Flandre de cette manière ; mais on peut fort bien y substituer les choux ordinaires, surtout ceux de Milan.

N° 610. *Choux rouges.*

Cuits à l'eau de sel, et marinés avec du vinaigre, un peu d'huile, sel, gros poivre et muscade râpée, on les sert pour hors d'œuvre.

N° 611. *Choux-Fleurs à la Sauce blanche.*

Épluchez bien vos choux-fleurs ; voyez s'il n'y a pas entre les rameaux des chenilles ou des limaces ; faites-les cuire à l'eau de sel ; ne les mettez dans l'eau que lorsqu'elle est bouillante ; égouttez-les quand ils sont cuits ; dressez-les en demi-boule sur un plat ; versez par-dessus une sauce blanche (voy. n° 30), dans laquelle vous mettrez de la muscade râpée.

La préparation est la même pour la sauce brune au beurre : il n'y a de différence que dans la sauce (voy. n° 56).

N° 612. *Choux-Fleurs farcis.*

Faites-les seulement blanchir dans l'eau de sel ; passez-les à l'eau fraîche, et faites-les égoutter ; mettez-les sur des bardes de lard, la tête en bas, dans une casserole de la grandeur du fond du plat que vous devez servir ; remplissez tous les vides que laissent vos choux-fleurs avec une farce composée de rouelle de veau, graisse de bœuf, persil, ciboules, champignons, sel, gros poivre et muscade râpée, trois œufs entiers ; mouillez avec de bon bouillon ; faites cuire à petit feu ; quand les choux-fleurs sont cuits, et qu'il n'y a plus de sauce, posez votre plat sur la casserole, et renversez-la brusquement, en contenant le plat avec votre main gauche ; versez par-dessus une sauce espagnole bien liée (voy. n° 58), ou une sauce tomate (voy. n° 37).

N° 613. *Choux-Fleurs en Pain à l'Italienne.*

Faites cuire vos choux-fleurs à l'eau de sel ; passez-les à l'eau froide et faites-les égoutter ; saupoudrez-les de fromage parmesan râpé ; dressez-les en calotte sur un plat dont le fond sera beurré et saupoudré de fromage ; couvrez-les avec une sauce blanche un peu épaisse, dans laquelle vous aurez mis un peu de fromage râpé ; unissez bien, saupoudrez encore de fromage et panez avec de la mie de pain ; arrosez ensuite la mie de pain avec du beurre tiède, et panez une seconde fois ; posez le plat sur des cendres chaudes ; couvrez avec un four de campagne, jusqu'à ce que votre pain ait pris une belle couleur.

N° 614. *Champignons à la Languedocienne.*

On ne peut préparer ainsi que de gros champignons épais et ouverts en parasol. Dans le midi de la France on en a plusieurs espèces ; mais à Paris on ne fait usage que du champignon de couches, espèce qui se rencontre assez fréquemment sur la lisière des bois et dans les friches, où elle est beaucoup meilleure que sur couches. Cependant, comme il arrive très souvent que les champignons recueillis dans les bois occasionnent des accidents funestes, parce qu'on a pris une espèce pour une autre, on ne peut que conseiller de donner toujours la préférence aux champignons cultivés, qui ne peuvent donner lieu à aucune méprise, et qui n'incommodent jamais, lorsqu'ils sont récents, et qu'on n'en fait pas d'excès.

Prenez donc des champignons de couches les plus grands et un peu ouverts; vous reconnaîtrez qu'ils sont frais, lorsqu'ils auront les feuillets bien roses; quand ils tirent sur le noir, il faut les rejeter; coupez les queues très court, et enlevez une petite peau blanche qui les recouvre; mettez-les sur une tourtière, la queue en haut avec un peu d'huile; saupoudrez-les de sel fin, gros poivre et muscade râpée, persil et ciboules hachés; arrosez-les d'un peu d'huile; ne les retournez pas; quand ils sont cuits, dressez-les sur un plat; ils doivent être bien imbibés d'huile.

N° 615. *Croûte aux Champignons.*

Épluchez des champignons; fendez en quatre les plus gros, et les moyens en deux; mettez-les dans une casserole avec un morceau de beurre, un bouquet de persil et ciboules; passez le tout au feu; ajoutez un morceau de beurre manié de farine, et mouillez avec du bon bouillon; assaisonnez de poivre et muscade râpée, peu de sel, à cause du bouillon qui est salé; faites bouillir, et ensuite cuire à petit feu; au moment de servir, retirez le bouquet, et mettez une liaison de jaunes d'œufs délayés avec de la crème; mettez dans le milieu de votre plat la croûte d'un petit pain chapelé, dont vous aurez ôté la mie, et que vous avez mise un instant sur le gril, après l'avoir beurrée des deux côtés; versez votre ragoût de champignons sur cette croûte.

Voyez au n° 880 ce qu'il faut faire, en attendant un médecin, dans le cas d'empoisonnement par les champignons.

N° 616. *Morilles.*

Les morilles sont rarement exemptes de terre et de sable, dont il est très difficile de les débarrasser; il faut les laver à plusieurs eaux; on peut les préparer en croûte comme des champignons; on les fait entrer aussi comme garniture dans les ragoûts. On fait sécher les morilles, après les avoir bien lavées, pour en séparer le sable. On les enfile en chapelets, qu'on expose à un courant d'air vif; ensuite on les renferme dans des boîtes.

N° 617. *Mousseron.*

Le mousseron se trouve sur les friches sèches et couvertes d'un gazon court. Son chapeau a rarement plus d'un pouce de diamètre, en forme de calotte d'abord, et ensuite en parasol aplati; ses feuillets sont disposés entièrement comme dans le champignon comestible; ils ne tiennent pas à la queue, et sont séparés par des demi-feuillets; sa queue est coriace; ce dernier caractère, réuni aux autres, suffit pour le distinguer de plusieurs autres espèces, qui ont à peu près le même port. Il est dans toutes ses parties de la même couleur, jaune-nankin; quelquefois il sèche sur pied, alors sa couleur est plus foncée. Il est très sujet à être piqué des vers; on ne s'en aperçoit qu'en séparant la queue du chapeau. Il vient rarement à l'ombre, et alors il ne vaut rien.

Le mousseron est le champignon le plus agréablement parfumé; il est trop petit pour être préparé à part; mais il est excellent en garniture dans les ragoûts.

Quand on le recueille, il faut en couper la queue très court, pour que le sable qui se trouve à son extrémité inférieure ne s'introduise pas entre les feuillets.

Le mousseron se sèche facilement, et se conserve très bien, pourvu qu'il soit au sec.

N° 618. *Truffes à la Vapeur du Vin.*

Lavez et brossez de belles truffes dans l'eau tiède, jusqu'à ce qu'elles soient débarrassées de la terre qui les enveloppe quelquefois; changez d'eau deux ou trois fois.

Mettez dans une casserole deux verres de vin blanc, un petit verre d'eau-de-vie et un clayon, comme il est prescrit pour la cuisson des pommes-de-terre (voy. n° 571).

Mettez vos truffes sur le clayon; couvrez la casserole avec un couvercle; faites bouillir; aussitôt que vous voyez des vapeurs sortir entre la casserole et son couvercle, posez sur ce dernier un torchon mouillé; les vapeurs se condenseront et retomberont bouillante sur les truffes; lorsqu'elles sont cuites, retirez-les, laissez-les un instant se ressuyer à l'air, et servez sur une serviette; mettez avez le vin et l'eau-de-vie tel aromate qui vous convient le mieux.

Si vous voulez que vos truffes conservent leur saveur naturelle sans mélange, enveloppez-les une à une dans du papier beurré, et faites-les cuire à la vapeur de l'eau.

N° 619. *Émincé de Truffes.*

Coupez des truffes en tranches minces, passez-les au beurre;

ajoutez des échalottes et du persil haché, sel et gros poivre; mouillez avec un verre de bon vin blanc et deux cuillerées de jus; au moment de servir, mettez une cuillerée d'huile, ou un petit morceau de beurre.

N° 620. *Marrons.*

On en fait de la purée (voy. n° 76).

On les sert rôtis, enveloppés dans une serviette.

On les fait entrer dans des farces, et on les emploie en garniture.

N° 621. *Potiron.*

On ne l'emploie ordinairement que pour faire des potages; cependant on peut en faire un gâteau assez bon.

Coupez du potiron en gros dés; mettez-le dans une casserole pour le faire fondre; s'il est trop liquide, lorsqu'il est fondu, tordez-le dans un linge, pour exprimer une partie de son eau; mettez la pulpe du potiron dans une casserole avec un morceau de beurre; lorsque vous l'avez passé suffisamment, ajoutez une cuillerée de fécule de pommes-de-terre délayée dans du lait; ajoutez du sucre selon la quantité de potirons; faites mijoter le tout; quand le potiron est assez réduit en bonne consistance, retirez-le de la casserole pour le faire refroidir dans un vase de faïence. Quand il est froid, pétrissez-le avec trois jaunes d'œufs, un filet de fleur d'orange, et un blanc d'œuf fouetté.

Beurrez bien une casserole sur le fond et sur les bords; panez partout avec de la mie de pain, et mettez-y votre potiron; posez la casserole sur des cendres chaudes; couvrez-la avec un couvercle, sur lequel vous entretiendrez du charbon allumé; quand votre gâteau aura pris couleur, renversez la casserole sur un plat, pour en faire sortir le gâteau.

N° 622. *Fécule de Pommes-de-Terre.*

On en fait des potages au gras; on s'en sert pour donner de la consistance aux sauces blanches, et autres qui ne sont pas assez liées; pour cela, on la délaie avec une petite quantité de liquide approprié, et on la verse dans la sauce, en tournant pour la mêler.

N° 623. *Gâteau de Riz.*

Faites crever une demi-livre de riz dans du lait, après l'avoir bien lavé; pour que le riz crève bien, il faut ne mettre d'abord que la quantité de lait nécessaire pour le faire baigner; on en ajoute au fur et à mesure; ajoutez aussi un bon morceau de beurre quand le riz est bien crevé et épais; versez-le dans un vase pour refroidir; cassez huit œufs, et mettez les blancs à part; incorporez les jaunes avec le riz, et ajoutez la quantité de sucre nécessaire; battez ensuite quatre blancs d'œufs avec un filet d'eau de fleur d'orange; ajoutez-les à votre riz, et mêlez bien le tout; beurrez partout une casserole proportionnée à la quantité de riz que vous avez; remplissez-la aux trois quarts avec le riz; posez-la sur un très petit feu; mettez un couvercle avec des charbons allumés par-dessus; lorsque votre gâteau sera bien pénétré de chaleur, renversez la casserole sur un plat; le gâteau doit se détacher, si la casserole a été bien beurrée. Si vous ajoutez à ce gâteau du raisin de Corinthe et un peu de beurre, vous aurez une espèce de pouding à l'anglaise.

N° 624. *Riz au Beurre.*

Faites fondre dans l'eau un morceau de beurre manié de fécule de pommes-de-terre; ajoutez sel, poivre et muscade râpée; servez-vous de cette eau pour faire crever votre riz; lorsqu'il est bien crevé, ajoutez, au moment de servir, un bon morceau de beurre.

On peut aussi faire crever le riz avec de l'eau qui a servi à faire cuire des lentilles.

N° 625. *Riz aux Choux.*

Émincez un chou de Milan, et mettez-le dans une casserole avec une demi-livre de lard râpé, sel, gros poivre, persil haché et une pointe d'ail. Passez le tout au beurre, et laissez-le mijoter pendant une demi-heure; ajoutez votre riz avec suffisante quantité de bouillon, pour que le riz soit seulement couvert; ne laissez pas trop crever le riz; quand il l'est assez, ajoutez du fromage râpé; dressez le riz et le chou sur un plat saupoudré de fromage râpé.

N° 626. *Macaroni.*

Faites cuire une livre de macaroni avec du bon bouillon ou avec de l'eau et du beurre manié d'un peu de fécule de pomme-de-terre, sel, poivre et muscade râpée; il ne faut pas le faire trop cuire; il suffit qu'il cède facilement sous le doigt; retirez-le pour le faire égoutter; mettez-le ensuite dans une casserole avec un quarteron de beurre, une demi-livre de fromage râpé, gros poivre et muscade râpée; sautez le tout ensemble; ajoutez un peu de crème; servez lorsque le fromage est bien fondu et commence à filer. Au lieu de beurre, vous pouvez mettre du dégraissis de cuisson, de la graisse de volaille, etc.

Si vous voulez du macaroni au gratin, après l'avoir préparé comme ci-dessus, et dressé dans un plat, panez-le de mie de pain mêlée avec autant de fromage; arrosez avec du beurre tiède et faites prendre couleur sous le four de campagne, ou avec une pelle rouge.

On peut préparer comme le macaroni, le vermicelle, les lazagnes et les nouilles (voy. n° 113, la manière de faire les nouilles).

N° 627. *Beignets de Riz.*

Faites crever du riz dans du lait avec du sucre, un filet d'eau de fleur d'orange, ou une pincée de cannelle en poudre, ou tout autre aromate qui vous conviendra le mieux; ajoutez un peu de beurre; lorsque le riz sera bien crevé, ajoutez une liaison de jaunes d'œufs; versez le riz dans un vase pour le faire refroidir; formez-en des boules grosses comme des noix, trempez-les dans l'œuf battu; panez-les avec de la mie de pain, et faites-les frire; saupoudrez-les de sucre en poudre, à mesure que vous les tirez de la friture.

N° 628. *Beignets soufflés.*

Mettez dans une casserole gros comme un œuf de beurre, du citron vert râpé, un quarteron de sucre, un bon verre d'eau; faites bouillir, et délayez-y autant de farine qu'il est nécessaire pour faire une pâte liée et épaisse; remuez continuellement avec une cuiller de bois, ou une spatule, jusqu'à ce qu'elle commence à s'attacher à la casserole; alors vous la mettrez dans une autre; cassez-y successivement des œufs, en remuant toujours pour les bien lier avec la pâte, jusqu'à ce qu'elle devienne molle, sans être claire; mettez-la sur un plat et étendez-la de l'épaisseur d'un doigt; vous faites chauffer de la friture; quand elle est modérément chaude, trempez-y le manche d'une cuiller, et avec ce manche enlevez gros comme une noix de pâte, que vous faites tomber dans la friture en poussant avec le doigt; continuez ainsi jusqu'à ce qu'il y en ait assez dans la poêle; faites frire à petit feu, en remuant sans cesse; quand les beignets sont bien montés et de belle couleur, retirez-les pour les égoutter, et saupoudrez-les de sucre fin.

N° 629. *Gâteau de Pommes-de-Terre.*

Pilez des pommes-de-terre cuites à la vapeur ou à l'eau; ajoutez un bon morceau de beurre; pilez de nouveau et délayez ensuite avec une chopine de lait, ou plus, selon la quantité de pommes-de-terre; vous aurez fait fondre auparavant un quarteron de sucre dans votre lait; faites bouillir le tout pendant quelque temps, et laissez refroidir; ajoutez alors à cette bouillie épaisse huit jaunes d'œufs et quatre blancs, une once d'eau de fleur d'orange, ou tout autre parfum; terminez comme il est prescrit pour le gâteau de riz (voy. n° 623).

N° 630. *Céleri frit.*

Parez des pieds de céleri, en enlevant toutes les feuilles vertes; coupez les autres à six pouces du pied; faites blanchir vos pieds de céleri; ficelez-les par paquets, et mettez-les cuire dans une bonne braise, avec des bardes de lard, des parures de viandes, un bouquet garni, sel et gros poivre; mouillez avec moitié vin blanc et moitié bouillon; faites cuire à petit feu; ensuite vous les retirez pour les faire égoutter; trempez-les dans une pâte à frire; retirez-les de la friture aussitôt que la pâte a pris une belle couleur.

N° 631. *Céleri braisé.*

Faites-le cuire comme ci-dessus; lorsqu'il est cuit, dégraissez la cuisson, passez-la au tamis, et faites-la réduire; liez avec quelques cuillerées de jus, si vous en avez, ou avec un peu de beurre manié avec une pincée de fécule de pommes-de-terre.

N° 632. *Beignets de Feuilles de Vigne.*

Faites tremper pendant une heure de jeunes feuilles de vigne dans de l'eau-de-vie; couvrez-les avec de la frangipane, et roulez-les; ensuite vous les trempez dans une pâte (voy. n° 91), et vous les faites frire.

N° 633. *Crêpes.*

Prenez trois cuillerées de fécules de pommes-de-terre, cinq jaunes d'œufs, et trois œufs entiers, du sucre en quantité suffisante, une once d'eau de fleur d'orange; mêlez bien le tout ensemble, et délayez ensuite avec du lait jusqu'à consistance de bouillie claire; mettez un peu de beurre dans une poêle, seulement ce qu'il en faut pour la beurrer partout; lorsque le beurre est fondu, et que vous l'avez fait passer sur toute la superficie de la poêle, mettez-y une cuillerée à ragoût de votre pâte; étendez-la bien sur tout le fond de la poêle, en l'inclinant dans tous les sens; lorsque la crêpe sera cuite, renversez-la sur un plat, et saupoudrez-la de sucre; répétez la même opération jusqu'à ce que vous n'ayez plus de pâte.

Si vous glacez vos crêpes avec la pelle rouge, elles n'en seront que meilleures.

N° 634. *Quenelles de Pommes-de-Terre.*

Faites cuire des pommes de terre à la vapeur ou à l'eau (préférez les violettes); ôtez-en la peau et écrasez-les; ajoutez-y un bon morceau de beurre, sel, gros poivre, persil et ciboules hachés, muscade râpée, et trois ou quatre jaunes d'œufs, plus ou moins, selon la quantité de quenelles que vous voulez faire; mêlez bien le tout ensemble; moulez-les ensuite avec une cuiller, panez-les à l'œuf, et faites-les frire.

Ou bien ajoutez à vos quenelles deux ou trois blancs d'œufs battus; moulez-les et pochez-les à l'eau bouillante, ou dans du bouillon; (vous les servirez avec une sauce tomate (voy. n° 37), ou avec toute autre sauce à votre choix.

N° 635. *Beignets de Brioche.*

Trempez dans du lait sucré et aromatisé des tranches de brioche; mettez-les égoutter; farinez-les ensuite, et faites-les frire. Vous aurez soin de faire réduire votre lait à moitié, avant d'y tremper vos brioches.

N° 636. *Concombres marinés.*

Épluchez des concombres bien mûrs, et coupez-les en tranches minces; étendez-les sur un plat; saupoudrez-les de sel fin; quand ils auront jeté leur eau, égouttez-les dans un linge; dressez-les sur une assiette, jetez-y un peu de gros poivre et de sel, si elles n'en ont pas conservé assez; arrosez-les d'huile et de vinaigre. Servez pour hors-d'œuvre.

N° 637. *Salade.*

Assaisonnez votre salade de sel, poivre et vinaigre; retournez-la et laissez-la reposer une heure; égouttez tout ce qui est au fond du saladier, et ajoutez l'huile; retournez de nouveau.

OEUFS.

No 638. *OEufs à la Coque.*

Pour les avoir bien en lait, il faut faire bouillir de l'eau dans une casserole ; mettez-y les œufs aussitôt qu'elle bout; retirez-la du feu et couvrez-la ; au bout de quatre à cinq minutes, les œufs sont cuits ; il faut qu'il y ait assez d'eau pour que les œufs soient entièrement baignés.

Autrement, mettez les œufs à l'eau bouillante ; continuez à faire bouillir pendant trois minutes, les œufs seront en lait ; si vous les voulez un peu plus cuits, laissez-les trois minutes et demie ; après quatre minutes d'ébullition, ils sont mollets ; on peut en enlever la coque, et les servir sur une farce ou avec des purées, au lieu d'œufs pochés, ou avec une sauce piquante.

No 639. *OEufs brouillés.*

Faites tiédir du beurre dans une casserole ; cassez-y la quantité d'œufs que vous voulez servir, et assaisonnez avec sel, gros poivre et muscade râpée ; remuez continuellement avec quelques brins d'osier ; ne les laissez pas trop cuire ; vous pouvez mettre un peu de crème avec le beurre.

Au moment de servir, ajoutez un peu de verjus.

No 640. *OEufs brouillés aux Pointes d'Asperges.*

Faites comme ci-dessus, en ajoutant, lorsque vous avez bien mêlé les œufs avec le beurre, une poignée de pointes d'asperges.

Vous pouvez y mettre aussi des concombres cuits et coupés en dés, ou des choux-fleurs, etc.

No 641. *OEufs brouillés au Jus.*

Au lieu de crème, ajoutez-y quelques cuillerées de jus au vin (voy. no 5), ou d'un bon fond de cuisson, ou de jus de viande rôtie.

No 642. *OEufs brouillés aux Confitures.*

Préparez-les à l'ordinaire, mais sans crème ; mettez-y, avant que les œufs soient pris, deux cuillerées de marmelade d'abricots ou de prunes, etc.

No 643. *Œufs brouillés au Jambon.*

Ajoutez dans vos œufs du jambon bien tendre, ou du rognon de veau cuit et coupé en dés; mettez en même temps une ou deux cuillerées de jus (voy no 4).

On peut les faire aussi aux ris de veau, aux champignons; employez pour cela des ragoûts de desserte; coupez les ris et les champignons en dés; mettez-en deux bonnes cuillerées avec leur sauce dans vos œufs brouillés.

Les exemples ci-dessus suffisent pour faire voir qu'on peut varier d'une infinité de manières la façon des œufs brouillés.

No 644. *Œufs pochés.*

Faites bouillir de l'eau dans une casserole, avec du sel et un peu de vinaigre; quand elle bout, ralentissez un peu le feu, en entretenant toujours l'eau à l'état d'ébullition; cassez vos œufs sur la casserole et versez-les doucement, sans rompre le jaune; mettez-en à la fois trois ou quatre, selon la grandeur de la casserole; quand ils seront pris, et qu'ils vous paraîtront assez consistans, enlevez-les avec une écumoire; parez-les, en enlevant la portion de blanc qui peut s'être trop étalée.

Il n'y a que des œufs très frais qui puissent se pocher facilement; comme il n'est pas toujours possible de s'en procurer, on peut y substituer des œufs mollets (voy. no 638).

On sert les œufs pochés avec de bon jus dessous; mettez sur chacun un peu de gros poivre.

On les sert aussi sur toutes espèces de purées, sur des hachis, avec une sauce tomate, etc.

No 645. *Œufs frits.*

Vous pouvez employer pour friture, du beurre, du saindoux, ou de l'huile; cassez-les sur la poêle, et versez-les doucement pour qu'ils ne se déforment pas; n'en faites frire qu'un seul à la fois; lorsque le blanc bouillonnne, abaissez-le avec une écumoire; ne laissez pas durcir le jaune; ces œufs se servent comme les œufs pochés.

On peut aussi les servir à part avec du bon jus, ou avec une sauce piquante, ou une sauce tomate (voy. no 37).

No 646. *Œufs au Gratin.*

Prenez un plat qui aille au feu; mêlez ensemble de la mie de pain, un bon morceau de beurre, un anchois haché, persil, ciboules, une échalotte, le tout haché, trois jeunes d'œufs, sel, gros poivre et muscade râpée; mettez-en au fond du plat de l'épaisseur d'une ligne; faites attacher sur un petit feu; cassez sur le gratin la quantité d'œufs que vous voulez servir; faites cuire doucement; présentez par-dessus une pelle rouge pour faire prendre les blancs; lorsqu'ils sont cuits, sapoudrez-les d'un peu de sel fin, et mettez sur chaque jaune quelques grains de gros poivre et un peu de muscade râpée.

N° 647. *OEufs au Fromage.*

Faites dans le fond d'un plat un gratin comme il est prescrit ci-dessus ; supprimez l'anchois, le persil, la ciboule et l'échalotte ; substituez-y autant de fromage de Gruyère ou de Parme râpé que vous avez employé de mie de pain, cassez vos œufs ; saupoudrez-les avec du fromage râpé, gros poivre et muscade : posez-les sur un feu très doux, et passez dessus la pelle rouge.

N° 648. *OEufs à la Tripe.*

Coupez des ognons en tranches; passez-les au beurre sans les faire roussir, jusqu'à ce qu'ils soient fondus; mêlez alors une demi-cuillerée de farine avec vos ognons, et ajoutez un grand verre de crême, sel, poivre et muscade râpée; quand le tout est un peu réduit, mettez-y des œufs durs coupés en tranches; sautez-les jusqu'à ce qu'ils soient suffisamment chauds sans bouillir.

On peut substituer des concombres au ognons; coupez-les en dés et passez-les au beurre avec persil et ciboules hachés, sel, gros poivre et muscade râpée; ajoutez une demi-cuillerée de farine, et mouillez avec de la crème ; mettez les œufs lorsque les concombres sont cuits.

Si vous voulez que les œufs soient au roux, au lieu de passer simplement les ognons dans le beurre, passez-les dans un roux et faites-leur prendre couleur; mouillez avec du bouillon ; ajoutez les œufs quand l'ognon est bien cuit.

N° 649. *OEufs à la Crème.*

Mettez dans une casserole un bon morceau de beurre, du persil et de la ciboule hachés, sel, gros poivre, muscade râpée, et un verre de crème, dans laquelle vous aurez délayé une cuillerée de farine; tournez la sauce jusqu'à ce qu'elle bouille ; mettez-y alors des œufs durs coupés en tranches; faites-les chauffer sans bouillir.

N° 650. *Œufs à la Tartufe.*

Coupez du petit lard en petites tranches minces; faites-le cuire à petit feu dans une casserole; lorsqu'il est cuit, versez-le dans le plat que vous devez servir; ajoutez deux cuillerées de jus au vin; cassez par-dessus huit ou dix œufs, saupoudrez-les d'un peu de sel fin, gros poivre et muscade râpée; faites cuire à petit feu; passez la pelle rouge dessus sans faire durcir les jaunes : il faut qu'ils restent mollets.

N° 651. *Œufs au Lait et à l'Eau.*

Faites bouillir une pinte de lait avec un quarteron de sucre; écumez avec soin; pendant ce temps, battez bien ensemble dix jaunes d'œufs avec cinq blancs et deux cuillerées d'eau de fleur d'orange; mettez-les dans le plat creux que vous devez servir; quand votre lait a jeté quelques bouillons, laissez-le un peu refroidir, et versez-le sur les œufs battus, en tournant sans cesse pour bien mêler le tout ensemble; mettez votre plat au bain-marie sur une casserole; couvrez-le avec un couvercle sur lequel vous entretenez des charbons allumés; quand vos œufs sont pris, retirez le plat; laissez refroidir les œufs, saupoudrez-les de sucre en poudre, et glacez avec la pelle rouge.

Pour le bain-marie, il n'est pas nécessaire que le plat baigne dans l'eau, il suffit qu'il y en ait de la hauteur d'un pouce dans la casserole.

On peut faire prendre aussi les œufs en posant le plat sur des cendres chaudes; mais comme il est difficile de donner toujours le même degré de chaleur, il arrive souvent que les œufs sont trop cuits; alors lorsqu'on les coupe ou les trouve pleins d'yeux et une partie se résout en eau; au bain-marie, on a toujours une chaleur constante, et on est sûr de réussir.

On fait aussi des œufs à l'eau; mais alors il faut mettre plus de jaunes et de blancs.

Si on veut aromatiser avec la cannelle, la vanille ou le laurier-amande, on met ces aromates dans le lait, et on les retire au moment de verser le lait sur les œufs battus.

N° 652. *Œufs à la Neige.*

Mettez à part les blancs et les jaunes de dix œufs; fouettez-les jusqu'à ce qu'ils soient en neige; vous y joindrez du sucre en poudre; mêlez avec les jaunes de la fleur d'orange pralinée, quelques macarons, du sucre en poudre; délayez le tout avec un peu de lait; faites bouillir une pinte de lait avec un quarteron de sucre; prenez avec une cuiller de l'œuf battu, mettez-le dans le lait bouillant; laissez-le une minute, et retirez-le; quand vous avez passé ainsi tous vos blancs, retirez la casserole du feu, versez-y vos jaunes, en remuant avec une cuiller pour les bien mêler; aussitôt que le mélange vous paraît bien lié, versez le sur les blancs, que vous avez dressés en rocher sur un plat.

On peut varier à volonté les aromates et les substances qu'on fait entrer dans la sauce.

N° 653. *Omelette.*

L'omelette se sert seule ou sur un plat d'oseille ou de chicorée. On la fait au beurre ou au lard, qu'on fond auparavant dans la poêle.

Les omelettes aux rognons de veau et aux pointes d'asperges se font en mêlant avec les œufs le rognon cuit émincé, et les pointes d'asperges cuites aussi et coupées en petis tronçons.

Pour les omelettes aux truffes, aux champignons, aux mousserons; etc., on prépare ces substances comme si on voulait les servir en ragoût, on les hache et on les mêle avec leur sauce à l'omelette.

Ou bien, on fait une omelette à l'ordinaire, on l'évide dans le milieu, on y met le ragoût préparé et chaud; on retourne l'omelette en chausson, et on la glisse sur un plat.

N° 654. *Omelette aux Confitures.*

Faites une omelette à l'ordinaire, dans laquelle vous aurez mis du sucre en poudre; lorsqu'elle est suffisamment cuite, couvrez-la d'une couche de confitures; renversez-la sur le plat pliée en chausson; saupoudrez-la de sucre en poudre, et glacez avec la pelle rouge.

On peut employer toute espèce de confitures ou de crêmes un peu épaisses.

N° 655. *Omelette soufflée.*

Séparez les blancs et les jaunes de six œufs; mêlez avec les jaunes quatre cuillerées de sucre en poudre; fouettez les blancs d'œufs jusqu'à ce qu'ils soient en neige; mêlez-les avec leurs jaunes; faites fondre un quarteron de beurre dans une poêle sur un feu doux; mettez-y les œufs aussitôt que le beurre est fondu ; remuez bien l'omelette, en ramenant par-dessus ce qui est au fond ; quand l'omelette a bien bu tout le beurre, glissez-la, en la repliant, sur un plat beurré, que vous mettrez sur des cendres rouges; couvrez avec un four de campagne et bon feu dessus ; lorsqu'elle sera bien montée, servez de suite.

N° 656. *Omelette au Sucre.*

Faites une omelette à l'ordinaire, après avoir battu les blancs à part, et ensuite les blancs et les jaunes ensemble ; sucrez-la dans la poêle lorsqu'elle est presque faite ; renversez-la en chausson sur le plat ; saupoudrez-la de sucre en poudre, et glacez avec la pelle rouge.

N° 657. *Soufflé de Pommes-de-Terre.*

Délayez dans une demi-pinte de crème un quarteron de sucre, quatre cuillerées de fécule de pommes-de-terre, quatre jaunes d'œufs et un demi-quarteron de beurre ; ajoutez un peu de zeste de citron haché ; faites bouillir le tout pendant quelques instants ; en tournant toujours, et laissez refroidir ; joignez-y ensuite six jaunes d'œufs, ou plus, si votre soufflé est trop épais ; fouettez six blancs d'œufs en neige ; mêlez-les avec le soufflé que vous mettrez de suite dans le vase que vous devez servir ; posez-le sur des cendres rouges; couvrez avec le four de campagne ; lorsque le soufflé est monté, servez de suite.

On peut varier ce soufflé de beaucoup de manières, en l'aromatisant avec la vanille, avec la fleur d'orange pralinée, avec le laurier-amande; on peut y incorporer des macarons, etc.

On peut aussi substituer à la fécule de pommes-de-terre, de la pulpe de marrons bouillis, épluchés et pilés, ou de la mie de pain trempée dans de la crème, pilée et passée au tamis.

N° 658. *Soufflé de Crème.*

Délayez cinq jaunes d'œufs et un œuf entier avec trois quarts de pinte de crème ; ajoutez un demi-quarteron de beurre ; mettez cette préparation sur le feu, et quand elle aura fait quelques bouillons, laissez-la refroidir; ajoutez six onces de sucre, six macarons, dont deux amers, un biscuit desséché, et une cuillerée de fleur d'orange pralinée, le tout pilé très fin; mettez aussi six jaunes d'œufs; mêlez bien le tout ensemble ; fouettez en neige six à sept blancs d'œufs; incorporez-les dans le soufflé, et mettez le tout dans le vase que vous devez servir ; faites cuire comme ci-dessus.

N° 659. *Omelette aux Confitures variées.*

Faites de petites omelettes de deux ou trois œufs, dans lesquelles vous mettrez du sucre; sapoudrez-les de sucre dans la poêle; ne les retournez pas; faites-les glisser à plat sur une assiette.

Mettez sur un plat une de ces omelettes; le côté de la poêle en dessous; étendez par-dessus une couche de marmelade d'abricots; recouvrez avec une omelette dans la même position que la première; mettez une couche de gelée de groseilles rouges; ajoutez ainsi plusieurs omelettes les unes sur les autres, en alternant avec de la gelée de groseilles blanches, du verjus, de la marmelade de mirabelle, etc. Terminez par une omelette que vous renversez, le côté de la poêle en dessus; parez proprement votre omelette; sapoudrez-la de sucre en poudre, appliquez-en sur les côtés avec la main et glacez avec la pelle rouge.

N° 660. *Beignets d'Omelette.*

Faites une ou plusieurs omelettes au sucre bien minces; retournez-les en chausson et coupez-les en losange; trempez-les dans une pâte à frire pour les beignets (voy. n° 91), et faites-les frire de belle couleur.

N° 661. *Omelette au Potiron.*

Faites fondre dans une casserole un morceau de potiron proportionné à l'étendue de votre omelette; quand il est bien fondu, ajoutez un peu de beurre et du sucre; battez cette bouillie avec votre omelette et terminez à l'ordinaire. Vous sucrerez cette omelette dans la poêle, avant de la renverser; renversez-la en chausson; saupoudrez-la de sucre, et faites glacer avec la pelle rouge.

LAITAGE.

N° 662. *Présure pour faire cailler le Lait.*

Prenez une caillette de veau; videz-la; lavez-la, et remettez-y ensuite le lait caillé qui y était contenu, avec une poignée de sel: liez-en l'ouverture avec une ficelle, et mettez-la dans un pot de grès ou de faïence, avec une demi-pinte d'eau-de-vie et six onces d'eau; faites infuser pendant un mois dans un lieu frais. Il faut que le pot soit bien couvert; au bout d'un mois, filtrez la liqueur au papier gris; et conservez-la dans une bouteille bien bouchée. Il faut plein une demi-cuiller à café de cette présure pour faire cailler une pinte de lait.

N° 663. *Fromage à la Crème.*

Prenez une pinte de lait frais; mêlez-y un verre de crème levée sur une terrine de lait de la veille; ajoutez une demi-cuillerée à café de présure; mêlez bien, et posez le vase qui contient votre lait dans un endroit un peu chaud; lorsqu'il sera pris, ayez un clayon d'osier de la forme que vous voulez donner au fromage; remplissez-le de lait caillé que vous laisserez égoutter pendant quelques heures; lorsque le fromage est bien égoutté, renversez le clayon sur un compotier que vous remplissez aux deux tiers de bonne crème.

N° 664. *Beurre fondu.*

Faites fondre dans un chaudron quarante livres de beurre, avec six clous de girofle, trois feuilles de laurier, une demi-muscade entière; laissez cuire à très petit feu pendant trois heures sans l'écumer; lorsqu'il est parfaitement clair, retirez le chaudron du feu; laissez-le reposer pendant une heure, et écumez-le alors; vous le versez ensuite dans des pots de grès; mettez à part et consommez d'abord la dernière portion que vous retirez du chaudron, et qui peut être un peu louche; lorsque le beurre est pris, couvrez les pots avec du fort papier en double, et une ardoise ou une pierre plate par-dessus; mettez les pots dans un endroit frais.

N° 665. *Autre procédé pour le beurre fondu.*

Le but qu'on se propose en faisant fondre le beurre, est de le séparer d'une portion de sérum qu'il conserve toujours plus ou moins à l'état frais, et qui contribue à le faire rancir très promptement; ce but est atteint lorsqu'on laisse le beurre en fusion pendant long-temps à une température supérieure à celle de l'eau bouillante; la partie aqueuse du sérum s'évapore, et la partie solide se précipite; le beurre reste débarrassé de toutes matières étrangères; mais il éprouve dans cette opération un changement qui altère sa saveur, et qui ne permet plus de l'employer dans beaucoup de cas. Pour éviter cet inconvénient, fondez votre beurre au bain-marie. Il ne faut pas que l'eau du bain-marie bouille, il suffit qu'elle ait une chaleur suffisante pour fondre le beurre complétement ; tenez-le dans cet état pendant deux ou trois heures, et lorsqu'il est bien clarifié, versez-le dans de petits pots, contenant chacun deux ou trois livres ; couvrez-les avec du parchemin, et tenez-les dans un endroit sec et frais.

N° 666. *Beurre salé.*

Lavez d'abord votre beurre à plusieurs eaux, en le pétrissant pour en faire sortir tout le sérum qu'il contient ; rassemblez-le ensuite en tas, et pressez-le pour le débarrasser de l'eau qu'il peut avoir retenue. Prenez-en à la fois deux ou trois livres que vous étendrez de l'épaisseur de cinq à six lignes, avec un rouleau, sur une table bien propre et mouillée ; saupoudrez par-dessus du sel fin bien sec, à raison d'une demi-once par livre pour le beurre à demi-sel, et d'une once pour le beurre salé ; repliez en trois votre galette de beurre, pétrissez-la bien ; mettez ensuite le beurre dans un pot de grès ; en le pressant, pour qu'il ne reste pas de vide ; continuez ainsi jusqu'à ce que tout votre beurre soit préparé ; vous terminerez en mettant par-dessus deux doigts de sel.

Lorsque vous entamez un pot de beurre salé, vous êtes obligé de retirer le sel qui le couvre ; alors la superficie et tout le tour de la masse du beurre qui est presque toujours détachée du pot, se trouvent en contact avec l'air, et se rancissent. Pour prévenir cet inconvénient, faites à chaud une saumure saturée de sel ; laissez-la refroidir, et versez-la dans le pot de beurre jusqu'à ce que la superficie soit couverte de deux ou trois doigts ; mettez sur le beurre un caillou ou un morceau de grès bien propre, pour l'empêcher de flotter sur la saumure, s'il se détachait du pot, ce qui arrive souvent ; par ce moyen, votre beurre ne sera pas exposé à se rancir, et il restera bon jusqu'à la fin.

N° 667. *Crème en Mousse.*

Prenez une demi-pinte de crème levée sur du lait de la veille, ou une pinte de bon lait que vous ferez réduire à moitié ; mettez-y un quarteron de sucre et une bonne pincée de gomme arabique en poudre, dissoute dans l'eau de fleur d'orange ; fouettez avec une poignée d'osier, jusqu'à ce que la crème soit toute en neige.

Il ne faut fouetter la crème qu'au moment de servir, parce qu'elle ne tarde pas à tomber, surtout lorsqu'il fait chaud ; on peut la conserver plus long-temps en mettant le vase qui la contient sur de la glace pilée, à laquelle on ajoute du sel, ou du muriate de chaux ; on recouvre avec un plat sur lequel on met aussi de la glace.

La crème en mousse peut s'aromatiser de toutes les manières, selon le goût des personnes.

N° 668. *Crème à la Vanille, en Mousse.*

Faites bouillir pendant quelques instans le tiers d'une gousse de vanille avec un peu de crème ou de lait ; passez-la au tamis sur la crème que vous devez fouetter.

N° 669. *Crème en Mousse au Café.*

Si vous voulez que votre crème soit colorée, faites une forte infusion de café dans une dubelloi. Ajoutez-en une cuillerée à votre crème (voy. n° 829, la manière de faire de l'essence de café).

Si vous voulez que votre crème soit blanche, brûlez deux onces de café, jusqu'à ce qu'il ait une couleur carmélite clair ; jetez-le dans la crème en sortant de la rôtissoire ; laissez infuser pendant une heure, etc.

Vous mettrez un peu plus de sucre.

N° 670. *Crème en Mousse aux Liqueurs.*

Mettez dans votre crème un quarteron et demi de sucre ; augmentez aussi la quantité de gomme, et ajoutez un demi-verre de liqueur à votre choix. Terminez comme ci-dessus.

N° 671. *Crème en Mousse au Chocolat.*

Triturez dans un mortier un quarteron de chocolat en l'arrosant avec un peu d'eau bouillante ; quand il sera bien en pâte, ajoutez-y peu à peu votre crème déjà sucrée, et dans laquelle vous aurez mis un peu plus de gomme qu'à l'ordinaire ; délayez bien le tout, et fouettez.

N° 672. *Pour colorer les Mousses.*

En jaune. Mettez dans la crème un peu d'infusion aqueuse de safran.

En violet. Délayez dans une cuiller un peu de carmin, et ajoutez-y quelques atomes de carbonate de potasse, jusqu'à ce que vous ayez obtenu la teinte désirée.

En rose. Délayez un peu de carmin dans de l'eau gommée. On obtient une superbe couleur rose par le procédé suivant : lavez à l'eau froide quatre onces de fleur de carthame ou safranum; enveloppez-les dans un petit sac, et lavez en frottant avec les mains, jusqu'à ce que l'eau ne se colore plus; faites bouillir ensuite le carthame avec de l'eau dans laquelle vous mettrez deux gros de carbonate de potasse bien blanc; passez la décoction au tamis de soie très fin, ou mieux encore, filtrez-le; versez dans la liqueur filtrée du vinaigre blanc distillé, ou mieux du jus de citron bien clair, jusqu'à ce qu'il ne se forme plus de précipité; laissez reposer; décantez l'eau qui surnage le précipité; mettez le précipité sur une assiette et faites-le dessécher, en posant l'assiette sur un bain-marie. Un peu de ce précipité dissout dans l'eau donne beaucoup de couleur.

En bleu. Broyez un gros d'indigo jusqu'à ce qu'il soit en poudre très fine; mettez-le dans une fiole avec huit gros d'acide sulfurique; tenez la fiole chaudement; lorsque la dissolution sera opérée, étendez-la avec huit ou dix fois son volume d'eau; trempez dans cette liqueur de la laine bien lavée et bien propre, divisez-la et retournez-la pendant un bon quart d'heure; rincez la laine à l'eau froide; faites-la ensuite bouillir avec de l'eau en petite quantité, pendant un quart d'heure; le bleu quittera la laine, et colorera l'eau; retirez la laine, et exprimez la fortement; une petite quantité de cette eau colorera la crème en bleu céleste.

En vert. Pour avoir un beau vert, il faut mêler au bleu ci-dessus une petite quantité d'une forte décoction de gaude ou de curemna; on ajoute de l'un ou de l'autre, jusqu'à ce qu'on arrive au ton qu'on désire.

On peut aussi faire du vert avec l'eau bleue ci-dessus et l'infusion aqueuse de safran.

On peut se servir des préparations ci-dessus pour colorer les liqueurs.

Nº 673. *Lait.*

On peut conserver le lait pendant plusieurs jours, même pendant les plus grandes chaleurs, avec la simple précaution de le faire bouillir matin et soir. On l'empêche aussi de tourner sans le faire bouillir, en y ajoutant un peu de carbonate de soude dissous dans l'eau. Les vendeurs de lait, dans le même but, y ajoutent souvent de l'eau de savon, qui lui communique une saveur désagréable.

N° 674. *Crème de Fraises.*

Prenez un demi-litre de crème bien fraîche; ajoutez-y six onces de sucre en poudre, une petite cuillerée à café de gomme arabique en poudre, et un moyen verre de pulpe de fraises passées au tamis; fouttez bien le tout, et dressez votre crême en rocher.

On peut faire de même des crèmes de framboises, d'abricots et de pêches.

N° 675. *Crèmes cuites.*

Mettez dans une pinte de crème ou de bon lait six jaunes d'œufs et un quarteron de sucre; ajoutez l'aromate qui vous convient le mieux; mêlez bien le tout; passez au tamis; mettez sur un feu doux ou au bain-marie : dans l'un et l'autre cas, remuez continuellement avec une cuiller; veillez à ce que la crème ne s'épaississe pas trop; lorsque la crème est faite, laissez-la refroidir.

N° 676. *Crème cuite au Café.*

Ajoutez à la crème une tasse de forte infusion de café (voy. n° 829), mettez un peu plus de sucre, et huit jaunes d'œufs; faites comme ci-dessus.

N° 677. *Crème cuite au Chocolat.*

Broyez le chocolat avec un peu de lait (prenez deux onces de chocolat à la vanille); quand il est bien en pâte, ajoutez peu à peu le reste de votre lait, et délayez-le bien; faites votre crème comme il est prescrit. Ne mettez que quatre jaunes.

N° 678. *Crème cuite à la Vanille.*

Au lieu de faire bouillir la vanille avec le lait, comme on le pratique ordinairément, ajoutez-y quantité suffisante de sirop de vanille (voy. n° 817).

N° 678 *bis*. *Crème cuite au Thé.*

Faites une tasse de forte infusion de thé : mêlez-la avec votre crème ou votre lait; mettez deux œufs de plus, et aussi un peu plus de sucre; faites votre crème comme il est prescrit.

N° 679. *Crème en Mousse cuite.*

Mêlez bien ensemble un demi-litre de crème, quatre jaunes d'œufs et deux blanc, trois onces de sucre en poudre, une cuillerée de fleur d'orange pralinée et pulvérisée; fouettez le tout ensemble; quand la crème est bien en neige, dressez-la sur un compotier, et saupoudrez par-dessus du sucre en poudre; mettez-le compotier sur des cendres chaudes; couvrez avec le four de campagne modérément chaud.

N° 679 *bis.* *Crème au Caramel.*

Mettez dans une petite bassine un quarteron de sucre en poudre, sans eau; laissez-le se fondre et prendre couleur jusqu'au cannelle foncé; versez alors dans la bassine une chopine et demie (trois quarts de litre) de lait, que vous aurez fait bouillir avec un morceau de cannelle, un peu d'écorce de citron vert, et une pincée de coriandre; faites dissoudre le caramel dans la crème; délayez ensuite six jaunes d'œufs avec un peu de lait; versez-y la crème, en tournant, pour bien mêler, finissez en mettant la crème sur les cendres chaudes, ou au bain-marie.

Si vous voulez glacer cette crême, lorsqu'elle est refroidie, saupoudrez-la de sucre en poudre; glacez avec une pelle rouge.

N° 680. *Crème à la Frangipane.*

Délayez dans du lait (une pinte) deux cuillerées de fécule de pommes-de-terre, six jaunes d'œufs, du citron vert râpé, de la fleur d'orange pralinée en poudre, un quarteron de sucre; faites cuire sur des cendres chaudes, ou au bain-marie, en tournant toujours.

C'est avec cette crème qu'on fait les tartes à la frangipane.

N° 680 *bis.* *Observation.*

Il arrive souvent que les crèmes prennent trop ou trop peu de consistance, dans le premier cas, il faut, aussitôt qu'on s'en aperçoit, y ajouter un peu de lait chaud, ou, si on n'en avait plus, un peu d'eau bouillante; si la crème a trop peu de consistance, délayez dans du lait ou dans de l'eau tiède, un ou plusieurs jaunes d'œufs, ou un peu de fécule de pommes-de-terre, et ajoutez cela à la crème.

N° 680 *ter.* *Crème aux Macarons.*

Délayez dans une pinte de lait six macarons, dont deux amers, une cuillerée de fleur d'orange pralinée, deux onces de sucre et quatre jaunes d'œufs; terminez la crème à l'ordinaire.

On peut varier cette crème d'une infinité de manières.

N° 681. *Soufflé de Crème.*

Délayez dans trois quarts de litre de crème ou de lait, huit jaunes d'œufs, deux cuillerées de fécule de pommes-de-terre, du citron vert râpé, une demi-cuillerée de fleur d'orange pralinée, quatre onces de sucre; faites cuire cette crème pendant une demi-heure; retirez-la du feu.

Fouettez les blancs des huit œufs; quand ils sont bien en neige, mettez-les avec la crème, que vous versez dans le plat qui sera servi; saupoudrez amplement de sucre; posez le plat sur les cendres chaudes; couvrez avec le four de campagne, médiocrement chaud; quand la crème sera bien montée, servez-la; si elle n'est pas assez glacée, présentez par-dessus la pelle rouge.

N° 682. *Crème à la Moelle.*

Délayez dans une pinte de lait réduite à trois quarts, deux cuillerées de fécule de pommes-de-terre, huit jaunes d'œufs, un quarteron de sucre, de la fleur d'orange pralinée en poudre, et un peu de citron vert râpé. Faites fondre un quarteron de moelle; passez-la au tamis, et ajoutez-la à la crème; faites cuire cette crème pendant une demi-heure, en la tournant sans cesse. Retirez-la ensuite du feu, pour y mêler six blancs d'œufs battus en neige; versez-la dans le plat qui doit servir; posez le plat sur les cendres chaudes; couvrez avec le four de campagne.

Si cette crème est destinée à faire des tartes, il faut ajouter une cuillerée de fécule, et supprimer les blancs d'œufs.

N° 683. *Crème au Vin.*

Délayez petit à petit dans une bouteille de vin de Frontignan, ou autre, à votre choix, huit jaunes d'œufs, et du sucre en quantité proportionnée à la nature du vin que vous employez; ajoutez, si vous voulez quelques aromates; passez au tamis; versez dans le plat qui doit servir, et faites prendre consistance au bain-marie, en remuant toujours; si vous désirez que cette crème soit prise comme des œufs au lait, ajoutez quelques blancs d'œufs et ne tournez pas: il ne faut pas que le bain-marie soit bouillant.

N° 684. *Observation.*

On peut décorer toutes les crèmes avec des nompareilles; ce

sont de petites dragées grosses comme des graines de navette: il y en a de toutes couleurs.

On les met dans un petit entonnoir de fer-blanc ou de papier, dont on ferme l'ouverture inférieure avec le doigt, et en le promenant sur la surface de la crème et retirant le doigt, on peut faire des chiffres et toutes sortes de dessins.

No 685. *Crème cuite en petits pots.*

Ce qui distingue ces crèmes des précédentes, c'est qu'on y ajoute des blancs d'œufs et qu'on les fait prendre au bain-marie sans les tourner ; ce sont des œufs au lait plutôt que des crèmes ; on peut cependant se dispenser d'y mettre des blancs. On les sert dans des pots faits exprès.

No 686. *Petits Pots au Café.*

Pour six petits pots, prenez autant de crème bouillie et refroidie que quatre en peuvent contenir ; ajoutez plein un petit pot d'une forte infusion de café, six jaunes d'œufs ou plus si les pots sont grands, et six onces de sucre ; mêlé bien le tout ; emplissez-en vos petits pots, que vous mettrez au bain-mari dans une casserole avec de l'eau jusqu'aux trois quarts de leur hauteur. L'eau doit être bouillante au moment où on y met les petits pots.

On peut mettre en petits pots toutes les crèmes dont les formules sont développées ci-dessus, en augmentant, si l'on veut, la quantité de jaunes d'œufs.

No 687. *Beignets de Crème.*

Faites réduire à près de moitié une pinte de lait ; laissez-le refroidir ; délayez-y six jaunes d'œufs, quatre macarons, dont un amer, une cuillerée de fleur d'orange pralinée en poudre, deux cuillerée de fécule de pommes-de-terre et un quarteron de sucre, faites bouillir pendant huit à dix minutes, sans cesser de tourner. Il faut que cette crème soit épaisse étant chaude, afin qu'étant froide, elle ait beaucoup de consistance : versez dans un grand plat pour faire refroidir ; lorsqu'elle est froide, coupez-la en carrés longs, en losanges, etc. ; farinez-les et faites les frire ; vous pouvez aussi les tremper dans l'œuf battu et les paner, ou les tremper dans une pâte à frire. Toutes les crèmes ci-dessus peuvent être mises en beignets ; il ne s'agit que de leur donner de la consistance par l'addition de la fécule de pommes de terre.

Si la crème étant faite se trouvait n'avoir pas assez de consistance, on pourrait lui en donner en la pétrissant avec des macarons ou avec des biscuits secs en poudre.

N° 688. *Observation.*

On peut servir à nu toutes les crèmes cuites dont les recettes sont contenues dans ce chapitre; pour cela, avec les mêmes doses, on augmente de moitié le nombre des jaunes d'œufs, et on ajoute deux ou trois blancs : quand la crème est préparée, on en remplit un moule qu'on fait chauffer au bain-marie et qu'on couvre avec le four de campagne un peu chaud : quand elle est bien prise, on renverse le moule sur un plat.

N° 689. *Beignets de Crème au Chocolat.*

Faites réduire à moitié une pinte de lait; mêlez-y un quarteron de chocolat pilé et mis en pâte avec une portion de votre lait, plus un quarteron de sucre; délayez aussi deux cuillerées de fécule de pommes-de-terre et six jaunes d'œufs; faites bouillir le tout ensemble pendant trois minutes, en tournant toujours; versez dans un grand plat et laissez refroidir; cette bouillie doit être comme une pâte quand elle est froide; coupez-la en losanges, que vous farinerez ou que vous tremperez dans une pâte à frire (voy. n° 91); faites frire et retirez vos beignets lorsqu'ils auront une couleur dorée; saupoudrez-les à blanc avec du sucre.

N° 690. *Flan.*

Délayez quatre onces de fécule de pommes-de-terre et six onces de sucre, avec une pinte de lait et un demi-quarteron de beurre; faites bouillir, et ensuite refroidir à moitié; ajoutez six jaunes d'œufs, une cuillerée de fleur d'orange pralinée, six macarons : dont un amer, fouettez trois blancs d'œufs; ajoutez-les; faites cuire sur des cendres chaudes, avec le four de campagne par-dessus.

N° 691. *Flan de Nouilles.*

Faites cuire vos nouilles (voy. n° 113) dans de la crème, avec suffisante quantité de sucre et un peu de beurre; lorsqu'elles sont cuites, laissez-les refroidir à moitié; ajoutez des jaunes d'œufs, de la fleur d'orange pralinée, du citron vert haché, des macarons, et la moitié des blancs de vos jaunes; fouettez en neige; faites cuire comme ci-dessus.

On fait de même un flan de semoule ou de riz, ou de farine de maïs.

GELÉES ANIMALES.

No 692. *Gelées de Viandes.*

Les parties membraneuses et cartilagineuses des animaux, et leurs os concassés, sont les substances qui donnent le plus de gelée; mais si on les employait seules, on n'obtiendrait qu'une gelée insipide; pour la rendre savoureuse, il faut employer aussi une portion plus ou moins forte de chair musculaire, qui contient un principe particulier, auquel les chairs rôties et les bouillons de viande bien faits doivent principalement la saveur qui les rend agréables au goût, en même temps qu'elle excite les facultés digestives.

Prenez deux livres de tranches de bœuf sans graisse; coupez-les en gros dés, une vieille poule ou un vieux coq coupé en quatre, un jarret de veau coupé aussi en morceaux; mettez le tout dans une marmite, avec deux pintes et demie ou trois pintes d'eau; faites bouillir et écumez avec soin; ajoutez deux grosses carottes, deux gros ognons, dont un piqué de deux clous de girofle, un pied de céleri et du sel; faites bouillir à petit feu pendant quatre heures; passez ensuite le bouillon et laissez-le refroidir, mêlez-y deux blancs d'œufs battus, et mettez-le sur le feu dans une casserole; écumez et faites réduire; éprouvez de temps en temps votre gelée en en laissant tomber quelques gouttes sur une assiette, ou dans une cuiller; si ces gouttes, en se refroidissant, prennent une bonne consistance, retirez la gelée du feu, passez-la à l'étamine, et laissez-la refroidir.

Cette gelée, saine et nourrissante, convient aux convalescents. On l'emploie avec avantage dans la cuisine, pour lier des sauces; c'est aussi un très bon mouillement pour des braises, parce qu'étant saturée, elle ne prend rien aux viandes qu'on y fait cuire, et celles-ci conservent tout leur jus.

On peut aromatiser cette gelée avec du jus de citron, une essence de gibier, etc.

No 693. *Gelées aromatisées et sucrées.*

On préparait autrefois ces gelées avec la corne de cerf râpée; on les prépare aujourd'hui avec de la colle de poisson, qui n'est autre chose que la vessie natatoire de l'esturgeon, lavée, nettoyée et desséchée. La corne de cerf contracte dans le râpage une odeur assez désagréable qui se retrouve souvent dans la gelée qu'on en tire. La colle de poisson vaut mieux sous tous les rapports : elle donne une gelée tout-à-fait blanche et sans saveur, ce qui la rend plus propre à recevoir toutes les couleurs qu'on veut lui donner, et en fait un bon excipient pour les saveurs et les arômes ; mais la colle de poisson est fort chère, et on peut lui substituer avec avantage la gelée de pieds de veau, qui, quand elle est bien faite, est presque incolore et insipide.

Prenez trois pieds de veau bien échaudés ; fendez-les en deux, et mettez-les dégorger dans l'eau ; essuyez-les et frottez-les de jus de citron ; mettez-les ensuite dans une marmite, avec deux pintes d'eau, et le jus de deux citrons ; faites bouillir ; écumez avec soin, et faites cuire à petit feu pendant deux ou trois heures ; passez la gelée au tamis de soie, et clarifiez-la comme il est prescrit ci-dessus ; faites réduire jusqu'à ce qu'en essuyant la gelée, vous la trouviez d'une forte consistance ; passez alors et repassez la gelée à l'étamine, jusqu'à ce qu'elle soit bien claire ; mettez-la refroidir, et servez-vous-en pour les gelées dont les recettes sont expliquées ci-après.

Cette gelée peut se conserver en hiver, pendant cinq ou six jours, et même plus si elle est très concentrée et si elle est dans un endroit frais ; en été elle ne peut pas se conserver plus de quarante-huit heures, à moins qu'on ne la fasse bouillir une fois par jour. Par ce moyen on pourrait la conserver assez long-temps.

Nº 694. *Gelée à la Vanille.*

Faites dissoudre dans très peu d'eau une once (plus ou moins, selon votre goût) de sucre de vanille (voy. nº 849), ajoutez cette solution à douze onces de sirop de sucre (voy. nº 849) ; mettez dans une casserole sur le feu vingt-quatre onces de gelée bien consistante, faite avec de la colle de poisson ou des pieds de veau ; quand elle sera bien fondue, sans être trop chaude, ajoutez-y le sucre vanillé ; mêlez bien, et laissez pendant quelque temps sur le feu, pour que le mélange soit bien intime ; versez ensuite dans de petits pots de cristal, et laissez refroidir ; s'il fait très chaud, et si votre gelée n'est pas très forte, vous mettrez les petits pots dans la glace pilée pour les faire prendre. Comme la vanille, sans colorer beaucoup la gelée, pourra en troubler la transparence, vous pourrez ajouter au sirop de sucre un peu de carmin, qui colorera la gelée en rose.

No 695. *Gelée d'Orange.*

Exprimez le jus de six oranges et de deux citrons; enlevez les zestes de deux oranges; mettez le jus et les zestes sur le feu, avec douze onces de sirop de sucre; faites bouillir un instant, et passez au tamis: mêlez ce sirop acidulé et aromatisé, avec vingt-quatre onces de gelée consistante de colle de poisson ou de pieds de veau; terminez comme ci-dessus.

Vous pourrez colorer cette gelée en orange avec l'infusion aqueuse de safran, à laquelle vous ajouterez un atome de carmin.

No 696. *Gelée de Citron.*

Exprimez le jus de six citrons et les zestes de deux; faites du reste comme ci-dessus.

Si vous voulez colorer votre gelée, n'y mettez que très peu d'infusion de safran.

No 697. *Gelée de Fleur d'Orange.*

Ajoutez à quatorze onces de sirop de sucre deux onces d'eau double de fleur d'orange; mêlez ce sirop aromatisé avec la même quantité que ci-dessus de gelée très forte; terminez de même. Ajoutez le jus d'un ou de deux citrons.

No 698. *Gelée aux Liqueurs.*

Mêlez un verre (à peu près six onces) de liqueur avec douze onces de sirop de sucre, si la liqueur est sucrée, et avec quinze onces, si elle ne l'est pas; opérez du reste comme dans les articles précédents; ajoutez si vous voulez du jus de citron.

On peut varier cette gelée avec toutes les espèces de liqueurs, et la colorer à volonté (voy. no 672).

No 699. *Observation.*

Au lieu de servir ces gelées dans de petits pots, on peut les servir à nu sur une assiette, ce qui fait un meilleur effet sur la table, surtout quand elles sont bien transparentes. Pour cela, il faut qu'elles aient beaucoup de consistance, ou leur en donner momentanément, en les faisant prendre au moyen de la glace.

Faites une gelée très forte; remplissez-en un moule entièrement; laissez prendre la gelée d'elle-même, si elle est assez forte, ou bien plongez votre moule dans la glace pilée et refroidie avec du sel, ou, ce qui vaut mieux, du muriate de chaux.

Au moment de servir, ne faites que plonger votre moule dans de l'eau chaude, sans être bouillante, et renversez-le sur une assiette.

N° 700. *Aspic de Fruits confits.*

Faites, en observant les prescriptions ci-dessus, une bonne gelée au marasquin, ou à telle autre liqueur que vous préférez; quand votre gelée est refroidie et commence à prendre, placez un moule sur la glace, et versez-y deux doigts de gelée; sur ce premier lit, faites un dessin avec des filets de toute sorte de fruits confits, des marmelades et confitures; versez par-dessus une nouvelle quantité de gelée, avec les précautions nécessaires pour ne rien déranger; faites un nouveau dessin, ou continuez celui que vous avez commencé; au moment de servir, plongez-le dans l'eau peu chaude, et retournez-le de suite.

Vous pouvez aussi mettre, les unes sur les autres, des couches de gelée de diverses couleurs et de divers parfums, ou faire une marbrure, en mettant, cuillerée par cuillerée, des gelées de différentes couleurs.

N° 701. *Gelée blanche aux Amandes.*

Pilez six onces d'amandes douces et une douzaine d'amandes amères; ajoutez un peu d'eau en pilant, pour que les amandes ne tournent pas en huile; quand elles sont pilées bien fin, mêlez-les avec un demi-litre de lait; passez dans une serviette, en tordant fortement; faites dissoudre dans ce lait amandé huit onces de sucre, et mêlez-le avec vingt-quatre onces de gelée forte; servez dans de petits pots, ou remplissez un moule, que vous renverserez sur une assiette au moment de servir.

N° 702. *Gelée en Surprise.*

Ayez un moule de dix-huit lignes de diamètre sur trois pouces de haut; remplissez-le de gelée rose, ou de toute autre couleur; lorsqu'elle sera prise, renversez la gelée sur une assiette; enveloppez cette gelée avec un cylindre de deux pouces et demi de diamètre sur trois pouces et demi de haut; remplissez l'intervalle qui se trouve entre le cylindre et la gelée, avec de la gelée d'une autre couleur; lorsque celle-ci est prise, enlevez doucement le cylindre, après l'avoir frotté avec un linge chaud; répétez encore la même opération deux ou trois fois, avec des cylindres croissant en diamètre et en hauteur ; vous aurez ainsi plusieurs gelées de couleur et de saveur différentes renfermées les unes dans les autres; vous terminerez avec une gelée blanche qui, étant opaque, masquera tout ce qu'elle renferme.

Pour bien réussir, il faut opérer sur la glace, et à mesure qu'un cylindre est rempli, couvrir l'appareil avec un couvercle à rebords, sur lequel on met aussi de la glace.

N° 703. *Gelée au Vin.*

Faites une gelée très forte, et rapprochez-la, en la faisant chauffer pendant long-temps à petit feu. Laissez-la refroidir à moitié, et ajoutez-y un volume égal de vin de Malaga, ou de Frontignan, ou de tout autre vin spiritueux et sucré : ajoutez aussi du sucre et un jus de citron; servez cette gelée dans de petits pots.

N° 704. *Gelée au Thé.*

Elle se fait en ajoutant à une gelée forte une tasse d'une forte infusion de thé vert, avec la quantité de sucre nécessaire.

En ajoutant à cette gelée cinq ou six onces de rhum et le jus de deux citrons, on aura une gelée de punch. Il faudra augmenter la quantité de sucre.

FRUITS CUITS POUR ENTREMETS.

N° 705. *Charlotte de Pommes.*

Après avoir pelé les pommes et en avoir retranché les cœurs, coupez-les en morceaux et faites-les fondre sans eau dans une bassine; quand elles seront en marmelade, ajoutez du sucre en poudre (le tiers du poids de vos pommes), un peu de cannelle en poudre, le jus et la moitié du zeste d'un citron; faites réduire la marmelade ; coupez des tranches minces de mie de pain, les unes en carré long, les autres en triangle; trempez-les dans le beurre tiède; avec vos triangles, couvrez le fond d'une casserole beurrée; et avec les carrés longs, revêtez les bords de la casserole jusqu'à la hauteur à laquelle vous devez l'emplir.

Votre casserole étant ainsi préparée, remplissez-la de votre marmelade de pommes ; unissez le dessus, et panez-le avec de la mie de pain trempée dans du beurre; mettez la casserole sur des cendres rouges ; couvrez avec le four de campagne un peu chaud, ou avec un couvercle sur lequel vous mettez du feu. Lorsque la charlotte aura pris une belle couleur, renversez-la sur le plat que vous devez servir.

N° 706. *Charlotte de Poires.*

Prenez des poires de messire-jean ; pelez-les, ôtez-en les cœurs, et coupez-les en morceaux ; mettez-les dans une casserole avec un verre d'eau ; couvrez la casserole, et faites cuire jusqu'à ce que les poires cèdent sous le doigt ; pulpez-les sur un tamis de crin un peu clair, en les écrasant avec une cuiller ; ajoutez à la pulpe le tiers de son poids de sucre, un peu de cannelle en poudre, et le jus d'un citron, préparez et faites cuire votre charlotte comme il est prescrit ci-dessus.

N° 707. *Charlotte de Pêches.*

Pelez des pêches, et ôtez-en les noyaux ; faites-les fondre dans une bassine avec moitié de leur poids de sucre ; quand elles sont bien fondues, retirez de la bassine une grande cuillerée de jus de pêche ; faites-le refroidir à moitié, et délayez-y deux cuillerées (plus ou moins, selon la quantité de pêches que vous avez) de fécule de pommes-de-terre ; faites jeter quelques bouillons ; et quand la marmelade de pêche vous paraîtra bien liée et assez consistante, versez-la dans un vase de faïence pour la faire refroidir ; faites la charlotte comme celle de pommes.

On peut, au moyen de la fécule, faire des charlottes de toutes les espèces de fruits ; lorsque les fruits sont très aqueux, au lieu d'augmenter considérablement la dose de fécule, ou de faire réduire, ce qui altère le goût du fruit, on peut épaissir la marmelade avec des biscuits secs en poudre.

N° 708. *Beignets de Pommes.*

Pelez des pommes, ôtez-en le cœur, et coupez-les en tranches d'une à deux lignes d'épaisseur ; faites-les mariner pendant deux ou trois heures avec de l'eau-de-vie, du sucre et de la cannelle en poudre, ou tout autre aromate que vous préférez ; faites-les égoutter ; trempez-les dans une pâte à frire (voy. n° 91) et mettez-les dans une friture qui ne soit pas trop chaude ; quand les beignets ont pris couleur, retirez un instant la poêle du feu pour qu'ils achèvent de cuire ; lorsqu'ils sont cuits, mettez-les égoutter ; saupoudrez-les de sucre en poudre. Vous pouvez aussi les glacer avec la pelle rouge.

N° 709. *Beignets de Pêches.*

Après avoir pelé les pêches, ôtez les noyaux, et coupez-les en tranches minces; il faut que les pêches soient un peu fermes; faites-les mariner avec du sucre et du vin de Frontignan. Terminez vos beignets comme ceux ci-dessus; retirez-les de la poêle aussitôt que la pâte a pris une belle couleur.

N° 710. *Beignets d'Abricots.*

Prenez des abricots qui ne soient pas tout-à-fait mûrs; marinez-les avec du sucre en poudre seulement.

N° 711. *Beignets de Cerises et de Prunes.*

Prenez des cerises et des prunes à moitié desséchées au four; ouvrez-les pour en tirer les noyaux; faites-les mariner avec de l'eau-de vie, du sucre en poudre et deux amandes amères écrasées; faites vos beignets comme les autres.

N° 712. *Beignets de Confitures.*

Prenez de grands pains à chanter; mettez dans chacun une demi-cuillerée de confitures; repliez le pain; et soudez-en les bords en humectant un peu; posez-les à mesure sur des assiettes saupoudrées de farine; au moment de servir, trempez vos beignets dans une pâte à frire (voy. nos 91, 92), et faites les frire de belle couleur; ensuite égouttez, saupoudrez de sucre, et glacez vos beignets.

N° 713. *Croquettes de Pommes.*

Prenez de la pâte de feuilletage (voy. n° 718); étendez-la bien mince, et découpez-la avec un emporte-pièce en cercle de deux pouces et demi de diamètre; mettez sur une moitié de chaque cercle un petit tas de marmelade de pommes; repliez par-dessus l'autre moitié du cercle de pâte, et soudez bien les bords en pinçant avec les doigts; vos croquettes auront la forme d'un petit chausson; faites-les frire.

On peut servir de cette manière toute espèce de marmelades, de confitures, ou de fruits confits entiers.

N° 714. *Gâteau de Pommes.*

Procédez en tout comme pour faire une charlotte; mais au lieu de garnir une casserolle de tranches de mie de pain, beurrez amplement un moule; panez avec autant de mie de pain que vous pourrez en faire tenir ; panez une seconde fois à l'œuf, et aspergez avec du beurre tiède ; mettez le moule sur des cendres chaudes, et couvrez avec le four de campagne ; lorsque la mie de pain aura pris une belle couleur, remplissez le moule avec de la marmelade de pommes. Si vous voulez servir la charlotte froide, vous pouvez la renverser de suite ; si vous préférez qu'elle soit chaude, laissez-la une demi-heure sous le four de campagne avec un feu modéré. Pour être plus sûr de réussir, on présente sur la surface intérieure du moule qui est panée, un fer rouge ; par ce moyen on fait prendre l'œuf ; on couvre ensuite avec un four de campagne.

On peut aussi mettre en pain les autres fruits plus liquides, mais il faut y ajouter de la fécule pour rendre la gelée consistante ; ce qui vaut mieux que de la rapprocher par une longue ébullition.

No 715. *Gâteau de Pommes au Riz.*

Préparez du riz comme si vous vouliez faire un gâteau de riz, mais employez des œufs entiers légèrement battus ; mettez deux doigts de ce riz au fond d'une casserole beurrée, et une épaisseur égale tout autour des parois ; remplissez l'intérieur de marmelade de pommes, et faites cuire comme un gâteau de riz.

GROSSE PATISSERIE.

No 716. *Pâte à dresser.*

Prenez quatre livres de farine ; faites un creux au milieu, et mettez-y une once et demie de sel, une livre et demie de beurre, douze jaunes d'œufs, et le quart d'un litre d'eau peu chaude ; mêlez bien ensemble le beurre, les jaunes d'œufs, l'eau et le sel ; mêlez ensuite la farine petit à petit, et formez du tout une pâte, que vous pétrirez avec les poings ; si elle était trop ferme, vous pourriez y remettre un peu d'eau. Donnez deux tours de pétrissage à la pâte, mais pas davantage, parce que cela détruirait le liant de la pâte, et qu'il deviendrait difficile de la dresser. La pâte doit rester bien ferme. On doit la tenir un peu plus molle si on la destine à faire des tourtes.

No 717. *Pâte brisée.*

Prenez deux livres de farine ; faites un creux dans le milieu, et mettez-y cinq quarterons de beurre, un once de sel, quatre œufs entiers et deux verres d'eau; marinez comme ci-dessus le beurre avec les œufs, l'eau et le sel; détrempez ensuite la farine, et assemblez la pâte sans pétrir. Donnez-lui quatre tours comme il est expliqué à l'article du feuilletage.

N° 718. *Pâte feuilletée.*

Mettez sur une table deux livres de farine; faites un bassin dans le milieu, et mettez-y une once de sel, un demi-quarteron de beurre, deux blancs d'œufs et deux verres d'eau; formez votre pâte et rassemblez-la. Après l'avoir laissée reposer une demi-heure, étendez votre pâte et couvrez-la avec une livre de beurre, que vous manierez auparavant, s'il était trop ferme. Vous replierez les deux bords de la pâte sur le beurre, de manière qu'il en soit bien enveloppé. Donnez ensuite deux tours à la pâte. Pour cela étendez-la en long avec le rouleau, jusqu'à ce qu'elle n'ait plus que l'épaisseur du doigt; alors vous la repliez en trois, et vous lui faites faire un quart de tour pour que ce qui était à l'un de vos côtés, se trouve devant vous. C'est là ce qu'on appelle un tour; répétez cette opération et laissez reposer la pâte. Lorsque le four commence à chauffer, vous donnez encore trois tours à la pâte, et ensuite vous la découpez selon l'usage que vous en voulez faire.

Dans cette pâte, il y a moitié autant de beurre que de farine. Elle exige cinq tours.

S'il y avait moins de beurre, il ne faudrait que quatre tours.

Enfin, si on mettait plus de beurre, comme par exemple les trois quarts du poids de la farine, six tours seraient nécessaires.

Dans tous les cas, on donne deux tours en commençant. Les autres ne doivent se donner qu'au moment d'employer la pâte.

N° 719. *Pâte pour Timbales.*

Mettez sur une table une livre de farine; faites un trou dans le milieu pour y mettre un peu d'eau, quatre cuillerées d'huile d'olive et un quarteron de beurre ou de saindoux, deux jaunes d'œufs et du sel; maniez bien le tout ensemble, et ajoutez peu à peu au émlange toute la farine. Tenez la pâte bien liée et bien ferme.

N° 720. *Pâte à Brioches.*

Si vous comptez employer quatre livres de farine, prenez-en une livre pour faire le levain; faites un bassin au milieu de cette farine, et mettez-y une once de levure que vous délayez avec de l'eau chaude. Formez votre pâte, assemblez-la et placez-la bien enveloppée dans un endroit chaud. Quand le levain est suffisamment revenu, ce qu'on reconnaît quand il est gonflé de moitié, faites un bassin dans ce qui vous reste de farine, et mettez-y deux onces de sel fondu avec un peu d'eau, deux livres de beurre et douze œufs; maniez bien le tout ensemble pour faire une pâte un peu molle, que vous pétrirez deux fois avec les poings; si elle était trop ferme, vous y ajouteriez deux œufs. Lorsqu'elle est au point convenable, vous la pétrissez deux fois, et vous ajoutez le levain. Vous déchirez votre pâte entre les mains, en jetant les morceaux l'un sur l'autre, ensuite vous l'assemblez; répétez trois fois cette opération; mettez ensuite votre pâte dans un linge blanc bien saupoudré de farine; couvrez-la bien, et laissez-la revenir neuf ou dix heures; enfin, vous saupoudrez une table avec de la farine, vous y étendez votre pâte, vous la repliez deux ou trois fois, vous l'assemblez, et vous la laissez encore reposer pendant une couple d'heures.

Ne moulez vos brioches que lorsque le four est presque chaud; prenez un morceau de pâte, aplatissez-le avec les mains, ramenez les bords vers le milieu, faites cette opération deux fois, et arrondissez votre pâte en boule; faites un enfoncement dans le milieu avec vos doigts réunis, et placez-y une autre boule plus petite, qui formera la tête de votre brioche; posez votre brioche sur un papier beurré; dorez-la avec de l'œuf battu; faites cuire au four moins chaud que pour le pain, pendant une heure et demie, si vos brioches sont grosses, et une demi-heure pour les plus petites.

N° 721. *Pâté froid.*

Quelle que soit la viande avec laquelle vous faites votre pâté, il faut la faire revenir auparavant avec du beurre; il faut aussi faire une farce avec du veau, ou toute autre viande, et du lard; il faut au moins autant de lard que de viande pour la farce; la meilleure proportion est de trois livres de lard pour deux livres de viande. On désosse les viandes de boucherie, les dindons, les chapons, les lièvres. Le jambon doit être cuit avant d'être mis en pâté; on laisse entiers les perdrix, les pigeons, les canards et les mauviettes.

Toutes les viandes mises en pâté, désossées ou non, doivent être piquées de part en part avec de gros lardons assaisonnés.

Lorsque vous avez préparé vos viandes, haché la farce et fait provision de bardes de lard, prenez de la pâte à dresser (voy. nº 716), faites-en une boule, et aplatissez-la sur deux feuilles de papier en rond ou en ovale, de l'épaisseur d'un doigt; tracez sur cette pâte la forme de votre pâté, en observant qu'il faut que la pâte déborde de 3 à 4 pouces tout autour; commencez par étendre sur toute la forme de votre pâté un lit de farce; arrangez ensuite vos viandes par-dessus, en les entremêlant, si elles sont de differentes espèces; remplissez tous les intervalles avec de la farce; mettez-en aussi entre chaque couche de viande; serrez bien le tout avec les mains pour former une masse compacte; continuez ainsi jusqu'à la fin, en montant carrément; unissez bien le tour avec de la farce, couvrez les côtés et le dessus du pâté avec des bardes de lard. Faites ensuite une abaisse de pâte un peu mince sur les bords, et assez grande pour envelopper le pâté; mettez-la dessus, et faites-lui en prendre la forme, en la comprimant avec les mains; soudez-la avec le fond que vous aurez mouillé à l'endroit de la jonction; relevez les bords de votre fond le long des parois du pâté; évitez de faire des plis: pour cela, à mesure que vous relevez la pâte, forcez-la à rentrer sur elle-même; soudez encore ces bords avec l'enveloppe dont vous avez couvert le pâté, en mouillant l'endroit de la jonction, et en pinçant la pâte; mettez, si vous voulez, un second couvercle, que vous décorerez comme vous l'entendrez; faites, dans la partie supérieure, une ouverture d'un demi-pouce de diamètre, où vous mettrez une carte roulée; faites-le cuire dans un four bien chaud que vous aurez laissé un peu tomber. Si votre pâté est fort, il lui faut trois ou quatre heures de cuisson. S'il menaçait de prendre trop de couleur, couvrez-le avec une feuille de papier mouillé; lorsque vous retirerez votre pâté du four, vous enlèverez la carte, et vous boucherez l'ouverture avec un morceau de pâte.

Si vous trouvez trop de difficulté à dresser ainsi un pâté, ayez un moule de fer-blanc; vous y mettez une abaisse de grandeur suffisante, que vous repliez contre les parois du moule, en forçant la pâte à entrer dans les moulures et autres dessins dont il est décoré.

Nº 722. *Pâté chaud.*

Prenez de la pâte à dresser, ou de la pâte brisée (voy. nº 717); formez-en un pâté à l'ordinaire, que vous remplirez, si vous voulez, de ce que vous avez destiné pour le remplir; faites cuire au four; quand il est cuit, vous l'ouvrez pour y verser une sauce ou un ragoût à votre choix. Les viandes que vous mettez dans votre pâté doivent être piquées de lardons et avoir été passées au beurre.

Vous pouvez aussi faire cuire le pâté sans y mettre ce qui doit le remplir ; mais pour éviter que la pâte ne s'affaisse, vous le remplirez avec de la farine, que vous retirerez lorsque le pâté sera cuit, pour y mettre un ragoût de morue à la béchamel, un ragoût de godiveau, un ragoût de riz de veau et de champignons, tout ce qui vous conviendra.

Vous pouvez faire un pâté chaud sous le four de campagne ; mettez votre pâté sur une tourtière, avec deux feuilles de papier beurré en-dessous; posez la tourtière sur des cendres rouges ; couvrez avec le four de campagne bien chaud ; quand votre pâté a pris une belle couleur et qu'il est cuit, retirez-le, ouvrez-le, retirez avec une cuiller tout ce qui, dans l'intérieur, ne se trouverait pas assez cuit ; mettez-y le ragoût que vous avez préparé, et servez de suite.

N° 723. *Pâté en Terrine.*

Ayez une terrine de faïence avec un couvercle percé d'un petit trou ; remplissez-la comme il est prescrit à l'article du pâté froid ; mettez le couvercle et lutez-le avec de la pâte ; faites cuire dans un four un peu chaud pendant trois heures. Ce pâté sera beaucoup plus savoureux qu'un pâté en croûte.

N° 724. *Timbale.*

C'est un pâté chaud qu'on fait dans une casserole ; prenez de la pâte à timbale (voy. n° 719), abattez-la avec le roulean, de l'épaisseur de trois lignes environ ; garnissez entièrement votre casserole avec cette abaisse, en évitant de la rompre ; remplissez avec un ragoût de viande ou de poisson cuit, refroidi et à courte sauce ; couvrez à plat avec une abaisse, de même pâte et de même épaisseur ; mouillez les bords de la pâte qui garnit votre casserole et qui doit la dépasser un peu ; soudez-la avec le couvercle ; posez votre casserole sur des cendres rouges ; enveloppez-la le plus que vous pourrez avec les cendres ; mettez un couvercle sur la casserole et du feu par-dessus. Lorsque la pâte aura pris couleur et sera cuite, retournez la casserole sur un plat ; vous ouvrirez la timbale par-dessus, pour y verser une sauce, qui remplacera celle que la pâte aura bue.

Vous pouvez aussi faire la pâte à part, en remplissant la timbale de farine, comme il est indiqué à l'article du pâté chaud.

La timbale sert surtout à déguiser un ragoût qui a déjà été servi.

N° 725. *Tourte pour Entrée.*

Prenez de la pâte brisée (voy. n° 717); assemblez-la et étendez-la, avec le rouleau, de la grandeur du plat que vous devez servir; mettez cette abaisse sur une tourtière, posez par-dessus ce que vous destinez à la remplir; il faut que ce que vous mettez dans la tourte soit cuit aux trois quarts, comme si vous vouliez en faire un ragoût; lorsque tout est bien disposé, couvrez avec une autre abaisse que vous souderez avec celle de dessous en mouillant et pinçant les bords, que vous façonnez de votre mieux; dorez à l'eau ou à l'œuf; faites cuire au four ou sous un four de campagne; lorsqu'elle est cuite, ouvrez-la, pour y verser une sauce ou un ragoût analogue à ce qui la remplit.

Vous pouvez faire ainsi des tourtes de godiveau (voy. n° 87), de pigeon en compote (n° 475), de lapin en gibelote (voy. n° 377), et de toutes sortes de ragoûts (voy. n° 79 et suiv.).

N° 726. *Petits Pâtés.*

Prenez de la pâte de feuilletage à cinq tours; abaissez-la d'une ligne et demie d'épaisseur; coupez-la avec un moule rond; mettez sur chaque morceau gros comme une petite noix de godiveau mêlé avec du persil et de la ciboule hachés très fin; couvrez avec un morceau de pâte égale à celui de dessous; dorez-les avec de l'œuf battu; faites cuire au four ou sous le four de campagne.

On peut varier à volonté la garniture des petits patés, en substituant au godiveau des quenelles de volaille, de poisson, des farces de toute espèce, etc. (voy. nos 87, 88, 89, etc.).

N° 727. *Petits Pâtés au Jus.*

Abaissez de la pâte brisée à l'épaisseur d'une ligne; coupez-la en ronds, assez grands pour en garnir entièrement de petits moules en formes de timbale; mettez dans chacun une forte boulette de godiveau, ou une quenelle de volaille (voy. nos 87, 88), couvrez avec un morceau de feuilletage; faites cuire au four, ou sous un four de campagne bien chaud, les moules posés sur un gril avec du feu dessous; quand ils sont cuits, vous les ouvrez, vous coupez la boulette en plusieurs morceaux, et vous y mettez une cuillerée de jus au vin (voy. n° 5) avec des champignons coupés en dés.

Vous pouvez aussi remplir les timbales de farine pour les faire cuire à part; et au moment de servir, vous les viderez pour les remplir de tel ragoût que vous aurez à votre disposition.

N° 728. *Pâté sans fond.*

Ayez un plat creux susceptible d'aller au feu; arrangez dans ce plat les viandes dont vous voulez faire un pâté; commencez par un lit de farce, et continuez en tout point comme si vous faisiez un pâté en croûte; quand tout est disposé, couvrez avec une abaisse de pâte brisée, que vous souderez aux bords du plat, en les mouillant; posez le plat sur un feu étouffé, couvrez avec le four de campagne un peu chaud, et entretenez-le dans le même état pendant la cuisson. N'oubliez pas de faire une ouverture au couvercle de pâte.

Vous ferez de cette manière un pâté froid, ou un pâté chaud.

N° 729. *Vol-au-Vent.*

Prenez de la pâte de feuilletage à six tours; elle doit contenir deux parties de beurre et trois parties de farine (voy. n° 718); abaissez-la de la grandeur qui vous convient. Faites une abaisse de pâte brisée de la même grandeur; couvrez-la avec l'abaisse de feuilletage, après l'avoir mouillée; soudez-les ensemble, en passant légèrement le rouleau; prenez un moule de deux pouces plus petit que votre abaisse, et enfoncez-le dans la pâte de toute l'épaisseur du feuilletage; il restera un bord d'un pouce de large, qui formera celui de votre vol-au-vent; faites cuire au four, ou sous le four de campagne; lorsqu'il est cuit, levez la pièce du milieu qui a été cernée par le moule que vous avez enfoncé dans la pâte; ôtez la mie, et mettez à la place tel ragoût qui vous conviendra (voy. n° 79 et suiv.).

N° 730. *Gâteau de Plomb.*

Prenez de la pâte brisée (voy. n° 717); moulez-la, et abaissez-la de deux doigts d'épaisseur; ciselez la surface par des lignes croisées, pour qu'il ne se fasse point de cloches; dorez avec de l'œuf; faites cuire au four très chaud.

N° 731. *Gâteau au Fromage.*

Mêlez avec une livre et demie de farine une demi-livre de fromage de Brie bien affiné, ou, ce qui vaut beaucoup mieux, de fromage de Meaux en pots, trois carterons de beurre et six œufs; pétrissez le tout à trois reprises; assemblez votre pâte, et laissez-la reposer pendant une heure; formez ensuite votre gâteau, ciselez-le, et faites cuire au four.

N° 732. *Gâteau au Lard.*

Coupez du lard en petits dés; passez-en une partie sur le feu dans une casserole, jusqu'à ce que le lard commence à prendre couleur; prenez de la pâte brisée, étendez-la pour y incorporer le lard que vous avez fait cuire, ainsi que la graisse qu'il a rendue; assemblez votre pâte; étendez-la d'un doigt d'épaisseur; semez par-dessus ce qui vous reste de lard non cuit; appuyez un peu avec la main pour le faire adhérer à la pâte; faites cuire au four.

N° 733. *Ramequins.*

Faites fondre un quarteron de fromage de Brie, avec autant de beurre, du gros poivre, peu de sel et un grand verre d'eau; quand le tout bouillira, retirez la casserole du feu, et mettez autant de farine qu'il en faut pour former une pâte, que vous ferez dessécher sur le feu, en remuant continuellement jusqu'à ce qu'elle soit bien épaisse; mettez ensuite la pâte dans une autre casserole pour y délayer autant d'œufs qu'elle en peut boire sans être liquide; il faut que cette pâte se soutienne sans couler. Vous distribuez cette pâte sur un plafond, en morceaux gros comme une noix, et séparés les uns des autres; faites cuire au four, ou sous le four de campagne.

On peut mettre dans les ramequins du fromage de Gruyère, ou du parmesan, et l'un et l'autre à la fois, ce qui vaut mieux.

N° 734. *Gâteaux feuilletés.*

Prenez du feuilletage à six tours (voy. n° 718); étendez-le de l'épaisseur d'une ligne; découpez votre pâte avec des moules de telle forme que vous voudrez; faites cuire à four doux, ou sous le four de campagne.

PATISSERIE FINE.

N° 735. *Biscuit de Savoie.*

Prenez douze œufs, du sucre autant que pèsent les œufs, et de la farine, ou de la fécule de pommes-de-terre, moitié du poids des œufs: si vous employez de la farine, il faut la faire sécher pour qu'elle ne pelotonne pas, et la passer au tamis de soie; cassez les œufs; mettez à part les blancs et les jaunes; battez ceux-ci avec le sucre en poudre, auquel vous ajouterez un peu de fleur d'orange pralinée, de l'écorce de citron râpée; fouettez les blancs d'œufs jusqu'à ce qu'ils soient en neige, et mêlez-les avec les jaunes; ajoutez alors la farine que vous incorporerez avec la masse, en la battant avec la poignée d'osier; mettez votre pâte dans un moule bien beurré avec du beurre tiède que vous appliquerez avec un pinceau; faites cuire au four médiocrement chaud; vous pouvez aussi le faire cuire sous un four de campagne, pourvu que vous entreteniez pendant toute la cuisson un feu bien égal.

Si votre biscuit se trouve d'une belle couleur, vous le servirez comme il est sorti du moule; dans le cas contraire, vous le glacerez de la manière suivante : prenez du sucre en poudre très fine, un blanc d'œuf, et le jus de la moitié d'un citron; battez le tout ensemble jusqu'à ce que le mélange devienne bien blanc; couvrez votre biscuit avec cette glace, et laissez sécher.

Vous rendrez le biscuit plus léger en retranchant quelques onces de farine, et en ajoutant autant de blancs d'œufs que vous avez retranché d'onces.

Cette pâte plus légère vous servira à faire de petits biscuits; vous pouvez en varier les proportions de manière à leur donner plus ou moins de légèreté, et y introduire des aromates ou d'autres substances qui en changeront la qualité.

N° 736. *Biscuit à la Cuiller.*

Faites la pâte comme ci-dessus, mais plus légère, c'est-à-dire mettez-y moins de farine et plus de blanc d'œufs; prenez une cuillerée de pâte, et versez-la en long sur une feuille de papier saupoudrée de sucre; faites cuire dans un four très doux; enlevez les de dessus le papier à mesure que vous les sortez du four.

N° 737. *Biscuit aux Amandes.*

Prenez quatre onces d'amandes douces, une demi-once d'amandes amères, neuf blancs d'œufs, six jaunes, une once de farine passée au tamis, et trois quarterons de sucre; mondez vos amandes en les plongeant un instant dans l'eau bouillante et ensuite dans l'eau froide; la peau s'enlèvera avec facilité; pilez-les en ajoutant de temps en temps un peu de blanc d'œuf, pour empêcher qu'elles ne tournent en huile : battez à part les jaunes avec le sucre; fouettez les blancs jusqu'à ce qu'ils soient en neige; mêlez ensemble les blancs et les jaunes; saupoudrez par-dessus le mélange la farine, en remuant toujours, pour la bien incorporer; mettez votre pâte dans des caisses de papier; glacez-la avec un mélange par moitié de sucre et de farine; faites cuire dans un four peu chaud.

Ces biscuits, comme tous les autres, peuvent se faire sous le four de campagne.

N° 738. *Biscuits aux Pistaches.*

Ils se font de même que les biscuits aux amandes, et dans les mêmes proportions; mais comme les pistaches ont peu ou point de parfum, il faut ajouter un peu de fleur d'orange pralinée ou de l'écorce de citron râpée.

N° 739. *Biscuits au Chocolat.*

Prenez six œufs, trois onces de farine, une once et demie de chocolat en poudre, et dix onces de sucre; battez les jaunes avec le chocolat et le sucre, jusqu'à ce qu'ils soient mêlés entièrement; ajoutez ensuite les blancs; fouettez en neige; saupoudrez le tout avec la farine, en remuant sans cesse; mettez votre pâte en moule ou en caisse.

Si vous voulez glacer les biscuits, suivez le procédé indiqué au n° 735.

N° 740. *Baba.*

La pâte du baba est la même que celle à brioche (voy. n° 720), sauf les différences ci-après. Faites votre levain comme il est prescrit; mais au moment de l'incorporer au reste de la farine, ajoutez, pour la dose prescrite, une demi-livre de raisins de Malaga, et autant de raisins de Corinthe, un peu de sucre (supprimez le sel), et un verre d'infusion un peu chargée de safran; tenez votre pâte beaucoup plus molle que celle à brioche; mettez votre pâte dans un moule de fer-blanc bien beurré, et laissez-la reposer pendant six ou sept heures; quand elle aura augmenté de moitié de son volume primitif, faites cuire au four comme la brioche.

N° 741. *Pouplin.*

Faites chauffer, dans une casserole, un demi-litre d'eau, avec un demi-quarteron de beurre et un peu de sel; lorsque l'eau est très chaude, sans bouillir, retirez la casserole du feu, et mettez-y, peu à peu, autant de farine tamisée que l'eau en peut boire; remettez la casserole sur le feu, et faites cuire la pâte en la remuant sans cesse, jusqu'à ce qu'elle soit bien épaisse, et qu'elle commence à s'attacher; laissez refroidir la pâte jusqu'à ce qu'elle soit plus tiède; alors vous casserez, un à un, des œufs que vous incorporerez avec la pâte, jusqu'à ce qu'elle soit molle; beurrez une casserole, mettez-y votre pâte: il faut que la casserole ne soit remplie qu'au quart, parce que la pâte quadruplera de volume en cuisant; faites cuire dans un four plus chaud que pour le biscuit de Savoie; lorsque le pouplin sera cuit, ôtez-le de la casserole, ouvrez-le en le coupant en travers: frottez l'intérieur avec du beurre bien frais; saupoudrez du sucre et de la fleur d'orange pralinée par-dessus le beurre.

Frottez aussi de beurre l'extérieur du pouplin; saupoudrez du sucre par-dessus le beurre, et glacez avec la pelle rouge.

Vous pouvez aussi garnir tout l'intérieur du pouplin avec des confitures ou avec une bonne crème cuite.

N° 742. *Choux.*

Faites une pâte comme pour le pouplin, excepté que vous y mettrez au moins le double de beurre, et que vous y ajouterez un quarteron de sucre, un peu de citron vert haché, et de la fleur d'orange pralinée. Cette pâte doit être un peu plus ferme que celle du pouplin; lorsqu'elle est faite, vous la mettez sur un papier beurré par petite masse, auxquelles vous donnez la forme que vous jugez convenable; faites cuire à four doux; lorsqu'elles sont cuites, glacez-les, ou couvrez-les avec des amandes hachées grossièrement.

On peut varier la pâte avec laquelle on fait les choux, en substituant de la crème à l'eau qu'on emploie pour délayer la farine. Les proportions du beurre et du sucre restent les mêmes que ci-dessus.

N° 743. *Frangipane.*

(Voy. n° 680). La frangipane qui est employée dans la pâtisserie doit être plus épaisse que celle qui se sert pour entremets. Vous doublerez donc la quantité de fécule de pommes-de-terre, et vous ajouterez vingt-quatre amandes, dont quatre amères, et six macarons, le tout pilé.

N° 744. *Tarte à la Frangipane.*

Faites une abaisse de feuilletage de la grandeur que vous voulez donner à votre tarte; coupez une bande de la même pâte, d'un bon pouce de large, pour en former la bordure de la tarte; posez-la sur l'abaisse que vous avez mouillée sur ses bords; remplissez le milieu avec de la frangipane, sur laquelle vous ferez quelques décors avec des filets de pâte feuilletée; faites cuire au four, ou sous un four de campagne; saupoudrez la tarte de sucre lorsqu'elle est presque cuite, et glacez.

On peut faire des tartes avec toutes les espèces de crèmes; il faut seulement leur donner plus de consistance que lorsqu'on les prépare pour entremets; on peut en faire également avec toutes les espèces de confitures : à l'exception des gelées qui se liquéfient dans le four, et empêchent la pâte de cuire.

Lorsqu'on veut faire des tartes avec des gelées ou avec des compotes de fruits très liquides, on forme une tarte à l'ordinaire, on met sur son fond une feuille de papier beurré, et par-dessus un rond de pâte commune. On fait cuire la tarte; lorsqu'elle est cuite, on enlève le rond de pâte et la feuille de papier, et on ajoute les gelées et les compotes.

On peut encore composer la tarte de deux abaisses égales, et cerner celle de dessus avec un couteau, à un pouce près du bord; lorsque la tarte est cuite, on enlève le rond du milieu et on met à sa place tout ce qu'on veut.

Les tartelettes ne diffèrent des tartes que par la grandeur : la façon est la même.

N° 745. *Meringues.*

Prenez des blancs d'œufs et du sucre en poudre, à raison d'une once pour deux blancs; fouettez les blancs en neige; mêlez-les avec le sucre, auquel vous avez ajouté de la fleur d'orange pralinée en poudre, ou de l'écorce de citron râpée; mettez votre pâte par petits tas, séparés les uns des autres, sur des feuilles de papier; saupoudrez-les de sucre; et faites-les cuire. Il leur faut peu de chaleur; lorsque les meringues sont cuites, vous les creusez un peu en dessous; vous les tenez sèchement pour qu'elles ne s'amollissent pas, et au moment de servir, vous les unissez deux à deux, après avoir rempli le vide que vous y avez fait, avec une crème en mousse, des confitures, une crème cuite un peu épaisse, etc. (Voy. nos 667 à 682).

No 746. *Darioles.*

Prenez quatre onces de farine ou de fécule de pommes-de-terre, six onces de sucre, un demi-quarteron de beurre, un peu de fleur d'orange pralinée ou d'écorce de citron vert haché, huit jaunes d'œufs et un quart de litre de crème; faites tiédir le beurre; mêlez bien le tout ensemble; mettez ce mélange dans de petits moules; faites cuire au four, ou sous le four de campagne un peu chaud.

On peut varier, en incorporant du chocolat dans la pâte, ou des amandes, dont quelques-unes amères, ou en aromatisant avec la vanille, etc.

No 747. *Macarons.*

Prenez une demi-livre d'amandes et autant de sucre; après avoir mondé vos amandes, pilez-les, en ajoutant un peu de sucre en poudre pour les empêcher de tourner en huile; faites-les sécher, et pilez-les encore en ajoutant de temps en temps un peu de blanc d'œuf; ajoutez le sucre, de l'écorce de citron râpée, et autant de blancs d'œufs qu'il en faut pour faire du tout une pâte qui ne soit pas trop liquide; les blancs d'œufs doivent être fouettés. Mettez votre pâte sur des feuilles de papier, par petits tas gros comme une noix; faites cuire à une chaleur douce au four, ou sous le four de campagne.

Vous pouvez ajouter quelques amandes amères, ou substituer des pistaches aux amandes.

No 748. *Massepains.*

Prenez une livre d'amandes, douze onces de sucre et un quarteron de marmelade d'abricots; pilez vos amandes jusqu'à ce qu'elles soient réduites en pate fine, en y ajoutant un peu de sucre avec deux cuillerées d'eau, en évitant qu'il ne se caramélise; lorsque le sucre est fondu, incorporez-y les amandes et la marmelade. Tenez le mélange sur le feu, en remuant toujours, jusqu'à ce que la pâte soit bien formée; mettez-la alors sur une table saupoudrée de sucre; laissez-la refroidir, et ensuite étendez-la avec le rouleau. Vous pouvez alors découper la pâte dans la forme qui vous convient; mettez vos découpures sur des feuilles de papier, et faites-les cuire à une chaleur douce; vous les glacerez comme les biscuits; ou bien, avant de les faire cuire, trempez-les dans du blanc d'œuf battu, et roulez-les dans le sucre.

On fait aussi des massepains sans marmelade; alors on ajoute un huitième d'amandes amères et on met autant de sucre que d'amandes.

N° 749. *Gâteau d'Amandes.*

Pilez un quarteron d'amandes douces, et douze amandes amères; ajoutez en pilant un blanc d'œuf pour que les amandes ne tournent pas en huile. Lorsque les amandes sont en pâte, ajoutez-y six onces de sucre, une demi-cuillerée de fleur d'orange pralinée et deux onces de frangipane; mêlez bien le tout ensemble, étendez ce mélange sur une abaisse de feuilletage, couvrez avec une abaisse de même pâte, soudez les bords, ciselez la surface, et faites cuire dans un four un peu chaud.

N° 750. *Gâteau d'Amandes sec.*

Mondez et pilez une demi-livre d'amandes douces, dont quelques-unes amères, avec un blanc d'œuf que vous ajoutez successivement; quand elles sont bien en pâte, incorporez-y une once de farine ou de fécule de pommes-de-terre, six onces de sucre, un peu de fleur d'orange pralinée et quatre œufs entiers; étendez votre pâte sur une feuille de papier beurré, et faites cuire à un feu doux.

N° 751. *Gâteau aux Confitures.*

Faites une abaisse de pâte feuilletée (voy. n° 718), et couvrez-la, à l'exception d'un pouce sur les bords, avec de la marmelade d'abricots, ou autre, qui ne soit pas trop liquide; mettez par-dessus une abaisse de même pâte, que vous souderez à celle de dessous, en la mouillant sur les bords; faites cuire au four, ou sous le four de campagne.

N° 752. *Gâteau à la Crème.*

Faites comme ci-dessus en mettant entre les deux abaisses une crème à laquelle vous aurez donné de la consistance, en y ajoutant de la fécule de pommes-de-terre.

N° 753. *Croquantes.*

Pilez un quarteron d'amandes avec deux blancs d'œufs que vous mettrez successivement; quand elles sont bien en pâte, ajoutez deux onces de fécule de pommes-de-terre, six onces de sucre, un peu d'écorce de citron râpée et deux cuillerées d'eau de fleur d'orange; faites du tout une pâte bien liée, étendez-la et découpez-la comme vous voudrez; faites-cuire dans un four peu chaud; avec vos découpures vous pouvez construire des édifices, en les soudant avec du sucre un peu caramélisé.

N° 754. *Croquignoles.*

Prenez un quarteron d'amandes, dont trois ou quatre amères, un quarteron de sucre, une demi-livre de farine, un peu de fleur d'orange pralinée, ou d'écorce de citron râpée, et gros comme la moitié d'un œuf de beurre; pilez les amandes avec un blanc d'œuf que vous ajoutez successivement; lorsqu'elles sont bien pilées, ajoutez le sucre, etc., et autant d'œufs entiers qu'il est nécessaire pour former une pâte ferme.

Prenez des morceaux de cette pâte gros comme des avelines; roulez-les, et posez-les sur un plafond beurré, en les comprimant un peu pour les attacher; dorez-les à l'œuf; faites-les cuire au four, ou sous le four de campagne un peu chaud.

N° 755. *Gimblettes d'Albi.*

Faites chauffer dans une casserole un demi-litre d'eau avec un demi-quarteron de beurre, tout au plus un demi-quarteron de sucre; lorsque l'eau sera très chaude sans bouillir, ajoutez une cuillerée de fleur d'orange pralinée, ou d'écorce de citron râpée, et autant de farine que l'eau en peut boire; remettez la casserole sur le feu, et faites cuire la pâte en la remuant sans cesse jusqu'à ce qu'elle soit bien épaisse; ramollissez-la avec des œufs entiers, lorsqu'elle sera refroidie; mais tenez-la toujours un peu ferme. Formez des cordons gros comme le doigt avec votre pâte, et pliez-les en cercle, en soudant les deux bouts; faites-les cuire au four; faites ensuite cuire du sucre à la nappe (voy. n° 823); trempez-y vos gimblettes, et roulez-les dans la fleur d'orange pralinée.

N° 756. *Gaufres.*

Délayez de la farine et poids égal de sucre, avec de la crème que vous versez peu à peu jusqu'à consistance d'une bouillie très claire; ajoutez un peu d'eau de fleur d'orange, et, si vous voulez, quelques œufs; graissez le gaufrier que vous avez fait chauffer, avec un pinceau trempé dans du beurre tiède; mettez une bonne cuillerée de pâte dans le gaufrier, que vous posez sur un feu de charbon bien allumé; lorsque la gaufre a pris couleur, retirez-la en la détachant avec un couteau.

N° 757. *Gaufres flamandes.*

Il faut avoir un gaufrier entaillé profondément et dont les feuilles soient écartées pour que les gaufres aient plus d'épaisseur que celles ci-dessus.

Prenez un quarteron de farine, deux gros de levure; et faites un levain comme pour la pâte de brioche (voy. n° 720); tenez votre levain chaudement jusqu'à ce qu'il soit bien gonflé; mettez sur une table douze onces de farine; faites un creux dans le tas; et mettez-y le levain avec un peu de sel, deux onces de sucre, un quarteron de beurre tiède et huit œufs; faites du tout une pâte bien liée, que vous délayez ensuite avec de la crème chaude à y tenir la main, jusqu'à ce que votre pâte ait la consistance d'une bouillie claire; tenez votre pâte chaudement pendant deux heures; au moment de l'employer, ajoutez-y un petit verre d'eau-de-vie, ou, ce qui vaut mieux, du kirschwasser, et mêlez-le bien avec la pâte; faites les gaufres comme il est prescrit dans l'article précédent.

N° 758. *Nougat.*

Mondez une livre d'amandes douces que vous couperez en plusieurs filets dans le sens de leur longueur; faites-les sécher jusqu'à ce qu'elles se colorent un peu; faites fondre à sec, en remuant toujours, douze onces de sucre dans une casserole non étamée et légèrement beurrée; quand le sucre est fondu et commence à se colorer, jetez-y vos amandes chauffées; mêles-les avec le sucre, et étalez-les sur les bords de la casserole, et en laissant au fond une couche de la même épaisseur que celle des bords; laissez refroidir un peu la casserole, et renversez-la sur une assiette.

OFFICE.

COMPOTES.

N° 759. *Compote de Pommes.*

PRENEZ de belles pommes de reinette blanche; pelez-les avec un couteau à lame d'argent, si vous voulez qu'elles restent blanches. Vous pouvez les couper en deux ou les laisser entières; dans ce dernier cas, il faut en enlever le cœur avec un petit instrument fait exprès, et qu'on nomme vide-pomme; jetez vos pommes dans l'eau à mesure que vous les pelez, pour les empêcher de noircir; lorsqu'elles sont toutes épluchées, mettez dans une casserole de cuivre (une petite bassine de cuivre non étamée serait préférable : surtout ne vous servez pas d'une casserole de fer-blanc, qui noircira vos pommes, à moins qu'elle ne soit tout-à-fait neuve), une quantité de sucre proportionnée au nombre de pommes qui doivent composer votre compote, avec de l'eau, ce qui est nécessaire pour le faire fondre, un morceau de cannelle et le jus d'un citron; faites bouillir le sucre; écumez-le, et lorsqu'il est bien clair, mettez-y vos pommes, que vous retournerez de temps en temps pour qu'elles s'imprègnent bien de sucre; aussitôt qu'elles sont cuites, retirez-les; faites réduire le sirop, et versez-le sur les pommes.

Lorsqu'on fait souvent des compotes, au lieu d'employer du sucre qu'il faut clarifier chaque fois, si on veut que le sirop soit bien net, il est plus commode de se servir de sirop de sucre préparé à l'avance; on épargne ainsi beaucoup de temps et de soins; ce sirop d'ailleurs peut servir à beaucoup d'autres usages.

Il y a beaucoup de pommes, comme la reinette d'Angleterre, le calville rouge, le châtaignier, etc., qui sont très bonnes en compotes, mais qui ont le défaut de se fondre; pour éviter cela, on ne les pèle pas, on les coupe en deux, on enlève le cœur, et on les met cuire dans le sucre, la peau en dessous, en les arrosant de temps en temps avec le sirop; quand elles sont cuites, on les met dans le compotier, la peau en dessus, et on les saupoudre avec du sucre fin.

Quand les pommes sont entières, on peut remplir le trou qu'on a fait en ôtant le cœur, avec quelque gelée ou marmelade.

N° 760. *Compote de Poires.*

On y emploie surtout les poires de martin-sec. Faites-les cuire avec moins de sucre que les pommes, et ne mettez pas de jus de citron, mais seulement un petit morceau de cannelle. Comme les poires restent rarement blanches, il vaut mieux les avoir rouges tout-à-fait; il suffit pour cela de mettre dans le sirop où elles cuisent un petit morceau d'étain fin; ce morceau d'étain peut servir indéfiniment, et son emploi n'a rien de malsain. Une casserole étamée produirait le même effet; mais si elle avait servi à d'autres usages, il faudrait auparavant y faire bouillir de la cendre pour en enlever tout ce qui peut être resté attaché à sa surface; terminez votre compote comme celle de pommes.

On peut mettre en compote toutes les poires non fondantes, comme le messire-jean, le bon-chrétien, la royale-d'hiver, etc. Quant aux poires fondantes, il faut les réserver pour les servir crues.

N° 761. *Compote de Poires grillées.*

Pour que cette compote soit très bonne, il faut employer des poires de bon-chrétien, ou de royale-d'hiver; mettez-les entières sur un fourneau ardent, et retournez-les jusqu'à ce que la peau soit entièrement grillée; nettoyez-les bien proprement avec un couteau sans les laver; faites-les cuire comme ci-dessus, avec un morceau de cannelle; ajoutez dans le sirop, au moment de le verser, un ou deux petits verres d'eau-de-vie.

N° 762. *Observation.*

Les compotes de prunes, de groseilles, de framboises, etc., se font comme les confitures de mêmes espèces; seulement on met moins de sucre, et on retire les fruits aussitôt qu'ils sont cuits.

N° 763. *Compote de Pêches.*

Ouvrez de belles pêches; ôtez-en les noyaux; ayez un plat qui aille au feu, et placez-y vos pêches, la peau en dessous; mettez dans chaque moitié une cuillerée à café de vin de Lunel; saupoudrez amplement de sucre en poudre; mettez aussi dans le plat une cuillerée de vin; couvrez avec une assiette renversée; posez le plat sur les cendres rouges.

N°. 764. *Compote d'Abricots.*

Disposez vos abricots comme ci-dessus, versez dans chaque moitié une demi-cuillerée à café de kirschwasser ou d'eau-de-vie; saupoudrez-les amplement de sucre; ajoutez dans le plat une cuillerée d'eau de fleur d'orange.

N° 765. *Compote de Pêches au Vin de Bordeaux.*

Plongez des pêches dans l'eau bouillante, jusqu'à ce que la peau s'enlève facilement; ouvrez-les, enlevez le noyau et roulez-les dans le sucre; arrangez-les dans un bocal à large ouverture; ajoutez du sucre en poudre à chaque lit que vous faites, et quelques fraises, framboises bien mûres; laissez-les ainsi pendant une demi-heure; ensuite versez dans le bocal du bon vin de Bordeaux, jusqu'à ce que les pêches soient entièrement baignées; fermez le bocal; deux ou trois heures après, vous dresserez les pêches dans le compotier et vous verserez par-dessus tout ce que contient le bocal.

N° 766. *Compote de Poires à l'Eau-de-vie.*

Faites blanchir à l'eau bouillante des poires de bon-chrétien ou de martin-sec, pendant un quart d'heure au plus; vous réglerez le temps d'après leur grosseur; il suffit qu'elles soient bien atteintes de chaleur jusqu'à leur milieu; pelez-les et coupez-les en tranches minces (il faudrait pour cela un rifflard, voy. n° 914); trempez-les à mesure dans du sucre en poudre, et mettez-les dans un bocal, ou dans un compotier, que vous couvrirez d'une assiette; laissez-les s'imprégner de sucre pendant une heure; ensuite ajoutez un verre d'eau-de-vie, une cuillerée d'eau de fleur d'orange, et un demi-verre d'eau. Une heure après, vous servirez la compote.

N° 767. *Compote de Marrons.*

Épluchez des marrons cuits à l'étouffade, point noirs, mais d'une belle couleur; écrasez-les légèrement, sans cependant les briser; faites clarifier du sucre avec à peu près le tiers de son poids d'eau, et le jus d'un citron; quand votre sucre est bien écumé, versez-le, tout chaud, sur les marrons, et ajoutez deux cuillerées d'eau de fleur d'orange; laissez-les, pendant une heure ou deux, se saturer de sucre; au bout de ce temps, faites-leur faire un bouillon dans le sirop.

N° 768. *Compote d'Abricots verts.*

Prenez des abricots très jeunes; on se sert ordinairement de ceux qui tombent des arbres quelque temps après qu'ils sont noués. Brossez-les à l'eau tiède pour en enlever le duvet ; faites avec plus d'eau que de sucre, un sirop allongé; jetez-y vos abricots, et faites-les cuire tout doucement; quand ils sont cuits, retirez-les; et si le sirop est encore trop long, faites-le réduire. Goûtez-le pour savoir si les abricots lui ont communiqué une acidité agréable; dans le cas contraire, ajoutez un peu de jus de citron.

On prépare de même les amandes vertes; on peut aussi préparer les pêches de la même façon, mais il faut les faire blanchir auparavant.

No 769. *Compote de Fraises.*

Prenez des fraises ananas qui ne soient pas très mûres; mettez un peu de sucre en poudre au fond d'un bocal, par-dessus un lit de fraises; ensuite du sucre; continuez ainsi; versez sur le tout un verre de vin de Frontignan ou de Rivesalte; laissez vos fraises dans cet état pendant une heure ou deux; faites-les cuire au bain-marie sans les sortir du bocal.

On peut faire de même la compote de framboises.

MARMELADES.

No 770. *Observation applicable à toutes les Confitures.*

Il y a des personnes qui croient faire une grande économie en mettant peu de sucre dans les confitures; elles sont dans l'erreur. La plus forte économie qu'on puisse faire en ce genre s'élève à peine à 2 sous par livre de confiture, et elle est plus que compensée par la mauvaise qualité de celle qu'on obtient. Voici un calcul qui prouve cela clairement. Seize livres de groseilles donnent douze livres de jus clair; si à ces douze livres de jus vous joignez douze livres de sucre, vous aurez au moins vingt livres de confiture d'une transparence parfaite, et conservant dans toute sa pureté le goût du fruit.

Les seize livres de groseilles, à 2 sous 6 deniers la livre, vous ont coûté . . . . 2 f. » c.

Douze livres de sucre, à 25 sous . . . . 15 »

Total . . . . 17 »

La livre de confiture vous revient à 17 sous.

Si, avec la même quantité de jus, vous ne mettez que six livres de sucre, vous obtiendrez à force de cuisson environ douze livres de confiture, d'une vilaine couleur, sans parfum, très acide, disposée à candir, et d'une consistance peu agréable.

Vous aurez dépensé :

Pour les groseilles	2 f.	»» c.
Pour six livres de sucre	7	50
Total	9	50

Chaque livre de confitures vous reviendra donc à près de 16 sous. Il y a un sou de différence entre les bonnes et les mauvaises; ce sou n'est pas même une économie, car il vous aura fallu plus de temps et plus de charbon pour faire les unes que les autres.

Ce résultat est facile à expliquer; les fruits, et surtout les groseilles, plusieurs espèces de prunes, les pêches, quelques abricots, contiennent très peu de matières solides; si on les faisait cuire seuls, la plupart se réduiraient au dixième, avant d'acquérir la consistance nécessaire à leur conservation. Le sucre qu'on y ajoute produit deux effets : il masque la saveur trop acide de ces fruits, et il retient en combinaison une partie du liquide qu'ils contiennent; d'où il résulte que pour assurer leur conservation, on n'a pas besoin de les amener, par une évaporation prolongée, à une consistance aussi solide.

Ainsi, plus on met de sucre, plus on a de confitures, plus elles sont agréables sans coûter plus cher, et en exigeant moins de temps et de soins pour leur confection.

Une autre économie mal entendue est celle qu'on croit trouver dans le prix du sucre; en général, on prend pour faire des confitures du sucre inférieur, qui coûte 2 ou 3 sous de moins par livre que le sucre ordinaire de bonne qualité; on croit gagner ces 2 ou 3 sous, tandis qu'au contratre on dépense 2 ou 3 sous de plus par livre de confiture.

D'abord si on clarifie, comme on le doit, ces sucres inférieurs, le déchet qu'ils éprouvent dans cette opération les fait revenir au même prix que le beau sucre; si on ne les clarifie pas, leurs impuretés se mêlent au confitures, et en troublent la transparence.

Mais ce n'est pas tout, la clarification n'enlève que des matières terreuses et mucilagineuses; elle laisse dans le sucre la portion de mélasse qui constitue sa qualité inférieure, qui l'empêche d'être bien sec, et qui le rend gras au toucher; or, le sucre consolide d'autant plus de suc de fruit qu'il est plus pur et plus sec; ainsi, lorsque vous employez du sucre inférieur, il vous en faut davantage pour amener la même quantité de confiture au même point; et en définitive, vous faites un excès de dépense, au lieu d'une économie.

C'est faute de se rendre un compte bien exact des résultats qu'on obtient, qu'on a adopté presque généralement les deux erreurs qui viennent d'être relevées. On pèse ordinairement le fruit et le sucre qu'on emploie; mais il est bien rare qu'on s'avise de peser les confitures qu'on obtient. On ne fait donc que la moitié de la besogne; quand on voudra la faire tout entière, on reconnaîtra l'exactitude de tout ce qui est exposé daus ce paragraphe.

N° 771. *Marmelade de Pêches.*

Prenez des pêches bien mûres, enlevez la peau, ôtez les noyaux et couvrez-les à mesure de tout le sucre que vous destinez à les faire cuire. Une livre de sucre par livre de fruit suffit pour faire de belle marmelade de pêches; mais si vous voulez qu'elle conserve bien le goût du fruit, il faut mettre une livre èt demie de sucre. Lorsque les pêches ont macéré dans le sucre pendant trois ou quatre heures, versez-les dans la bassine; faites les bouillir à grand feu pendant une demi-heure, si vous n'avez mis qu'une livre de sucre, et pendant huit ou dix minutes, si vous en avez mis une livre et demie; passez au tamis de crin, en frottant avec une cuiller, et emplissez de suite les pots que vous avez préparés; faite ainsi, cette marmelade a presque la transparence d'une gelée.

N° 772. *Marmelade d'Abricots.*

Si vous employez des abricots communs, une demi-livre de sucre peut suffire, et avec trois quarterons votre marmelade sera très belle; mais si vous employez des abricots-pêches, il faut au moins trois quarterons, et pour avoir une belle marmelade, il faut mettre une livre, et même cinq quarterons par livre de fruit. Faites macérer les abricots avec le sucre; cuisez-les, passez-les au tamis comme les pêches; prenez des abricots très mûrs.

N° 773. *Marmelade de Mirabelles.*

Prenez de la mirabelle très mûre. La petite espèce, qui est un peu piquetée de rouge, est la meilleure. Comme la mirabelle a moins d'eau que les autres prunes, une demi-livre de sucre suffit, et avec trois quarterons votre marmelade sera très belle: faites macérer avec le sucre, et suivez en tout point ce qui est prescrit ci-dessus.

On n'est guère dans l'usage de passer au tamis les marmelades d'abricots et de prunes : on peut certainement s'en dispenser; mais les marmelades sont beaucoup plus agréables, plus légères, et par conséquent plus saines, lorsqu'elles sont débarrassées des peaux des fruits avec lesquels on les a faites.

N° 774. *Observation.*

Dans les grandes maisons où il y a des officiers en titre, on est dans l'usage de faire toutes les confitures avec du sucre clarifié, et cuit à ce qu'on appelle la grande plume ; on obtient par-là un peu plus de blancheur dans les marmelades, et un peu plus de limpidité dans les gelées, mais on conserve moins le goût de fruit; ainsi, avec cette méthode on perd plus qu'on ne gagne. Le sucre cristallisé confusément, comme celui qui est en pains, a une merveilleuse propriété pour se charger des parfums de tous les corps avec lesquels on le met en contact ; cette propriété paraît tenir surtout à sa porosité ; aussi ne la retrouve-t-on qu'à un degré très faible dans le sucre en sirop. En versant du sirop cuit sur des fruits, il se chargera très peu de leur parfum ; il s'en chargera bien moins encore, si on jette (comme on le fait) les fruits dans le sirop bouillant : comme le sirop a une chaleur bien supérieure à celle qui détermine l'évaporation de l'eau, la partie aqueuse des fruits se réduit en vapeurs qui emportent avec elles presque tout leur parfum. MM. les officiers *de bouche* font très bien en sacrifiant la réalité à un peu d'apparence ; ils servent leurs maîtres dans leur goût; mais pour avoir d'excellentes confitures, il faut suivre les procédés développés ici, et dont une longue expérience a confirmé les avantages.

N° 775. *Marmelade de Prunes de Reine-Claude.*

La prune de reine-claude est très aqueuse, et quoiqu'elle paraisse très sucrée, elle est très acide lorsqu'elle est cuite ; cependant on en fait une marmelade très passable avec une demi-livre de sucre ; une très bonne avec trois quarterons, et une excellente avec livre pour livre ; faites toujours macérer avec le sucre, et passez au tamis de crin la marmelade cuite, pour la débarrasser des peaux.

Il y a des personnes qui pèlent les prunes de reine-claude avant de les cuire; elles prennent une peine qui est non-seulement inutile, mais dont le résultat est nuisible, c'est dans la peau que réside principalement le parfum de la plupart des fruits ; lorsqu'on l'enlève avant leur cuisson, ce parfum est entièrement perdu. Cependant il faut peler les pêches dont la peau communiquerait à la marmelade une odeur d'amandes amères, qui pourrait ne pas convenir.

N° 776. *Marmelade de Cerises.*

Prenez des cerises bien mûres, qui ne soient pas tournées, c'est-à-dire qui n'aient pas perdu leur transparence ; ôtez-en les noyaux et les queues ; il n'est pas nécessaire de les faire macérer. Cependant, si vous en faites une grande quantité à la fois, il vaut mieux les couvrir à mesure de sucre en poudre, pour les empêcher de s'échauffer ; faites cuire à grand feu, comme toutes les confitures. On ne les passe pas au tamis.

Il faut trois quarterons de sucre pour faire de bonne marmelade de cerises. Il faut livre pour livre, lorsqu'on veut qu'elle soit très belle. Prenez des cerises communes, votre marmelade sera plus parfumée que si vous employiez des cerises douces.

N° 777. *Marmelade de Framboises.*

Mettez une livre, ou mieux encore, cinq quarterons de sucre par livre de fruit; faites macérer pendant deux heures avec le sucre ; faites bouillir à grand feu pendant huit ou dix minutes ; passez au tamis de crin un peu serré.

N° 778. *Marmelade de Verjus.*

Prenez du verjus, lorsque les grains commencent à être transparents; plus tôt, il est acerbe; plus tard, il a peu de saveur. Égrenez-les et enlevez les pepins avec une petite spatule d'argent ou d'ivoire. Il faut une livre de sucre par livre : comme le verjus n'a pas de parfum, il est inutile de le faire macérer avec le sucre, faites cuire à grand feu ; passez au tamis de crin. Puisqu'on passe au tamis, on pourrait croire que c'est une peine inutile d'ôter les pepins ; cela est cependant indispensable, parce que les pepins, en bouillant, donneraient une mauvaise saveur à la marmelade.

N° 779. *Marmelade de Poires.*

Prenez des poires de rousselet, de martin-sec, de messire-jean, de bon-chrétien, de royale-d'hiver, ou toute autre espèce de bonnes poires cassantes ; pelez-les, coupez-les en quartiers, et enlevez les cœurs. Une demi-livre de sucre suffit amplement : on peut même en mettre moins, quoique, par les motifs exposés plus haut, ce soit à peu près la même chose, sous le rapport économique, de mettre peu ou beaucoup de sucre. Mettez vos poires dans une bassine avec assez d'eau pour les baigner ; faites cuire à grand feu ; quand les poires cèdent sous le doigt, retirez-les avec une écumoire, et mettez le sucre dans l'eau où elles ont cuit ; pendant que le sucre se fond, écrasez vos poires sur un tamis de crin un peu clair, ou dans une passoire ; recevez la pulpe dans une terrine ; lorsque tout est passé, mettez-la dans la bassine, et achevez de faire réduire au point convenable ; l'avantage que vous aurez en mettant une demi-livre de sucre dans cette marmelade, c'est que vous pourrez la conserver plus liquide.

Si vous préférez que les poires restent en quartiers, ou par moitiés, ce qui vous permettra de les servir en compotes, faites fondre votre sucre avec le quart de son poids d'eau ; faites bouillir à grand feu ; quand les poires sont cuites, si le sirop a assez de consistance, versez le tout dans des pots ; si le sirop n'est pas assez cuit, retirez les poires, distribuez-les dans les pots, que vous achèverez de remplir avec le sirop, lorsqu'il sera suffisamment cuit. Un peu de cannelle dans cette marmelade lui donne un parfum fort agréable.

Nº 780. *Raisiné de Poires.*

Dans les vignobles on fait cuire des poires coupées en quartier, avec du moût de raisin qui n'a encore subi aucune fermentation. Cette confiture n'est pas désagréable ; mais elle est un peu trop acide : pour la rendre tout-à-fait bonne, voici le procédé qu'il faut suivre.

Prenez du moût de raisin blanc ; faites-le bouillir à grand feu, jusqu'à ce qu'il soit réduit au moins au tiers ; laissez refroidir ; versez-y ensuite, petit à petit, de la craie (blanc d'Espagne), délayée dans de l'eau ; mêlez bien la craie avec le moût ; il se fait de suite une vive effervescence ; ajoutez encore de la craie, l'effervescence sera à chaque fois moins forte ; ne mettez plus de craie quand l'effervescence sera sensiblement moins forte ; si vous en mettiez davantage, le moût serait entièrement désacidifié, et votre raisiné serait trop fade ; laissez le moût sur la craie, sans le remuer, pendant une nuit ; le lendemain, décantez le clair, et passez à la chausse ce qui peut se trouver trouble au fond ; passez et repassez jusqu'à ce que le moût sorte bien clair.

Remettez le moût sur le feu avec quelques blancs d'œufs battus, enlevez les écumes, et faites-le réduire encore d'un tiers de son volume actuel; mettez-y alors vos poires, et achevez la cuisson.

Si vous ne pouvez vous procurer du moût de raisin, vous pouvez en faire en écrasant avec les mains, et en tordant dans un linge des raisins blancs; n'égrenez pas vos raisins avant de les écraser, car vous en viendriez difficilement à bout; écrasez les grappes entières; retirez ensuite les rafles; procédez pour ce moût comme pour celui de pressoir.

Dans les pays à cidre, on fait la même confiture avec le cidre sortant du pressoir; comme le suc de pomme est très doux, il n'est pas nécessaire de le désacidifier.

Enfin, en faisant bouillir avec de l'eau les pelures et les cœurs des poires, on en tire un sirop qui, après avoir été clarifié, et en y ajoutant très peu de sucre, est très bon pour faire cuire vos quartiers.

N° 781. *Marmelade d'Églantine.*

Prenez des fruits d'églantier (gratte-cul), cueillis après les premières gelées; mondez-les des queues et des calices qui restent adhérents; fendez-les et ôtez-en avec soin toutes les graines; ces graines sont velues, et c'est à l'effet qu'elles produisent quand on les avale, que le fruit de l'églantier doit son nom vulgaire. Il est bon de faire toutes ces opérations avec un couteau à lame d'argent. Mettez les églantines épluchées dans une bassine avec assez d'eau pour les baigner; faites cuire tout doucement dans la bassine. Pour maintenir la couleur rouge, quand les églantines cèdent sous le doigt, pulpez-les sur un tamis de crin; mettez dans l'eau où elles ont cuit, leur poids de sucre; faites réduire, et quand le sirop aura pris de la consistance, ajoutez la pulpe; faites faire quelques bouillons, et versez dans des pots. Cette marmelade est très agréable, mais elle est fortement astrigente.

GELÉES DE FRUITS.

N° 782. *Gelée de Groseilles.*

Pour faire de belle gelée, il faut prendre des groseilles qui ne soient pas très mûres; lorsqu'elles le sont tout-à-fait, la gelée est toujours louche, on est obligé de la clarifier : ce qui ajoute au coup-d'œil et diminue la bonté. Si on veut avoir de la gelée d'une couleur peu foncée, il faut mêler de la groseille blanche avec la rouge ; la groseille ayant peu de parfum, on y ajoute ordinairement des framboises.

Il faut une livre de sucre par livre de fruit pour faire de bonne gelée de groseilles ; pour la faire très belle, on doit mettre une livre et demie de sucre par livre de fruit.

Je le répète encore, une plus grande proportion de sucre dans les confitures, ne les renchérit pas d'une manière sensible.

Prenez donc douze livres de groseilles rouges, trois livres de groseilles blanches, une livre environ de framboises, et quinze ou vingt-deux livres et demie de sucre.

Égrenez les groseilles, épluchez les framboises, faites macérer ces dernières dans une partie de votre sucre ; mettez ensemble les groseilles et le sucre, concassé en poudre grossière, dans une bassine non étamée, car si elle l'était, la gelée deviendrait violette ou au moins amarante ; faites bouillir à grand feu ; si vous avez mis une livre et demie de sucre, vous ne ferez durer l'ébullition qu'autant qu'il est nécessaire pour que les groseilles crèvent ; si vous n'avez mis qu'une livre, faites bouillir jusqu'à ce que, en jetant quelques gouttes de jus sur une assiette, ou dans une cuiller d'argent, vous voyiez qu'elles se figent, et que, sans être tout-à-fait froides, elles se déplacent peu quand on incline l'assiette ou la cuiller. C'est le moment de retirer la bassine du feu ; mais auparavant jetez-y vos framboises ; plongez-les avec une écumoire ; laissez-les essuyer ce qu'on appelle un bouillon couvert ; versez alors tout ce qui est dans la bassine sur un grand tamis de crin placé au-dessus d'une terrine. Laissez égoutter un quart d'heure sans presser le marc ; transportez ensuite le tamis sur une autre terrine pour recevoir ce qui s'en écoule encore ; mettez dans des pots ce qui a coulé dans la première terrine ; tordez ensuite dans un linge ce qui est resté sur le tamis ; mettez à part le jus que vous tirerez ainsi : il donnera une très bonne gelée, mais qui sera un peu louche ; on pourrait la clarifier, mais elle perdrait en qualité.

Il reste du sucre dans le marc. On trouvera plus loin le moyen d'utiliser ce résidu, ainsi que celui de toute espèce de confitures (voyez nº 791).

Nº 783. *Gelée de Pommes.*

Pelez des pommes de reinette avec un couteau à lame d'argent ;

jetez-les à mesure dans de l'eau où vous aurez mis le jus d'un ou de plusieurs citrons, suivant la quantité de gelée que vous faites. Ces précautions sont essentielles pour avoir de la gelée bien blanche. Mettez vos pommes dans une bassine avec assez d'eau pour qu'elles baignent; vous pouvez vous servir de celle où vous les avez jetées après les avoir épluchées.

Quand les pommes commencent à se fondre, versez tout ce qui est dans la bassine sur un tamis de crin; ne pressez pas le marc; laissez-le seulement égoutter; mettez dans le jus qui a passé, poids égal de sucre très blanc, et versez le tout dans la bassine; faites bouillir jusqu'à ce que la gelée vous donne les mêmes signes que celle de groseille (voy. ci-dessus); il est temps alors de la retirer; mais auparavant, il faut y mettre de l'écorce de citron coupée en petits filets; laissez bouillir une minute ou deux; retirez les filets avec une écumoire, remplissez les pots avec la gelée; et distribuez par-dessus les filets d'écorce de citron. On peut utiliser la pulpe des pommes qui ont servi à faire de la gelée. On les écrase sur un tamis, on ajoute à la pulpe assez de jus de citron pour lui donner une acidité agréable, et on achève de la cuire avec suffisante quantité de sucre, et un bâton de cannelle; il faut la faire un peu cuire, parce qu'étant privée de gelée, elle prend plus difficilement de la consistance.

N° 784. *Gelée de Pommes déguisée.*

Comme la pomme de reinette a peu ou point de parfum, la gelée qu'on en tire est un très bon excipient pour celui que l'on veut y introduire.

Ainsi on peut faire de la gelée de fleur d'orange, en y ajoutant, vers la fin, quelques onces d'eau distillée de cette fleur.

De la gelée d'orange, en jetant dans la bassine, vers la fin, des zestes d'orange.

De la gelée de roses, avec de bonne eau de roses, dans laquelle on délaie un peu de carmin, etc.

N° 785. *Gelée de Coings.*

Elle se fait comme la gelée de pommes; mais comme le coing a du parfum qui réside dans la peau, on ne les pèle pas, on se contente de les bien brosser pour en enlever le duvet qui les recouvre.

Il faut une livre de sucre par livre de fruit; on n'ajoute pas d'écorce de citron.

N° 786. *Gelée de Cerises.*

Faites-la comme la gelée de groseilles, mais sans framboises; on peut mettre dans la bassine un huitième des noyaux qui donneront à la gelée un parfum très agréable.

N° 787. *Gelée de Prunes.*

Il n'y a que la prune de reine-claude qui puisse être employée à faire de la gelée; les autres n'ont pas de parfum bien décidé, ou sont trop charnues; on peut mettre en marmelade les résidus de cette gelée et de celle de cerises. Ces marmelades seront très bonnes pour faire des tartes et des omelettes aux confitures.

N° 788. *Pâte d'Abricots.*

Pour faire la pâte d'abricots, il faut passer la marmelade, faite comme il est prescrit, un peu avant qu'elle soit à son point, à travers un tamis de crin; remettez-la dans la bassine avec poids égal de sucre en poudre fine; lorsque le sucre est fondu et bien amalgamé avec la marmelade, distribuez-la dans de petites assiettes, que vous exposez à un courant d'air; saupoudrez la marmelade avec du sucre en poudre et très sec; retournez chaque plaque pour la saupoudrer de l'autre côté; mettez les assiettes dans une étuve ou dans un four dont la chaleur ne soit pas très forte; aussitôt qu'elles auront pris la température de l'étuve ou du four, exposez-les à un courant d'air; répétez cela jusqu'à ce que la pâte soit suffisamment sèche; mettez-la ensuite dans des boîtes, après l'avoir encore saupoudrée de sucre fin; séparez chaque plaque avec un rond de papier.

On fait de même les pâtes de pommes et de coings, ou de tout autre fruit; mais comme la gelée de pommes et de coings est extraite sans sucre, il faut en ajouter le double de ce qui est prescrit ci-dessus.

Ces pâtes sont opaques; pour les avoir bien transparentes, il faut, au lieu d'employer de la marmelade, se servir de gelée, à laquelle on joint poids égal de mucilage de gomme arabique, d'une consistance à peu près égale à celle de la gelée, et autant de sucre qu'il y a de gelée et de mucilage: on distribue la pâte sur des assiettes, et on la fait sécher sans la saupoudrer de sucre.

N° 789. *Manière de couvrir les Pots de Confitures.*

Lorsque les confitures sont refroidies, on essuie les pots et on pose sur leur superficie un rond de papier trempé dans l'eau-de-vie; il faut que ce papier couvre exactement. On couvre ensuite les pots avec un papier en double, attaché avec une ficelle; on range les pots dans un endroit sec, à l'abri des souris et des insectes.

No 790. *Des Vases employés pour faire des Confitures.*

Les bassines rondes, à fond plat, ne faisant point un angle au point de jonction avec le bord, mais s'y réunissant par une légère courbure, doivent être préférées; dans le commencement de la cuisson des confitures, on peut les remplir jusqu'aux trois quarts, mais lorsque la cuisson est très avancée, il est bon qu'il n'y ait pas plus de deux pouces de matières sur le fond. Il faut éviter que les bords ne reçoivent l'impression d'une forte chaleur, parce que les confitures s'y caraméliseraient, surtout vers la fin, ce qui altérerait leur goût et leur couleur.

Un fourneau ordinaire suffit pour chauffer une bassine contenant trente livres de confitures, c'est-à-dire environ trente-six livres tant de sucre que de fruit. On remplit entièrement le fourneau de charbon, on place près de chacun des côtés une pierre plate, ou deux carreaux de terre cuite, l'un sur l'autre, et c'est sur ces pierres ou sur ces carreaux qu'on pose la bassine.

On doit, pendant qu'on fait cuire des confitures, les tourner sans cesse avec une spatule de bois, en décrivant le chiffre 8. Il ne faut pas employer de spatule de fer, parce qu'en raclant le fond de la bassine; elle enlèverait de petits copeaux de cuivre.

On emploie sans danger les bassines de cuivre, pourvu qu'on les tienne très propres, et qu'on n'y laisse pas séjourner les confitures refroidies, attendu que les acides des fruits, qui n'attaquent pas le cuivre à chaud, le dissolvent fort bien à froid.

Il ne faut pas faire étamer les bassines; à chaud, l'étamage ne servirait à rien; à froid, il n'empêcherait pas le cuivre d'être attaqué : d'ailleurs l'étamage altérerait la couleur de plusieurs espèces de confitures.

No 791. *Emploi des Résidus de Confitures.*

En suivant les procédés décrits ci-dessus, lorsqu'on passe des marmelades ou des gelées, ce qui reste sur le tamis contient du sucre et du suc de fruits, on en peut retirer une partie par expression; mais il en reste encore plus qu'on n'en retire. Il y a deux moyens d'employer ces résidus.

L'un consiste à jeter de l'eau dessus, et à passer le tout à la chausse jusqu'à ce que l'eau soit claire. Ces eaux sont fort agréables à boire et très saines; mais on ne peut les conserver plus de quarante-huit heures, souvent moins, ce qui est assez embarrassant, lorsqu'on en a une quantité considérable.

L'autre moyen, c'est d'employer les résidus à faire un vin de liqueur artificiel, ou de les faire entrer dans des ratafias.

Si vous voulez en faire du vin de liqueur, versez sur les résidus assez de bon vin blanc pour les bien délayer; laissez macérer pendant vingt-quatre heures dans un endroit frais, ensuite passez à la chausse jusqu'à ce que le vin sorte clair; ajoutez un sixième d'eau-de-vie (plus ou moins, selon votre goût, car il est impossible d'indiquer une dose précise), et mettez en bouteilles.

Les résidus de confitures d'abricots, de pêches, de mirabelles, traités ainsi, donnent un vin préférable à beaucoup de vins de liqueur.

Quant aux autres résidus, délayez-les avec moitié eau et moitié eau-de-vie; passez à la chausse; mettez dans ce qui a passé de belles cerises tardives, ou des prunes de reine-claude; laissez infuser pendant huit jours; ajoutez alors autant d'eau-de-vie que vous en avez déjà employé.

Ou bien délayez le marc avec un tiers d'eau et deux tiers d'eau-de-vie; passez à la chausse, et ajoutez, si vous voulez, quelque parfum, comme cannelle, eau de fleur d'orange, amandes amères, etc.

RATAFIAS.

Nº 792. *Observation.*

Les ratafias sont des liqueurs faites par simple infusion de substances aromatiques dans l'eau-de-vie; il y en a qui se font en mélangeant le suc d'un ou de plusieurs fruits avec de l'eau-de-vie.

On est généralement dans l'usage de faire indistinctement tous les ratafias avec de l'eau-de-vie, et on croit souvent faire merveille en employant l'eau-de-devie la plus ancienne, et par conséquent la plus colorée et la plus chargée de l'arôme particulier qui caractérise la bonne eau-de-vie; il y a cependant des parfums tellement délicats, que l'arôme de l'eau-de-vie suffit pour les altérer ; on ne parvient à faire des ratafias parfaits avec ces parfums, qu'en y employant de l'esprit-de-vin, qu'on désigne dans le commerce sous le nom de trois-six.

L'esprit-de-vin a sur l'eau-de-vie l'avantage d'être sans couleur et sans odeur ; du reste il ne diffère de l'eau-de-vie que par une plus grande force, et on le ramène à l'état de celle-ci, en y ajoutant de l'eau. La plupart des eaux-de-vie sont faites ainsi d'un mélange d'eau et d'esprit-de-vin qu'on colore avec quelque caramel plus ou moins composé, pour lui donner un caractère de vétusté qu'elles n'acquerraient naturellement qu'après un très long séjour dans des tonneaux. Puisque l'eau-de-vie qu'on emploie est presque toujours de l'esprit-de-vin étendu d'eau, il n'y a pas de bonnes raisons pour que dans la confection des ratafias on ne préfère pas l'esprit-de-vin à l'eau-de-vie, toutes les fois qu'il peut résulter quelque avantage de son emploi.

Nº 793. *Ratafia de Fleur d'Orange.*

Prenez deux litres d'esprit trois-six (l'esprit trois-six équivaut à peu près au double d'eau-de-vie), deux livres de sucre en poudre et une livre de fleur d'orange ; épluchez celle-ci, en séparant les pétales des calices ; n'employez que les premières ; faites un lit de sucre au fond d'un saladier ; semez par-dessus des pétales de fleur d'oranges, couvrez avec du sucre ; remettez des pétales, et continuez ainsi : terminez par un lit de sucre ; couvrez avec une assiette ; enveloppez le tout d'un linge, et mettez à la cave pendant huit ou dix heures ; au bout de ce temps, versez sur la fleur d'orange et le sucre un litre trois quarts, ou au plus deux litres d'eau tiède ; ne mettez d'abord que la moitié de cette eau ; remuez légèrement pour faire fondre le sucre, versez le sucre fondu sur un tamis ou dans une chausse, ajoutez ce qui vous reste d'eau pour enlever les dernières portions de sucre, passez encore au tamis ou à la chausse, ensuite vous versez l'esprit-de-vin sur la fleur d'orange, vous le laissez pendant un instant, et vous le réunissez avec l'eau sucrée et aromatisée. Il ne reste plus qu'à filtrer au papier gris.

Si vous voulez un ratafia amer, stomachique, et qui n'est pas désagréable, versez sur les calices que vous avez séparés, et sur les pétales qui vous ont servi, deux litres d'eau-de-vie ; laissez infuser pendant deux jours, filtrez au papier gris, et ajoutez une livre de sucre fondu dans une livre d'eau et clarifié, ou ajoutez une livre de beau sucre fondu avec une demi-livre d'eau dans votre infusion.

No 794. *Ratafia de Framboises.*

Mettez infuser dans deux litres d'eau-de-vie, ou un litre d'esprit-de-vin trois-six, une livre et demie de framboises macérées pendant deux heures avec une livre de sucre en poudre; si vous employez de l'esprit-de-vin, ajoutez trois quarts de litre d'eau. Laissez infuser pendant vingt-quatre heures, ce qui suffit, ou plus si vous voulez; passez au tamis avec expression, et ensuite filtrez au papier gris.

No 795. *Observation.*

Il est impossible de préciser la dose du sucre et celle de l'eau à ajouter à l'eau-de-vie, cela dépend du goût. Si les liqueurs sont trop faibles, on les renforce en y ajoutant de l'eau-de-vie; si on ne les trouve pas assez sucrées, on y met un peu de sirop de sucre très concentré.

No 795 *bis.* *Ratafia de Café.*

Faites brûler un quarteron d'excellent café, jusqu'à ce qu'il ait atteint une couleur mordoré, ne le laissez pas brunir, concassez-le en le pilant tout chaud dans un mortier, mettez-le de suite dans un bocal, avec cinq quarterons de sucre en poudre, versez par-dessus un litre d'esprit-de-vin trois-six, mêlé avec trois quarts de litre d'eau. Si vous employez de l'eau-de-vie, mettez-en deux litres sans eau.

No 796. *Ratafia de Cassis.*

Prenez trois livres de cassis égrené, un gros de girofle, deux gros de cannelle, cinq pintes d'eau-de-vie et deux livres et demie de sucre; écrasez le cassis; mettez le tout dans un bocal ou une cruche bien bouchée; laissez macérer pendant quinze jours; passez avec expression, et filtrez à la chausse.

No 796 *bis.* *Ratafia de Grenoble.*

Prenez trois livres de merises écrasées avec leurs noyaux, six litres d'eau-de-vie à 22 degrés, trois livres de sucre, le zeste de la moitié d'un citron; faites macérer le tout pendant un mois; passez avec expression, et filtrez.

No 797. *Ratafia de Genièvre.*

Prenez deux onces de baies de genièvre bien mûres et entières, deux litres d'eau-de-vie, dix onces de sucre; faites macérer pendant quinze jours; filtrez sans expression.

No 797 *bis*. *Ratafia de Brou de Noix.*

Prenez soixante noix récemment nouées et écrasées (elles doivent être grosses comme des noisettes), deux litres d'eau-de-vie, douze onces de sucre, un gros de macis, un gros de cannelle et un gros de girofle; faites macérer le tout ensemble pendant deux mois. Filtrez.

No 798. *Ratafia d'Anis.*

Faites infuser dans six litres d'esprit-de-vin trois-six, trente gouttes d'huile essentielle d'anis, deux onces d'amandes amères mondées et concassées, deux onces de coriandre, une once d'iris de Florence; après un mois d'infusion; filtrez au papier gris, et ajoutez six livres de sucre fondu dans cinq litres d'eau, et clarifiez.

No 799. *Élixir de Garus.*

Quoique l'élixir de Garus se fasse ordinairement par distillation, on peut cependant en faire aussi par infusion.

Prenez aloès succotrin en poudre. . . . . 1 gros.
Myrrhe en poudre. 2
Safran. 1
Cannelle. . . . . 12 grains.
Girofle. 12
Muscade. 12

Mettez infuser pendant huit jours dans deux litres d'eau-de-vie; remuez de temps en temps la bouteille; ensuite filtrez au papier gris. Ajoutez une livre et demie de sirop de capillaire.

No 800. *Ratafia de Cerises.*

Prenez deux livres de griottes; écrasez-les sur un tamis, et mettez le jus qui en découle dans deux litres d'eau-de-vie; ajoutez une demi-livre de sucre, une cinquantaine de noyaux de vos cerises, et douze clous de girofle; laissez infuser pendant huit jours; filtrez au papier gris.

No 800 *bis*. *Ratafia de Bouillon-blanc.*

Faites infuser dans un litre d'esprit-de-vin trois-six mélangé avec trois quarts de litre d'eau, deux onces de bouillon-blanc, bien sec et peu coloré; ce qui annonce qu'il a été séché rapidement; plus, six grains de safran et un filet d'eau de fleur d'orange. Après six jours d'infusion, passez avec expression, et filtrez au papier gris.

No 801. *Ratafia des Quatre-Fruits.*

Écrasez sur un tamis six livres de cerises, deux livres de groseilles, une livre de framboises et une livre de cassis; mêlez le jus qui aura coulé avec partie égale d'eau-de-vie. Ajoutez un quarteron de sucre par pinte d'eau-de-vie; filtrez au bout de vingt-quatre heures si vous voulez.

No 802. *Ratafia de Noyaux.*

Cassez cent noyaux d'abricots, ou cinquante noyaux de pêches, au moment où ils sortent du fruit; mettez-les à mesure dans deux pintes d'eau-de-vie, ou, ce qui vaut mieux, dans une pinte d'esprit-de-vin trois-six; laissez infuser pendant un mois. Il faut une livre de sucre; mettez-la dans l'infusion, ou ajoutez-la après la filtration, après l'avoir clarifiée et réduite; ajoutez un filet d'eau de fleur d'orange.

No 803. *Ratafia de Coings.*

Râpez des coings, exprimez-en le jus, et ajoutez-y le double d'eau-de-vie et un filet d'eau de fleur d'orange avec trois ou quatre amandes amères concassées; filtrez après quelques jours de macération.

No 804. *Ratafia d'Angélique.*

Prenez trois tiges d'angélique; ôtez-en les feuilles et coupez-les en filets; faites les blanchir à l'eau bouillante, pendant quelques minutes. Faites-les ensuite infuser dans de l'eau-de-vie, à raison d'une pinte pour trois onces de tiges; ajoutez une once de graine par pinte d'eau-de-vie; laissez infuser pendant quinze jours. Il faut six à huit onces de sucre par pinte; vous pouvez les mettre dans l'infusion; filtrez et ajoutez un filet d'eau de fleur d'orange.

No 805. *Ratafia d'Orange.*

Râpez, avec une râpe très fine, le zeste de trois oranges bien fraîches, mettez cette râpure, que vous recevez sur du sucre en poudre dans deux pintes d'eau-de-vie, ou mieux, dans une pinte d'esprit trois-six; ajoutez de suite le reste de votre sucre (une livre en tout), et le jus de trois oranges, dont vous aurez soin d'ôter les pepins; filtrez après deux jours d'infusion.

N° 806. *Scubac.*

Mettez infuser dans deux littres d'eau-de-vie un gros de safran, le zeste d'un citron, un demi-gros de cannelle, quatre clous de girofle, six amandes amères concassées, un filet d'eau de fleur d'orange, et une livre de sucre; filtrez après huit jours d'infusion.

N° 807. *Cerises à l'Eau-de-vie.*

Pour faire de bonnes cerises à l'eau-de-vie, il faut s'y prendre à deux fois.

Mettez dans un grand bocal quatre pintes d'eau-de-vie, un demi-gros de cannelle, huit clous de girofle et douze onces de sucre; écrasez sur un tamis quatre livres de cerises précoces, et ajoutez à l'eau-de-vie le jus qui aura coulé; vous y ajouterez aussi postérieurement le jus exprimé d'une demi-livre de framboises.

A l'époque de la maturité des cerises tardives (les griottes sont les meilleures pour mettre à l'eau-de-vie), vous filtrerez le contenu de votre bocal; vous l'y remettrez ensuite, et vous le remplirez de belles cerises, dont vous aurez coupé les queues à moitié.

Par ce moyen vous aurez des cerises qui ne sentiront pas seulement l'eau-de-vie, comme celles qu'on fait ordinairement.

N° 808. *Abricots à l'Eau-de-vie.*

Choisissez des abricots un jour ou deux avant qu'ils soient tout-à-fait mûrs; mettez-les dans un sirop clarifié, composé de deux parties de sucre et une partie d'eau, auquel vous ajouterez un peu d'eau de fleur d'orange et un sixième d'esprit-de-vin trois-six; laissez macérer vos abricots pendant un mois ou deux; ajoutez alors l'esprit-de-vin, jusqu'à ce qu'il y en ait précisément autant que vous avez employé de sirop.

N° 809. *Pêches à l'Eau-de-vie.*

Préparez-les comme les abricots; ne mettez pas d'eau de fleur d'orange dans l'infusion; ajoutez-y quelques framboises, et autant de fraises ananas.

N° 810. *Prunes à l'Eau-de-vie.*

Quelle que soit l'espèce de prunes que vous employiez, choisissez-les un peu fermes, quoique bonnes à manger; faites-les tremper pendant quelques heures dans de l'eau où vous aurez fait dissoudre un cinquantième d'alun (deux gros et demi par livre d'eau); cela les raffermit, et enlève la mucosité de leur épiderme; procédez du reste comme pour les abricots.

N° 811. *Poires à l'Eau-de-vie.*

Prenez-les très près de la maturité; faites-les blanchir dans le sirop jusqu'à ce que leur peau s'enlève facilement; ôtez la peau; arrangez-les dans des bocaux, et versez par-dessus le sirop dans lequel elles ont blanchi; ajoutez un morceau de cannelle et un sixième d'esprit-de-vin trois-six; après deux mois d'infusion, ôtez la cannelle, et ajoutez de l'esprit, jusqu'à ce qu'il y en ait tout autant que de sirop.

N° 812. *Vin de Fruits.*

Prenez vingt livres de cerises, huit livres de groseilles, six livres de framboises, six livres de merises et six livres de sucre; ôtez les noyaux des cerises; écrasez les merises sur un tamis, pour en séparer aussi les noyaux. Mettez le tout dans une bassine, et faites jeter quelques bouillons; versez ensuite dans un baril, et ajoutez cinq litres de vin et deux litres et demi d'eau-de-vie; laissez infuser pendant quinze jours; passez avec expression; arrosez le marc avec un litre de vin; exprimez de nouveau, et réunissez ce qui aura coulé avec le reste; quand le vin sera clair, vous le soutirerez ou le mettrez en bouteilles.

N° 813. *Vin de Groseilles.*

Faites crever les groseilles sur le feu, après les avoir égrenées; passez avec expression; ajoutez dix livres de sucre par cent livres de jus; laissez fermenter; aromatisez avec de l'eau-de-vie de framboises.

La groseille à maquereaux donne un meilleur vin que la groseille à grappes.

N° 814. *Observation.*

On ne donnera ici aucune recette pour les liqueurs distillées, parce que leur confection entre rarement dans l'économie domestique, que l'achat d'un alambic et de ses accessoires est assez coûteux, et qu'il exige un emplacement qu'on n'a pas toujours à sa disposition.

On peut d'ailleurs faire par infusion la plupart des liqueurs qu'on fait ordinairement par distillation; voici le procédé qu'il faut suivre.

Faites un sirop clarifié avec une partie de sucre et deux parties d'eau; ajoutez-y partie égale en volume d'esprit trois-six.

Achetez chez un droguiste des teintures de cannelle, de vanille, de benjoin, de girofle, de macis, d'ambre, etc., ou des essences de bergamote, de cédrat, de citron, etc.

Vous versez dans la liqueur sucrée celle de ces teintures ou essences que vous préférez; vous versez peu à la fois, et après avoir secoué la bouteille, vous goûtez de temps en temps la liqueur. Lorsque vous la trouvez à son point, vous bouchez la bouteille.

SIROPS.

N° 815. *Sirop d'Orgeat.*

Prenez une demi-livre d'amandes douces, un demi-quarteron d'amandes amères, un litre d'eau, deux livres et demie de sucre, deux onces d'eau de fleur d'orange et deux gros d'esprit de citron.

Pilez les amandes mondées de leurs écorces, en versant de l'eau peu à peu pour les empêcher de tourner en huile; quand elles sont bien réduites en pâte, ajoutez le restant de l'eau; pétrissez le tout, et passez à travers une étamine. On fait fondre le sucre à froid dans l'émulsion, et on ajoute l'eau de fleur d'orange et l'esprit de citron.

On monde les amandes en versant dessus de l'eau bouillante; l'écorce s'enlève alors facilement.

L'esprit de citron est de l'esprit de vin distillé sur les écorces fraîches de citron. On en trouve chez tous les droguistes et les pharmaciens.

N° 816. *Sirop de Capillaire.*

Clarifiez deux livres de sucre et deux livres d'eau; faites réduire votre sirop d'un quart, et versez-le tout chaud sur deux onces de capillaire haché, que vous avez mis sur l'étamine.

N° 817. *Sirop de Vanille.*

Prenez deux onces de belle vanille, dix-sept onces de sucre, dix onces d'eau, et six gros d'eau-de-vie.

Coupez la vanille en petits morceaux; triturez-la dans un mortier, en ajoutant alternativement un peu de sucre et d'eau-de-vie pour former une pâte molle et homogène. Mettez cette pâte dans un flacon avec le restant du sucre et l'eau; ajoutez un blanc d'œuf, et après avoir bouché le flacon avec un parchemin percé d'un trou d'épingle, mettez-le au bain-marie peu chaud pendant une journée; laissez reposer pendant vingt-quatre heures, et passez à l'étamine.

Ce sirop, qui contient plus d'un demi-gros de vanille à l'once, convient parfaitement pour aromatiser le chocolat, des liqueurs, des gelées, des crèmes, etc. Son emploi est plus économique que celui de la vanille en substance.

N° 818. *Sirop de Vinaigre framboisé.*

Faites macérer pendant quatre jours deux livres de framboises avec un litre de bon vinaigre non distillé; passez sans expression; faites clarifier quatre livres de sucre avec un litre d'eau, et ajoutez-les au vinaigre aromatisé; ajoutez aussi quatre onces d'eau-de-vie.

N° 819. *Sirop de Groseilles.*

Faites crever des groseilles sur le feu; passez avec expression; laissez fermenter le jus afin de détruire la gelée qui, sans cela, se formerait dans le sirop; passez à l'étamine; par pinte de jus, faites clarifier quatre livres de sucre avec un litre d'eau; laissez réduire votre sirop d'un quart, et ajoutez-le au jus de groseilles.

N° 820. *Observation.*

Pour empêcher les sirops de candir, il faut ajouter à chaque pinte une once à une once et demie de beau miel de Narbonne.

N° 821. *Sirop de Fleur d'Orange.*

Clarifiez quatre livres de sucre avec deux litres d'eau; faites réduire d'un tiers, et versez le sirop tout chaud sur une livre de fleur d'orange épluchée; passez ensuite à l'étamine. Pour utiliser la fleur qui reste sur l'étamine, roulez-la dans du sucre en poudre, et faites-la sécher dans l'étamine. Elle vous servira à mettre dans des crèmes, dans des biscuits, des macarons, etc.

N° 822. *Clarification du Sucre.*

Prenez deux ou trois blancs d'œufs, selon la quantité de sucre que vous voulez clarifier ; battez-les, en ajoutant peu à peu de l'eau, jusqu'à concurrence d'un litre par œuf ; cassez votre sucre, et mettez-le dans une bassine avec de l'eau d'œuf; faites bouillir, et enlevez l'écume à mesure qu'elle se forme ; vous ajoutez de temps en temps de l'eau d'œuf, jusqu'à ce que l'écume soit blanche ; alors le sucre est complétement clarifié.

N° 823. *Cuite du Sucre.*

Après avoir clarifié le sucre, on le fait bouillir pour évaporer une partie de l'eau qu'il retient. Il est à la nappe, lorsqu'en y trempant l'écumoire, et la retirant de suite, il s'écoule en nappe sur la surface de l'écumoire, lorsqu'on la renverse.

On reconnaît que le sucre est au perlé, lorsqu'en y trempant le bout du doigt, le rapprochant du pouce, et étendant ensuite les deux doigts autant qu'il est possible, il se forme de l'un à l'autre un filet de sucre qui ne se rompt pas. Lorsque le sucre est à cet état, le bouillon élève sur la bassine des globules ronds, qui ressemblent à des perles de verre.

La cuisson à la plume se reconnaît lorsqu'en trempant l'écumoire dans le sucre, et soufflant à travers, il en sort des globules légers qui tiennent l'un à l'autre.

Enfin le sucre est au cassé, lorsqu'après avoir mouillé votre doigt à l'eau fraîche, vous le trempez dans le sucre, et ensuite dans l'eau ; si après avoir détaché le sucre qui tient à votre doigt, il casse net sous la dent, il est à son point extrême de cuisson. Il ne contient plus d'eau et il est temps de le retirer, sans quoi il se caraméliserait.

Il y a des degrés intermédiaires auxquels on a donné des noms particuliers ; on les reconnaît à ce que les signes qu'on a fait connaître ci-dessus ont moins d'intensité.

Ainsi, quand le filet se casse en étendant les doigts, le sucre est au lissé.

Quand, en soufflant à travers l'écumoire, les globules qui s'envolent sont petits et en petite quantité, le sucre est au soufflé.

Il est au petit cassé, quand le sucre, détaché du doigt qu'on a trempé dans la bassine, ne casse pas net, et tient aux dents.

Il faut un peu d'expérience pour se bien connaître à la cuite du sucre ; cette expérience est facile à acquérir, avec un peu d'attention. Il est plus facile, dans une seule cuite, de reconnaître tous les signes caractéristiques des divers degrés de cuisson, qu'il ne l'est de les décrire.

FRUITS CONFITS.

No 824. *Abricots confits.*

Choisissez des abricots quelques jours avant leur complète maturité; fendez-les un peu vers la tête, et en poussant du côté de la queue avec une pointe de bois dur, faites sortir le noyau; faites-les blanchir sans bouillir, dans un sirop clair, c'est-à-dire fait avec une partie de sucre et une partie d'eau; retirez-les quand ils commencent à fléchir sous le doigt; ajoutez à votre sirop une partie de sucre; clarifiez, faites un peu réduire et versez-le tout chaud sur les abricots. Le lendemain, mettez dans la bassine le sirop seul, faites-le cuire à la nappe (voy. no 823), et versez-le encore sur les abricots; vous répétez cette opération une troisième fois, mais alors vous faites cuire le sirop à un degré voisin du perlé; quand les abricots ont séjourné vingt-quatre heures dans ce dernier sirop, vous les égouttez, et les posez sur des ardoises ou des assiettes couvertes de sucre en poudre; vous les faites sécher dans une étuve ou dans un four très doux; vous les retournez pour qu'ils se couvrent de sucre partout, et lorsqu'ils sont secs, vous les rangez dans des boîtes avec des feuilles de papier entre chaque couche.

On peut confire des pêches de la même manière, mais elles ne conservent aucun parfum.

No 825. *Prunes confites.*

On n'en ôte pas les noyaux; on les confit comme les abricots, mais au lieu de trois opérations, il en faut cinq ou six en concentrant toujours le sirop; à la dernière cuite, lorsque le sirop est à peu près au perlé, on y jette les prunes et on leur fait essuyer un bouillon. On les laisse quarante-huit heures dans le sirop, qu'on empêche de refroidir par un moyen quelconque; on les fait sécher ensuite comme les abricots.

No 826. *Poires de Rousselet confites.*

Il faut cinq opérations; à la dernière, on donne un bouillon aux poires dans le sirop cuit au perlé; on les laisse quarante-huit heures dans le sirop, et on les fait sécher.

N° 827. *Noix confites.*

Pelez légèrement des noix vertes, à l'époque ou le bois n'est pas encore formé ; jetez-les à mesure dans l'eau fraîche pour les empêcher de noircir ; faites-les blanchir et remettez-les ensuite dans l'eau fraîche ; faites clarifier et cuire du sucre au lissé (voy. n° 823) ; laissez-le un peu refroidir, et versez-le sur les noix ; le lendemain faites chauffer le sirop sans le faire bouillir, et ajoutez un peu de sucre pour remplacer celui que les noix ont absorbé ; versez ensuite sur les noix, après l'avoir laissé un peu refroidir ; faites cette opération cinq fois, en ajoutant toujours un peu de sucre, pour que votre sirop se trouve à peu près au même point qu'au perlé.

Ce sirop ne peut servir qu'à sucrer du ratafia de noix.

N° 828. *Écorces d'Oranges, de Citrons, etc., confites.*

Faites blanchir des écorces fraîches dans l'eau, jusqu'à ce qu'elles cèdent bien sous le doigt ; retirez-les alors, et après les avoir égouttées, traitez-les comme les abricots ; à la dernière opération, vous pouvez leur faire faire un bouillon dans le sirop.

BOISSONS CHAUDES.

N° 829. *Café à l'Eau.*

La cafetière à la Dubelloi est trop connue pour qu'il soit nécessaire d'en donner une description détaillée ; on sait qu'elle consiste en un cylindre de fer-blanc, ouvert par en haut, fermé par en bas, avec une plaque percée de très petits trous ; on pose ce cylindre sur une cafetière, on y met le café, on le tasse un peu, et on verse par-dessus de l'eau bouillante. Pour que cette eau, en tombant en masse sur le café, ne s'ouvre pas de suite une issue à travers, on place sur le cylindre une petite passoire, qui force l'eau à tomber en pluie ; par ce moyen le café s'imbibe lentement, l'eau se charge de ses principes et s'écoule dans la cafetière. Le café est alors dépouillé de tout ce qu'il a d'agréable, et ce qui le prouve, c'est que, si on y passe de l'eau bouillante une seconde fois, elle sort peu colorée et avec une odeur et une amertume assez désagréables.

Lorsque le café est en poudre fine et qu'il est tassé bien également, l'eau le traverse avec lenteur et se charge tellement de ses principes, que la première tasse de liquide qui passe l'épuise entièrement, quoiqu'on ait mis assez de café dans le cylindre pour en faire trois, quatre et même cinq tasses; c'est une véritable essence de café, susceptible de se conserver long-temps en vases clos, surtout si on ajoute un peu de sucre; quand on veut s'en servir on en met dans une tasse le quart de sa contenance, et on achève de l'emplir avec de l'eau bouillante; par ce moyen on a du café à l'instant.

On a inventé depuis quelque temps plusieurs cafetières qui diffèrent par la forme, mais dont le principe fondamental est absolument le même; leurs inventeurs ont eu pour objet de rendre la partie extractive du café plus soluble, en l'imprégnant de vapeur d'eau avant de le faire traverser par l'eau bouillante. Il est certain que le café obtenu au moyen de ces cafetières est plus chargé et plus fort que celui que l'on obtient par la simple effusion d'eau bouillante; mais en même temps on lui trouve un arôme moins pur, et une amertume qui va quelquefois jusqu'à l'âcreté. Ce résultat est facile à concevoir d'après ce qui a été dit ci-dessus.

Un des grands avantages des cafetières à la Dubelloi, et de toutes celles où l'on emploie l'effusion de l'eau bouillante, c'est de donner de suite du café clair. On est dispensé par-là de le clarifier par le repos, pour le faire chauffer une seconde fois, ce qui altère toujours sa qualité, ou par la colle de poisson qui en précipite un des principes les plus essentiels.

No 830. *Café à la Crème.*

En le faisant avec l'essence de café, on a réellement du café à la crème, au lieu de crème à l'eau de café, qui est le résultat de la méthode ordinaire.

No 831. *Bavaroise.*

Pour la bavaroise à l'eau, sucrez une infusion de thé avec du sirop de capillaire; ajoutez un filet d'eau de fleur d'orange.

Pour la bavaroise au lait, mettez moitié thé, moitié lait; sucrez avec le sirop de capillaire, et ajoutez un peu d'eau de fleur d'orange.

No 832. *Thé.*

Il y a un grand nombre d'espèces de thés, qui toutes se rangent dans deux grandes classes: les thés verts et les thés noirs: les premiers sont très forts, ils agitent violemment les nerfs;

les seconds sont beaucoup plus doux. Les personnes qui prennent habituellement du thé, sont assez généralement dans l'usage de mélanger un tiers ou moitié de thé vert, avec deux tiers ou moitié de thé noir. Pour faire le thé, mettez dans la théière une quantité de thé proportionnée à l'étendue de l'infusion que vous voulez faire.

Versez d'abord sur le thé une demi-tasse d'eau bouillante; laissez infuser pendant cinq ou six minutes; achevez ensuite d'emplir la théière avec de l'eau bouillante.

Lorsqu'on met toute l'eau à la fois, les feuilles ne se développent pas bien, et l'infusion se fait mal.

On sert avec le thé un pot de lait; et le matin on y ajoute des tartines de pain beurrées.

N° 833. *Chocolat.*

Il y a du chocolat dont la livre est divisée en douze tasses, et d'autre qui est divisé en seize. Le premier sert pour le chocolat à l'eau, et le second pour le chocolat au lait.

Mettez dans une chocolatière autant de tasse d'eau que vous voulez en faire de chocolat; ajoutez le chocolat râpé, et faites-le fondre en tournant le moussoir; lorsqu'il est bien fondu, placez la chocolatière sur des cendres chaudes, et laissez-le cuire tout doucement; au moment de servir, tournez vivement le moussoir pour former de la mousse.

Le chocolat au lait se fait de même.

Si vous voulez du chocolat à la vanille, il vaut mieux l'ajouter au moment de servir, que d'employer du chocolat vanillé, dont le parfum s'évapore en partie pendant l'ébullition; servez-vous pour cela de sirop de vanille (voy. n° 817); une demi-cuillerée à café suffit pour chaque tasse.

N° 834. *Punch.*

Le meilleur punch se fait avec du rhum; mais comme le bon rhum n'est pas très commun, et qu'il coûte assez cher, on peut le mêler avec moitié ou deux tiers d'eau-de-vie.

Prenez un demi-litre de rhum, un demi-litre d'eau-de-vie, six citrons, l'infusion de deux gros de thé, et la quantité de sucre et d'eau bouillante nécessaire pour mettre le punch au degré de force qui vous convient.

Frottez des morceau de sucre sur l'écorce des citrons, pour enlever l'huile essentielle qu'elle contient; coupez ensuite vos citrons en deux, et exprimez-en le jus sur une étamine qui retiendra les pepins et la pulpe. Versez de l'eau bouillante sur le thé, et laissez-le infuser pendant dix minutes. Vous avez, pendant que vous faites ces préparatifs, fait bouillir deux ou trois litres d'eau. Vous versez alors dans un bol à punch, le rhum et l'eau-de-vie, le jus de citron, l'infusion de thé; vous ajoutez le sucre frotté sur les citrons, et d'autre sucre, jusqu'à concurrence d'une livre en tout (vous pouvez, si vous voulez, en mettre moins, sauf à en remettre après); enfin vous versez sur le tout deux pintes d'eau bouillante; faites fondre le sucre en remuant avec la cuiller; goûtez le punch; s'il n'est pas assez sucré, remettez du sucre; s'il est trop fort, comme il doit l'être, d'après les proportions ci-dessus, remettez de l'eau bouillante.

Il est impossible d'indiquer des proportions exactes, parce qu'elles dépendent de deux éléments très variables, la force du rhum et de l'eau-de-vie, et le goût particulier de chacun; en suivant la marche indiquée, on arrivera toujours à un bon résultat.

Surtout employez toujours de l'eau bouillante, pour que le punch soit très chaud; si vous devez en servir long-temps, tenez-le chaudement au bain-marie, dans un vase clos. Ne faites pas bouillir l'eau du bain-marie.

Si vous voulez servir le bol enflammé, remplissez une grande cuiller de rhum ou d'eau-de-vie pure; mettez-y le feu en approchant un papier allumé; plongez tout doucement votre cuiller pleine dans le bol; et retirez-la vide.

N° 835. *Punch au Lait.*

Faites du punch comme ci-dessus, mais sans citron; ne mettez qu'un litre d'eau bouillante avec l'infusion de thé; ajoutez un litre de lait que vous aurez fait bouillir avec un gros de cannelle.

N° 836. *Punch au Vin.*

Versez dans un bol une bouteille de bon vin de Bordeaux rouge, un verre ordinaire d'eau-de-vie, le jus de deux citrons et une pinte d'eau bouillante; aromatisez avec de la cannelle en poudre et un peu de macis, trois quarterons à une livre de sucre.

Ou bien une boutelle de vin de Sauterne, un demi-verre d'eau-de-vie, deux petits verres d'anisette, la même quantité d'eau et de sucre.

Ou bien encore, ajoutez une bouteille de vin de Madère à un bol de punch fait comme il est prescrit au n° 834.

SUCRERIES.

No 837. *Conserves de Fleur d'Orange.*

Mettez dans un poêlon une livre de sucre avec quantité d'eau suffisante pour le faire fondre; enlevez l'écume qui se forme; lorsque le sucre est au cassé (voy. no 823), jetez-y un quarteron de fleur d'orange mondée; retirez auparavant le poêlon du feu; remuez jusqu'à ce que le sucre devienne blanc autour de la poêle; versez alors dans des moules de papier.

Si, après avoir mis la fleur d'orange dans le sirop, on laisse le poêlon sur le feu jusqu'à ce que le sucre prenne une couleur brun-clair, on a ce qu'on appelle de la conserve brûlée.

No 838. *Conserves de Fruits.*

Elles se font en incorporant dans du sirop cuit au cassé une marmelade ou une gelée cuite en consistance de marmelade (quatre onces par livre de sucre).

No 839. *Conserves d'Écorces d'Orange.*

Râpez l'écorce de trois oranges sur du sucre en poudre; faites cuire une livre de sucre à la plume (voy. no 823); incorporez dans le sirop la râpure d'écorces et le sucre sur lequel elle est tombée; remuez avec la spatule, et lorsque le sirop commence à s'épaissir, versez dans des moules de papier.

On fait de même les conserves d'écorces de citron, de cédrat et de bergamote.

No 840. *Conserves soufflées.*

On fait cuire le sucre comme ci-dessus; on y incorpore les substances qu'on a choisies pour l'aromatiser, et lorsqu'il est à son point de cuisson, on retire le poêlon du feu; on agite vivement avec la spatule, et quand le sucre commence à monter, on y jette du blanc d'œuf fouetté avec du sucre; on remue promptement et on verse dans le moule. On tient sur la conserve le cul du poêlon, dont la chaleur l'empêche de tomber.

No 841. *Pralines.*

Frottez dans un linge gros et neuf une livre d'amandes douces, pour détacher la poussière qui adhère à l'écorce; mettez-les dans un poêlon, avec une livre de sucre et trois ou quatre cuillerées d'eau; faites chauffer jusqu'à ce que les amandes produisent un pétillement assez vif; retirez le poêlon du feu, et remuez avec la spatule, jusqu'à ce que le sucre soit en poudre et se détache des amandes; retirez une partie du sucre, et remettez le poêlon sur le feu, en remuant avec la spatule : les amandes ne tarderont pas à reprendre le sucre; lorsqu'elles auront repris tout celui que vous avez laissé dans le poêlon, ajoutez-en d'autre, et ainsi successivement, jusqu'à ce qu'elles soient chargées de tout le sucre; vous les versez alors sur des feuilles de papier.

N° 842. *Fleur d'Orange pralinée.*

Mondez une livre de fleur d'orange; ne conservez que les pétales; jetez-la à mesure dans l'eau; égouttez-la et faites-lui faire quelques bouillons dans un sirop; passez au tamis; mettez la fleur d'orange dans du sucre en poudre, et frottez-la avec les mains pour la sécher; vous la jetez ensuite sur un tamis pour la séparer du sucre qui n'y adhère pas; vous la mettez à l'étuve, et la renfermez dans des bocaux bien bouchés.

Ou bien, après avoir égoutté la fleur d'orange, jetez-la dans du sucre cuit au perlé (voy. n° 823); comme elle apporte de l'eau dans le sirop, ce qui le décuit, il faut le ramener au même degré de cuisson; quand il est à ce point, vous retirez le poêlon du feu, et vous remuez avec la spatule, jusqu'à ce que le sucre soit en poudre; vous jetez le tout sur un tamis clair, qui sépare le sucre, et vous mettez votre fleur d'orange dans un bocal bien fermé.

N° 843. *Biscuits soufflés.*

Fouettez des blancs d'œufs avec du sucre et de la fleur d'orange pralinée en poudre fine. Remplissez à moitié avec cette glace de petites caisses de papier; faites cuire à four doux, ou sous un four de campagne peu chaud.

On peut faire ces biscuits de toutes couleurs, en se servant des substances indiquées au n° 672.

N° 844. *Fruits blanchis.*

Trempez des cerises, des groseilles, des fraises, des grains de raisins dans du blanc d'œuf battu; roulez-les ensuite dans du sucre en poudre fine, et faites sécher à l'étuve, ou par tout autre moyen.

N° 845. *Tiges d'Angélique confites.*

Épluchez un pied d'angélique, en séparant les feuilles dures et creuses; faites-le blanchir à l'eau bouillante pendant un quart d'heure; après l'avoir égoutté, plongez-le dans du sucre cuit à la grande plume, jusqu'à ce qu'il paraisse solide et comme frit; enlevez-le alors avec une écumoire, et faites sécher sur un marbre.

Les écorces d'oranges et de citrons fraîches, les jeunes noix, se traitent de même.

On ne blanchit pas les fruits, mais on les fait tremper pendant quelques heures dans une eau alumineuse; on verse dessus le sucre cuit à la plume et à demi refroidi. Ce sucre se décuit par le suc des fruits; on le décante, on le recuit, et on le verse une seconde, une troisième fois, et même plus, pour les gros fruits aqueux.

N° 846. *Tablettes de Guimauve.*

Prenez une livre de sucre et deux onces de gomme arabique en poudre; mêlez; faites une pâte avec une suffisante quantité de mucilage de gomme adragante faite avec de l'eau de fleur d'orange; étendez la pâte de l'épaisseur d'une ligne, et découpez-la avec un emporte-pièce; faites sécher à l'étuve ou à l'air.

N° 847. *Pastilles pour la Soif.*

Prenez deux gros d'acide tartrique, une livre de sucre, vingt gouttes d'huile essentielle de citron; faites une pâte du tout, avec suffisante quantité de mucilage de gomme adragante; étendez la pâte avec un rouleau, découpez-la, et séchez-la.

N° 848. *Tablettes de Cachou.*

Prenez deux onces d'extrait sec de cachou, douze onces de sucre; faites une pâte avec suffisante quantité de mucilage de gomme adragante; et procédez comme ci-dessus.

Aromatisez avec les teintures de cannelle, de vanille, l'eau de fleur d'orange, etc.

N° 849. *Pâte de Guimauve.*

Prenez une livre de sucre, une livre de gomme arabique, six blancs d'œufs, deux onces d'eau de fleur d'orange, et deux livres et demie d'eau.

Faites fondre la gomme concassée dans l'eau chaude, mais non bouillante; passez à travers un linge mouillé; ajoutez le sucre, et mettez le tout dans une bassine; faites évaporer sans ébullition, jusqu'à ce que le liquide soit comme un miel épais.

Alors vous ajoutez par parties les blancs d'œufs bien fouettés, avec l'eau de fleur d'orange.

On retire pour cela la bassine du feu, et on agite le mélange avec vivacité pour bien incorporer les blancs d'œufs.

On repose ensuite la bassine sur le feu en agitant toujours le fond de la masse avec une large spatule de bois, pour éviter qu'elle ne brûle. La totalité des œufs étant bien mêlée, on diminue le feu, et on continue l'évaporation jusqu'à ce que la pâte, frappée avec la main, n'y adhère plus. On verse alors la pâte sur un marbre saupoudré de farine et de sucre fin; on l'étend sur un doigt d'épaisseur; on la coupe en gros morceaux qu'on enferme dans une boîte en la saupoudrant de farine ou de sucre en poudre, pour qu'ils ne s'attachent pas les uns aux autres.

CUISINE

DES MALADES ET DES CONVALESCENTS.

Nº 850. *Potage à l'Urgence.*

Il arrive souvent qu'on n'a pas de bouillon au moment où l'on en a besoin, soit parce que ce besoin était imprévu, soit parce que le bouillon qu'on avait conservé s'est aigri, ce qui arrive souvent dans les grandes chaleurs et par les temps d'orage; voici un moyen d'en faire en une demi-heure de très bon.

Coupez en dés une demi-livre de bœuf; coupez aussi en très petits morceaux un abattis de volaille, ou la moitié d'un poulet; mettez le tout dans une casserole avec un litre d'eau; faites bouillir rapidement, écumez et ajoutez une carotte, un navet et un ognon coupés en tranches, et du sel; continuez à faire bouillir; couvrez la casserole; et posez sur le couvercle un torchon mouillé, que vous tremperez dans l'eau fraîche lorsqu'il sera échauffé; c'est le moyen d'empêcher l'évaporation, qui emporterait les principes aromatiques du bouillon : après une demi-heure d'ébullition, passez le bouillon au tamis.

N° 851. *Gelées.*

On peut aussi faire de la gelée par le même procédé. Prenez une livre de tranche, une vieille poule, la moitié d'un jarret de veau, hachez la viande; coupez la poule et le jarret en aussi petits morceaux que vous le pourrez; mettez le tout dans une casserole avec un litre et demi d'eau; faites bouillir et écumer; ajoutez deux carottes, deux ognons, un demi-panais, deux navets coupés en tranches, et du sel; continuez l'ébullition comme ci-dessus, en couvrant la casserole et en mettant sur le couvercle un torchon mouillé; passez au tamis, après une bonne demi-heure d'ébullition; passez avec expression; battez un blanc d'œuf; ajoutez-le à la gelée; remettez-la sur le feu, faites bouillir à découvert; écumez, mettez un peu de gelée sur une assiette; si en refroidissant, elle prend de la consistance, retirez-la du feu, et versez-la dans un vase de faïence ou de terre pour la faire refroidir; sinon, faites-la réduire.

Nota. La viande qui a servi à faire du bouillon ou de la gelée par le procédé ci-dessus, est presque entièrement épuisée de ses sucs; elle l'est même tout-à-fait lorsqu'elle a été hachée, il ne reste plus que la partie fibreuse; mais le bouillon ou la gelée ont pris tout ce que la viande a perdu. On peut cependant utiliser encore cette viande, en la préparant en hachis avec un assaisonnement plus relevé qu'à l'ordinaire; mais il faut avoir soin d'en séparer les petits os qui s'y trouvent mêlés.

N° 852. *Sagou au Gras.*

Le sagou est une matière féculente et gommeuse, produite par une espèce de palmier qui croît abondamment dans l'Archipel d'Asie. On le lave à l'eau bouillante et on le fait cuire avec du bouillon, qu'on ajoute peu à peu jusqu'à ce que le sagou soit entièrement dissout et forme une espèce de gelée. On peut, pour le rendre plus nourrissant, y ajouter, au moment de servir, un ou deux jaunes d'œufs.

N° 853. *Sagou au Lait.*

Lavez le sagou à l'eau bouillante; faites-le cuire avec du lait, auquel vous ajouterez un morceau de cannelle; en servant, sucrez-le suffisamment. Si la cannelle ne convient pas, vous pouvez aromatiser avec de l'eau de fleur d'orange, que vous ajoutez au moment de servir.

N° 854. *Sagou au Vin.*

Après avoir lavé le sagou à l'eau bouillante, faites-le dissoudre dans de l'eau; lorsqu'il est bien fondu, ajoutez autant de bon vin blanc que vous avez employé d'eau, et la quantité de sucre nécessaire; faites faire quelques bouillons; au moment de servir, mettez quelques jaunes d'œufs.

Vous pouvez aromatiser avec l'écorce de citron ou la cannelle, ou avec de l'eau de fleur d'orange. Les deux premières substances se mettent avec l'eau dans laquelle on fait dissoudre le sagou; l'eau de fleur d'orange se met avec les jaunes d'œufs.

N° 855. *Salep.*

Le salep est fait avec la racine d'une espèce d'orchis, qu'on pulvérise après l'avoir fait dessécher : sa préparation pour l'usage des malades et des convalescents ne présente aucune difficulté. Au gras, au lait, ou à l'eau, il ne s'agit toujours que d'en faire dissoudre une petite quantité (ordinairement une cuillerée à café) dans le liquide indiqué et bouillant : on aromatise selon la prescription du médecin.

N° 856. *Orge perlé.*

Faites tremper l'orge la veille dans de l'eau froide; égouttez-le et faites-le bouillir avec du bouillon jusqu'à ce qu'il soit bien crevé; ne mettez d'abord qu'autant de bouillon qu'il en faut pour couvrir l'orge; ajoutez-en ensuite; quand l'orge est crevé, il faut prolonger encore l'ébullition, pour que le bouillon se charge de tout ce qui est dissoluble; passez ensuite dans un linge avec expression.

On peut laisser l'orge crevé dans le potage, lorsqu'il n'est pas destiné à des malades.

On prépare de la même manière la crème d'orge à l'eau et au lait; on passe avec expression; on ajoute du sucre ou du sirop de capillaire, ou du sirop de guimauve, et on aromatise, si on veut, avec de l'eau de fleur d'orange.

N° 857. *Fécule de Pommes-de-Terre.*

La fécule de pommes-de-terre fait des potages très légers et très sains.

En gras, délayez, dans une demi-tasse de bouillon froid, une bonne cuillerée de fécule; versez-la dans du bouillon bouillant, en remuant avec la cuiller pour la bien mêler; faites faire quelques bouillons; si le potage est trop épais, ajoutez du bouillon; s'il est trop clair, ajoutez un peu de fécule délayée dans du bouillon froid.

Procédez de même pour la fécule au lait : délayez-la dans du lait froid, pour la verser dans le lait bouillant; sucrez et aromatisez avec de l'eau de fleur d'orange.

Nota. Lorsqu'on ajoute du miel à de la fécule au lait, elle perd sa consistance et devient entièrement liquide.

No 858. *Potage de Gruau d'Avoine.*

On le fait de deux manières : avec le gruau entier, et avec le gruau réduit en farine.

Si vous employez de la farine, ayez soin qu'elle soit récente, car elle s'aigrit facilement, et conservez-la à l'abri de la chaleur et de l'humidité.

Délayez, dans une tasse de bouillon, une cuillerée de farine de gruau; mettez le tout dans une petite casserole, et faites bouillir pendant dix minutes.

Le gruau en farine se prépare de la même manière au lait et à l'eau; on y ajoute ordinairement du sucre ou un sirop, et on aromatise avec de l'eau de fleur d'orange, ou avec ce qui a été prescrit.

Si vous employez du gruau entier, faites-le tremper la veille dans de l'eau; égouttez-le, et faites-le bouillir long-temps à petit feu avec du bouillon, du lait ou de l'eau; passez avec expression. Cette méthode a l'inconvénient de faire réduire le bouillon et le lait : l'un est trop salé, et l'autre est trop épais. On peut ajouter de l'eau; mais il vaut mieux, sans faire tremper le gruau la veille, le faire bouillir pendant trois ou quatre heures avec de l'eau; on passe avec expression, et on obtient une bouillie épaisse, qu'on délaie avec du bouillon ou du lait.

Comme le gruau d'avoine crève difficilement, il vaut mieux, quand le contraire n'est pas prescrit, employer de préférence la farine plutôt que le gruau entier; mais il faut que la farine soit bien fraîche.

No 859. *Panade.*

Prenez de la mie de pain tendre; mettez-la dans une casserole avec peu d'eau; faites bouillir : la mie de pain, en absorbant l'eau, se résoudra en une bouillie épaisse, que vous délaierez avec suffisante quantité d'eau; ajoutez du sel; faites jeter quelques bouillons; retirez ensuite la casserole, et faites fondre dans la panade un morceau de beurre.

Vous rendrez la panade plus agréable et plus substantielle en y ajoutant un ou deux jaunes d'œufs.

On peut préparer aussi une panade au bouillon et au lait; celle au lait est préférable, pour les enfants, à la bouillie qu'on leur donne ordinairement : voici la manière de la faire.

Faites dissoudre la mie de pain avec peu d'eau; lorsqu'elle est tout-à-fait en bouillie épaisse, délayez-la avec du lait frais; faites chauffer sans bouillir; ajoutez un peu de sucre.

N° 860. *Bouillon de Poulet.*

Concassez, avec le dos d'un couperet, la moitié d'un poulet, que vous ferez cuire à petit feu dans une casserole ou une petite marmite, avec une pinte d'eau et un peu de sel.

N° 861. *Bouillon de Poulet adoucissant.*

Prenez, comme ci-dessus, la moitié d'un poulet, et faites-la cuire avec une pinte d'eau, deux figues grasses et deux onces de raisin de Corinthe; ajoutez un peu de sel, passez le bouillon au tamis.

N° 862. *Bouillon rafraîchissant.*

Coupez en dés une demi-livre de rouelle de veau, que vous mettrez dans une petite marmite, avec une poignée de cerfeuil, deux laitues et quelques feuilles de chicorée sauvage, passez le bouillon au tamis.

N° 863. *Bouillon de Mou de Veau.*

Prenez le quart d'un mou de veau : coupez-le en dés après l'avoir fait dégorger, et mettez-le dans une marmite avec deux pintes d'eau, une poignée de raisins de Corinthe, six dattes, douze jujubes et deux onces de sucre candi brun; faites cuire à petit feu pendant quatre heures; passez le bouillon au tamis.

N° 864. *Farine de Riz.*

La farine de riz n'est pas toujours de bonne qualité; voici une manière d'en préparer soi-même; faites crever du riz bien lavé, avec peu d'eau, jusqu'à ce qu'il soit bien gonflé, et qu'il ait bu toute l'eau que vous y avez mise; étendez-le sur des feuilles de papier, après l'avoir égoutté; faites-le sécher au soleil, et lorsqu'il sera complétement sec, pilez-le dans un mortier; vous aurez ainsi une farine excellente déjà cuite, et qu'il suffira de délayer dans un liquide bouillant, pour en faire usage.

Avec cette farine, vous préparez des crèmes de riz au bouillon, au lait ou à l'eau.

N° 865. *OEufs au Bouillon.*

(Voy. n° 651.)

N° 866. *Lait de Poule.*

Mêlez ensemble un jaune d'œuf, une cuillerée de sucre en poudre et une cuillerée de fleur d'orange; quand le tout est bien mêlé, versez par-dessus de l'eau très chaude, sans être bouillante; remuez et faites prendre de suite.

N° 867. *Émulsion adoucissante.*

Battez une once d'huile d'amandes douces avec un jaune d'œuf et une cuillerée de sucre en poudre; quand le tout est bien incorporé, ajoutez deux ou trois cuillérées de sirop de capillaire, ou de sirop de gomme, avec un filet d'eau de fleur d'orange. On prend cette émulsion par petites cuillerées.

N° 868. *Eau d'Orge.*

Quand l'eau d'orge est ordonnée comme tempérante ou adoucissante, il faut employer de l'orge perlé; ou, si on fait usage d'orge entière, il est nécessaire de rejeter la première eau, parce que la première écorce de l'orge contient un principe astringent; quand on emploie l'orge comme gargarisme, avec des feuilles de ronces et du miel, on se sert d'orge entière, et on ne jette pas la première eau. On fait d'abord bouillir l'orge jusqu'à ce qu'elle soit crevée; alors on verse le tout sur les feuilles de ronces; on passe, on ajoute une cuillerée de miel, et autant de vinaigre.

N° 869. *Bouillon aux Herbes.*

Hachez une poignée d'oseille, autant de poirée, et une demi-poignée de cerfeuil, le tout épluché; faites fondre vos herbes dans une casserole sur le feu; quand elles sont bien fondues, ajoutez un peu de sel, un litre et demi d'eau, et gros comme une noix de beurre; faites jeter quelques bouillons, et passez au tamis.

N° 870. *Gelée de Pieds de Veau.*

(Voyez, pour la manière de la préparer, ce qui est prescrit au n° 693.)

Cette gelée peut être apprêtée de différentes manières, pour l'usage des convalescents.

En y joignant un lait d'amandes et du sucre, on en fait du blanc manger; pour cela, pilez une poignée d'amandes douces, et trois ou quatre amères, mondées de leur peau; ajoutez un peu d'eau en pilant, pour que les amandes ne tournent pas en huile; lorsqu'elles sont bien pilées, versez dessus un demi-verre d'eau; passez avec expression; faites dissoudre dans l'émulsion deux ou trois onces de sucre; faites fondre sur le feu la quantité de gelée que vous voulez employer; laissez-la refroidir à moitié; mêlez-y l'émulsion sucrée, et laissez refroidir tout-à-fait.

Avec du jus de citron ou d'orange, vous aurez une gelée acide.

Si, après avoir fait fondre la gelée, vous la faites bouillir avec un verre de vin de Malaga, de la cannelle et du sucre, vous aurez une gelée tonique et fortifiante.

N° 871. *Petit-Lait.*

Prenez une pinte de lait frais, faites-le tiédir, et mêlez-y une demi-cuillerée à café de présure, dont la recette se trouve au n° 662; lorsque le lait est pris, enlevez-le avec une cuiller, et déposez-le dans un chasseret d'osier, garni d'un petit morceau de linge blanc; recevez le petit-lait qui s'écoule.

Le petit-lait, fait ainsi, n'est pas du tout acide; il ne fatigue pas l'estomac; il est rafraîchissant et adoucissant.

Celui que vendent les crèmiers est toujours aigre et fait plus de mal que de bien.

Dans presque toutes les pharmacies, on fait toujours le petit-lait avec de la crême de tartre. Il ne devrait être fait ainsi que lorsque le médecin l'ordonne.

Pour faire le petit-lait avec la crème de tartre, faites bouillir le lait; jetez-y alors un peu de crème de tartre en poudre (il en faut d'autant plus que le lait est plus frais et moins altéré); remuez avec une cuiller, lorsque le lait est bien tourné, passez à l'étamine; remettez ce qui a passé sur le feu, avec une pincée de crème de tartre pour en séparer encore un peu de caseum; clarifiez avec un blanc d'œuf battu avec un peu d'eau; filtrez au papier gris.

Avec toutes ces précautions, il est toujours difficile d'obtenir du petit-lait aussi limpide que celui qu'on fait en caillant le lait avec de la présure; le petit-lait est toujours acide, et quelquefois il l'est beaucoup trop.

Quand on emploie le premier moyen, en délayant avec de la crème ce qui reste dans le chasseret, après que le petit-lait s'est écoulé, on a un fort bon fromage à la crème.

N° 872. *Jus d'Herbes.*

Prenez une poignée de cresson, autant de cerfeuil et de chicorée sauvage; hachez et pilez le tout dans un mortier de marbre; passez en tordant dans un linge; si vos herbes étaient trop sèches, et ne vous ont pas donné assez de jus, repilez le marc avec un peu d'eau; passez avec expression, et réunissez ce jus au premier.

Pour clarifier le jus d'herbe, mettez-le au bain-marie, dans un vase fermé; lorsque vous verrez la fécule bien séparée, passez à l'étamine, et si vous voulez avoir le jus bien clair, filtrez-le au papier gris.

Les médecins prescrivent les jus d'herbes avec ou sans filtration; il faut se conformer en cela à leur ordonnance, ainsi que pour ce qui concerne l'espèce et la quantité des herbes dont le jus doit être extrait.

N° 873. *Tisanes.*

Les tisanes dans lesquelles il entre des racines, des fruits, des graines, se font ordinairement par décoction, c'est-à-dire qu'on les fait bouillir avec de l'eau; celle où il n'entre que des feuilles ou des fleurs, se font presque toujours par infusion, en versant de l'eau bouillante dessus, à moins que le médecin ne l'ordonne autrement. Quand une tisane est composée de substances dont les unes doivent être traitées par décoction, et les autres par infusion, on fait d'abord bouillir les premières avec la quantité d'eau suffisante, et quand elles ont assez bouilli, on verse le tout sur les secondes; on laisse infuser pendant un quart d'heure, et on passe à travers un linge.

Voici, par exemple, la manière de faire une tisane fort simple, qui est agréable et qui rafraîchit, sans fatiguer l'estomac.

Prenez la moitié d'un paquet de chiendent; épluchez-le, coupez-le en petit morceaux, et mettez-le bouillir avec une pinte d'eau pendant une demi-heure; ajoutez alors un morceau de réglisse fraîche, gros comme le doigt et long de six pouces, après l'avoir ratissé, coupé et écrasé; faites faire quelques bouillons, et versez le tout sur cinq ou six feuilles de chicorée sauvage, hachées très grossièrement; laissez infuser pendant un quart d'heure; passez dans un linge.

N° 874. *Tablettes de Guimauve.*

(Voy. n° 846.)

N° 875. *Tablettes de Cachou.*

(Voy. n° 848.)

N° 876. *Pâte de Guimauve.*

(Voy. n° 849.)

N° 877. *Pâte de Jujubes.*

Faites fondre une livre de belle gomme arabique concassée dans deux litres d'eau chaude, mais non bouillante; passez à l'étamine, et mettez la gomme dissoute dans une bassine; ajoutez une livre et demie de sucre; faites bouillir d'abord à grand feu et ensuite à feu plus modéré, jusqu'à ce que le mélange ait pris la consistance de miel; versez alors sur une plaque, et achevez l'évaporation à l'air s'il est sec, ou à l'étuve.

N° 878. *Sirop d'Orgeat et de Capillaire.*

(Voy. nos 815 et 816.)

N° 879. *Fécule de Pommes-de-Terre.*

La fécule de pommes-de-terre étant un des aliments qui conviennent le mieux aux enfants et aux malades, et celle qu'on trouve dans le commerce n'étant pas toujours préparée avec le soin nécessaire, nous allons indiquer les moyens d'en fabriquer soi-même.

Prenez de grosses pommes-de-terre, non pas parce qu'elles contiennent plus de fécule, mais parce qu'elles sont plus commodes à râper; lavez-les à plusieurs eaux; ayez une râpe demi-cylindrique, clouée sur une planche étroite, longue de deux pieds et demi à trois pieds; posez le bout de cette planche au fond d'un baquet plein d'eau aux deux tiers ; soutenez l'autre extrémité avec la main gauche, et dans cette position râpez les pommes-de-terre avec la main droite, de manière que la râpure tombe dans l'eau ; lorsqu'il y en aura assez pour que l'eau la couvre à peine, versez tout le contenu du baquet sur un tamis de crin posé sur un autre baquet plus grand ; versez de l'eau sur le marc qui reste dans le tamis, en l'agitant pour que l'eau puisse entraîner toute la fécule qu'il retient encore ; laissez reposer un quart d'heure ; versez toute l'eau qui est dans le baquet, vous trouverez au fond la fécule qui s'est précipitée ; mais elle est salie et colorée par une matière extractive, dont il faut la débarrasser ; pour cela versez de l'eau claire sur la fécule ; agitez-la avec la main, pour la suspendre dans l'eau ; versez le tout sur un tamis placé au-dessus du premier baquet, que vous aurez nettoyé ; le tamis retiendra quelques râpures qui auraient pu se mêler avec la fécule. Après un quart d'heure de repos, décantez ; remuez la fécule pour la suspendre dans l'eau ; laissez reposer et décantez l'eau qui surnage la fécule ; répétez cette opération tant que l'eau surnageante sera colorée ; quand elle ne le sera plus, laissez reposer la fécule pendant une demi-heure ; décantez pour la dernière fois ; enlevez la fécule, et déposez-la sur une toile serrée, tendue à un châssis. Lorsque la fécule commencera à sécher, remuez-la de temps en temps, pour renouveler les surfaces, les multiplier, en brisant les masses qui auraient pu se former.

Quand elle sera tout-à-fait sèche, vous l'enfermerez dans des boîtes que vous tiendrez à l'abri de l'humidité.

REMÈDES URGENTS

QU'ON DOIT ADMINISTRER EN ATTENDANT LE MÉDECIN.

Nº 880. *Avertissement.*

CHAQUE année un grand nombre d'individus périssent empoisonnés par des champignons, ou par le vert-de-gris. D'autres sont victimes de l'asphyxie causée par l'acide carbonique qui se dégage pendant la combustion du charbon et la fermentation des cuves vinaires, ou qui est accumulé dans les fosses d'aisances et dans les puits abandonnés.

Ces accidents ont presque toujours des suites funestes, lorsque les premiers secours ne sont pas administrés avec promptitude, ce qui arrive souvent, surtout dans les campagnes, et même dans beaucoup de villes, dont l'unique médecin est souvent au-dehors, au moment où l'on réclame ses soins.

Cependant les premiers secours à donner dans ces sortes d'accidents sont en général fort simples ; et tout en reconnaissant qu'il est désirable de les faire administrer par un médecin éclairé, nous pensons que lorsqu'on ne peut pas se procurer de suite un tel médecin, on ne doit pas hésiter, en attendant sa venue, à employer soi-même les moyens sans lesquels tous les secours ultérieurs pourraient devenir inutiles.

C'est ce motif qui nous a déterminés à tracer ici la conduite à tenir dans le cas d'accidents de cette nature.

Le gouvernement a publié, à diverses époques, des instructions de ce genre, qui ont été distribuées aux maires des communes rurales, chez lesquels on ne les retrouve jamais lorsqu'on en a besoin.

Insérées dans un ouvrage d'économie domestique, on les trouvera toujours sous la main.

Nous avons puisé les remèdes indiqués aux meilleures sources, en les citant et en indiquant ce qu'on peut faire soi-même, et ce qu'on doit laisser à faire au médecin, que nous recommandons toujours d'appeler de suite.

Nous avons surtout insisté sur ce que l'on doit éviter de faire, pour ne pas aggraver les accidents ; si quelquefois nous avons tracé tout au long le traitement à suivre, c'est que nous avons cru que dans la nécessité où l'on est dans les campagnes d'appeler ce qu'on appelle *des officiers de santé,* il pourrait s'en trouver quelques-uns parmi eux qui, pour le bien de leurs malades, feraient beaucoup mieux de suivre les conseils d'un cuisinier que leur propre science.

Indépendamment des remèdes à administrer dans les cas ci-dessus, nous avons indiqué les premières précautions à prendre, lorsqu'on est mordu par des reptiles et des insectes venimeux, ou par des animaux enragés.

Les brûlures sont trop fréquentes dans les cuisines pour que nous ayons négligé d'en faire connaître le traitement, que notre expérience personnelle nous a prouvé être le meilleur et le plus prompt.

Ce chapitre est terminé par le traitement des indigestions, sur lequel notre expérience ne nous a rien appris; car il est remarquable que cette maladie emporte beaucoup plus de médecins et de prédicateurs de tempérance, que de cuisiniers.

Nº 881. *Empoisonnement par les Champignons.*

Symptômes.

Les douleurs de l'estomac, les tranchées, les nausées, les évacuations par haut et par bas, sont les premiers symptômes dont les malades sont atteints. Bientôt la chaleur des entrailles, les langueurs, les douleurs deviennent presque continues et atroces; les crampes, les convulsions, tantôt générales, tantôt partielles, une soif inextinguible, s'ensuivent; le pouls est petit, dur, serré, très fréquent. Lorsque les accidents, après avoir duré un certain temps, ne diminuent pas par l'effet de secours administrés, les vertiges, un délire sourd, l'assoupissement, s'emparent de quelques sujets, et ne sont interrompus que par les douleurs et les convulsions. Chez d'autres, il n'y a point d'assoupissement; les douleurs et les convulsions épuisent les forces, les défaillances et les sueurs froides ont lieu, et les malades ne perdent pas un seul instant l'usage des sens.

Les champignons vénéneux ne manifestent leur pernicieuse action qu'un certain temps après qu'ils ont été mangés; ce n'est, le plus souvent, que cinq ou sept heures après. Il s'en écoule quelquefois douze ou seize, plus rarement vingt-quatre, sans qu'on éprouve aucun symptôme. (*Extrait d'un rapport fait par une commission de la société médicale de Bordeaux.*)

Ces symptômes varient en intensité, selon la constitution des individus et la quantité de champignons vénéneux qui a été introduite dans l'estomac. Il arrive même quelquefois que de plusieurs personnes qui ont mangé d'un même plat de champignons, les unes n'éprouvent aucun malaise, tandis que les autres sont en proie aux accidents les plus graves. Cette variété d'effets s'explique très aisément par le mélange de quelques champignons vénéneux avec d'autres qui ne le sont pas.

Nous ajouterons encore que les symptômes décrits ci-dessus ne se manifestent pas tous, ni dans le même ordre, chez tous les individus. Il y en a qui n'éprouvent aucune évacuation, et chez lesquels on n'en peut déterminer que par l'emploi des moyens les plus énergiques.

N° 882. *Traitement.*

Ce qu'il faut éviter.

Le vinaigre pur ou étendu d'eau a la propriété de dissoudre le principe vénéneux des champignons ; l'eau salée, l'eau pure, l'eau-de-vie, l'éther, ont la même propriété. On ne ferait donc qu'aggraver les accidents, si on administrait ces substances avant l'évacuation des champignons.

L'alcali volatil est plutôt nuisible que salutaire.

L'huile, la thériaque, le beurre et le lait, ne sont d'aucune utilité pour neutraliser le principe vénéneux. (*Traité des champignons, par M. Paulet.*)

N° 883. *Ce qu'il faut faire.*

Le premier soin qu'il faut prendre, c'est de procurer la sortie des champignons vénéneux, en administrant l'émétique, et mieux encore l'émétique uni à un purgatif, les potions et les lavements purgatifs. On réglera l'emploi de ces moyens d'après l'espace de temps qui s'est écoulé depuis l'entrée du poison dans l'estomac ; ainsi, lorsque les accidents se seront manifestés peu de temps après le repas, comme il sera vraisemblable que les champignons vénéneux existent encore dans l'estomac, on fera dissoudre dans peu d'eau tiède (deux verres) trois ou quatre grains d'émétique, et on administrera la solution au malade par demi-verres, à un demi-quart d'heure de distance (1).

Si, comme il arrive le plus souvent, les accidents ne se manifestent que huit, dix ou douze heures après l'entrée des champignons dans l'estomac, il est vraisemblable que ceux-ci ont déjà passé au moins en partie dans les intestins ; il faudra alors donner la préférence à l'émétique uni à un sel purgatif ; ainsi on fera dis-

(1) Si l'on est à la campagne et qu'on ne puisse pas se procurer à l'instant de l'émétique, il faut tâcher d'exciter le vomissement, en irritant l'entrée de la gorge avec les barbes d'une plume. S'il y a plusieurs individus empoisonnés à la fois, il est bon de les réunir, d'abord pour la facilité des secours, et aussi parce que les efforts que les uns font pour vomir exercent sur les autres un effet sympathique, qui peut déterminer chez eux le vomissement. L'huile, comme on l'a vu, ne neutralise pas le poison ; mais cette substance ne paraît pas nuisible, et à défaut d'autre chose, on peut en faire prendre aux malades, dans l'espérance de déterminer une évacuation. Pour cela il faut la donner à la dose de quelques onces.

soudre dans la quantité d'eau ci-dessus indiquée trois ou quatre grains d'émétique, vingt-quatre grains d'ipécacuanha, et six ou huit gros de sel de glauber, et on fera avaler au malade cette potion par demi-verres, de demi-quart d'heure en demi-quart d'heure. Soit qu'on obtienne ainsi des évacuations, ou qu'on n'en obtienne pas du tout, on administrera quelque temps après une potion faite avec deux onces d'huile de ricin, une once de sirop de fleur de pêcher, et deux gros de fleur d'orange, et on fera prendre des lavements préparés avec la casse, le séné et le sulfate de magnésie (sel de sedlitz) (1).

Après avoir obtenu des évacuations qui sont d'une nécessité indispensable, il faut, pour remédier aux douleurs, à l'irritation produite par le poison, avoir recours aux mucilagineux et aux adoucissants que l'on associe aux nervins : ainsi on donnera aux malades de l'eau de riz gommée, une légère infusion de fleur de sureau coupée avec le lait, et à laquelle on ajoutera de l'eau de fleur d'orange, de l'eau de menthe simple et un sirop. On emploiera aussi avec avantage les émulsions, les potions huileuses aromatisées avec quelques gouttes d'éther; dans quelques cas on sera forcé d'avoir recours à des moyens plus énergiques, dont l'usage ne peut être déterminé que par le médecin qu'on doit faire appeler aussitôt que les premiers accidents qui se manifestent sont de nature à faire soupçonner l'empoisonnement. (*Extrait de la toxicologie de M. Orfila, et d'une instruction publiée par ordre de M. le préfet de police du département de la Seine.*)

Nous ne saurions trop recommander de faire toujours appeler, dans des cas aussi graves, non pas le médecin le plus près, mais le plus habile. Il est toujours plus sûr de se confier à la nature, qu'à un médecin ignorant.

Nº 884. *Observation.*

Les champignons, même les plus sains, donnent souvent lieu, lorsqu'on en mange beaucoup, à de violentes indigestions qui

(1) Si on ne peut pas se procurer de suite les remèdes indiqués dans ce paragraphe, il faut toujours tâcher d'exciter le vomissement, en titillant le gosier avec les barbes d'une plume; on peut faire avaler au malade de l'huile d'olive qui, à la dose de 4 à 5 onces, détermine souvent des vomissements, et est presque toujours purgative. On fera prendre au malade des lavements irritants avec de l'eau de sel, de l'eau de savon. Ces substances, injectées dans les intestins, ne peuvent plus rien ajouter à l'énergie du poison, qui s'y trouve dans un état de dissolution complète, et elles peuvent sauver le malade, en déterminant une prompte évacuation.

peuvent faire supposer un empoisonnement qui n'existe pas. Pour éviter à soi-même et à ceux qui nous entourent les inquiétudes qui naissent à la seule idée d'un empoisonnement, le mieux qu'on puisse faire, c'est de manger toujours très peu de champignons, de ne faire jamais servir de ragoûts qui en soient uniquement composés, car c'est toujours dans ce cas qu'il arrive d'en trop manger : et quand, quelque temps après en avoir mangé, on se sent l'estomac surchargé, de ne point hésiter à provoquer le vomissement par l'émétique, si on en a sous la main, ou par la titillation du gosier. Tant que les champignons ne sont pas dissouts, l'évacuation de l'estomac se fait facilement, et par ce moyen simple on évite un empoisonnement douteux, à la vérité, mais au moins une indigestion certaine.

Nº 885. *Empoisonnement par le Vert-de-gris.*

Symptômes.

L'empoisonnement par le vert-de-gris se manifeste par des anxiétés, des malaises, de l'abattement, une faiblesse dans les membres, des crampes, des nausées, une saveur âcre, styptique, cuivreuse, et un sentiment de sécheresse et de strangulation à la gorge; des cardialgies, des vomissements, des coliques plus ou moins aiguës; des évacuations par en bas, plus ou moins fréquentes, avec ténesme; des sueurs froides, des syncopes, des convulsions. Il existe presque toujours des maux de tête assez violents; le pouls est petit, serré et précipité. Tous ces symptômes ne se rencontrent jamais réunis chez le même individu; les vomissements et les coliques sont de tous les plus constants. Ces accidents acquièrent d'autant plus d'intensité, et font des progrès d'autant plus rapides, que la quantité de poison avalé a été plus considérable, et qu'il s'est trouvé moins d'aliments et de liquides contenus dans l'estomac. Dans ce cas, la soif et le mal de tête sont très violents, le ventre est extrêmement tuméfié et douloureux, les selles deviennent sanguinolentes, et on reconnaît tous les signes d'une inflammation aiguë des intestins.

Au reste, il est bon d'avertir que plusieurs de ces symptômes ne se manifestent pas exclusivement dans l'empoisonnement par le vert-de-gris; quelques maladies peuvent en développer de semblables. On doit donc, lorsqu'il se manifeste des symptômes qui peuvent faire craindre un empoisonnement par cette substance, recourir à l'examen des vases qui ont servi à la préparation des aliments, pour s'assurer si cette crainte est fondée.

No 886. *Ce qu'il faut éviter.*

Le sucre et le charbon qui ont été indiqués comme contre-poisons du vert-de-gris, n'ont aucune action sur cette substance à la température de l'estomac. On ne doit donc pas se reposer sur l'efficacité de ces prétendus antidotes. Le sucre est cependant utile pour calmer l'iritation développée par le poison, lorsque celui-ci a été préalablement expulsé par le vomissement.

L'eau, les acides, l'huile, le lait, étant des dissolvants du vert-de-gris, ajoutent à l'énergie de son action, et ne doivent jamais être employés.

No 887. *Ce qu'il faut faire.*

Le véritable contre-poison du vert-de-gris est fort heureusement sous la main de tout le monde, et de telle nature, que lors même qu'on se serait trompé dans l'appréciation des symptômes, et qu'il n'y aurait pas d'empoisonnement réel, aucun inconvénient grave ne pourrait résulter de son emploi. Ce contre-poison est le blanc d'œuf, qui a la propriété de décomposer le vert-de-gris et tous les autres sels de cuivre qui sont solubles.

Si les accidents se manifestent peu de temps après le repas, il faut essayer de déterminer le vomissement en irritant la gorge avec les barbes d'une plume. La sortie prompte et complète des aliments contenus dans l'estomac suffit souvent pour calmer les symptômes les plus alarmants, et écarter le danger.

Si le vomissement n'a pas lieu, il faut délayer quatre ou cinq blancs d'œufs dans huit onces d'eau, et en faire boire au malade par verres à des intervalles rapprochés.

Après avoir expulsé le poison par le vomissement, ou l'avoir neutralisé par le blanc d'œuf, il faut calmer l'irritation qu'il a causée dans l'estomac, par des boissons mucilagineuses et sucrées. On donnera aussi au malade des lavements avec une décoction de graine de lin, ou d'herbes émollientes, telle que la mauve, la guimauve, etc.

Si les accidents ne se manifestent que quelques heures après le repas par de violentes coliques qui indiquent que le poison est déjà passé dans les intestins, le vomissement ne ferait que fatiguer inutilement le malade. On lui fera boire quelques verres de blancs d'œufs délayés dans l'eau, et ensuite une infusion de fleurs de mauve, et on lui administrera des lavements émollients.

C'est à cela que l'on doit borner ce qu'il est permis de faire soi-même, dans un cas aussi grave, sans le secours d'un médecin. Il est d'autant plus nécessaire de l'appeler de suite, que le traitement ultérieur exige des remèdes que lui seul peut prescrire.

N° 888. *Empoisonnement par les Moules.*

Les symptômes de cet empoisonnement étant très variables, nous ne croyons pas pouvoir mieux faire, pour en donner une idée exacte, que de rapporter les observations de quelques médecins qui ont traité des malades empoisonnés par les moules : il est remarquable que les accidents qui se sont manifestés chez ces malades ont toujours cédé à l'emploi du même remède, l'éther sulfurique.

N° 889. *Première Observation.*

Mademoiselle....., âgée de seize ans, fort bien constituée, mangea cinq à six moules que l'on venait de faire cuire et qui n'étaient pas encore apprêtées ; elle éprouva immédiatement après un étouffement violent, qui allait en augmentant : la face se gonfla, tout le corps se couvrit de plaques blanchâtres très saillantes et très volumineuses ; la malade éprouva des angoisses, transpira un peu et eut un larmoiement pénible. On lui administra quelques tasses d'eau sucrée, et, quelque temps après, on lui fit prendre 2 gros d'éther, dans 2 onces d'eau de menthe. Les premières doses de ce mélange étaient à peine avalées, que les pustules s'affaissèrent, et les autres accidents disparurent. Quelques tasses d'une infusion de feuilles d'oranger firent cesser aisément la fatigue et l'agitation qui avaient été la suite de cette indisposition. Un léger rhume, dont cette demoiselle était affectée avant cet accident, s'est trouvé entièrement dissipé.

(*Observation du docteur Montègre.*)

N° 890. *Deuxième Observation.*

Le docteur Charlet rapporte le fait suivant. Madame....., âgée de quarante ans, d'un tempérament sanguin lymphatique, jouissait d'une parfaite santé. Elle mangea des moules à son dîner. Deux heures après, étant au spectacle, elle prit quelques portions d'orange, et éprouva aussitôt des frissons irréguliers, une douleur à l'épigastre, avec oppression et difficulté de respirer, inquiétudes générales ; la face devint rouge et gonflée ; l'étouffement fut en augmentant, au point que la malade ne pouvait se coucher à son retour chez elle. A ces symptôme se joignirent des démangeaisons très vives et un enchifrenement subit et intense. M. Charlet prescrivit des sinapismes aux jambes et une fumigation d'eau tiède, dans laquelle on mit, à plusieurs reprises, 3 gros d'éther sulfurique dont on dirigea les vapeurs dans la bouche et dans les fosses nasales, au moyen d'un entonnoir. Bientôt la face pâlit, et les autres accidents se calmèrent. Au bout d'un quart d'heure, la malade s'endormit, et ne ressentit qu'un peu de fatigue les deux jours suivants.

(*Gazette de santé.*)

Nº 891. *Troisième Observation.*

Madame de..., âgée de trente ans, d'une santé délicate, mais alors bien portante, mangea, à son dîner, avec d'autres aliments, environ dix moules. Une heure après le repas elle éprouva une gêne dans la respiration, léger mal de tête, éternuments fréquents, expectoration et excrétion abondante du mucus des narines, et, en apparence, tous les symptômes d'un violent rhume qui aurait marché avec une rapidité extrême. Bientôt tous les symptômes croissant, la poitrine se remplit, et la respiration devint stertoreuse. Alors les paupières supérieures seules commencent à se tuméfier, une démangeaison très vive se fait ressentir par tout le corps, et il se manifeste sur quelques parties, et notamment aux épaules, une éruption vésiculeuse, semblable à celle que produit la piqûre des orties. La gêne de la respiration n'en allait pas moins en augmentant, et la tuméfaction des paupières supérieures croissait à vue d'œil. Au bout de dix minutes l'éruption disparaît, et des spasmes convulsifs s'emparent de la poitrine, au point de rendre la suffocation imminente. Il est remarquable que l'empêchement de la respiration avait surtout lieu dans le mouvement d'expiration qui se faisait convulsivement, et avec des douleurs atroces. Les angoisses toujours croissantes étaient telles une heure après l'invasion des accidents, que la malade, près d'expirer, s'accrochait avec violence à tout ce qui l'entourait pour chercher quelques secours. M. le docteur Dulong administra une très forte dose d'éther. A l'instant même tous les symptômes se calmèrent comme par enchantement; la tuméfaction des paupières supérieures, qui avait persisté, alla en augmentant jusqu'au soir, au point d'empêcher la vision. Les paupières inférieures ne se tuméfièrent que le lendemain, et trois ou quatre jours après la malade n'offrait qu'un état notable d'amaigrissement.

(*Gazette de santé.*)

N° 892. *Ce qui rend les Moules dangereuses.*

On a disputé long-temps, et l'on dispute sans doute encore aujourd'hui sur la cause des accidents produits par les moules; l'opinion qui semble la plus vraisemblable est celle qui attribue ces accidents à une altération occasionnée dans les moules par une maladie particulière, altération qui les dispose singulièrement à une prompte putréfaction.

Ce qu'il y a de certain, c'est que les moules qui ne sont pas dans un grand état de fraîcheur occasionnent des accidents funestes. Deux enfants, l'un de neuf ans, l'autre de quatorze, périrent, le premier en trois jours, et le second en quatre, pour avoir mangé des moules corrompues.

N° 893. *Précautions à prendre.*

On ne saurait donc mettre trop de choix dans le soin des moules. On doit rejeter d'abord toutes celles dont les coquilles sont entr'ouvertes; on doit rejeter également, lorsqu'on les épluche après les avoir fait ouvrir sur le feu, toutes celles qui paraissent avoir éprouvé quelque altération dans leur couleur, dans leur volume, ou dans leur forme.

N° 894. *De l'Asphyxie par la vapeur du charbon et des cuves en fermentation.*

La vapeur du charbon allumé et celle qui se dégage des cuves en fermentation, sont de même nature, produisent les mêmes effets, et les accidents qu'elles occassionnent doivent être traités de la même manière.

Le premier soin qu'on doit prendre lorsqu'on s'aperçoit qu'une personne a été asphyxiée par la vapeur du charbon ou d'une cuve, c'est d'ouvrir toutes les portes et les fenêtres de la chambre ou du cellier où l'accident a eu lieu; on attend ensuite une minute ou deux pour que l'air puisse se renouveler; sans cette précaution, on risque d'être victime d'un zèle mal entendu, ce qui n'arrive que trop souvent. Il est même prudent, surtout quand l'accident a eu lieu dans un cellier plus bas que le sol de quelques marches, de tenir à la main et le plus bas possible une chandelle allumée; si elle s'éteint, ou si seulement sa flamme diminue d'une manière sensible, il faut se retirer à l'instant, et attendre que l'air ait entraîné toutes les vapeurs. On peut aussi, sans entrer dans l'endroit infecté, essayer d'en retirer l'asphyxié, à l'aide d'un croc, ou en engageant l'un de ses pieds ou de ses bras dans une corde terminée par un nœud coulant.

Si le trajet jusqu'à l'asphyxié est très court, on peut tenter de l'atteindre, pourvu que pendant tout le temps qu'on restera dans le lieu infecté, on puisse retenir sa respiration. Dans ce cas, il est prudent de s'attacher avec une corde sous les bras, afin que, s'il arrivait un accident à celui qui porte des secours, on puisse le retirer de suite.

Lorsque plusieurs personnes ont été asphyxiées à la fois et qu'on ne peut pas leur donner en même temps les mêmes soins, il faut commencer par ceux d'entre eux qu'on a le plus d'espoir de rappeler à la vie; si elles ont été asphyxiées successivement, on doit d'abord donner des soins à celles qui ont succombé les dernières.

Nº 895. *Traitement.*

1º On commencera par déshabiller complétement la personne asphyxiée, et par l'exposer au grand air, en la couchant sur le dos, la tête et la poitrine un peu plus élevées que le reste du corps, pour faciliter la respiration.

2º On fera sur le visage et la poitrine des aspersions d'eau vinaigrée froide; au bout de trois ou quatre minutes, on essuiera les parties avec des serviettes chaudes, et on mettra le malade dans un lit bien chaud, où il restera deux ou trois minutes, après quoi on recommencera les aspersions. Cette pratique est nécessaire, car le corps finirait par être insensible aux impressions de l'eau froide.

3º A l'aide d'un tuyau, on insufflera dans les poumons par la bouche, ou encore mieux par l'une des narines, de l'air atmosphérique, en comprimant l'autre narine avec les doigts, pour empêcher l'air d'en sortir; et, afin de faciliter le jeu de la respiration, on placera à différentes reprises, sur l'abdomen, des serviettes trempées dans des liquides très froids, que l'on y laissera seulement deux ou trois minutes, et que l'on remplacera par des linges très chauds. Si ces moyens étaient inefficaces, on pourrait faire une ouverture à la trachée-artère, et y introduire un petit tuyau dans lequel on soufflerait avec la bouche, ou avec un petit soufflet (1).

4º On fera avaler de l'eau froide légèrement vinaigrée.

5º On fera des frictions sur toutes les parties du corps avec une serviette chauffée, ou avec un linge trempé dans l'eau-de-vie

(1) Il est inutile de dire que cette opération ne peut être faite que par un chirurgien.

camphrée, l'eau de Cologne, de lavande, ou tout autre liquide stimulant. On irritera la plante des pieds et tout le trajet de la colonne vertébrale, avec une forte brosse de crin.

6° On promènera sous le nez des allumettes bien soufrées, qu'on allumera, afin d'irriter la membrane pituitaire, ou bien on fera flairer de l'alcali volatil ou de l'eau de la reine de Hongrie.

7° On administrera des lavements d'eau vinaigrée, et puis d'autres faits avec du sel commun, le séné et le sel de sedlitz.

8° Après avoir fait les frictions générales, lorsque le corps sera chaud, on pourra avoir recours à la saignée de la jugulaire, aux ventouses et au moxa.

9° On évitera d'employer les émétiques et les fumigations de tabac.

10° Enfin, lorsque l'asphyxié sera entièrement rappelé à la vie, on le couchera dans un lit chaud où l'air ait un libre accès, et on lui donnera du vin chaud et quelques cuillerées d'une potion stimulante.

(*Traitement tiré de la tixocologie de M. Orfila.*)

N° 896. *Morsure des animaux enragés.*

Il n'y a encore aucune méthode constante pour le traitement de la rage déclarée; quelques médecins anglais prétendent l'avoir guérie par la saignée jusqu'à la défaillance; d'autres, par l'opium à grandes doses. Ces moyens, employés par MM. Dupuytren, Magendie et Breschet, tant sur les hommes que sur les animaux, n'ont été suivis d'aucun succès. On a essayé aussi inutilement l'injection de l'eau distillée de laurier-cerise dans les veines. Un M. Rossi, cité par M. Alibert, prétend avoir guéri un individu en état de rage déclarée, au moyen du fluide électrique dégagé de la pile galvanique; cet essai ne paraît pas avoir été répété.

Si, jusqu'à présent, on n'a pu trouver aucun moyen sûr de guérir la rage déclarée, peut-être pourrait-on parvenir à en empêcher le développement, si, dès les premiers symptômes, on confiait le malade aux soins d'un médecin éclairé; mais presque toujours on ne l'appelle que lorsqu'il ne peut plus rien. Nous croyons donc faire une chose utile, en insérant ici la description des symptômes de cette horrible maladie, d'après MM. Esnaud et Chaussier.

N° 897. *Symptômes.*

« Comme la plaie est le foyer du venin, c'est toujours par elle que commencent les accidents. Si elle est fermée, la cicatrice devient rouge, bleuâtre, s'étend, se rouvre quelquefois, et laisse suinter une sérosité roussâtre; si elle est encore ouverte, les bords se renversent, les chairs se gonflent, prennent une couleur plus rouge qu'elles ne devraient l'avoir, et suintent un pus séreux et roussâtre; le sommeil est inquiet, agité, troublé par des soubresauts et des rêves affreux; le malade est accablé, pesant, plongé dans une mélancolie profonde, dont il ne connaît pas la cause, et dont rien ne peut le distraire; de temps en temps il éprouve une chaleur, un frémissement qui, de la plaie, s'étend, monte, gagne tout le corps, et semble se terminer à la poitrine et à la gorge; souvent le pouls est petit, dur et serré. Cet état est le premier degré de la maladie, et dure quatre à cinq jours. Dans le deuxième, tous les accidents augmentent; le pouls devient fréquent, et indique une fièvre irrégulière et nerveuse, qui détruit le principe de la vie; le malade éprouve un resserrement douloureux à la poitrine, à la gorge; la respiration devient difficile, entrecoupée par des sanglots involontaires et des soupirs profonds; de temps en temps il survient des convulsions, que la cause la plus légère entretient et renouvelle; tantôt la raison s'égare; le malade devient furieux, méconnaît ceux qui l'environnent, et cherche à les mordre (1); tout l'agace et l'irrite, les couleurs vives, l'éclat de la lumière, des sons aigus, quelquefois même la simple agitation de l'air renouvelle ses fureurs; dévoré par une chaleur interne, tourmenté par une soif considérable, il n'ose boire; l'aspect de l'eau, son idée même le fait frissonner; l'œil est hagard, fixe, brillant et paraît enflammé; la voix est rauque, la bouche pleine d'une salive écumeuse et gluante; tout annonce la fureur, et caractérise la rage. Tantôt conservant son jugement doux et paisible, plongé dans une mélancolie profonde, il connaît son malheur, prévoit ses accès, en avertit ses amis; mais presque toujours l'aspect de l'eau lui cause une secrète horreur, que la raison ne peut surmonter. Des angoisses, des vomissements aggravent ces maux; le pouls devient inégal, intermittent; une sueur froide se répand sur tout le corps, et la mort vient terminer cette scène d'horreur. »

(1) Ce signe est loin d'exister toujours chez les hommes attaqués de la rage; nous avons vu huit individus enragés, chez lesquels il manquait. M. Dupuytren pense qu'il est dans la nature et l'essence du chien, et non dans celle de l'homme, de mordre.

(*Note de M. Orfila.*)

Cette maladie se déclare en général avant le neuvième jour chez les bœufs et les chiens, quelquefois plus tard ; chez l'homme, l'invasion n'a lieu qu'au bout de trente ou quarante jours, quoiqu'il y ait des exemples d'une invasion plus prompte, et d'autres dans lesquels les accidents ne se sont manifestés qu'après plusieurs mois.

N° 898. *Ce qu'il faut faire pour prévenir le développement de la rage.*

Aussitôt qu'une personne est mordue par un animal qu'on peut soupçonner d'être enragé (1), on doit se hâter de cautériser la morsure avec un fer rouge. Si les dents ont pénétré dans l'intérieur des chairs, il faut ouvrir la plaie, afin de la cautériser jusqu'au fond. Cette cautérisation sera suivie d'effets d'autant plus heureux, qu'elle aura été faite le moins de temps possible après la morsure. On confiera le malade aux soins d'un médecin qui prescrira le régime convenable, et qui, suivant les symptômes qui pourront se manifester, emploiera tous les moyens qui lui paraîtront les plus propres à en prévenir le développement ultérieur.

N° 899. *Piqûres des Abeilles, des Guêpes, etc.*

Les abeilles, les guêpes et les autres insectes à aiguillon font des piqûres qui sont toujours suivies d'une douleur très vive, et quelquefois d'accidents graves, lorsque la partie piquée est très sensible.

Un villageois, âgé de trente ans, piqué par une abeille au-dessus du sourcil, tomba aussitôt par terre, et mourut quelques instants après.

Un jardinier de Nancy, ayant porté à sa bouche une pomme dans laquelle une guêpe s'était logée, en fut piqué au palais près du voile, ce qui lui causa une inflammation subite et un gon-

(1) Les chevaux, les mulets, les ânes, les cochons, et plus souvent encore les renards, les loups, les chats et les chiens, deviennent enragés sans avoir été mordus ; l'homme est aussi dans ce cas, quoique rarement : enfin on assure avoir vu des coqs et des canards affectés spontanément de cette cruelle maladie, qu'ils ont transmise à d'autres animaux... Les ruminants ne paraissent pas pouvoir contracter la rage autrement que par inoculation.

(*Orfila.*)

flement douloureux qui, ayant intercepté l'usage de la respiration, le fit périr dans quelques heures.

Si dans des circonstances qui sont très rares, à la vérité, la piqûre d'une seule abeille ou d'une seule guêpe peut occasionner la mort, les piqûres de plusieurs de ces insectes sur un même individu occasionneront toujours des accidents plus ou moins graves.

Si l'on avait le courage de se laisser piquer paisiblement, l'insecte retirerait son aiguillon, et l'on en serait quitte pour une douleur assez vive, mais passagère. Au lieu de cela, on force l'insecte à se retirer brusquement; l'aiguillon se sépare de son corps et reste dans la plaie, où il continue de distiller le venin qui existe dans la vésicule qui lui est adhérente.

Nº 900. *Traitement.*

Si la piqûre est à l'extérieur du corps, on peut tenter d'extraire l'aiguillon en ayant soin de ne pas exercer une forte pression sur la plaie, car le venin de la vésicule serait exprimé et pénétrerait davantage avec l'aiguillon. Cette opération est assez difficile, à cause des filaments latéraux dont l'aiguillon est armé, et qui sont disposés de telle sorte qu'il leur est plus facile d'entrer que de sortir. Il faudrait donc couper avec des ciseaux tout ce qui est en dehors de la plaie, et enlever ensuite l'aiguillon au moyen d'une petite épingle ou d'une aiguille. La partie piquée devrait ensuite être lavée avec de l'eau froide, et mieux encore avec de l'eau salée. Il serait aussi très utile d'appliquer sur l'endroit douloureux du suc laiteux de pavot blanc, ou, à défaut, quelques feuilles de coquelicot écrasées.

Si la piqûre était dans la bouche, sans s'inquiéter de retirer l'aiguillon, ce qui serait impossible, il faudrait y introduire une cuillerée de sel réduit en bouillie avec un peu d'eau, que la personne piquée dirigerait avec sa langue sur le lieu de la piqûre.

L'efficacité du sel contre les piqûres des insectes à aiguillon est constatée par le fait suivant, cité par le docteur Chaumeton.

« Un cultivateur anglais a eu la satisfaction de sauver la vie à un de ses amis, piqué à l'œsophage par une guêpe qu'il n'avait pas vue dans un verre de bière. Il lui fit avaler dans plusieurs reprises du sel commun délayé dans le moins d'eau possible, de manière à former une espèce de bouillie. Les symptômes alarmants qui s'étaient manifestés à l'instant de la piqûre, se calmèrent presque tout à coup, et cédèrent comme par enchantement.

(*Dictionnaire des Sciences médicales.*)

N° 901. *Ivresse par les liqueurs spiritueuses.*

L'ivresse causée par le vin n'entraîne guère d'accidents graves, que lorsqu'elle est fréquente et devenue, pour ainsi dire, une habitude. Il n'en est pas de même de l'ivresse produite par un excès de liqueurs spiritueuses : elle peut produire la mort. Lorsqu'elle est légère, elle se dissipe d'elle-même au bout de sept à huit heures ; mais lorsqu'elle persiste plus long-temps, et que l'individu est dans un état soporeux dont on ne peut le tirer, il faut avoir recours à l'émétique, et ensuite aux boissons acidulées. La saignée peut être pratiquée si le malade est jeune, robuste, et d'un tempérament sanguin bien prononcé. On pourrait aussi employer des lavements irritants et les lotions de vinaigre sur toute la surface du corps. Il faut toujours placer les gens ivres dans une position convenable, pour que le vomissement puisse se faire avec facilité. S'ils étaient sur le dos, et que le vomissement les surprît dans cette position, les aliments rejetés par l'estomac resteraient en partie dans la bouche, et l'inspiration venant à avoir lieu, ils pourraient passer dans la trachée-artère, ce qui suffirait pour occasionner la suffocation.

N° 902. *Morsure de la Vipère.*

La vipère paraît être en France le seul animal de la classe des serpents dont la morsure soit suivie d'accidents graves. Cette morsure est rarement mortelle pour l'homme ; cependant on a des exemples qui prouvent qu'elle peut être suivie de la mort chez les individus faibles, faciles à effrayer, surtout s'ils sont mordus en plusieurs fois, par plusieurs vipères, ou même par une seule.

N° 903. *Description de la Vipère.*

Sa longueur est, pour l'ordinaire, de deux pieds, quelquefois, mais rarement, de vingt-huit à trente pouces ; sa grosseur d'environ un pouce. Sa couleur varie du gris cendré ou verdâtre au gris le plus foncé ; elle est toujours plus intense sur le dos que sur les flancs, où elle est constamment parsemée de taches brunes symétriquement espacées. Elle offre sur le dos une bande noire dentelée en zigzag, qui s'étend depuis la nuque jusqu'à l'extrémité de la queue. Cette bande est quelquefois interrompue ; mais le plus souvent elle est continue et entière. Le ventre et le dessous de la queue sont garnis de plaques transversales d'une couleur d'acier poli; le nombre de ces plaques est ordinairement de 146 sous le ventre, où elles sont simples, et de 39 sous la queue, où elles sont plus petites et doubles, ou disposées sur deux rangs. La tête de la vipère est plus large postérieurement, plus plate et moins longue que celle des couleuvres; le bout du museau est comme tronqué, et forme un rebord saillant, retroussé comme le boutoir des cochons, recouvert d'écailles plus larges que celle du dos, tachetées de blanc et de noir. Sur le sommet de la tête on voit deux lignes noires qui vont en s'écartant d'avant en arrière, de manière à représenter la lettre V : les lignes sont séparées par une autre tache brune en forme de fer de lance. La queue, plus courte que celle des couleuvres, est un peu obtuse et plus grosse dans les mâles que chez les femelles. Ses yeux sont vifs, étincelants; son regard est audacieux, surtout lorsqu'elle est irritée. Sa langue est grise, bifurquée; et lorsqu'elle est animée, elle l'agite avec impétuosité, en sorte qu'elle paraît comme un dard enflammé. Ces caractères sont plus que suffisants pour distinguer la vipère des couleuvres et de l'orvet.

Cette vipère, qui est assez commune dans quelques parties de la France, se rencontre, mais rarement, dans les environs de Paris, à Fontainebleau, dans la forêt de Montmorency, etc.

N° 904. *Effets de la Morsure de la Vipère.*

Le venin de la vipère, appliqué par morsure, produit les symptômes suivants : sentiments de douleur aiguë dans la partie blessée, qui se répand dans tout le membre, et même jusqu'aux organes internes, avec tuméfaction et rougeur, qui passe ensuite au livide et gagne peu à peu les parties voisines; syncopes considérables, pouls fréquent, petit, concentré, irrégulier; difficulté de respirer, sueurs froides et abondantes, trouble de la vision et des facultés intellectuelles, soulèvement de l'estomac, vomissements bilieux et convulsifs, suivis presque toujours d'une jaunisse universelle; quelquefois douleur dans la région ombilicale. Le sang qui s'écoule d'abord de la blessure est souvent noirâtre; quelque temps après il en sort de la sanie, etc.

Le climat, la saison, le tempérament influent singulièrement sur la nature et la marche plus ou moins rapide des symptômes; chez les personnes faibles, timides, dont l'estomac est plein, les symptômes se manifestent avec plus de rapidité, et sont plus graves que chez les individus robustes et difficiles à effrayer.

Nº 905. *Traitement.*

Comme c'est surtout dans les grandes forêts, et presque toujours loin des habitations qu'on rencontre des vipères, le premier soin à prendre lorsque quelqu'un est mordu par un de ces reptiles, c'est de retarder, autant qu'il est possible, l'absorption du venin. On fera donc, sur-le-champ, une ligature au-dessus de l'endroit mordu. On évitera de faire cette ligature trop serrée, et de la laisser trop long-temps, car elle augmenterait la lividité de la partie, et exposerait à la gangrène. La succion de la blessure peut être faite sans danger. Si elle ne fait pas disparaître les symptômes, elle peut du moins, surtout dans les premiers moments, affaiblir l'activité du venin, en en diminuant la masse.

On cautérisera, le plus tôt possible, la blessure avec un fer rouge, la pierre infernale, ou un petit morceau de bois mince dont l'extrémité aura été trempée dans le beurre d'antimoine. On ouvrira suffisamment la plaie pour pouvoir la cautériser jusqu'au fond. On évitera cependant de faire des scarifications multipliées, qui aggravent souvent les accidents. On mettra sur les parties engorgées, des compresses imbibées d'un mélange fait avec une partie d'alcali volatil, et deux parties d'huile. Lorsque l'enflure sera devenue trop considérable, et que la ligature blessera le malade, ou la supprimera. On s'occupera ensuite du traitement interne, qui consiste, en général, à favoriser la transpiration et le sommeil. A cet effet on fera prendre, de deux heures en deux heures, un verre d'infusion de fleur d'orange ou de sureau, contenant deux, six, dix ou douze gouttes d'alcali volatil, et même plus, si l'individu est robuste. Les boissons excitantes et les antispasmodiques, tels que le vin de Madère, les vins vieux, les potions éthérées, ont été souvent utiles; on aura soin de tenir le malade dans un lit bien couvert, et lorsqu'il suera, il faudra éviter de le refroidir, en voulant le panser et le faire boire. S'il survenait des spasmes, la jaunisse, des vomissements bilieux, il faudrait administrer l'ipécacuanha ou l'émétique. Enfin, dans le cas ou la gangrène ferait des progrès rapides, il faudrait recourir aux antiseptiques puissants. Il est inutile de faire observer qu'on ne doit permettre l'usage d'aucun aliment solide dans les premiers temps de la maladie. Lorsque l'individu commencera à être tourmenté par la faim, on lui accordera des soupes légères, peu copieuses d'abord, mais fréquemment renouvelées lorsque ses forces commenceront à revenir.

(*Extrait de la toxicologie de M. Orfila.*)

N° 906. *Piqûre des Scorpions.*

On ne trouve de scorpions en France que dans les provinces méridionales. La piqûre de ces insectes occasionne des douleurs assez vives ; mais elle est très rarement suivie d'accidents graves. Ses effets les plus ordinaires sont une marque rouge qui s'agrandit un peu et noircit légèrement vers le milieu, et qui est ordinairement suivie de douleurs, d'inflammation plus ou moins considérables, d'enflures, et quelquefois de pustules ; quelques personnes éprouvent de la fièvre, des frissons et de l'engourdissement ; on a aussi remarqué le vomissement, le hoquet, des douleurs par tout le corps, et le tremblement.

N° 907. *Traitement.*

Les accidents occasionnés par la piqûre des scorpions se dissipent souvent d'eux-mêmes ; mais il est toujours plus prudent de recourir à l'emploi des moyens qui peuvent empêcher les accidents de se développer ; ainsi on appliquera sur la piqûre une compresse trempée dans l'alcali volatil étendu d'eau, on fera boire à l'individu piqué, de 3 à 5 gouttes d'alcali volatil, dans une tasse d'infusion de feuilles d'oranger, de fleurs de tilleul ou de fleurs de sureau. Si on ne peut pas se procurer dans le moment de l'alcali volatil, on pourra mettre sur la piqûre des feuilles de plantes crucifères écrasées (le cresson de fontaine et alenois, les raves et radis, le raifort, la roquette, la moutarde, etc.); enfin, on emploiera, pour diminuer l'inflammation, les topiques doux et émollients, et les huileux.

(*Toxicologie de M. Orfila.*)

N° 908. *Piqûre des Araignées.*

La piqûre des araignées est peu dangereuse ; presque tous les effets se bornent à une enflure livide autour de la partie piquée ; cette enflure est quelquefois accompagnée d'une petite éruption. La douleur locale est assez vive, lorsque l'araignée est très grosse.

Dans le cas de piqûre par une araignée, on lavera la partie blessée avec de l'eau salée, et on y appliquera une compresse trempée dans la même eau. On pourra aussi y appliquer de la thériaque, et en faire prendre un gros à l'intérieur.

N° 909. *Brûlures.*

C'est à l'inflammation que déterminent les brûlures, plutôt qu'aux brûlures elles-mêmes que sont dus les accidents graves qui en résultent ordinairement lorsqu'elles sont considérables. Il faut donc porter ses premiers soins sur l'emploi des moyens propres à diminuer l'inflammation, ou même à l'empêcher de naître.

On arrosera donc la partie brûlée avec de l'eau froide, sans le moindre délai. Si la partie est couverte d'un vêtement, on commencera par l'imbiber d'eau froide, jusqu'à ce qu'elle pénètre à la brûlure ; ou mieux encore, on plongera le membre atteint tout entier dans l'eau froide. Si on n'a pas d'eau froide sous la main, on enlèvera de suite le vêtement, et l'on appliquera sur la brûlure un corps froid, et s'il est possible, de nature métallique. Par ces moyens on empêchera la continuité d'action du corps brûlant, et on dégagera la peau de l'excès de calorique dont elle est imprégnée.

Lorsque la brûlure sera à nu, on la couvrira avec des compresses trempées dans l'eau la plus froide, même à la glace, et qu'on renouvellera de minute en minute, ou qu'on arrosera pardessus, ce qui vaut mieux. Si l'on peut se procurer de l'alun, on en fera dissoudre dans l'eau froide, et on appliquera sur la brûlure une compresse trempée dans cette solution ; on arrosera fréquemment la compresse pendant la première heure, sans la lever, et pendant les cinq ou six heures suivantes on aura soin de ne pas la laisser dessécher. Ces moyens, et surtout l'emploi de l'eau d'alun, suffiront souvent pour prévenir les suites que pourraient avoir des brûlures très fortes. Voici un fait dont nous avons été témoin.

M....., étant occupé à suivre une opération de teinture, fut brûlé au-dessus du pied et à la partie antérieure de la jambe, par un jet que la violence de l'ébullition fit sortir de la cuve qui, étant montée pour teindre en ponceau, était chargée d'une assez grande quantité de composition (muriate d'étain) et de crème de tartre. M.... commença par plonger sa jambe dans l'eau froide pendant un instant, il ôta ensuite son bas. L'épiderme était soulevé à l'endroit des deux brûlures; dans un espace d'environ deux pouces à deux pouces et demi de diamètre. Les deux brûlures furent bassinées de suite avec de l'eau d'alun, et on les couvrit avec des compresses trempées dans la même eau; rentré chez lui, M...... continua à arroser les compresses avec de l'eau d'alun; ensuite il les assujétit avec des bandelettes et ne fit plus rien. Il continua à vaquer à ses affaires, sortit à pied, et n'éprouva d'autres suites de ses blessures, qu'un peu de gêne occasionnée sur le coude-pied, par la croûte épaisse et inflexible qui s'était formée sous les compresses. Ces croûtes tombèrent d'elles-mêmes au bout de quinze jours. M..... avait été obligé de garder la chambre pendant un mois, par suite d'une brûlure assez légère, qui avait été traitée par les moyens ordinaires.

A défaut d'eau d'alun, qu'on ne peut pas toujours se procurer à l'instant, on appliquerait sur les brûlures de la pulpe crue de pommes-de-terre, qu'on renouvellerait fréquemment pendant la première heure. Cette pulpe agit, et par le froid qu'elle porte sur la partie brûlée, et par le principe astringent qu'elle contient.

Si, malgré l'emploi des moyens ci-dessus, la plaie venait à supuration, on la panserait avec le cérat dessiccatif ou avec le baume de Geneviève.

N° 910. *Contusions.*

Ce qu'on peut faire de mieux lorsqu'on reçoit une contusion, c'est d'y appliquer sur-le-champ des compresses trempées dans l'eau la plus froide, où l'on fera dissoudre du sel. On arrosera fréquemment la compresse, jusqu'à ce que l'inflammation et l'enflure qui ont pu se manifester dans le premier moment, soient dissipées. Si on peut se procurer de la glace, on s'en servira pour refroidir l'eau, ou bien on la pilera, on la fera fondre avec du sel, et on se servira de cette eau salée, dont la température sera au-dessus de zéro, pour imbiber des compresses dont on couvrira la place contuse.

Voici deux faits qui prouvent les heureux effets de l'emploi de la glace, dans des cas de contusions graves.

M.... tomba en avant, en descendant rapidement un escalier de jardin en briques. Tout le poids du corps porta sur le genou droit. Le choc fut si violent, que le pantalon, un caleçon et le bas furent coupés sur toute la surface du genou, et la peau déchirée par des fragments de brique qui y étaient restés adhérents. La douleur fut extrême, et il se manifesta, presque instantanément, une enflure considérable. On appliqua de suite sur la contusion des compresses trempées dans l'eau à la température de la glace, et fortement salée. Les compresses furent fréquemment renouvelées ou arrosées pendant deux heures. Au bout de ce temps, le genou ne présentait aucune apparence d'inflammation ou d'enflure; la jambe se pliait facilement et sans douleur bien sensible. Le lendemain, il ne restait d'autre trace de l'accident, qu'un peu de sang extravasé qui colorait la peau.

M......, payeur du corps des troupes françaises, envoyé en Espagne en 1801, pour concourir à la guerre contre le Portugal, se promenant, à l'issue de son dîner, sur un cheval très fougueux, fut jeté, la tête la première, sur un parapet de granit. Il resta sur la place sans connaissance : rapporté chez lui dans le même état, on allait le saigner, malgré l'état de plénitude de l'estomac, lorsque le médecin en chef du corps d'armée survint à propos, et prescrivit l'application de la glace pilée avec du sel sur la tête ; dès la première application, le blessé recouvra toute sa connaissance. On continua les applications de la glace pendant la soirée et la nuit, et le lendemain le malade put se livrer au travail. Quelques jours suffirent pour cicatriser entièrement les déchirures qui avaient été faites au cuir chevelu.

Dans le cas de contusions accompagnées de fracture ou de luxation, l'application de l'eau froide, souvent réitérée, est encore ce qu'on peut faire de mieux en attendant qu'on ait pu se procurer les secours d'un homme de l'art. On diminue par-là, et souvent l'on prévient tout-à-fait l'enflammation des membres fracturés ou luxés, ce qui rend plus faciles et moins douloureuses les opérations du chirurgien.

Nº 911. *Indigestions.*

Lorsque l'indigestion est légère, et qu'elle provient plutôt d'une faiblesse de l'estomac que de la quantité ou de la qualité des aliments pris, quelques gouttes d'éther sulfurique sur un morceau de sucre, ou quelques tasses d'une légère infusion de thé, dans laquelle on ajoute une cuillerée d'eau-de-vie, suffisent pour la dissiper.

Si l'indigestion a lieu après qu'on a mangé une grande quantité d'aliments, et surtout d'aliments peu digestibles ; si on éprouve un sentiment de plénitude et de pesanteur à l'estomac, il faut recourir au vomissement : on peut le provoquer en irritant la gorge ou en avalant un ou deux verres d'eau tiède dans lesquels on fait fondre un ou deux grains d'émétique. On détermine par-là la sortie des matières alimentaires contenues dans l'estomac, ce qui amène de suite un grand soulagement.

Lorsque l'indigestion est accompagnée d'ivresse profonde, comme il est très difficile de faire boire le malade, il suffit, dans la plupart des cas, de lui frotter l'entrée de la gorge avec les barbes d'une plume, pour exciter le vomissement. On doit aussi, dans ce cas, tenir le malade assis, la tête penchée en avant, ou au moins couché sur le côté, pour prévenir l'introduction dans la trachée-artère, des substances rejetées par le vomissement.

N° 912. *Coupures et Plaies simples.*

Toutes les eaux vulnéraires, les baumes, les emplâtres compliqués qu'on emploie souvent pour les coupures et les plaies simples, faites avec un instrument tranchant, sont toujours inutiles et font souvent du mal.

Il suffit, pour guérir ce genre de blessures, de les tenir rapprochées et de les mettre à l'abri du contact de l'air.

Si la plaie est nette il faut de suite en rapprocher les bords, et les tenir en contact, soit avec un morceau de taffetas d'Angleterre, soit avec un morceau de toile qu'on colle sur la peau au moyen d'un emplâtre agglutinatif, ou à défaut d'autre chose, avec de la cire ou même de la poix qu'on étend sur ses bords. On recouvre ensuite le tout avec une compresse et une bandelette de toile, qu'on évite de trop serrer, pour ne pas gêner la circulation.

Si la plaie est très étendue, et qu'on n'ait pas sous la main ce qui est nécessaire pour contenir les bords en contact l'un avec l'autre, on peut obtenir le même effet par une disposition convenable de bandes et de compresses.

Pour cela, tandis qu'une personne rapproche avec les mains les bords de la plaie, une autre la couvre d'une compresse, et place des deux côtés de la plaie, et l'une sur l'autre, plusieurs petites compresses, qui vont toujours en diminuant; on passe ensuite sur le tout, une bandelette, qui sans être trop serrée, agit suffisamment sur les bords de la plaie, au moyen des compresses latérales, pour qu'elles ne puissent pas s'écarter.

Lorsque la plaie est salie par de la terre ou par d'autres substances qui y sont introduites, ou lorsque le sang s'est caillé à la surface, il faut la laver avec de l'eau pure, avant d'en rapprocher les bords.

S'il y a un lambeau de chair qui soit encore adhérent par une partie si petite qu'elle soit, il faut bien se garder de le détacher, mais le remettre sur la plaie, et couvrir le tout d'une compresse et d'une bandelette.

On doit éviter l'action du froid sur les plaies : rien ne contribue plus à les consolider que la chaleur.

Dans les plaies de tête, qui sont toujours plus effrayantes que dangereuses, il faut nécessairement couper et même raser les cheveux tout autour de la plaie.

Nº 913. *Cors.*

Tous les remèdes, pour les cors, sont inutiles, si on n'éloigne pas la cause qui les fait naître. Cette cause réside dans la forme des souliers, qui est rarement appropriée à celle des pieds. La meilleure chaussure, pour prévenir les cors, c'est celle qui, embrassant bien le pied par son milieu, le tient dans une position invariable, et qui, en même temps, est assez longue et assez large par le bout, pour que les orteils puissent s'étendre à l'aise, sans éprouver à chaque pas le frottement du soulier.

On a publié beaucoup de remèdes contre les cors. Quelques-uns sont très bons et suffiraient pour les détruire, si la cause dont je viens de parler ne les faisait renaître; mais précisément parce qu'ils renaissent à mesure que le remède agit, il y a rarement de cure complète, à moins qu'on ne se détermine ou qu'on ne soit forcé à garder la chambre. De là, il résulte qu'on est assez généralement disposé à ne voir, dans ces remèdes, que de simples palliatifs. Comme tels, ils ont le bon effet d'alléger des douleurs très vives, et de rendre la marche plus facile.

Voici les recettes de deux de ces remèdes, dont l'emploi a toujours eu des résultats avantageux.

Emplâtre de galbanum, Safran, Gomme ammoniaque, Diachylon gommé,	de chaque.	2	gros.
Ammoniaque (alcali volatil).		1/2	once.
Camphre.		1	once.
Opium.		8	grains.

Faites du tout un emplâtre.

On étend cet emplâtre sur un linge qui n'a que l'étendue nécessaire pour couvrir le cor.

Avant de l'appliquer, on prend un bain de pieds, et on coupe le cor aussi près qu'il est possible, sans le faire saigner.

Autre.

Faites digérer de l'encens dans de fort vinaigre, jusqu'à ce qu'il soit assez amolli pour pouvoir s'étendre; couvrez-en un morceau de peau que vous mettrez sur le cor, préalablement coupé à la suite d'un bain de pieds.

Comme ces emplâtres ont toujours une certaine épaisseur, ils rendent quelquefois plus sensible la pression du soulier. Pour remédier à cet inconvénient, voici le moyen qu'il faut employer.

Faites un rond avec un morceau de peau un peu épaisse, mais très douce; enlevez, dans le milieu, un morceau aussi grand que l'emplâtre placé sur le cor. Il vous restera une zone qui doit avoir deux à trois lignes de large; enduisez-la avec de l'emplâtre diachylon, que vous amollirez au feu.

Placez ensuite cette zone sur l'orteil attaqué, de manière qu'elle enveloppe l'emplâtre et qu'elle déborde un peu. Par ce moyen, aucune pression n'aura lieu sur le cor.

L'emploi de ce seul moyen, continué pendant long-temps, a suffi souvent pour faire disparaître des cors très anciens.

CONSERVATION

DES SUBSTANCES ALIMENTAIRES.

N° 914. *Choucroûte.*

Manière de la préparer.

Pour faire la choucroûte, il faut prendre les choux pommés les plus durs, et en ôter toutes les feuilles vertes; on les coupe en tranches minces, à l'aide d'un instrument qui consiste en une planche qui a, à son milieu, une ouverture transversale, longue et étroite, dans laquelle est insérée obliquement une lame d'acier, dont le tranchant, en biseau, s'élève d'une demi-ligne, à une ligne au plus, au dessus de la planche; c'est absolument la doloire des tonneliers et des layetiers. On pousse les choux sur cette planche, qu'on a fixé sur un baquet; et, à chaque passage sur le fer, il s'en détache une tranche, dont l'épaisseur est déterminée par l'élévation du fer au-dessus de la planche.

Lorsqu'on a ainsi coupé la quantité de choux qu'on veut préparer, on les laisse fermenter dans le baquet pendant douze heures au moins, et vingt-quatre heures au plus; au bout de ce temps, on les presse fortement dans un baquet, jusqu'à ce qu'ils soient tout-à-fait dégagés de leur eau.

On garnit d'une couche de sel le fond d'un tonneau très légèrement conique et ouvert par en haut (de grands vases cylindriques en grès vaudraient beaucoup mieux). On met sur le sel une couche de choux; on la saupoudre d'une poignée de sel, une pincée de poivre, et quelques grains de genièvre bien mûrs; on remet une nouvelle couche de choux; on saupoudre de sel, poivre et genièvre, et on continue ainsi jusqu'à ce que le tonneau soit plein aux trois quarts. On pose, sur la dernière couche, un couvercle avec de fortes traverses et une poignée, le tout attaché avec des chevilles de bois. Le diamètre de ce couvercle doit être égal au plus petit diamètre du tonneau; on charge ce couvercle avec des pierres formant un poids de 75 à 100 liv. Il ne faut pas employer de pierres calcaires, parce que l'acide qui se forme par la fermentation des choux les attaquerait: de gros cailloux, du grès dur, ou toute matière non attaquable par les acides, sont ce qui convient le mieux.

Après une semaine, les choux ont déjà rendu assez d'eau pour qu'elle monte au-dessus du couvercle; dès qu'il se forme une croûte sur cette eau, les choux sont bons à employer: on enlève cette croûte, on retire les pierres et le couvercle, et on prend, avec une fourchette de bois, la quantité de choucroûte dont on a besoin; on unit la superficie de ce qui reste dans le tonneau; on remet le couvercle, et on le charge de pierres comme auparavant.

Comme le couvercle n'est pas tout-à-fait aussi grand que le tonneau, et qu'il ne faut pas que la choucroûte soit en contact avec l'air, la première fois qu'on le retire, et ensuite jusqu'à la fin, on met sur ces bords un torchon mouillé, qu'on appuie avec soin contre les parois du tonneau; et chaque fois qu'on prend de la choucroûte, on lave ce torchon avec de l'eau fraîche avant de le replacer. Il faut aussi nettoyer et bien essuyer avec des torchons secs, les parties du tonneau qui se trouvent à découvert, à mesure qu'il se vide. Si la saumure est très abondante, on en retire: il suffit que la choucroûte en soit couverte et y baigne.

Le tonneau qui contient la choucroûte doit être placé dans une cave, ou au moins dans un cellier très frais. Si on le met à la cave, il faut qu'elle soit aérée et point humide.

Pour mieux empêcher encore le contact de l'air avec la choucroûte, il est bon de couvrir le haut du tonneau avec un couvercle emboîtant.

Le couvercle intérieur étant sujet à se déjeter, tant par l'effet de la pression que par l'action de la saumure acide, on fera bien de le composer de deux couches de planches d'un pouce d'épaisseur, dont les fils seront croisés à angle droit : on les assemblera avec des chevilles de bois.

N° 915. *Bœuf salé.*

(Voy. n° 110 *bis.*)

N° 916. *Beurre salé.*

(Voy. n° 666.)

N° 917. *Beurre fondu.*

(Voy. n° 664.)

N° 918. *Cochon salé.*

(Voy. n° 362.)

N° 919. *Marmelade de Tomates.*

(Voy. n° 22.)

N° 920. *Morilles.*

(Voy. n° 616.)

N° 921. *Mousserons.*

(Voy. n° 617.)

N° 922. *Cornichons.*

(Voy. n° 19.)

N° 923. *Culs d'Artichauts.*

(Voy. n° 20.)

N° 924. *Verjus.*

(Voy. n° 24.)

N° 925. *Cuisses d'Oies.*

(Voy. n° 472.)

N° 926. *Choux confits au Vinaigre.*

Ce sont ordinairement des choux rouges qu'on conserve de cette manière ; coupez-les en tranches épaisses d'un doigt, après en avoir ôté les trognons ; faites-les blanchir un quart d'heure à l'eau bouillante ; retirez-les à l'eau fraîche ; exposez-les ensuite à un courant d'air sur des claies à claire-voie et suspendues; quand ils seront parfaitement égouttés et ressuyés, arrangez-les dans des pots de grès, de manière qu'ils laissent le moins de vide possible; semez sur chaque couche, du sel, du gros poivre, quelques clous de girofle et des grains de genièvre; remplissez ensuite le pot avec de fort vinaigre; mettez sur les choux une pierre non soluble dans les acides, ou au moins des carreaux de terre cuite, pour les empêcher de surnager; couvrez les pots avec un rond d'ardoise, et pardessus une feuille de parchemin mouillé, pour qu'elle s'applique mieux; conservez les pots en lieu sec. Des vessies de cochon ou de bœuf, bien lavées, valent encore mieux, pour couvrir, que le parchemin. Si vous n'êtes pas sûr de la force de votre vinaigre, ajoutez-y un quinzième d'eau-de-vie. Ces choux se servent comme hors-d'œuvre.

N° 927. *Haricots verts.*

Choisissez-les biens tendres, et épluchez-les sans y laisser de filets; faites-les blanchir à l'eau bouillante pendant un quart d'heure; jetez-les dans beaucoup d'eau froide, et ne les en retirez que lorsqu'ils seront entièrement refroidis, ensuite égouttez-les et étendez-les sur des claies suspendues et à claire-voie, pour qu'ils se ressuient bien. Il est bon de choisir, pour toutes les opérations de ce genre, un jour où l'air est sec et vif; car, moins les légumes blanchis portent d'eau dans leur saumure ou dans leur vinaigre, mieux ils se conservent.

Vous aurez préparé à l'avance une saumure composée de trois parties d'eau, une partie de vinaigre et une demi-livre de sel par pinte de liquide, c'est à peu près tout ce qu'il en peut prendre; arrangez les haricots dans des pots de grès, en les couchant les uns contre les autres, pour qu'ils laissent moins de vide; couvrez-les d'un ou deux carreaux de terre cuite pour les empêcher de surnager; remplissez les pots avec la saumure, et couvrez-les avec des ronds d'ardoise, recouverts eux-mêmes de feuille de parchemin ou de vessie.

Lorsqu'on veut s'en servir, on les fait tremper une demi-heure dans de l'eau bien chaude, sans être bouillante; on les jette ensuite dans l'eau froide, où on les laisse jusqu'au moment de les préparer.

N° 928. *Petits Pois et petites Fèves.*

Prenez les petites fèves lorsqu'elles ne sont pas plus grosses que les plus gros pois. La fève de marais est très bonne à conserver; mais l'espèce qui est verte est encore meilleure.

Pour les pois, il faut choisir les pois carrés verts, ou les pois carrés blancs, qui viennent à la fin de l'été et au commencement de l'automne, surtout les prendre bien tendres et fondants, quoique peut-être un peu gros, en raison de leur espèce.

Les fèves et les pois se traitent de la même manière.

Plongez-les une minute à l'eau bouillante et ensuite à l'eau fraîche; égouttez-les et ressuyez-les en les étendant pendant quelques heures sur des châssis suspendus et garnis de canevas.

Mettez-les ensuite dans un four doux, sur des claies garnies de feuilles de papier; laissez-leur prendre la température du four; exposez alors les claies à un courant d'air jusqu'à ce que les légumes soient refroidis; remettez les claies au four; exposez-les encore à l'air, et continuez ainsi, jusqu'à ce que les fèves ou les pois soient parfaitement secs, non pas à l'état cassant, mais à peu près comme sont les haricots séchés naturellement.

Il est inutile de dire qu'il faut de temps en temps brûler quelques broussailles dans le four, pour le réchauffer, mais toujours modérément.

Il faut, pour bien faire, que les pois et les fèves soient cueillis et desséchés dans la même journée; s'il ne l'étaient pas, on les laisserait pendant la nuit dans le four.

On renferme les pois et les fèves dans des bouteilles bien nettes et bien sèches; on met dans chaque bouteille de fèves un bouquet de sarriette, qu'on a aussi fait sécher.

Quand on veut se servir de ces légumes, on les fait tremper pendant quelques heures dans de l'eau tiède, ou, dès la veille, dans de l'eau froide. On jette l'eau des fèves et on les accommode à l'ordinaire; quant aux pois, on les couvre à peine d'eau; ils l'absorbent en totalité, et on les prépare comme des petits pois frais.

Les légumes ainsi préparés sont tout aussi bons que s'ils venaient d'être cueillis.

N° 929. *Observation.*

Le moyen indiqué ci-dessus pour la dessication des pois et des fèves, qui consiste dans le passage alternatif du four à l'air libre et de l'air libre au four, est le seul par lequel on peut opérer, en leur conservant de la saveur et de la mollesse, la dessication des fruits, tels que les prunes de toutes espèces, les cerises, les abricots communs (et non les abricots-pêches qui ont trop d'eau), les pommes et les poires. On sent que le degré de chaleur du four doit varier suivant l'espèce de fruits, ainsi que le temps pendant lequel on doit les y laisser; on n'entrera dans aucun détail à ce sujet; il suffit d'avoir exposé le principe. Il ne faudra pas beaucoup de tâtonnements pour en faire l'application.

N° 930. *Oseille confite.*

Lavez votre oseille à grande eau; faites-la égoutter et hachez-la; mettez-la dans un grand chaudron, avec un bon morceau de beurre et du sel en suffisante quantité; faites fondre votre oseille à grand feu, en remuant sans cesse avec une large spatule de bois; lorsqu'elle commence à réduire, modérez un peu le feu, et continuez l'évaporation, en remuant toujours vivement le fond du chaudron, jusqu'à ce que l'oseille soit cuite suffisamment; laissez-la refroidir à moitié, et emplissez-en des pots de deux à trois livres, afin que, lorsqu'ils seront entamés, ils ne restent pas long-temps en vidange.

Lorsque l'oseille est totalement refroidie, couvrez chaque pot avec du beurre fondu, de l'épaisseur d'un doigt; pour bien faire, il faut que l'oseille remplisse le pot à un doigt près, de sorte que le beurre que vous ajouterez achèvera de le remplir jusqu'à fleur du bord; vous poserez sur chaque pot un rond d'ardoise qui touchera au beurre; et par-dessus vous attacherez une feuille de parchemin ou une vessie mouillée. Par ce moyen, l'oseille et le beurre étant soustraits au contact de l'air, l'un et l'autre se conservent en bon état.

N° 931. *Pommes-de-Terre.*

Les pommes-de-terre ne se conservent qu'autant qu'elles sont à l'abri de la gelée et soustraites au contact de l'air.

Le moyen qui réunit plus sûrement ces deux conditions, c'est de les mettre dans un trou creusé dans la terre sèche, et, après les avoir recouvertes d'un lit de paille; de jeter par-dessus toute la terre qui est sortie du trou; de cette manière, qui convient également à toutes les racines, on les conserve d'une année à l'autre parfaitement saines, et sans qu'elles donnent aucune marque de végétation.

Ce moyen, qui ne peut être employé en grand que dans les campagnes, peut l'être en petit dans les villes; il ne s'agit que de creuser un trou dans la cave, et d'y renfermer les pommes-de-terre qu'on veut conserver; on peut encore les enterrer sous un grand monceau de sable le plus sec possible; mais il faut qu'elles en soient bien amplement couvertes, sans quoi elles pousseront des tiges et des racines avec d'autant plus de vigueur, que la cave sera moins éclairée.

N° 932. *Prunes confites au Vinaigre.*

Il faut prendre pour confire des prunes charnues qui ne soient pas juteuses, comme les damas violets, les perdrigons, etc. On leur coupe la moitié de la queue; on les essuie pour leur enlever la fleur, et on les perce cinq ou six fois d'outre en outre avec une aiguille longue et fine; on les met à fur et à mesure dans un vase de grès. Pour chaque livre de prunes on met six onces de sucre, un demi-gros de cannelle, un demi-gros de girofle, et autant de fort vinaigre qu'il en faut pour couvrir les prunes; on fait bouillir un instant le sucre, la cannelle et le girofle avec le vinaigre; on verse le tout bouillant sur les prunes, et on ferme le vase; on répète le lendemain et le surlendemain la même opération. On ferme le vase hermétiquement, et on le conserve en lieu sec.

Ces prunes se servent comme hors-d'œuvre au lieu de cornichons; on peut les employer avec avantage dans beaucoup de ragoûts.

On prépare aussi de la même manière des cerises, et surtout des griottes.

N° 933. *Conservation des Fruits en général.*

A la campagne on prend beaucoup de soin pour conserver des fruits pendant tout l'hiver; on y parvient plus ou moins, et souvent on y voit servir à la fois les fruits de deux années différentes. Dans les grandes villes on a rarement cette prévoyance; on achète des fruits à mesure du besoin, et comme leur prix augmente progressivement, il arrive un moment où l'on est obligé de faire une dépense excessive pour se procurer une chose qui est toujours agréable et souvent nécessaire. Cette imprévoyance tient sans doute à la difficulté de disposer, dans des logements toujours assez étroits, d'un emplacement convenable; mais elle doit être aussi le résultat de l'ignorance où l'on est généralement des moyens les plus simples à employer pour la conservation des fruits; car dans tous les ménages un peu aisés, on manque rarement de ce qui est strictement nécessaire pour conserver une provision de fruit suffisante. L'exposition de ces moyen, avec le développement des principes sur lesquels ils sont fondés, ne sera donc pas déplacée ici.

Les seuls fruits qu'on peut conserver pendant l'hiver sont ceux qu'on est obligé de cueillir avant leur maturité, qui, dans notre climat, ne peut s'accomplir sur l'arbre même. Il n'y a qu'une exception à cette règle, c'est le raisin, qui, quoique parfaitement mûr, se conserve très bien. Il ne s'agit donc, pour conserver les fruits, que de retarder le plus possible leur complète maturité, car il y a cela de remarquable dans les fruits, que ceux qui acquièrent leur maturité après avoir été séparé de l'arbre, restent ensuite pendant long-temps dans un état stationnaire, tandis que ceux qui mûrissent naturellement, passent avec une rapidité extrême à un état de décomposition qui semble être indispensable pour l'entière maturité des graines dont les fruits charnus ne sont que l'enveloppe.

Or, puisque la maturité naturelle des fruits a lieu par le concours de l'air, de la chaleur et de la lumière, il est évident qu'on retardera d'autant plus cette maturité, qu'on parviendra à les soustraire plus entièrement à l'influence des trois agents qui tendent à l'accélérer. D'après ce principe, qui est incontestable, il sera facile d'apprécier la bonté relative des méthodes qui vont être proposées, et chacun pourra choisir celle qui convient le mieux à sa position locale.

1° Enveloppez séparément de belles poires ou de belles pommes avec une feuille de papier collé, dont vous tordez les extrémités, que vous lierez fortement avec une ficelle, de manière à intercepter à l'air tout accès dans l'intérieur de la feuille; suspendez-les au plancher d'une chambre ou d'un cabinet peu éclairé, et où on ne fait pas de feu, ou bien suspendez-les sous les planches d'une armoire placée aussi dans une chambre sans feu.

Si vous craignez la gelée dans les grands froids, mettez dans la chambre un réchaud avec des charbons allumés. Cela suffira pour empêcher les fruits d'être atteints de la gelée; mais cela suppose aussi que personne ne couche dans la chambre.

Il faudrait un froid extrême et très prolongé, pour que des fruits pussent geler dans une armoire.

2° Ayez une armoire garnie de planches à quatre ou cinq pouces les unes des autres; couvrez les planches d'une couche de mousse bien sèche et battue; posez vos fruits sur cette mousse; espacez d'un bon pouce.

3° Si vous pouvez disposer d'un petit cabinet exposé au nord;

calfeutrez-en la fenêtre et la porte; faites garnir les murs de planches espacées de six pouces; couvrez les planches avec de la mousse, ou au moins avec des feuilles de papier, et arrangez-y vos fruits sans qu'ils se touchent. Dans les très grands froids, vous couvrirez les fruits avec des feuilles de papier, sur lesquelles vous étendrez un peu de paille longue; vous clouerez des toiles devant les planches; vous garnirez la fenêtre et la porte de paillassons, et moyennant ces précautions, les fruits ne seront pas atteints de la gelée. N'ouvrez jamais la fenêtre du fruitier tant qu'il contient du fruit, et la porte que lorsque cela est nécessaire; retirez à mesure tous les fruits qui se gâtent; ils sont alors dans un état de fermentation qui pourrait se communiquer aux fruits sains.

Si le local dont vous pouvez disposer est situé au rez-de-chaussée, il n'en sera que plus propre à la conservation des fruits.

4° Les fruits se conservent très bien dans une cave sèche; il faut les mettre à l'abri des rats, qui ne les mangent guère, mais qui les rongent jusqu'au cœur pour en avoir les pepins; et surtout il faut les disposer de manière qu'ils n'occupent pas une place utile pour autre chose, ces deux conditions seront remplies par le moyen suivant.

Faites attacher, en travers de la cave, avec du fort fil d'archal, à six pieds de distance l'un de l'autre, et à six pieds du sol, deux bouts de perches de deux pouces et demi à trois pouces de diamètre; posez des planches sur ces perches; vous aurez ainsi une véritable soupente, sur laquelle vous pouvez arranger vos fruits, et qui ne gênera en rien le service de la cave; il est bon de couvrir la soupente avec une toile suspendue, pour retenir la poussière qui peut tomber de la voûte de la cave.

Malgré la suspension par des fils d'archal, les rats pourraient encore atteindre la soupente; il y a un moyen bien simple de les en empêcher, c'est d'enfiler sur les fils d'archal des goulots de bouteilles cassées.

S'il y avait plusieurs soupiraux à la cave, il faudrait n'en laisser qu'un seul ouvert et fermer tous les autres, afin qu'il n'y ait pas un courant d'air continuel.

Nº 934. *Conservation du Chasselas.*

Le chasselas est un fruit si excellent, si agréable pendant l'hiver, si utile quelquefois pour des malades, qu'on ne saurait prendre trop de soin pour sa conservation.

La manière ordinaire de le suspendre ne vaut rien : il se ride, il se couvre de poussière, et s'il n'est pas gâté au bout de très peu de temps, il a perdu presque toute sa qualité.

Il se conserve infiniment mieux enveloppé dans des sacs de papier. On passe un fil à l'extrémité de chaque grappe opposée à la queue; on l'introduit dans un sac suffisamment grand, dont on fronce les bords autour du fil; on serre le froncis avec une ficelle, et on suspend le sac au plancher ou dans la fruiterie.

Il se conserve dans toute sa fraîcheur dans les armoires, surtout s'il est renfermé dans des tiroirs de trois à quatre pouces de profondeur. On peut le poser sur le bois, sur des feuilles de papier collé (le papier non collé et le papier gris ne valent rien, parce qu'ils absorbent l'humidité), ou sur de la fougère sèche, dont on retranche les grosses côtes.

Quel que soit le procédé dont on fait usage, il faut, pour que le raisin se conserve, en retrancher tous les grains moisis, fendus, ou seulement séparés en partie de leur queue, et éclaircir, avec des ciseaux, les parties de la grappe où les grains sont serrés les uns contre les autres; on les expose ensuite au soleil, pour les faire ressuyer, avant de les enfermer dans des sacs ou dans des armoires.

Si on fait, d'après ce qui a été dit dans l'article précédent, une soupente à la cave pour y mettre les fruits à pepins, on peut garnir tout le dessous avec des raisins en sacs, qui s'y conserveront très bien.

N° 935. *OEufs.*

Les œufs peuvent se conserver très long-temps, pourvu qu'ils soient soustraits au contact de l'air. M. de Réaumur proposait de les enduire de cire ou de vernis à l'esprit-de-vin; ce moyen de conservation est sans doute le plus puissant, car des œufs ainsi enduits se sont trouvés, après plusieurs mois, non-seulement frais et pleins, mais même propres à l'incubation, lorsqu'ils étaient débarrassés de la couche de cire ou de vernis qui les recouvrait; mais l'emploi d'un tel moyen serait long et coûteux; il faut en chercher un autre qui soit plus applicable à l'économie domestique.

Dans les campagnes, on met les œufs, par couches, dans un tonneau sur un lit de cendres; on a soin qu'ils ne se touchent pas; on les recouvre avec des cendres, on met encore des œufs, ensuite des cendres, et on continue ainsi jusqu'à ce que le baril soit plein.

Ils se conservent assez bien de cette manière; mais ils se vident un peu.

Ils se conservent mieux lorsqu'on les enveloppe de papier et qu'on les recouvre avec de la menue paille d'avoine, ou avec du sable bien sec.

Tous ces moyens sont bons; mais il en est un plus sûr encore, et qui commence à être employé en grand, pour l'approvisionnement de Paris; c'est l'immersion dans l'eau bouillante.

On fait bouillir de l'eau dans un chaudron; on met une ou deux douzaines d'œufs dans une passoire qu'on plonge dans le chaudron; on la laisse pendant environ une minute, et on la retire avec les œufs. Il ne faut pas trop mettre d'œufs à la fois, parce qu'on suspendrait pendant trop long-temps l'ébullition de l'eau.

Par ce moyen une légère couche du blanc de l'œuf est coagulée, et elle forme sur la surface intérieure de la coquille une espèce d'enduit qui s'oppose à l'évaporation de la substance de l'œuf, et par conséquent au contact de l'air qui affluerait à travers la coquille, pour remplir le vide formé par l'évaporation.

Les œufs ainsi conservés peuvent être employés à tous les usages de la cuisine, excepté pour faire des œufs pochés, qu'on peut toujours, comme il a été dit n° 638, remplacer par des œufs mollets, dont on enlève adroitement la coquille.

N° 936. *Conservation des Substances alimentaires soumises à l'action du bain-marie en vase clos.*

L'essentiel pour la réussite de ce procédé, c'est de boucher hermétiquement les bouteilles dans lesquelles on renferme les substances à conserver : il faut choisir les meilleurs bouchons, les enfoncer à refus, les couper à quelques lignes au-dessus de l'ouverture du goulot, et les assurer au moyen de deux fils de fer croisés, comme cela se pratique pour le vin de Champagne. Lorsque les bouteilles sont ainsi préparées, on les met dans une chaudière au fond de laquelle on jette un peu de paille, on place aussi un peu de paille entre les bouteilles, afin qu'elles ne se choquent pas dans les mouvements que leur imprimera l'ébullition de l'eau; on couvre la chaudière, et on allume le feu. On entretient l'ébullition pendant plus ou moins de temps, selon la nature des substances à conserver; ensuite on retire le feu et on laisse refroidir l'eau; lorsque l'eau est presque froide, on retire les bouteilles, et quand elles sont bien ressuyées, on les goudronne si l'on veut, car si la bouteille est bien bouchée, cette précaution n'est pas indispensable.

Les bouteilles doivent être plongées dans l'eau du bain-marie, jusqu'à la bague.

Si les substances qu'on veut conserver sont liquides, on peut se servir des bouteilles ordinaires; mais si ce sont des légumes ou des fruits, il faut avoir des bouteilles dont l'ouverture soit plus grande, avec un petit cordon dans l'intérieur pour former un étranglement sur un bouchon.

N° 937. *Lait.*

Ajoutez au lait une once de sucre par pinte, et faites-le réduire à moitié; mettez-le dans des bouteilles que vous tiendrez au bain-marie bouillant pendant une heure.

N° 938. *Crème.*

Faites-la réduire au quart, sans addition de sucre; tenez-la au bain-marie pendant trois quarts d'heure.

N° 939. *Petits Pois.*

Prenez des petits pois qui ne soient pas trop fins, parce qu'ils se fondraient au bain-marie; mettez-les dans des bouteilles à mesure que vous les écossez; tassez-les un peu, mais n'emplissez pas tout-à-fait la bouteille; laissez-les au bain-marie bouillant pendant trois quarts d'heure.

N° 940. *Fèves de Marais.*

Choisissez-les lorsqu'elles ne sont encore grosses que comme de gros pois; mettez-les de suite en bouteilles; tassez-les en frappant avec la main sur les côtés; faites bouillir au bain-marie pendant une bonne demi-heure; n'oubliez pas de mettre dans chaque bouteille un petit bouquet de sarriette.

N° 941. *Haricots verts.*

Mettez dans des bouteilles de petits haricots verts bien épluchés de tous leurs filets; s'ils sont longs, cassez-les en deux ou trois; tenez-les pendant une heure au bain-marie bouillant.

N° 942. *Tomates.*

Coupez des tomates en morceaux et jetez-les dans une bassine posée sur un feu un peu ardent; quand elles seront bien fondues, vous les passerez au tamis ou dans un linge, avec expression; remettez ce qui a passé dans la bassine, et faites réduire jusqu'à consistance de sauce et un peu au-delà ; versez dans des bouteilles que vous tiendrez au bain-marie pendant un quart d'heure.

N° 943. *Abricots.*

Prenez des abricots mûrs, mais encore un peu fermes; coupez-les en quatre et saupoudrez-les de sucre, à raison de deux onces par livre de fruit; laissez-les macérer dans le sucre pendant deux heures; mettez-les avec le sucre dans des bouteilles que vous tiendrez au bain-marie jusqu'à ce qu'il ait jeté quelques bouillons.

N° 944. *Pêches.*

Traitez-les comme les abricots.

N° 945. *Prunes.*

Laissez entières les prunes de mirabelle; coupez en deux les prunes de reine-claude, et autres grosses espèces, et ôtez-en le noyau. Laissez-les au bain-marie, jusqu'à ce qu'il ait fait quelques bouillons; ajoutez aux prunes coupées une once de sucre par livre de fruit; faites macérer le fruit avec le sucre, avant de le mettre en bouteilles.

N° 946. *Fraises.*

Faites macérer pendant une heure des fraises avec moitié de leur poids de sucre en poudre fine; passez ensuite au tamis, en écrasant avec un spatule; mettez-la pulpe dans une bouteille; ajoutez-y un peu de jus de citron; bouchez, et laissez la bouteille au bain-marie, jusqu'à ce qu'il soit près de bouillir; retirez alors le feu, et laissez refroidir.

Suivez la même indication pour les framboises.

N° 947. *Sucs de Fruits.*

On exprime à la presse le suc des fruits; on le met en bouteilles, qu'on laisse au bain-marie bouillant pendant un quart d'heure. Ces sucs de fruits ainsi conservés servent à faire des sirops, des glaces, etc.

Au lieu de se borner à exprimer le suc des fruits, on pourrait y réunir la pulpe. Ce suc pulpeux serait préférable pour les glaces au sucre pur; pour cela, écrasez les fruits sur un tamis un peu clair; pressez avec une cuiller de bois, jusqu'à ce qu'il ne reste plus que les peaux et les fibres les plus grossières sur le tamis; ajoutez deux onces de sucre par livre de pulpe, et si elle provient de fruits à noyaux, quelques-unes de leurs amandes entières; mettez en bouteilles, et procédez comme pour le suc pur.

N° 948. *Consommé.*

Mettez dans une marmite deux livres de viande par litre d'eau; concassez tous les os que vous avez, soit de viande de boucherie, soit de volaille; mettez-les dans la marmite, avec des légumes et du sel; vous aurez ainsi un consommé très chargé; mettez-le en demi-bouteilles, ou dans des quarts, après l'avoir dégraissé et passé au tamis de soie; laissez les bouteilles pendant un quart d'heure au bain-marie bouillant.

Ce consommé, étendu avec le double et même le triple d'eau, vous donnera d'excellent bouillon, bien préférable à celui qu'on fait avec des tablettes.

Si vous voulez avoir un consommé plus concentré pour porter en voyage, faites réduire à moitié celui que vous tirez de la marmite avant de le mettre dans des bouteilles. Vous ponrrez alors l'étendre avec quatre ou cinq parties d'eau.

Comme il se prendra en gelée en refroidissant, pour en faire usage, vous ferez chauffer au bain-marie la bouteille qui le contient; lorsqu'il sera liquéfié, vous le verserez dans une tasse et vous ajouterez suffisante quantité d'eau bouillante.

N° 949. *Observation.*

Le procédé de coction au bain-marie en vase-clos est applicable, comme il a été dit ci-dessus, à toutes les substances végétales et animales; il les conserve toutes; on se bornera cependant ici aux applications contenues dans les articles qui précèdent, parce que ce sont les seules qui intéressent l'économie domestique; les autres ne sont guère qu'à l'usage de la marine; il n'y a de différence dans la manière de procéder que relativement aux viandes qui doivent être cuites aux trois quarts, et refroidies avant d'être enfermées dans les vases. La durée de l'immersion au bain-marie, pour les viandes, doit être d'une heure et demie à deux heures.

N° 950. *Conservation par les matières grasses.*

On conserve très bien et long-temps, pour l'usage de la marine, des perdrix, des cailles, des pigeons, des langues et du bœuf à l'écarlate, en les couvrant de saindoux; pour cela on fait cuire aux trois quarts, à la broche, les oiseaux, et en totalité, à la braise, les langues et le bœuf; on les arrange dans des pots de grès, de manière à laisser le moins de vide qu'il est possible, et on verse sur tout le saindoux fondu et très chaud; on couvre exactement les pots, lorsque le saindoux est refroidi.

On peut conserver aussi les viandes en les immergeant dans l'huile.

On les coupe par morceaux, qu'on pare et qu'on arrange dans des vases de grès, après les avoir trempés dans l'huile; on les comprime fortement, et on les couvre d'huile à l'épaisseur d'un ou deux doigts. On couvre hermétiquement les pots; par ce moyen la viande se conserve très fraîche pendant une année.

La chair de veau, surtout celle qui est courte, lorsqu'elle a été ainsi conservée dans l'huile, a tout-à-fait la saveur de celle de l'esturgeon.

Le saindoux et l'huile, employés à la conservation des viandes, n'ont perdu aucune de leurs qualités.

N° 951. *Du Garde-Manger.*

Un bon garde-manger doit être exposé au nord; s'il est à une autre exposition, il faut l'abriter complétement du soleil. Il est indispensable que l'air y circule; sans cela la viande y contracte ce goût particulier que l'on désigne par le nom de relan; toutes ses ouvertures doivent être fermées avec un canevas, ou mieux encore, avec une toile métallique assez serrée pour empêcher le passage des insectes, et assez claire pour ne pas gêner la circulation de l'air.

Le garde-manger le mieux disposé n'empêche pas la putréfaction rapide et presque instantanée des viandes, lorsque la chaleur est forte, l'air stagnant, et le temps disposé à l'orage. Il suffit alors quelquefois d'une heure ou deux pour altérer la viande la plus fraîche.

N° 952. *Désinfection des Viandes altérées.*

Le seul moyen de conservation qu'on peut employer dans ces temps-là, consiste à les enfouir dans le poussier de charbon, soit enveloppées dans du linge ou avec du papier, soit à nu, ce qui est préférable ; à la vérité, dans ce dernier cas, on les retire souillées de charbon ; mais on les en débarrasse facilement en les arrosant d'eau fraîche.

Si l'altération qu'ont éprouvée les viandes est peu profonde, un simple lavage à l'eau bouillante, ensuite avec du vinaigre, et enfin l'immersion dans l'eau froide, suffisent pour leur enlever tout mauvais goût.

Mais si l'infection a fait des progrès, enlevez d'abord la superficie de ce qui est gâté ; trempez-les pendant quelques instants dans l'eau bouillante, à laquelle vous aurez ajouté du vinaigre ; frottez-les ensuite dans l'eau froide ; si ces moyens ne suffisent pas, enveloppez votre viande dans un linge, après l'avoir totalement couverte de poussier de charbon lavé, et faites-la bouillir ainsi dans de l'eau pendant une demi-heure, plus ou moins, suivant le degré d'infection ; lavez-la à l'eau fraîche, et faites-la cuire dans de nouvelle eau, ou à la broche, suivant la destination que vous lui avez donnée.

Si c'est une volaille, remplissez tout le corps avec du charbon concassé et lavé ; et faites-la bouillir un quart d'heure avec toutes les précautions indiquées dans cet article.

CONDUITE DE LA CAVE.

Nº 953. *De la Cave.*

La meilleure cave est celle dont la température est la plus constante, qui n'est ni trop humide ni trop sèche, ni trop obscure ni trop éclairée, qui est à l'abri des ébranlements causés par le passage des voitures, et qui se trouve éloignée de tout dépôt de matières susceptibles d'entrer en fermentation. Pour qu'elle réunisse toutes ces conditions, il faut qu'elle soit profonde et voûtée ; que ses soupiraux, assez larges pour laisser passer quelque lumière, soient tous ouverts du même côté, afin d'éviter les courants d'air qui s'établissent toujours lorsque les soupiraux sont opposés. Leur ouverture doit être dirigée, autant que possible, vers le nord ; mais il vaut mieux encore les ouvrir tous au midi que d'en mettre moitié d'un côté et moitié de l'autre, comme on le fait trop souvent.

Dans une cave dont la température est variable, les vins tendres et légers ne se conservent pas. Si elle est très humide, les cercles des tonneaux se pourissent dans certain temps avec une rapidité extrême. Si elle est trop sèche, si surtout il y existe des courants d'air, les tonneaux se dessèchent, se vident, et si on ne les remplit pas souvent, le vin s'altère. Si elle est trop près de la voie publique, la trépidation occasionnée par le passage des voitures, soulève la portion la plus légère de la lie, et son mélange avec le vin le fait souvent passer à l'aigre; enfin, si la cave est en communication avec un bûcher rempli de bois vert, ou avec des latrines, ou avec tout autre dépôt de matières en fermentation continuelle, il est impossible de conserver le vin dans les tonneaux sans qu'il s'altère. L'altération peut même se communiquer jusqu'au vin en bouteilles, si celles-ci ne sont pas parfaitement bouchées.

Nº 954. *Moyen de corriger quelques vices des Caves.*

Dans les grandes villes, qui sont presque toujours bâties sur des terrains de remblais, il est rare que les caves soient bonnes. Il faut donc chercher à tirer le meilleur parti possible de celles qu'on a.

Souvent une cave n'est mauvaise que parce qu'elle est creusée dans un terrain de remblais rempli d'immondices, ou parce qu'il s'y est fait à la longue une couche de détritus, de bois et d'autres végétaux qu'on est quelquefois dans l'usage d'y déposer. La fermentation de ces matières, dans les temps chauds, exhale des miasmes fétides, qui détériorent les vins, même en bouteilles. Dans ces deux cas, il faut faire enlever six à huit pouces du sol de la cave, et mettre à la place une couche de salpêtre (plâtre lessivé des salpêtriers) qu'on fera bien battre, et qui formera une couche solide qui suffira pour empêcher le contact de l'air avec les matières fermentescibles. On fera en même temps jointoyer avec du plâtre, ou mieux avec du ciment de chaux et de sable, tout le bas des murs.

Si la cave est trop humide, on y introduira plus d'air et plus de lumière en agrandissant les soupiraux. Si on en ouvre un nouveau, on ne l'opposera pas aux autres, à moins que l'humidité ne soit extrême. Si elle est trop sèche, on diminuera l'affluence de l'air et de la lumière. Dans les caves humides, on placera les tonneaux dans la direction du soupirail, et par conséquent de la lumière. Dans les caves sèches, on les tiendra dans l'endroit le plus obscur.

Surtout on aura soin de tenir la cave dans un grand état de

propreté; on fera enlever les ordures qui pourraient tomber par les soupiraux, et on veillera à ce qu'à la fin de l'hiver, on en retire ce qui pourrait rester des légumes qu'on y aurait déposés.

N° 955. *Du Placement des Tonneaux.*

On doit placer les tonneaux sur des chantiers élevés d'un pied au-dessus du sol, et posés sur des traverses en bois, ou, ce qui est mieux, sur des dés en pierre. Les chantiers doivent être de bois sains, parce que quand ils commencent à se pourir, leur altération se communique promptement aux cercles des tonneaux. L'élévation d'un pied au-dessus du sol est indispensable pour pouvoir visiter les tonneaux par-dessous. D'ailleurs, c'est le moyen de les mettre plus à l'abri des altérations causées par les vapeurs qui s'élèvent du sol; mais comme cette hauteur serait gênante au moment du tirage en bouteilles, il faudra se pourvoir d'un banc de six pouces de haut et d'un pied en carré, pour supporter le petit baquet qu'on place sous la cannelle, et dans lequel on pose la bouteille pour l'emplir.

Il faut poser les tonneaux horizontalement. Si cependant ils contiennent des vins récemment soutirés, on peut, sans inconvénient, leur donner une légère inclinaison en avant. Les tonneliers auxquels on abandonne les lies lorsqu'on les charge de mettre les vins en bouteilles, ont grand soin d'incliner les tonneaux en arrière, parce que lorsqu'on les relève, au moment où le vin cesse de couler par la cannelle, toute la lie qui est rassemblée sur le fond postérieur se mêle avec le vin qui reste, ce qui double ou triple la quantité de liquide trouble qui devrait se trouver dans les tonneaux. Ils savent fort bien tirer parti de ces lies claires en les filtrant.

Les tonneaux doivent être solidement assujétis avec des cales des deux côtés, même lorsqu'il y en a plusieurs sur le même chantier, afin que si l'on vient à déranger l'un d'eux, les autres n'éprouvent aucun mouvement. Il est bon que les tonneaux ne se touchent pas, et il est indispensable qu'ils soient éloignés du mur de huit à dix pouces, pour qu'on ait la facilité de visiter le fond postérieur.

N° 956. *De la Visite des Tonneaux.*

Les tonneaux récemment descendus à la cave doivent être visités journellement pendant huit ou dix jours, afin de remédier de suite aux accidents qui pourraient survenir. On regarde ce qui se passe sur les deux fonds et sur le tour ; on examine si les douves sont en bon état, on sonde les cercles, pour reconnaître s'il n'y en a pas quelques-uns qui soient disposés à se rompre, ou dont l'osier commence à se détacher ; ensuite cette visite peut n'être faite que tous les deux ou trois jours, mais elle ne saurait être trop fréquente à l'époque des équinoxes : c'est le moment où les vins travaillent le plus, et où les tonneaux sont le plus attaqués par les vapeurs qui s'élèvent du sol de la cave.

Si le vin s'échappe par quelque endroit, on cherche à reconnaître la source du mal. Si c'est un trou de ver, il est facile de le reconnaître dans la partie découverte du tonneau. Si le trou se trouve sous les cercles, on peut le découvrir en les écartant, ou en faisant sauter l'un d'eux. On bouche le trou avec un fausset.

Si le vin fuit par un éclat de douve ou par un nœud, on enfonce dans la fente avec la lame d'un couteau, du papier trempé de suif, et on verse par-dessus un peu de suif chaud. Pour plus de sûreté, on peut clouer sur le suif une petite lame de plomb.

Si la fuite du vin a lieu entre les douves, par suite de la rupture de plusieurs cercles, on enveloppe le tonneau avec une corde, et on garrotte fortement. (Garrotter, c'est passer un bâton sous la corde, et le faire passer par-dessus en tordant.) On garrotte ainsi dans une ou plusieurs parties du tonneau, selon l'étendue et l'imminence du danger. On se donne par-là le temps de préparer ce qui est nécessaire pour transvaser le vin.

On goûte le vin de temps en temps pour s'assurer de son état.

Il y a des vins très chargés en couleur, et en même temps très spiritueux, qu'on doit garder plusieurs années en tonneaux, avant de les mettre en bouteilles; sans cela il faudrait les attendre un temps infini, et ils déposeraient dans les bouteilles, ce qui obligerait à faire un dépotement qui exige beaucoup de temps et de soin. A Paris, où les caves sont généralement mauvaises, il est à peu près impossible de garder ces vins en tonneaux aussi longtemps qu'il le faudrait, à moins de les transvaser plusieurs fois. On peut prévenir cet inconvénient, en mettant les tonneaux et les cercles à l'abri, non-seulement de l'altération que produit toujours sur le bois l'air des caves les plus saines, mais aussi de tout contact de l'air, ce qui, empêchant l'évaporation, dispenserait du remplissage, et éviterait une perte de vin qui, à la longue, devient assez considérable. On y parviendra aisément en couvrant toute la surface du tonneau, préalablement bien rempli, de deux ou trois couches de mastic de Dihl, délayé comme pour peinture. On en trouve de tout préparé à cet effet, chez M. Dihl, rue du Temple, nº 137. Ce mastic coûte 15 sous la livre; délayé avec la quantité d'huile nécessaire, il revient au plus à 24 sous. Deux livres suffisent amplement pour une barrique : c'est donc une dépense totale de 48 sous, moyennant laquelle on évitera les frais de reliage et de remplissage. On aura de plus la certitude de ne pas perdre son vin par la rupture des cercles.

Les tonneaux ainsi enduits, n'étant plus sujets à l'évaporation, seront soustraits à l'influence des miasmes qui infectent beaucoup de caves; car, pour que ces miasmes pénètrent dans les tonneaux, il faut nécessairement qu'il s'y fasse un vide. On pourra donc y conserver plus long-temps des vins, qu'on se hâte toujours trop tôt de mettre en bouteilles.

Nº 957. *Du Remplissage des Tonneaux.*

Lorsqu'on emploiera le moyen indiqué ci-dessus, le remplissage sera inutile; mais lorsqu'on laissera les tonneaux dans l'état ordinaire, il faudra les remplir tous les mois au moins, surtout à l'époque des équinoxes. Les vins tendres, peu spiritueux, ont plus besoin d'être remplis que les autres; sans cela il se forme à la surface du liquide, de petites moisissures, qu'on appelle *fleurettes*, et qui sont un commencement de dégénération du vin. De plus, lorsque le tonneau est en vidange, l'évaporation va toujours croissant; de sorte que, si au bout d'un mois le vide produit est d'une bouteille, il sera de trois bouteilles au bout de deux mois, etc.

Le vin avec lequel on remplit un tonneau doit, autant que possible, être d'une qualité analogue à celle qu'il contient. Cela n'est cependant pas tout-à-fait indispensable pour les vins ordinaires; mais il faut le faire pour les vins fins, sans quoi on risquerait de les dénaturer par les remplissages multipliés qu'ils exigent, lorsqu'on les garde plusieurs années en tonneaux; c'est un motif de plus pour enduire les tonneaux qui contiennent un vin précieux, car si on n'en a qu'une ou deux pièces, on est fort embarrassé pour les remplir d'une manière convenable.

Nº 958. *Du Collage des Vins.*

Si on veut mettre en bouteilles du vin récemment arrivé dans la cave, il faut le coller, soit avec des blancs d'œufs, soit avec de la colle de poisson. L'effet du collage est non-seulement de l'éclaircir, mais aussi de le dépouiller des matières en dissolution qui se déposeraient plus tard dans les bouteilles.

Pour coller une pièce de 250 à 260 bouteilles, on emploie quatre blancs d'œufs bien frais, qu'on fouette avec une demi-bouteille de vin ; on ôte la bonde, on introduit un bâton fendu en quatre par en bas, ou deux lattes qu'on agite en rond, de manière à imprimer au liquide un mouvement circulaire, et on verse la colle ; ensuite on introduit le bâton fendu, ou les lattes, et on agite le vin en tout sens pendant une ou deux minutes. On remplit la pièce avec le vin qu'on en a retiré. On frappe le tonneau pour chasser les bulles d'air qui pourraient s'être logées dans la partie supérieure, et après avoir renouvelé la toile ou le papier qui entoure la bonde, on ferme le tonneau. Quatre à cinq jours après cette opération, on peut tirer le vin.

Si le vin a séjourné quelques mois dans la cave, il doit s'être formé, au fond, un dépôt de lie qui se mêlerait au liquide, si on l'agitait trop profondément; dans ce cas, il faut n'enfoncer le bâton fendu que jusqu'au tiers du tonneau. On peut même, si c'est du vin ordinaire, s'il est bien clair et destiné à être bu de suite, se dispenser du collage.

Quant aux vins qu'on a laissés vieillir dans les tonneaux, surtout si les tonneaux ont été enduits comme il est prescrit au nº 956, il vaut mieux ne pas les coller que de risquer de soulever le dépôt qu'ils ont fait en se dépouillant d'une partie de leur couleur : pour les coller, il faudrait commencer par les transvaser, ce qui présente des inconvénients.

Les vins blancs se collent avec la colle de poisson dissoute dans du vin, à raison d'un litre par pièce de deux cent cinquante à deux cent soixante bouteilles. Les tonneliers et beaucoup d'épiciers tiennent cette colle toute préparée. On peut la faire soi-même, d'après la recette suivante :

On bat, avec un marteau, un gros de belle colle de poisson; on la déchire en morceaux, qu'on divise encore avec des ciseaux; on la met tremper, pendant six à huit heures, avec assez de vin seulement pour qu'elle en soit baignée; quand elle s'est gonflée et a absorbé le vin, on en ajoute autant qu'on en avait mis la première fois. Après vingt-quatre heures, la colle forme une gelée, à laquelle on ajoute un demi-verre d'eau un peu chaude, et on la malaxe avec la main, pour écraser les morceaux qui ne sont pas encore entièrement dissous. On la passe avec expression à travers un linge; et on finit par la battre avec un fouet d'osier, en versant peu à peu du vin blanc, jusqu'à ce que la totalité de la dissolution forme à peu près un litre de liquide.

Avant de verser la colle dans les tonneaux, on la bat de nouveau avec un litre de vin blanc: du reste, on procède comme pour le vin rouge.

N° 959. *De la Maturité des Vins.*

Les vins se font très lentement en bouteilles: on ne doit donc les y mettre que lorsqu'ils ont acquis le degré de maturité qui leur donne toute leur perfection. Ce degré de maturité s'acquiert en plus ou moins de temps, non-seulement selon la nature du vin, mais aussi selon la nature des caves. Dans une cave dont la température est peu variable, les vins légers mûrissent lentement, et les vins généreux et chargés de couleur ne sont parfaitement mûrs qu'après de longues années. Ce n'est donc pas l'âge des vins en tonneaux qu'il faut consulter pour savoir quand on doit les mettre en bouteilles, mais leur saveur. Il résulte encore de ceci, qu'on peut avancer, pour ainsi dire, à volonté, la maturité des vins qui se fait trop attendre. Un voyage aux colonies, qui ne dure souvent pas plus de six mois, tant en aller et retour qu'en séjour, suffit pour donner aux vins de Bordeaux les plus vigoureux, une maturité qu'ils n'acquièrent souvent qu'en dix années dans nos caves. Cet effet est dû à l'agitation continuelle que les vins éprouvent sur le vaisseau, et à la température très élevée de la cale. On peut, jusqu'à un certain point, obtenir le même résultat, en plaçant ces vins, et tous ceux qui leur sont analogues, dans un cellier au rez-de-chaussée, au lieu de les mettre à la cave, et en les changeant de place de temps en temps. Ces vins n'ont pas si besoin que ceux qui sont plus faibles d'être souvent remplis : comme ils sont très spiritueux, la vapeur qui se forme dans le vide que cause l'évaporation, est purement alcoholique, et est, par conséquent, moins susceptible d'éprouver une altération qui puisse se communiquer au vin. Le seul résultat de l'évaporation plus rapide qu'ils éprouveraient dans un cellier, serait une perte de vin ; mais le vin mûrissant beaucoup plus vite, aurait, en définitive, moins perdu que si on l'avait gardé pendant un grand nombre d'années; d'ailleurs on a, en enduisant le tonneau comme il est prescrit au nº 956, un moyen bien simple d'empêcher l'évaporation.

Les vins blancs mûrissent beaucoup plus vite que les vins rouges. La plupart sont bons à mettre en bouteilles au bout d'un an; il y en a peu qu'il faille attendre pendant dix-huit mois.

Nº 960. *Tirage du Vin en Bouteilles.*

Avant de mettre le vin en bouteilles, il faut examiner s'il est bien limpide, ce qu'on reconnaît aisément en en mettant dans un verre qu'on place entre l'œil et la lumière. S'il n'est pas d'une transparence parfaite, on attend trois ou quatre jours; après quoi, s'il n'est pas entièrement éclairci, il faut le transvaser dans un tonneau bien propre, et le coller de nouveau.

Le tirage en bouteilles peut se faire en tout temps, pourvu que le vin soit clair; mais on est plus certain de le trouver tel et qu'il ne se troublera pas pendant le tirage, quand on opère par un temps froid; il faut, en toute saison, éviter les jours où le temps paraît disposé à l'orage, et où règnent les vents du sud et de l'ouest.

Le rinçage des bouteilles doit être fait avec soin; la moindre négligence à cet égard peut faire gâter beaucoup de vin Il faut visiter, une à une, les bouteilles, après le rinçage, mettre de côté celles qui sont étoilées, pour ne les remplir que de vin destiné à être bu de suite, et rejeter toutes celles qui ont conservé un mauvais goût.

On rince ordinairement les bouteilles avec du plomb de chasse; quelques personnes se servent de petits clous. Ces deux moyens ne valent rien: le plomb et les clous se logent souvent entre la paroi de la bouteille et le renflement intérieur. Il faut des soins minutieux pour les en ôter, et souvent on n'y parvient qu'avec peine. Le plomb, qui reste ainsi en contact avec le vin, peut, dans certains cas, passer à un état dans lequel il devient un véritable poison. Le fer ne présente, à la vérité, aucun danger pour la santé; mais il altère la couleur du vin rouge, et il noircit le blanc. Il vaut mieux employer du gravier de rivière, qui nettoie très bien, et dont quelques parcelles peuvent, sans inconvénient, rester dans la bouteille.

Le choix des bouchons est de la plus grande importance, surtout lorsque le vin est destiné à rester long-temps en bouteilles; il y a du liége très poreux, qui, quoique bouchant bien en apparence, laisse évaporer le vin; ce sont, surtout, des liéges durs et secs qui produisent cet effet. Il faut choisir des bouchons taillés dans un liége fin, moelleux, cédant sous le doigt, et peu garni de pores: ils coûtent plus cher que les autres; mais ce petit surcroît de dépense est une véritable économie.

Les bouchons qui ont servi ne doivent être employés que pour des vins destinés à être bus de suite; encore faut-il rejeter tous ceux qui ont été percé de part en part par le tire-bouchon.

Pour placer la cannelle, on perce la pièce à quinze ou dix-huit lignes du jable; lorsque quelques gouttes de vin commencent à sortir, on retire le vilbrequin et on enfonce la cannelle à la main, en évitant de donner des secousses, qui pourraient faire remonter la lie: comme on n'y parvient pas toujours, il est bon de placer la cannelle la veille du tirage.

On place sous la cannelle un vase quelconque, destiné à recevoir le vin qui s'échappe, quand on ne la ferme pas à temps, et celui qu'on est obligé de rejeter des bouteilles qui ont été trop remplies. Ce vase doit être disposé de manière que la bouteille, reposant sur son fond, puisse être engagée sous la cannelle, dans une position inclinée: si la bouteille était droite, le vin, tombant avec force sur le fond, formerait de l'écume, qui empêcherait de la remplir suffisamment.

On doit boucher les bouteilles à mesure qu'on les remplit: on règle l'ouverture de la cannelle en conséquence. On prend un bouchon, dont le petit bout entre à peine; on l'introduit en tournant un peu, et on achève de le faire entrer avec la batte, jusqu'à ce qu'il ne déborde plus que d'une ou deux lignes.

Lorsque le vin ne coule presque plus par la cannelle, on lève la pièce par derrière, et on la fixe dans une position inclinée en avant, au moyen d'une cale que l'on pousse avec le pied. Il faut faire cette opération sans saccades, pour ne pas remuer la lie. Soit qu'après avoir levé le tonneau le vin coule clair ou trouble, il faut le tirer de suite, parce qu'il s'altérerait si on le laissait séjourner dans le tonneau pendant le temps nécessaire pour qu'il s'éclaircisse; on met à part les bouteilles remplies de ce dernier vin, soit pour les consommer les premières, soit pour les déposer lorsqu'il s'y est formé un dépôt.

Pour bien ranger les bouteilles, il est nécessaire qu'elles soient toutes d'une même forme et d'une même grosseur; si on en a de diverses espèces, il faut les trier; on place les plus fortes en dessous et les plus faibles en dessus; on n'en fait entrer que d'une seule espèce dans chaque rangée.

Après avoir bien nivelé le terrain de la cave à l'endroit où on veut ranger les bouteilles, on place le premier rang, en laissant un demi-pouce d'intervalle entre les bouteilles; et comme il faut qu'elles soient couchées horizontalement, on élève les goulots en plaçant par-dessous quelques lattes; ensuite on met une latte sur les goulots et une sur les ventres des bouteilles du premier rang, et on dispose le second en un sens inverse du premier; on continuera ainsi jusqu'à ce que la pile soit élevée de trois pieds, hauteur qu'on ne doit guère dépasser, à moins qu'on n'ait des bouteilles fortes et bien égales.

Il faut enduire les bouchons de résine, lorsqu'on veut conserver long-temps des vins en bouteilles. Cet enduit les préserve de la moisissure, qui les détruit à la longue, et empêche qu'ils ne soient rongés par des insectes, qui abondent dans certaines caves.

On trouve, chez les marchands de bouchons, un mastic tout préparé pour coiffer les bouteilles. On le fait fondre dans un vase de terre; lorsqu'il est fondu, sans être trop chaud, on y plonge le cou des bouteilles jusqu'au-dessous de la bague. On ne couche les bouteilles que lorsque le mastic est refroidi.

Le mastic est un composé de résine et de la quantité de cire ou de suif nécessaire pour qu'il ne soit pas cassant. Deux ou trois livres de résine fondue avec un quarteron de cire jaune, ou deux onces de suif forment un très bon mastic; on le colore avec du vermillon ou de l'ocre rouge, avec du noir d'ivoire, etc.

N° 961. *Des Vins qui tournent à la Graisse.*

Lorsqu'en versant du vin il file comme de l'huile, on dit qu'il a tourné à la graisse. Cette maladie, qui attaque plutôt les vins blancs que les vins rouges, se dissipe presque toujours d'elle-même avec le temps. Si cependant on n'a pas le temps d'attendre, il faut coller le vin et le bien agiter; si cela ne suffit pas, on le soutire, on le colle une seconde fois, en ajoutant à la colle un demi-litre d'esprit-de-vin.

On remédie encore à la graisse, en mettant dans le tonneau une once de cachou en poudre, qu'on mêle bien au liquide, en agitant avec le bâton fendu.

Si le vin qui tourne à la graisse est en bouteilles, et qu'on ne veuille pas attendre son rétablissement naturel, on le dépote deux fois de suite, à un mois d'intervalle.

La lie bien fraîche, ajoutée aux vins gras, dans la proportion d'un vingt-cinquième, les rétablit très promptement. On ne doit employer ce moyen que pour des vins communs qui pourront encore s'améliorer, si la lie qu'on y mêle provient d'un vin généreux.

No 962. *Des Vins tournés à l'Aigre.*

Cette maladie provient presque toujours du peu de soin qu'on a mis à remplir les tonneaux, des transports effectués dans les temps chauds, ou de la mauvaise qualité des caves. Comme il est reconnu que les vins peu spiritueux y sont plus sujets que les autres, on pourrait en prévenir le développement sur les vins de cette nature, en y ajoutant cinq ou six bouteilles d'eau-de-vie par pièce.

Lorsqu'on s'aperçoit que le vin commence à contracter un goût d'aigre, il faut le soutirer dans un tonneau où on brûle un pouce de mèche soufrée. On le colle en même temps avec six blancs d'œufs par baril. S'il n'a pas tout-à-fait perdu le goût qu'il avait contracté, on répète cette opération six jours après; on laisse reposer le vin, on le met en bouteilles, et on le boit de suite.

On peut encore rétablir les vins qui ont tourné à l'aigre, en jetant, dans une pièce de 260 bouteilles, un quarteron de blé froment grillé comme du café, mais un peu moins noir. On soutire au bout de vingt-quatre heures, on colle et on met en bouteilles, pour boire de suite.

No 963. *Des Vins qui deviennent amers.*

Le moyen le plus simple de rétablir ces vins, c'est de les couper avec des vins plus jeunes, ou au moins avec des lies récentes.

Quand le vin qui contracte de l'amertume est en bouteilles, il se rétablit souvent de lui-même avec le temps, pourvu que les bouteilles soient bien bouchées, qu'on ne les déplace pas, et que la cave soit bonne.

On peut encore corriger l'amertume des vins, en les transvasant dans un tonneau fraîchement vide d'un bon vin, et dans lequel on a brûlé, à plusieurs reprises, un demi-litre d'esprit-de-vin.

On ne verse une nouvelle portion d'esprit-de-vin dans le tonneau, que lorsque la première est brûlée, et qu'il n'y a plus de flamme; sans cela, le filet d'esprit-de-vin s'allumerait en tombant, et la flamme se communiquerait jusqu'au vase qui contient le reste, ce qui occasionnerait des accidents.

No 964. *Des Vins qui ont contracté le goût d'Évent.*

Les vins ne contractent ce goût que lorsque les tonneaux ont été mal bouchés. Si le goût est peu prononcé, on peut le faire disparaître en collant le vin et en le soutirant après quinze jours de repos.

Si le goût d'évent est très fort, il faut mêler au vin dix à douze pour cent de lies fraîches, rouler le tonneau une fois par jour, pendant un mois, et soutirer. On ajoute ensuite dans le tonneau quatre ou cinq bouteilles d'eau-de-vie.

No 965. *Des Vins qui ont contracté un goût de Fût, de Moisi, etc.*

Lorsque le goût contracté est fort, il n'y a aucun moyen de le faire disparaître ; on peut seulement essayer de le masquer. Pour cela, après avoir transvasé le vin, on fait rôtir une livre de froment dans une brûloire à café. On l'enferme tout chaud dans un sac long et étroit, qu'on descend dans le tonneau par la bonde, et qu'on retient avec un bout de ficelle. On ferme le tonneau, et vingt-quatre heures après on transvase encore le vin dans un tonneau où l'on a mis de la lie fraîche, dans la proportion d'un huitième du vin défectueux.

No 966. *Des moyens de prévenir la Dégénérescence des Vins.*

Les vins les plus faibles se soutiennent ordinairement fort bien dans les bonnes caves, quand, d'ailleurs, ils y arrivent sains. Il faut donc, pour prévenir la dégénérescence des vins, employer les moyens indiqués ci-dessus (no 931) pour l'amélioration des caves; il faut, surtout, les tenir très propres, et en éloigner les matières fermentescibles. Si, par la nature de leur sol, ou par le voisinage des fosses d'aisances, les caves sont infectées de miasmes putrides, on ferait bien d'y brûler, de temps en temps, une ou deux onces de soufre. On le place sur un têt, on l'allume, et on se retire, en fermant la porte, et même le soupirail.

Comme les vins spiritueux supportent assez bien beaucoup d'inconvénients qui dénaturent promptement les vins faibles, comme le sont souvent les vins ordinaires, si on a une certaine provision de ceux-ci, qu'on soit obligé de garder en tonneaux, il est bon d'y ajouter depuis trois jusqu'à sept ou huit bouteilles d'eau-de-vie par pièce de 250 à 260 bouteilles. En goûtant de suite les vins auxquels on a fait cette addition, on y reconnaît très bien la saveur de l'eau-de-vie, mais après un mois ou deux de mélange, on ne la retrouve plus, et le vin se trouve sensiblement amélioré.

N° 967. *Des Vins trop foncés en Couleur.*

Ces vins sont ordinairement pâteux, lourds, et quelquefois fades, quoique souvent très spiritueux; on les améliore en les coupant avec des vins blancs, qu'on y ajoute dans des proportions diverses, selon que les vins sont plus ou moins chargés en couleur.

N° 968. *De l'Apreté des Vins.*

Il y a des vins qui acquièrent, en vieillissant, une excellente qualité, mais qui sont si âpres lorsqu'ils sont jeunes, qu'ils sont peu agréables à boire. Ce qu'on peut faire de mieux pour ces vins, c'est de les attendre, ou d'accélérer leur maturité, en les plaçant dans un cellier un peu chaud, pourvu qu'ils n'y soient pas frappés directement par le soleil.

Quant aux vins qui, étant âpres et verts, sont peu spiritueux, c'est en vain qu'on espérerait les améliorer en les coupant avec les vins spiritueux et fades du Midi; leur saveur perce toujours: le seul moyen d'adoucir ces vins et de les rendre potables, c'est d'y ajouter de l'eau-de-vie, en en proportionnant la quantité au degré d'âpreté des vins. On peut, sans inconvénient, en mettre jusqu'à huit ou dix pintes par pièce. On peut même dépasser cette proprotion, si on veut garder ces vins pendant long-temps.

N° 969. *Nota.*

Ceux qui désireront avoir des notions plus étendues sur les moyens de remédier aux défauts naturels et accidentels des vins, pourront consulter le *Manuel du Sommelier,* par M. Julien, inventeur breveté de plusieurs instruments très ingénieux, propres au soutirage et au dépotage des vins; l'ouvrage se vend chez l'auteur, ainsi que les instruments, rue Saint-Sauveur, n° 18, à Paris.

Nº 969 *bis*. *Tarif des droits d'entrée et d'octroi sur les vins, eaux-de-vie, cidres, bières et huiles, destinés à la consommation de Paris.*

	Octroi.		Entrée.		Total, Décime compris.	
Vin en cercles, l'hectolitre. .	13 f.	50 c.	10 f.	50 c.	26 f.	40 c.
Idem en bouteilles, le litre. . .	»	16	»	15	»	34 1/2
Vinaigres, vins gâtés, lies, verjus, *sureau*, l'hectol. .	13	50	»	»	14	85
Eaux-de-vie en cercles au-dessous de 22 degrés, l'hectol.	25	»	18	»	47	30
Idem de 22 à 28 degrés exclusivement, l'hectol. . . .	35	»	36	»	78	10
Idem au-dessus de 28, en cercles, eaux-de-vie en bouteilles, eaux de senteur et liqueurs, tant en cercles qu'en bouteilles, l'hectol. .	50	»	60	»	121	»
Cidre, poiré, hydromel, l'hectolitre.	6	»	5	»	12	10
Bière, à l'entrée, l'hectolitre. .	4	»	»	»	4	40
Idem, à la fabrication, l'hect.	3	»	»	»	3	30
Huile d'olive, l'hectolitre. . .	»	»	40	»	44	»
Huiles de toute espèce.	»	»	20	»	22	»

La bouteille commune est assimilée au litre pour la perception.

Six fioles d'eau de Cologne ou d'autre eau de senteur sont comptées pour un litre.

Les fruits à l'eau-de-vie paient comme liqueurs, d'après la contenance du vase, et sans déduction du fruit; la même règle est suivie pour les fruits confits au vinaigre.

La vendange paie le même droit que le vin, dans la proportion de trois hectolitres de vendange pour deux de vin.

Le raisin non foulé, à l'exception des chasselas et muscats, paie la moitié du droit imposé sur la vendange.

Les fruits à cidre et à poiré paient le droit à l'entrée, dans la proportion de cinq hectolitres de fruits frais pour deux de cidre et de poiré, et de vingt-cinq kilogrammes de fruits desséchés pour un demi-hectolitre de cidre ou de poiré.

RECETTES ÉCONOMIQUES.

N° 970. *Sirop de Fécule de Pommes-de-Terre.*

Dans une bassine de fer battu et doublée de plomb intérieurement, mettez de l'eau ce que vous voulez, et vingt-cinq grammes (six gros) d'acide sulfurique par livre d'eau; faites bouillir le mélange, et lorsque l'ébullition est bien établie, projetez dans la bassine autant de livres de fécule de pommes-de-terre que vous avez employé de livres d'eau; remuez vivement pendant que vous projetez la fécule; elle se dissoudra de suite : continuez à faire bouillir jusqu'à ce que, en goûtant le sirop, vous lui trouviez une saveur sucrée franche. Cet instant est essentiel à saisir; en deçà, le sirop a une saveur pâteuse, comme s'il était mélangé de gomme; audelà, il contracte un peu d'amertume. Il faut quelques essais pour apprendre à saisir le point convenable; mais ces essais sont peu coûteux, parce qu'on peut les faire très en petit.

Aussitôt que le sirop vous paraît à son point, retirez la bassine du feu; mêlez au sirop par chaque vingt-cinq grammes d'acide employé, quarante grammes de craie ou blanc d'Espagne; agitez bien le mélange, et passez-le de suite à l'étamine; lavez le dépôt avec un peu d'eau, pour en séparer le sirop qui y est mêlé; réunissez cette eau de lavage au sirop, et mettez la bassine sur le feu; faites bouillir à grand feu; enlevez les écumes à mesure qu'elles se forment, et continuez l'ébullition jusqu'à ce que le sirop ait acquis la consistance du sucre cuit à la plume. Versez alors le sirop à travers une étoffe de laine, dans une terrine; laissez-le refroidir, et mettez-le en bouteilles.

Ce sirop sucre moitié moins que le sirop de sucre de cannes cuit au même degré.

N° 971. *Eau-de-vie de Fécule.*

Lorsqu'on veut réduire en eau-de-vie le sirop de fécule, il n'est pas nécessaire de le cuire comme lorsqu'on le destine à être conservé. On fait le sirop comme il a été prescrit ci-dessus; on le désacidifie avec de la craie; on le décante, après l'avoir laissé reposer; on lave le dépôt, et on réunit l'eau de lavage au sirop.

Malgré cette addition de l'eau de lavage, le sirop est encore trop concentré, et il est nécessaire de l'étendre avec deux ou trois parties d'eau, qu'il est bon de faire chauffer à vingt ou vingt-cinq degrés, surtout lorsqu'on n'opère pas en été.

On emploie ordinairement, pour déterminer la fermentation, la levure de bière ; 50 grammes ou 12 gros de levure en pâte suffisent pour la fermentation du sirop produit par une livre de fécule; on la délaie avec un peu de sirop ; on la jette ainsi délayée dans le vase où l'on a mis le sirop qu'on veut faire fermenter ; on agite avec un râble, et on laisse ensuite le tout en repos dans une chambre dont la température est maintenue à dix-huit ou vingt degrés du thermomètre de Réaumur, pendant tout le temps que dure la fermentation.

Il faut que le vase fermentatoire soit hermétiquement fermé, à l'exception d'une ouverture d'un pouce de diamètre, sur laquelle on adapte un tube de fer-blanc pour conduire au-dehors le gaz produit par la fermentation. Pour cela, on fera passer le tube par une fenêtre dont on enlèvera un carreau, ou bien on l'introduira dans un tuyau de cheminée, dont on bouchera l'ouverture par en bas, afin que le gaz, qui est aussi dangereux à respirer que la vapeur du charbon, ne s'introduise pas dans la pièce où on a mis le vase fermentatoire. On fait un petit trou à quelques pouces au-dessus du fond de ce vase, pour avoir la facilité de tirer de temps en temps quelques portions du liquide fermenté, et d'examiner la marche de la fermentation ; aussitôt qu'en goûtant le liquide on ne lui trouve plus de saveur sucrée, on enlève le tube, on ferme l'ouverture dans laquelle il était introduit, et après quelques jours de repos on peut distiller.

Il est inutile de dire que toutes ces opérations ne peuvent se faire sans avoir auparavant rempli, auprès des employés des droits-réunis, qui ont des droits à percevoir sur les produits de toute distillation, les formalités prescrites par les lois ; chacun connaît ses devoirs à cet égard ; il n'est pas de bon citoyen qui veuille s'y soustraire.

L'eau-de-vie obtenue du sirop de fécule fermentée avec la levure, a toujours un goût peu agréable, qui, à la vérité, s'affaiblit avec le temps, et qu'on peut masquer en grande partie avec un peu d'une forte infusion de capillaire du Canada et du sucre caramélisé, mais qui la fait toujours ranger dans la classe des eaux-de-vie inférieures.

Comme ce goût provient uniquement de la levure, on obtiendra des eaux-de-vie qui en seront tout-à-fait exemptes en employant, au lieu de levure, des ferments sans odeur, ou qui du moins n'aient qu'un arôme agréable.

On ne parlera pas des ferments qu'on peut tirer de quelques légumes et de la farine de froment, parce que les procédés à suivre pour les extraire sont assez compliqués, et que d'ailleurs ceux qu'on va indiquer produisent un effet aussi sûr, et sont d'un emploi plus facile.

Il y a des raisins (ceux des environs de Paris, de l'est et du centre de la France sont surtout dans ce cas) qui contiennent beaucoup plus de ferment qu'il n'en faut pour décomposer toute la matière sucrée qui fait partie de leur substance. Ce ferment en excès se dépose au fond des tonneaux où s'achève la fermentation des vins; il entre pour beaucoup dans la composition des lies.

En mêlant dans un sirop de fécule étendu d'eau une proportion convenable de lie récente, on est sûr de déterminer une fermentation rapide et complète. On sent qu'il est à peu près impossible d'indiquer la proportion de la lie au sirop, parce qu'elle doit varier suivant la nature des lies et leur âge; cette impossibilité est un mince inconvénient, parce qu'un léger excès de lie ne peut être nuisible, et qu'il est toujours facile de juger par la rapidité ou la lenteur de la fermentation si on en a mis trop ou trop peu.

Par lie récente on doit entendre celle qui est retirée des tonneaux depuis l'époque des vendanges jusqu'en mai. Il faut bien prendre garde de ne pas employer des lies aigres, et tenir dans des vases fermés, mis à la cave, celles qu'on n'emploie pas de suite.

Voilà du ferment trouvé pendant six mois de l'année; pour les autres mois on peut employer avec avantage les sucs de fruits, ou, ce qui vaut mieux encore, leur pulpe tout entière.

Les cerises et les groseilles abondent en ferment et ne peuvent que communiquer une odeur agréable; il faut cependant avoir soin de séparer les cerises de leurs noyaux, qui donneraient à l'eau-de-vie un parfum d'amandes amères.

Les abricots, les pêches, les prunes, ont moins de ferment que les cerises et les groseilles; mais ces fruits en ont encore assez pour entraîner la fermentation du sirop, auquel ils communiquent un arôme agréable, pourvu qu'on n'oublie pas d'en séparer les noyaux.

Les fruits à pepins sont ceux qui ont le moins de ferment; on en a la preuve dans la douceur que conservent encore, après plusieurs mois, la plupart des cidres. On n'obtiendrait donc, par leur moyen, qu'une fermentation extrêmement lente.

Enfin, il y a le suc de raisins qui contient presque toujours un excès de ferment, et qui en contient d'autant plus, qu'il a été récolté plus au nord.

Il n'est pas plus aisé d'indiquer la quantité de suc de fruits, qui est nécessaire pour faire fermenter une quantité donnée de sirop, qu'il ne l'a été de faire connaître celle de lie qu'on doit employer dans le même cas; mais le moindre essai suffira pour guider dans une opération plus en grand.

N° 972. *Vins artificiels.*

On peut ranger tous les vins en deux grandes classes.

Les uns ont subi une fermentation complète qui a décomposé tout le principe sucré que contenaient les raisins. Ces vins sont secs et d'autant plus spiritueux, qu'ils contenaient plus de matière sucrée.

Ils sont composés d'eau, d'alcohol dont la proportion varie de 10 jusqu'à 25 pour cent, d'une matière extractive plus ou moins abondante, et avec laquelle paraissent être combinés l'arôme et la matière colorante; enfin de tartre.

Les autres n'ont éprouvé qu'une fermentation incomplète qui n'a pas détruit toute la matière sucrée; ces vins sont donc plus parfumés que les autres. C'est ce qu'on appelle des vins de liqueurs.

Ils sont composés des mêmes principes que les précédents; mais, en outre, ils contiennent de la matière sucrée, et le tartre y est toujours en très petite quantité.

Pour faire des vins de liqueurs, il faut des raisins très abondants en sucre, et peu en ferment. Pour les rendre tels, on les laisse aussi long-temps qu'il est possible sur les ceps; les raisins, perdant de leur eau, se flétrissent, et le jus qu'on en exprime est comme un véritable sirop : il paraît qu'en même temps que le suc se concentre par l'évaporation d'une partie de l'eau qui entrait dans sa composition, le ferment diminue; aussi la fermentation de ce suc est-elle extrêmement lente, et jamais elle n'est complète.

On peut donc considérer tout vin de liqueurs comme étant composé de deux parties distinctes, qui sont seulement mélangées : l'une de vin, qui a parcouru tout le cercle de la fermentation vineuse; l'autre de moût, qui n'a éprouvé aucune décomposition.

En Alsace, où la température ne permet pas de laisser les raisins assez long-temps sur le cep pour qu'ils s'y flétrissent, on procède différemment: les raisins, choisis et cueillis, sont transportés dans des chambres où on les étend sur la paille; quand ils sont bien flétris, on en exprime le jus, qu'on met fermenter dans de petits tonneaux. Cette fermentation, qui est extrêmement lente, donne pour résultat un vin excellent, sucré, petillant, qui est connu sous le nom de vin de paille.

En Hongrie, le célèbre vin de Tokai, qui ne vaut ni sa renommée ni son prix, se fait en deux fois.

On fait, dans la saison ordinaire; un vin qui paraît avoir éprouvé une fermentation presque complète; mais en même temps on laisse sur les ceps des raisins choisis, qu'on ne cueille qu'après les premières gelées; le jus exprimé de ces raisins se nomme *essence de Tokai*, et c'est du mélange de cette essence avec le premier vin, que se compose celui qui, sous le nom de Tokai, se vend à des prix excessifs.

Les vins qui ont subi une fermentation complète ne contiennent pas toujours une proportion suffisante d'alcohol; alors ils ne peuvent se garder long-temps, et ils peuvent encore moins supporter de longs voyages. Il n'y a d'autre remède à cela que d'y ajouter de l'eau-de-vie, et c'est ce qu'on ne manque pas de faire. Tous les vins qui sortent de Bordeaux par mer ont reçu au moins cinq pour cent d'eau-de-vie; on en ajoute une bien plus grande proportion aux vins de Porto; et dans les vins de Madère, l'addition d'eau-de-vie va à vingt pour cent.

Les vins très colorés ont ordinairement une saveur assez fade, quoique en général ils soient abondants en alcohol; on les coupe avec des vins blancs vifs et légers. Les vins rouges qui n'ont pas assez de couleur, en reçoivent par l'addition de quelques mesures de vin d'Espagne ou de Roussillon.

Il n'y a pas jusqu'à ce qu'on appelle le bouquet des vins qui ne soit souvent le produit de l'art: beaucoup de vins très recherchés ne doivent leur parfum qu'à l'alcohol de framboises, à la teinture d'iris, etc., qu'on y ajoute.

On a vu que les vins dits naturels ne sont qu'un mélange d'eau, d'alcohol, de matière extractive donnant la saveur, la couleur et l'arôme, et d'un peu de tartre; plus, pour les vins de liqueurs, de matière sucrée;

Que les vins de liqueurs peuvent être considérés comme un simple mélange de vin complétement fermenté avec du moût;

Que les vins qu'on appelle naturels ont souvent besoin d'être mélangés avec de l'eau-de-vie, ou avec des vins de différentes espèces.

D'après cela, on peut concevoir facilement que toute substance susceptible de donner, par la fermentation de l'alcohol, une matière extractive, sapide et chargée d'arôme, produira un vin qui, sans être de raisin, sera sain et agréable à boire. Ce ne sera pas tel ou tel vin; ce sera un vin particulier, qui aura ses qualités propres; il pourra même arriver qu'il se rapproche de telle ou telle espèce connue, au point de tromper les gourmets.

VINS ARTIFICIELS COMPLÈTEMENT FERMENTÉS.

Nº 973. *Vin de Groseilles.*

Toutes les recettes données jusqu'ici pour faire le vin de groseilles, prescrivent d'en faire fermenter le jus avec du sucre, sans addition d'eau. Cette méthode a plusieurs inconvénients : le premier et le plus grave, c'est qu'il faut employer une énorme quantité de groseilles (près de 500 livres pour une pièce de 220 litres); le second, c'est qu'on obtient un vin très acide. Il semble qu'on ait voulu tirer la couleur du vin de la groseille même, qui cependant en donne peu, comme s'il n'y avait pas d'autre moyen de colorer le vin qui est produit. Dans la recette suivante, la groseille n'est employée que comme ferment et comme donnant un arôme particulier, plus un peu d'acide, qui remplace le tartre.

Ayez un tonneau contenant 300 litres; mettez-y 200 litres d'eau que vous porterez à 25 degrés de température, si elle n'y est déjà, en y ajoutant de l'eau chaude; faites fondre dans cette eau 40 livres de sucre (de la cassonnade un peu bise suffit); ensuite écrasez sur un tamis 60 livres de groseilles et une livre de framboises; versez le jus dans le tonneau et mêlez-le bien; laissez fermenter, en prenant toutes les précautions prescrites au nº 971. La fermentation terminée, ce que vous reconnaîtrez lorsqu'en approchant l'oreille du tonneau vous n'entendrez plus le bruissement que produit le gaz qui se dégage, soutirez le vin dans un autre tonneau de la contenance de 220 à 230 litres; ayez soin de ne tirer que le clair et de ne pas toucher à la lie. Pour cela, il faudra que le vase fermentatoire soit d'un pied au-dessus du sol, et qu'il ait une cannelle à deux ou trois pouces au-dessus de son fond. Examinez si votre vin fermente encore; dans ce cas, couvrez le trou de la bonde avec une feuille de papier et une pierre par-dessus; dans le cas contraire, mettez la bonde, et faites à côté un trou de vrille, que vous boucherez avec un fausset. Vous lèverez de temps en temps ce fausset; et lorsqu'il ne sortira plus de l'ouverture de l'air accompagné d'un petit sifflement, vous aurez la certitude que le vin ne fermente plus.

Ce vin, tel qu'il est, est très bon à boire, mais il n'a presque pas de couleur; pour lui en donner, ainsi que du corps, ajoutez-y dix ou douze litres de vin de Roussillon, de Cahors ou de Gaillac; fermez hermétiquement le tonneau; vous pourrez l'entamer après deux mois de repos; mais le vin sera beaucoup meilleur si vous l'attendez jusqu'à la fin de l'année.

Vous pourrez lui donner encore plus de qualité en y ajoutant deux ou trois bouteilles d'eau-de-vie.

N° 974. *Vin de Cerises.*

Mettez dans le vase fermentatoire cent quatre-vingt-dix livres d'eau, trente livres de sucre et soixante-quinze livres de cerises séparées de leurs queues et noyaux, et écrasées; laissez fermenter comme ci-dessus. Lorsque la fermentation sera complète, transvasez le vin, et ajoutez-y huit à dix litres de vin très chargé en couleur. Il faut attendre ce vin plus long-temps que celui de groseilles, parce que, quelque précaution que l'on prenne, il a toujours, lorsqu'il est récent, un arôme de noyaux, qu'il est bon de laisser dissiper. Il ne faut pour cela que du temps.

N° 975. *Observation.*

Le sirop de raisins serait préférable au sucre pour la fabrication des vins artificiels; mais on en trouve peu aujourd'hui dans le commerce. Il est vraisemblable cependant que, si les demandes en ce genre se multipliaient, les fabriques du Midi, qui depuis la restauration ont cessé leurs travaux, s'empresseraient de les reprendre, et seraient bientôt en état de satisfaire à tous les besoins des provinces du Nord, en sirop de raisins.

N° 976. *Vin de Groseilles à Maquereaux.*

Ce vin est plus agréable que celui de groseilles à grappes.

Mettez dans le vase fermentatoire cent quatre-vingts litres d'eau, vingt-cinq livres de sucre, et cent livres de groseilles à maquereaux écrasées, et frottez sur un tamis jusqu'à ce qu'il n'y reste que la peau et les pepins.

Laissez fermenter, transvasez ensuite. Vous pouvez vous dispenser d'y ajouter du vin très coloré, mais quelques bouteilles d'eau-de-vie lui donneront plus de corps.

On peut ajouter à tous ces vins, pendant la fermentation, un peu de framboises (une livre au plus) ou deux douzaines d'abricots bien mûrs. Ces fruits lui communiquent un arôme fort agréable, pourvu cependant qu'il ne domine pas.

N° 977. *Vin artificiel de Raisins.*

Faites fermenter ensemble cent quatre-vingts litres d'eau, vingt-cinq livres de sucre, et quatre-vingts livres de raisins égrappés, écrasés, et que vous ne passerez pas au tamis; faites fermenter comme il est prescrit dans les articles précédents; transvasez après la fermentation, et ajoutez dix litres de bon vin foncé en couleur et six litres d'eau-de-vie.

Aromatisez, pendant la fermentation, avec une demi-livre de framboises.

VINS DE LIQUEURS ARTIFICIELS.

N° 978. *Vins d'Abricots.*

Prenez douze livres d'abricots complétement mûrs; fendez-les et saupoudrez-les de sucre, à raison de trois onces par livre de fruit; laissez-les macérer avec le sucre pendant six heures; jetez-les ensuite dans une bassine et faites-les bouillir jusqu'à ce qu'ils commencent à se fondre; vous retirez alors la bassine du feu, vous laissez tomber la chaleur, vous versez tout ce qu'il contient dans une grande cruche de grès.

Lorsque les abricots sont biens refroidis, versez par-dessus douze bouteilles de vin blanc ordinaire, mais de bonne qualité, et trois bouteilles d'eau-de-vie; fermez hermétiquement la cruche, ne l'exposez pas au soleil; laissez macérer pendant un mois. Au bout de ce temps, passez le vin à la chausse jusqu'à ce qu'il sorte clair, et mettez-le en bouteilles.

Comme le dépôt est au fond de la cruche, on peut, en l'inclinant doucement, en tirer au moins la moitié du liquide parfaitement clair, sans qu'il soit besoin de le passer à la chausse. Avec un siphon, on en retirerait les trois quarts. Alors on ne passerait à la chausse que le liquide un peu trouble qui surnage le marc, et celui qu'on retirerait du marc en le pressant fortement.

Ce vin, lorsqu'il est bien fait, est aussi agréable que le vin de Lunel.

Il faut avoir soin d'ôter les noyaux à mesure qu'on fend les abricots. On casse une partie de ces noyaux (un quart ou un tiers) dont on retire les amandes, et on met le bois dans la cruche.

On peut faire le même vin sans faire cuire les abricots ; mais dans ce cas, il faut ajouter quatre bouteilles d'eau-de-vie, au lieu de trois.

Dans tous les cas, l'eau-de-vie est indispensable pour empêcher la fermentation, qui n'est pas nécessaire ici.

N° 979. *Vins de Pêches et autres Fruits.*

En suivant les procédés décrits ci-dessus, on peut faire d'excellents vins de liqueurs avec les pêches, la prune de reine-claude, et surtout celle de mirabelle. Il faut toujours ôter les noyaux. On peut mettre dans la cruche le bois de quelques noyaux de pêches et d'un petit nombre de noyaux de prunes.

On fait un vin très agréable en mêlant quatre litres de jus de cerises, exprimé à froid ou par le feu, avec un litre d'eau-de-vie. On ajoute cinq quarterons de sucre et un demi-gros de cannelle, ou quelques clous de girofle.

Pour varier, on peut mêler dans différentes proportions du jus de cerises, de groseilles et de framboises, en y ajoutant toujours un litre d'eau-de-vie pour quatre livres de suc de fruit, et un quarteron de sucre par litre de mélange.

Le cassis qui, seul, a une saveur assez désagréable, fait très bien dans ces mélanges, pourvu qu'il n'y domine pas ; il masque l'arôme des autres fruits, de manière qu'on ne peut plus deviner ce qui entre dans leur composition.

Ces vins s'améliorent singulièrement en vieillissant, et sont alors préférables à beaucoup de vins prétendus naturels, qu'on achète fort cher, sans avoir aucune certitude de leur véritable origine.

N° 980. *Observation.*

Les vins de liqueurs artificiels ne sont, dans le fait, que des ratafias faibles. Tout ce qui entre dedans, à l'exception des sucs de fruits, a payé des droits de consommation. La régie des droits-réunis ne paraît donc avoir rien à prétendre sur cette fabrication, lorsqu'elle se borne à la consommation intérieure de la famille. Il n'en est peut-être pas de même des vins artificiels fermentés : on dit *peut-être*, parce que les droits sur les boissons fermentées ne semblent, d'après la lettre de la loi, être établis que sur les vins faits entièrement de raisins, sur les cidres et poirés faits de pommes et de poires, et sur les hydromels; mais comme la régie des droits-réunis a une tendance très naturelle à étendre le plus possible la perception dont elle est chargée, comme elle a souvent une manière particulière d'entendre la loi, on fera bien, pour ne pas se brouiller avec elle, ce qui est quelquefois désagréable, de consulter ses agents pour savoir ce qu'il est permis de faire en ce genre. Il n'y a qu'eux qui puissent le dire, car eux seuls le savent.

N° 981. *Hydromel.*

L'hydromel étant formellement dénommé dans les lois qui établissent la perception des droits-réunis, on ne peut en fabriquer sans remplir les formalités prescrites, et dont on fera bien de s'informer auparavant.

Miel. . . . . dix livres.
Eau. . . . . cinquante livres (vingt-cinq litres).
Levure en pâte. . . . quatre onces.

Comme le beau miel est toujours fort cher, on emploie ordinairement, pour faire l'hydromel, des miels de qualité inférieure. Ces miels ont presque toujours un arôme assez désagréable, dont il faut les débarrasser : pour cela on les purifie.

N° 982. *Purification du Miel.*

On délaie le miel avec le quart de son poids d'eau; on y ajoute du charbon concassé, cinq pour cent du poids du miel, et on verse le tout dans une bassine. On fait bouillir pendant un bon quart d'heure, et on passe à la chausse. Le miel qui passe d'abord entraîne du charbon; on le reverse dans la chausse, jusqu'à ce qu'il passe clair.

Si, ce qui arrive souvent, le miel est acide, on y ajoute deux ou trois pour cent de craie.

Le miel ainsi purifié a perdu en grande partie son mauvais goût; et il est débarrassé, par la filtration, des débris de cire et d'insectes qui souillent ordinairement les miels de basse qualité.

On le délaie avec la quantité d'eau prescrite; on ajoute la levure aussi délayée; on met le tout dans un tonneau, et on laisse fermenter, en prenant toutes les précautions indiquées ci-dessus (voy. n° 971). Lorsque la fermentation est achevée, on transvase l'hydromel dans un tonneau qui ne puisse pas en contenir la totalité, afin de réserver quelques bouteilles, qui serviront à le remplir.

On met le tonneau à la cave et on a soin de le remplir, d'abord tous les mois, et ensuite tous les deux ou trois mois.

L'hydromel n'acquiert sa perfection qu'en vieillissant : lorsqu'on le fait d'après la recette ci-dessus, il est très fort; et si, en dépurant le miel, on l'a fait bouillir assez pour qu'il ait pris un léger goût de cuit, il aura, au bout d'un an ou dix-huit mois, une saveur qui le rapprochera beaucoup du vin de Madère.

Si on voulait faire de l'hydromel pour boisson ordinaire, il faudrait mettre le double d'eau pour la même quantité de miel, et faire fermenter avec du suc de fruits; mais comme la régie perçoit toujours le droit sur les liqueurs vineuses, d'après la quantité, sans égard à la qualité, il vaut mieux faire l'hydromel très fort, sauf, après la perception du droit, à l'étendre avec de l'eau.

N° 983. *Pour mettre en couleur les Carreaux des appartements.*

Couleur rouge.

Rouge de Prusse.	six livres.
Colle de Flandre.	une livre un quart.
Cire jaune.	trois quarterons.
Potasse.	un quarteron.

Il y a du rouge de Prusse à deux prix. Celui qui paraît le plus cher est réellement à meilleur marché, parce qu'il est plus pur, et qu'il couvre davantage.

Faites tremper la colle de Flandre dans six pintes d'eau, jusqu'à ce qu'elle soit bien gonflée; achevez de la faire dissoudre sur le feu; passez-la à travers un torchon, pour en séparer quelques membranes qui ne se dissolvent jamais entièrement.

Si vous n'êtes pas très pressé, il vaut mieux laisser refroidir la colle pour la passer; quoiqu'elle soit alors en gelée, elle passe très bien à travers un linge, en le tordant fortement avec les mains.

Délayez le rouge avec la colle ainsi passée, et mettez-le sur le feu. Vous l'appliquerez lorsqu'il sera bien chaud sans bouillir.

Si l'appartement a déjà été mis en couleur, il est bon de le laver auparavant avec de l'eau dans laquelle on aura fait dissoudre de la potasse (un quarteron pour une pinte et demie d'eau). On rince ensuite avec de l'eau pure.

Si le carreau n'a pas encore été mis en couleur, et s'il est neuf, il suffit de le laver à grande eau pour le bien nettoyer; s'il est vieux, il faut le laver avec de l'eau de potasse, pour en enlever les matières grasses qui empêcheraient la couleur de prendre.

On applique la couleur bien chaude, avec un gros pinceau, et on la remue souvent, pour faire remonter le précipité qui se forme au fond du vase. Si on a une grande quantité de couleur à employer, il faut la tenir sur le feu, sans la faire bouillir, et n'en prendre à la fois que ce qu'on peut en étendre avant qu'elle soit refroidie.

Quand on a appliqué une première couche, on attend qu'elle soit bien sèche pour mettre la seconde. Deux couches suffisent dans tous les cas lorsque la couleur n'est pas trop délayée.

Avec les quantités ci-dessus, on peut mettre en couleur neuf à dix toises carrées.

Au lieu d'employer de la colle de Flandre, on peut prendre de la colle de parchemin, qu'on trouve toute faite chez les marchands qui ne vendent que des colles à l'usage des peintres, et chez quelques marchands de couleurs. Il faut deux livres de cette colle en gelée un peu ferme pour chaque livre de couleur.

Pendant que la première couche sèche, on prépare l'encaustique qui doit être appliqué froid. L'encaustique est un savon de cire imparfait, qui prend le poli quand on le frotte ave un brosse, et qui, étant presque insoluble, empêche l'eau qui peut tomber sur le carreau de détremper la couleur à la colle. Les peintres sont dans l'usage d'y ajouter du savon, ce qui le rend beaucoup plus facile à frotter; mais comme alors il est très soluble, l'eau qui tombe fait des taches, et quand on l'éponge, on enlève la couleur.

L'encaustique doit être appliqué froid; s'il était chaud, il se mêlerait avec la couleur dans les endroits où l'on est obligé de passer plusieurs fois le pinceau, et la couleur paraîtrait vergetée.

Pour faire l'encaustique, faites fondre la potasse dans deux verres d'eau; laissez reposer la solution, pour en tirer le clair par décantation, ou passez-la au papier gris.

Mettez les trois quarterons de cire avec trois litres d'eau dans une casserole; faites bouillir, et quand la cire est bien fondue, ajoutez peu à peu la potasse dissoute, en remuant avec une cuiller de bois, pour la bien mêler. Il est bon que la solution de potasse soit chaude.

La cire qui surnageait l'eau bouillante, se combine de suite avec la potasse, et devient soluble à l'eau, qui prend une apparence laiteuse; continuez à ajouter de la potasse, jusqu'à ce que presque toute la cire soit en dissolution; on dit presque toute, parce que, quelque précaution que l'on prenne, il y en a toujours une portion qui ne se dissout pas entièrement.

Laissez refroidir entièrement l'encaustique; s'il est bien fait, il doit être aussi blanc que de la crême, et en avoir à peu près la consistance. La portion de cire qui n'a pas été entièrement dissoute, forme à la surface de l'encaustique une croûte que l'on peut enlever.

On applique l'encaustique avec un gros pinceau, qu'il faut passer légèrement sans revenir plus de deux fois sur la même place, sans quoi on dissoudrait une portion de la couleur, et le carreau, au lieu d'être d'une teinte uniforme, serait rayé.

Il ne faut pas attendre que l'encaustique soit entièrement sec pour le frotter. Il faut de temps en temps essayer avec la brosse, et aussitôt qu'il y a une place où elle peut passer sans enlever la couleur, il faut se hâter de frotter vigoureusement. Si on attendait plus tard, on aurait une peine extrême à rendre le carreau luisant.

Si, malgré ces précautions, l'encaustique n'avait pas pris au premier frottage un beau poli, on peut y remédier le lendemain, en aspergeant légèrement le carreau avec de l'encaustique que l'on étend à mesure avec un petit balai; on frotte aussitôt qu'il commence à sécher; par ce moyen on obtient de suite un beau luisant, qu'il aurait fallu attendre de frottages réitérés.

Comme ce qu'on appelle rouge de Prusse donne un ton de couleur un peu foncé, si on veut un ton plus vif, on peut mettre dans l'encaustique deux onces de vermillon, qu'on délaie auparavant avec un peu d'eau chaude. Il faut dans ce cas remuer souvent l'encaustique, pour empêcher le vermillon, qui est très lourd, de se précipiter au fond du vase. Il faut aussi l'appliquer bien également, pour ne pas faire de rayures.

Il y a des peintres qui ajoutent à l'encaustique du terramérita en poudre, qui donne une couleur jaune très éclatante, mais qui finit toujours par être virée en jaune brun, par la potasse qui entre dans la composition de l'encaustique.

N° 984. *Couleur jaune.*

Substituez l'ocre jaune au rouge de Prusse; du reste, prenez les mêmes doses, et suivez les mêmes procédés que pour la couleur rouge.

N° 985. *Destruction des Punaises.*

La punaise est un insecte si incommode, si dégoûtant et si commun, surtout dans les grandes villes, qu'il n'est point étonnant que beaucoup de gens aient spéculé sur le besoin qu'on éprouve de s'en débarrasser. Il n'y a point d'années qu'on ne renouvelle les annonces pompeuses de spécifiques pour la destruction des punaises. Quelques-uns sont assez chers; d'autres présentent des dangers dans leur emploi; quelques autres sont extrêmement incommodes par l'odeur fétide qu'ils exhalent, et ce qu'il y a de pire, presque tous ne sont que de vains palliatifs.

Voici un moyen sûr, peu coûteux, dont l'emploi n'expose à aucun danger. Son seul inconvénient est de donner une odeur assez désagréable, mais qui ne dure pas long-temps.

C'est surtout dans les vieilles maisons dont les murs sont crevassés, dans les alcôves adossées à d'anciennes cloisons de planches, que les punaises paraissent indestructibles; avec les soins d'une excessive propreté, on parvient bien à en diminuer le nombre, mais on ne les détruit pas entièrement.

Voici ce qu'il faut faire.

Mettez les murs et les cloisons à nu; brûlez ou jetez tous les papiers que vous arrachez; barbouillez ensuite toutes les crevasses, les joitures des murs entre eux et avec le plafond et le plancher, et enfin tous les endroits salis par les punaises avec du vernis à l'essence, dit *vernis de Hollande* (il coûte 30 ou 32 sous la pinte). Collez de suite du papier gris sur le vernis; lorsque le papier sera sec, l'odeur du vernis aura disparu. Si vous voulez faire un travail complet et durable, vernissez en plein le papier gris que vous avez mis sur la première couche de vernis, et collez-par-dessus du papier de tenture; en collant ce papier, veillez avec un soin minutieux à ce qu'il ne laisse, dans sa jonction avec le mur, surtout en haut, aucun interstice où les punaises puissent se loger.

Vernissez également les tenons et mortaises des lits, et généralement toutes les fentes que laissent les bois dans leurs assemblages; vernissez aussi tous les joints du fond sanglé, et imbibez de vernis la partie de la sangle qui touche au cadre.

Pendant quelques jours après les opérations, vous pourrez apercevoir encore quelque punaises, et vous les apercevrez d'autant mieux, que n'ayant plus d'asile, vous les trouverez errantes sur les murs dans la partie de l'appartement la plus éloignée de celle où vous aurez prodigué davantage le vernis. Celles-là détruites, vous n'en verrez plus.

Une précaution, peut-être surabondante, que vous pouvez prendre encore, c'est de faire vernir à l'esprit-de-vin le papier de tenture des alcoves. Ce papier ainsi verni se conserve pendant long-temps avec toute sa fraîcheur; et les punaises ne pouvant plus se tenir sur sa surface, il leur est impossible d'aller chercher dans le haut de l'alcôve l'asile qui paraît leur convenir le mieux, sans doute parce que l'air y est plus chaud et plus chargé de miasmes.

Si, pour éviter la dépense, vous voulez vernir vous-même, rien n'est plus simple.

Prenez de la colle de gants en gelée; passez-la à travers un linge, en tordant avec force; délayez-la avec de l'eau froide, ou tout au plus tiède. La quantité d'eau dépend de la force de la colle. Il faut qu'après avoir été délayée, elle soit légère et limpide. Appliquez avec un pinceau deux couches de cette colle à froid, sur le papier que vous voulez vernir.; ne mettez la seconde couche que lorsque la première est bien sèche; attendez que la seconde le soit aussi pour appliquer le vernis.

Une seule couche de vernis suffit. Si on veut en donner deux, il faut attendre que la première soit complétement sèche.

Pour coucher le vernis, il faut en prendre peu à la fois, du bout du pinceau; tenir le pinceau perpendiculairement au papier, et le promener sur la surface toujours dans le même sens, en évitant de passer plus de deux fois sur le même point.

Il faut un quart de pinte de vernis à l'esprit-de-vin pour une couche sur une toise carrée de surface; il y en a à plusieurs prix: le plus commun est très bon pour vernir des papiers.

Nº 986. *Pour cirer les Meubles de noyer, de merisier, et autres bois qui ne sont pas recouverts d'un vernis à l'esprit-de-vin.*

Coupez en petit morceaux une demi-livre de cire; mettez-la avec poids égal d'essence de térébenthine, dans un pot que vous plongerez dans l'eau bouillante, jusqu'à ce que la cire soit totalement fondue dans l'essence. Retirez alors le pot et couvrez-le avec un bouchon ou un parchemin.

La cire ainsi dissoute dans l'essence a, lorsqu'elle est refroidie, la consistance du beurre pendant l'été.

Pour s'en servir, on en imprègne le bout d'un pinceau un peu ferme, et on en frotte les meubles auxquels on veut donner un poli luisant, après les avoir auparavant bien nettoyés, et, s'il est nécessaire, lavés et séchés : lorsque les meubles ont été frottés partout, on les expose à l'air devant une fenêtre, pour faire évaporer l'essence; et lorsqu'en les touchant, on s'aperçoit que la cire n'est plus onctueuse et qu'elle a pris de la consistance, on frotte avec un morceau d'étoffe de laine, jusqu'à ce que le poli soit brillant. Si le morceau d'étoffe se charge promptement de cire, c'est une preuve qu'elle n'est point assez sèche, et qu'elle retient encore de la térébenthine. Il faut alors attendre quelque temps avant de frotter.

Cette cire peut être employée comme cirage pour les bottes et souliers, qu'il suffit ensuite de laver pour les nettoyer parfaitement. On n'est obligé d'en remettre que de temps en temps ; mais il faut l'appliquer au moins la veille, afin que la térébenthine puisse s'évaporer totalement.

Elle est préférable à l'encaustique pour cirer les appartements, lorsqu'on peut se dispenser d'y entrer pendant au moins vingt-quatre heures, temps nécessaire pour l'évaporation de toute l'essence, et pour que la cire acquière assez de consistance pour ne pas s'attacher aux pieds. Une seule couche appliquée ainsi suffirait pour rendre le frottage beaucoup plus facile pendant une année, et on aurait des planches plus propres, sans être obligé d'en renouveler aussi souvent la couleur.

Nº 987. *Pour nettoyer les Vases de cuivre étamés.*

Lorsque les vases de cuivre ne sont pas étamés, le moyen le plus simple pour les nettoyer et enlever le vert-de-gris qui est à leur surface, c'est de les frotter avec du sablon et de l'eau ou du vinaigre faible. Ce moyen est suffisant lorsque la surface du vase est bien unie; mais si elle est, comme cela arrive souvent, criblée de petits trous, ou si elle est bosselée, il y a des points que le sablon ne peut atteindre, et le vase, quoique très brillant en apparence, peut recéler du vert-de-gris. Il faut alors recourir à un moyen plus efficace, qui va être indiqué tout à l'heure.

Les vases étamés ne peuvent être frottés avec du sablon, sans qu'une partie du cuivre ne soit mise à nu : en effet, l'étamage de la plus grande casserole emploie à peine trente-six à quarante grains d'étain; et cette petite quantité, étendue sur une si grande surface, donne une épaisseur qui est bien au-dessous de celle d'une feuille de papier. Comment une couche aussi mince d'un métal qui est très tendre, résisterait-elle à l'action d'un corps aussi dur que le sable, qui raie le fer? Cette action est, à la vérité, moins forte quand on emploie de la cendre, mais elle suffit pour attaquer fortement l'étamage.

On peut donc regarder comme un fait constant que toute casserole qui a été ce qu'on appelle *récurée* une seule fois, a une partie de sa surface à nu.

Ce serait un mince inconvénient si, chaque fois qu'on s'est servi d'une casserole, on la *récurait*; mais on n'emploie ce moyen que lorsqu'un ragoût s'est attaché, parce qu'on veut ménager l'étamage, sans considérer qu'il vaudrait mieux n'en pas avoir du tout que de l'avoir imparfait. On se contente le plus souvent de passer de l'eau chaude dans la casserole, et de l'essuyer avec un linge: on croit s'être mis par-là à l'abri de tout danger; cependant on n'a pas enlevé une petite couche de graisse qui adhère toujours à la surface du métal, et qui, sur le cuivre mis à nu, détermine promptement la formation du vert-de-gris. Il est vrai que la quantité en est rarement assez considérable pour produire des effets sensibles dans le moment; mais ne doit-il pas résulter à la longue de funestes effets de ces petites quantités de vert-de-gris qui se trouvent journellement mêlées à tous les aliments qui se préparent dans des vases de cuivre?

Le seul moyen de bien nettoyer les casseroles étamées, c'est, après les avoir lavées à l'eau bouillante, d'y faire bouillir de la cendre de bois neuf avec de l'eau, ou, ce qui vaudrait mieux, une légère solution de potasse. On est sûr alors qu'il ne reste point de graisse à la surface; et c'est toujours la graisse qui, dans les vases de cuisine, détermine la formation du vert-de-gris, quand d'ailleurs on a soin de les tenir bien secs.

L'ébullition de la cendre ou de la solution de potasse nettoie aussi très bien les vases non étamés, parce que les matières alcalines dissolvent non-seulement les matières grasses, mais aussi le vert-de-gris qui adhère à leur surface.

L'emploi de ce moyen a, en outre, un avantage économique, en ce qu'il conserve très long-temps l'étamage dans l'état où il est sorti des mains de l'ouvrier.

Il y a des vases de cuivre dont on ne se sert que rarement,

S'ils ne sont pas étamés, on les trouve ternes, parce que l'humidité de l'air a couvert leur surface d'une légère couche de vert-de-gris : on ne manque pas de les récurer avant de les employer; mais s'il sont étamés, on peut les croire très propres et on se borne ordinairement à les essuyer, ce qui n'enlève pas le vert-de-gris (1) qui existe dans tous les endroits où le cuivre est à nu. Il est très imprudent de se servir de ces vases sans y avoir auparavant fait bouillir de la cendre ou de la potasse.

Quand ils ne sont pas étamés, on les nettoie en un instant au moyen d'un peu d'acide sulfurique étendu d'eau, qu'on passe sur toute leur surface; on lave ensuite avec de l'eau froide, et on essuie.

A bien considérer la chose, l'étamage est une inutilité dangereuse : c'est une inutilité, puisqu'il est constant que cette légère couche d'étain n'empêche pas la formation du vert-de-gris lorsqu'on laisse refroidir, dans les vases qui en sont revêtus, des matières grasses ou acides, lesquelles n'ont aucune action sur le cuivre lorsqu'elles sont à l'état d'ébullition ou à un état voisin. Cette inutilité est dangereuse, parce que l'étamage ne sert qu'à masquer les petites portions de vert-de-gris qui se forment dans tous les endroits où le cuivre est à nu, par l'action de la couche de graisse qui reste toujours à sa surface, lorsqu'on n'a pas recours au *récurage* ou à tout autre moyen énergique de nettoiement.

Des vases non étamés ne peuvent, au contraire, laisser aucune incertitude sur leur propreté; s'ils sont ternes, s'ils sont piquetés de petites taches noires, on s'en aperçoit au premier coup-d'œil. Il faut les frotter avec du sablon ou de la cendre, y passer ensuite du vinaigre, ou, ce qui vaut mieux, de l'acide sulfurique faible. Ils reprennent de suite l'éclat métallique, et on peut s'en servir en toute confiance.

On peut affirmer que sur dix cas d'empoisonnement par le vert-de-gris, il y en a neuf qui ont été occasionnés par la fausse sécurité qu'inspirent les vases de cuivre étamés; il est très rare que ceux qui ne le sont pas s'emploient dans un état suspect.

(1) On se sert du mot vert-de-gris, parce qu'il est consacré par l'usage pour désigner l'efflorescence verte qui est produite sur le cuivre par le contact de diverses substances. Il n'est pas nécessaire cependant que cette efflorescence soit verte pour être un poison. Toute surface de cuivre qui n'a pas le brillant métallique, est recouverte d'un acide qui, quelle que soit sa couleur, et extrêmement dangereux.

No 988. *Pour garantir de la rouille les plaques et les tôles qui revêtent les parois des cheminées.*

Délayez avec un peu d'eau de la mine de plomb en poudre; avec un morceau de linge frottez-en les plaques, les tôles, les tuyaux de poêles, les poêles en fonte, les ventouses et les côtés des cheminées. Frottez jusqu'à ce que la mine de plomb ait contracté une adhérence parfaite avec les surfaces sur lesquelles vous l'étendez, et qu'elle ait pris un beau luisant.

Cette légère couche de mine de plomb suffit pour préserver, pendant long-temps, de la rouille, tous les fers qui en sont couverts.

No 989. *Pour raccommoder la porcelaine, la faïence, le verre, etc.*

Prenez une livre de chaux vive, arrosez-la avec six onces et demie d'eau que vous verserez en petit filet, de manière que la chaux l'absorbe en totalité; bientôt la chaux s'échauffera, se gonflera, se dilatera, et finira par se réduire en poudre, que vous conserverez dans une bouteille bien bouchée.

Quand vous aurez quelque chose à raccommoder, ayez du fromage blanc bien égoutté; pétrissez-le avec de la chaux en poudre, jusqu'à ce qu'il ait la consistance de la crème (la chaux commence par rendre le fromage plus coulant); lorsque le mélange sera bien fait, enduisez-en légèrement la tranche d'un des morceaux du vase qui est cassé; mettez ce morceau dans sa place, en pressant fortement, pour qu'il reste le moins possible de matière dans le joint. Si vous pouvez contenir le morceau avec une ficelle, vous le laisserez en cet état jusqu'à ce que le mastic soit sec; sinon vous le contiendrez avec les mains jusqu'à ce qu'il ait contracté assez d'adhérence pour se soutenir seul.

Si vous avez plusieurs morceaux à réunir, commencez par réunir l'un d'eux; quand il sera bien attaché, vous en réunirez un second, et ainsi de suite.

Ce mastic prend sur toutes matières, pourvu qu'elles ne soient pas grasses. Si elles le sont, il faut frotter la cassure avec de la solution de potasse.

Quand le mastic est bien sec, on enlève avec la lame d'un couteau la portion qui excède le joint. Si l'opération est bien faite, le joint doit être peu apparent. Il ne le sera guère si le vase est blanc; mais s'il est de porcelaine peinte, on peut dissimuler le joint en passant un pinceau trempé dans une couleur semblable à celle du vase.

Les vases, ainsi raccommodés, peuvent servir à tous les usages; seulement il ne faut pas y laisser séjourner de l'eau, ou les tenir dans un endroit humide, parce qu'à la longue le mastic se dissoudrait. On pourrait cependant éviter cet inconvénient, facile d'ailleurs à prévenir, en recouvrant les joints avec du vernis de copal à l'esprit-de-vin.

Le même mastic peut servir à raccommoder des marbres, à recoler des bois plaqués, les draps sur les tables de jeux, les maroquins sur les bureaux, etc., etc.

N° 990. *Usage de l'Eau seconde des Peintres.*

Les peintres appellent eau seconde la solution d'une demi-livre de potasse dans une pinte d'eau. On tire cette solution à clair, et on la conserve dans une bouteille bien bouchée.

L'eau seconde sert à nettoyer les peintures à l'huile, quand elles sont salies par les ordures des insectes, et surtout par l'application des mains sur les portes.

Comme elle est très corrosive, il faut en éviter le contact. Lors donc que vous voudrez vous en servir, attachez solidement au bout d'un bâton un tampon de vieux linge, gros comme le poing.

Si les peintures que vous voulez nettoyer ne sont salies que par la poussière ou les ordures des insectes, vous pouvez étendre la solution de potasse avec moitié eau. Imbibez bien votre tampon avec la solution, et frottez-en la peinture jusqu'à ce que tout ce qui la salit soit dissout; lavez de suite avec une éponge trempée dans l'eau fraîche; répétez ce lavage une seconde fois, pour enlever toute la potasse, qui attaquerait la peinture si elle y séjournait; essuyez avec un linge sec.

Dans les endroits où la peinture est salie par des matières grasses, surtout aux bords des portes, employez la solution pure sans l'étendre d'eau; frottez fortement jusqu'à ce que la peinture reparaisse; lavez à grande eau.

L'eau seconde sert aussi à laver les carreaux d'appartements avant de les remettre en couleur; on dissout par-là la couche de cire qui les recouvre, et qui empêcherait la couleur de tenir.

Elle est très bonne pour nettoyer les glaces et les vitres.

En l'affaiblissant avec beaucoup d'eau (une partie de solution et sept parties d'eau), on peut s'en servir pour nettoyer les dorures.

Pour cela, trempez un pinceau doux dans cette eau faible; lavez légèrement la dorure en tappant et frottant doucement. Épongez de suite à grande eau, répétez cette opération, en pressant un peu l'éponge pour faire couler de l'eau, que vous laisserez égoutter; laissez sécher, et essuyez ensuite légèrement avec un linge fin et chaud.

La solution forte de potasse est encore excellente pour nettoyer les flambeaux d'argent ou de cuivre argentés et dorés; on peut s'en servir aussi pour nettoyer les lampes en évitant de la laisser en contact avec le vernis, qu'elle détruirait : il faut l'employer chaude.

Les globes de verre dépoli dont on surmonte les lampes sont sujets à être tachés d'huile, ce qui rend le verre transparent dans les parties tachées, et produit un mauvais effet. Pour rendre au verre le mat qu'on a voulu produire en le dépolissant, et qui est indispensable pour la diffusion de la lumière, il suffit de verser dans le globe une ou deux cuillerées de solution de potasse un peu chaude, qu'on promène sur toute sa surface, en frottant les endroits tachés avec un tampon de linge fin. On lave ensuite avec de l'eau un peu plus que tiède, et on essuie avec un linge doux, jusqu'à ce que le verre soit parfaitement sec.

Enfin la solution de potasse est le dissolvant de toutes les matières grasses : on a vu plus haut (voy. nº 987) qu'elle joignait à cette propriété celle de dissoudre très bien le vert-de-gris qui se forme à la surface du cuivre.

Il faut prendre garde d'en laisser tomber sur les étoffes de laine ou de soie. Si cela arrivait, et qu'on s'en aperçût sur-le-champ, il faudrait mouiller de suite, avec une éponge ou un linge trempé dans de l'eau, la place où la potasse serait tombée. Si la couleur de l'étoffe était altérée, on pourrait, dans beaucoup de cas, la faire reparaître avec un peu de jus de citron ou du vinaigre affaibli avec de l'eau.

Nº 991. *Purification des huiles d'olive.*

Lorsqu'on a une provision d'huile un peu considérable, on en trouve toujours au fond des vases une portion qui est trouble et salie par des matières mucilagineuses et féculentes qui se sont déposées. Dans cet état, cette huile n'est bonne à rien; mais en l'épurant, on peut la rendre propre au service de la table.

Faites dissoudre une livre de sel dans cinq livres d'eau ; tirez la solution à clair, et mêlez-la avec moitié de son volume d'huile de dépôt. Agitez le mélange jusqu'à ce que la solution saline paraisse incorporée avec l'huile ; laissez reposer pendant un ou deux jours. L'huile se partage en une partie très pure et très limpide. La lie plonge dans la liqueur salée.

Pour décanter l'huile claire, achevez de remplir le vase avec de l'eau pure; trempez dans l'huile une grosse mèche de coton; plongez-en une extrémité dans l'huile à décanter, et l'autre dans une bouteille vide dont l'ouverture devra être un peu plus basse que la surface inférieure de la couche d'huile; cette mèche fera l'office d'un siphon, et l'huile coulera en totalité dans la bouteille.

Tous les liquides peuvent se décanter par ce moyen.

N° 992. *Eau de Cologne.*

Prenez huile essentielle de néroli,
Idem de cédrat,
Idem d'orange,
Idem de citron,
Idem de bergamotte,
Idem de romarin,
} de chaque douze gouttes.

Semence de petit cardamome. . . . . 1 gros.

Faites infuser le tout dans un litre d'esprit-de-vin dit trois-six (33 degrés) : cette eau de Cologne ne sera pas aussi blanche que celle qui est distillée ; mais si les essences sont bien choisies, elle sera tout aussi suave. Elle s'améliore en vieillissant.

N° 993. *Pâte d'Amandes liquide.*

Prenez amandes douces,
Idem amères,
} de chaque . . . . 4 onces.

Suc de citron. 2
Eau. 1
Huile d'amandes douces. 3
Eau-de-vie. 6

Mondez les amandes et pilez-les, en ajoutant peu à peu la quantité d'eau prescrite ; quand elles sont réduites en pâte bien homogène, mêlez peu à peu à cette pâte le suc des citrons, l'huile d'amandes douces, et ensuite l'eau-de-vie.

N° 994. *Teinture dentifrice.*

Eau-de-vie. . . . . 4 onces.
Sous-carbonate de potasse. . . . . un 1/2 gros.
Teinture de girofle, } de chaque. . . . . 20 gouttes.
Idem de cannelle, }

Mêlez le tout dans un flacon que vous agiterez pour faciliter la combinaison du carbonate de potasse avec les huiles volatiles dont les teintures sont chargées.

Cette liqueur s'éclaircit par le repos. On la mêle avec quatre fois son volume d'eau, pour se nettoyer la bouche et les dents; elle prévient leur carie, et enlève la douleur.

N° 995. *Pour enlever les Taches d'Encre.*

Si elles sont récentes, il faut d'abord laver la tache avec de l'eau pure, ensuite avec de l'eau de savon; du jus de citron ou de l'acide sulfurique assez étendu d'eau pour n'avoir plus que l'acidité du vinaigre très fort, achèvent de faire disparaître la trace de l'encre.

Si la tache est ancienne, après l'avoir lavée avec de l'eau, de l'eau de savon, et ensuite rincée, on la saupoudre avec de *l'acide oxalique;* on frotte pour que l'acide pénètre dans l'étoffe, qu'on laisse pendant quelques instants imprégnée de l'acide. On la rince ensuite avec de l'eau, et la tache disparaît.

Nota. L'acide oxalique n'est pas la même substance que le sel d'oseille, qu'on emploie ordinairement pour enlever les taches de rouille. Ce sel est un composé d'acide oxalique et de potasse, et comme tel il n'a pas autant d'énergie que l'acide oxalique pur, qui, du reste, n'attaque pas sensiblement les étoffes et les couleurs sur lesquelles on l'applique.

On trouve l'acide oxalique chez les droguistes et les pharmaciens.

Les taches de rouille s'enlèvent comme les anciennes taches d'encre, avec l'acide oxalique, qu'on frotte sur l'étoffe, après l'avoir mouillée. L'acide doit être en poudre fine.

N° 996. *Pour enlever les Taches de Graisse, d'Huile, etc.*

Le fiel de bœuf est la substance qui convient le mieux pour dégraisser les étoffes de laine. On en imbibe complétement les places tachées. On laisse l'étoffe en repos pendant une demi-heure, ensuite on frotte entre les mains les places tachées, et on finit par les rincer à grande eau. Après cela, on a soin de bien détirer l'étoffe, pour qu'elle ne prenne aucun mauvais pli en séchant.

Les taches de cire, quand elles n'ont pas été étendues par la chaleur, disparaissent facilement lorsque, après les avoir imbibées d'esprit-de-vin, on les frotte entre les mains. Si les taches de cire, ayant été fondues par la chaleur, ont pénétré dans l'étoffe, on place dessus et dessous la tache une feuille de papier brouillard, et on passe dessus un fer chaud; on renouvelle ou l'on change de place les feuilles de papier, en passant toujours le fer jusqu'à ce que la tache ait disparu.

Sur les étoffes de soie, on enlève les taches de graisse avec de l'huile essentielle de citron ou de lavande. On en imbibe une petite éponge, avec laquelle on frotte la tache, qui disparaît; mais il faut couvrir de suite la place avec de la terre glaise blanche réduite en poudre, sans quoi il resterait un cercle apparent tout autour de la tache. Au bout d'une heure, on secoue la terre glaise, on frotte l'étoffe avec une éponge sèche. On peut rendre le lustre à la place où était la tache, en la mouillant avec un pinceau trempé dans une solution très légère de gomme adragante. On a soin d'étendre l'étoffe pour la faire sécher, afin qu'elle ne se grippe pas. Pour plus de sûreté à cet égard, on peut l'attacher avec des épingles sur quelques meubles.

Les taches de résine, de vernis, de poix, s'enlèvent sur toutes les étoffes avec de l'esprit-de-vin. A défaut d'esprit-de-vin, on peut se servir d'eau de Cologne ou d'eau de la reine de Hongrie; mais l'esprit-de-vin est préférable, parce que les eaux aromatiques étant chargées d'huiles essentielles, laissent des cercles autour des taches sur les étoffes de couleur tendre.

Toutes les taches de matières grasses disparaissent sur quelque étoffe que ce soit, sans altérer la couleur, par le moyen suivant.

Prenez quatre ou cinq charbons allumés, de la grosseur du pouce; mettez-les dans un linge blanc, que vous aurez mouillé et pressé ensuite, pour en faire sortir l'eau surabondante; placez sous la tache une serviette blanche; prenez le linge qui contient les charbons par les quatre coins; posez-le sur la tache; enlevez-le, reposez-le, et continuez ainsi une douzaine de fois. La tache disparaît entièrement.

No 997. *Pour enlever les Taches de Vin et de Fruits rouges.*

Il faut commencer par laver la tache avec de l'eau, et ensuite avec du savon, ce qui suffit souvent par la faire disparaître. Si elle résiste à ces lavages, on fait avec du carton une espèce d'entonnoir, et on allume dessous un peu de soufre. On présente la tache à quelque distance du sommet de l'entonnoir, et quand elle est disparue, on lave la place avec de l'eau.

No 998. *Pour rétablir les Couleurs altérées par les acides sur les étoffes de soie.*

Si la couleur a été altérée par des acides incolores, tels que le vinaigre, le jus de citron, le jus d'orange, etc., on mouille la tache avec de l'alcali volatil étendu d'eau, jusqu'à ce que la couleur soit rétablie. On lave ensuite avec de l'eau, pour enlever l'alcali, et on sèche l'étoffe en la frottant avec un linge fin.

Si l'altération de couleur est produite par des fruits rouges, on commence par laver la tache avec de l'eau, ensuite on la mouille avec l'alcali volatil étendu, et on finit par rincer avec de l'eau.

No 999. *Pour rétablir les Couleurs altérées par la sueur.*

On mouille la tache, et on la frotte avec de l'acide oxalique; ensuite on rince avec de l'eau. Cela suffit presque toujours; cependant il y a des cas où l'action de l'acide oxalique paraît entravée par quelque substance sur laquelle il n'a pas de prise; alors après avoir imbibé la tache avec de l'eau, on la mouille avec de l'alcali volatil étendu d'eau; on la rince; on applique ensuite l'acide oxalique, qui ordinairement fait reparaître la couleur, et on termine en rinçant bien la tache, pour enlever l'acide oxalique.

No 1000. *Pour relever le Velours froissé.*

Ayez une plaque de fer, ou simplement un fer à repasser, si le morceau de velours n'est pas considérable; faites chauffer un peu fortement, sans cependant qu'il soit brûlant; couvrez d'un linge mouillé; étendez le velours par-dessus, et relevez le poil avec une brosse; ou bien mouillez le velours à l'envers, et pendant que quelqu'un le tient tendu, d'une main passez le fer chaud sous le côté mouillé, et de l'autre relevez avec une brosse le poil du velours. Il paraît que la vapeur d'eau que la chaleur du fer fait élever à travers le velours contribue principalement à faire relever les poils couchés, car, lorsqu'on opère à sec, on ne produit presque aucun effet : par ce moyen, le velours, dont la couleur n'est point altérée, est remis dans son état primitif.

N° 1001. *Pour remettre à neuf les Étoffes de Soie blanche.*

Faites-les bouillir, enveloppées d'une toile blanche, dans une forte eau de savon ; rincez-les ensuite dans de l'eau un peu chaude. Pour les faire sécher, attachez-les sur une toile tendue à un cadre de bois, ou, plus simplement, sur une couverture attachée à la muraille et couverte d'une toile blanche.

Quand elles sont sèches, humectez-les avec une éponge trempée dans une solution de gomme adragante suffisamment étendue d'eau ; laissez-les sécher.

Les rubans se blanchissent en les faisant bouillir dans une forte eau de savon ; on les rince ensuite sans les froisser, et on les laisse sécher en les étendant sur un linge. Pour les lustrer, on les trempe dans une solution très légère de colle de poisson ; on les passe entre les doigts pour en exprimer le plus d'eau qu'on peut ; on les étend ensuite sur du linge ; quand ils sont à moitié secs, on place sur une table une couverture; on étend une feuille de papier sur laquelle on met le bout du ruban, qu'on recouvre avec une autre feuille de papier ; alors, pendant qu'une personne appuie un fer chaud sur la feuille de papier, une autre tire le ruban, qui se trouve lustré.

Les blondes et les tulles de soie se font aussi bouillir, enveloppés d'une toile, dans une forte eau de savon. Pour les rincer dans l'eau chaude, sans risquer de les déchirer, on tappe dans les mains la toile ou le sac dans lequel ils sont enveloppés. Comme, pour les faire sécher, il faut nécessairement les étendre en les piquant sur les bords avec une multitude d'épingles, le cadre garni d'une simple toile est insuffisant ; il faut que le cadre soit rembourré assez épais pour qu'une épingle qu'on y enfonce puisse s'y tenir droite, en résistant au très léger tiraillement qu'elle éprouve de l'étoffe.

Pour les tulles, on se sert de grands cadres plats ; mais, pour les blondes ou les tulles en bandes, il est plus commode d'employer des tambours rembourrés.

N° 1002. *Fumigations anti-putrides.*

Lorsque les malades succombent après avoir été attaqués de

phthisie pulmonaire, de fièvres putrides, d'affections dartreuses et autres maladies qui peuvent se communiquer par le contact, beaucoup de personnes négligent de prendre les précautions nécessaires pour empêcher que la maladie ne se répande par l'action des miasmes dont sont imprégnés les effets, les lits qui ont servi aux malades, et même les appartements qu'ils ont occupés; d'autres croient avoir beaucoup fait en faisant rebattre les matelas, et en aérant les appartements; ces moyens ne peuvent suffire. Les miasmes adhèrent fortement à presque tous les corps avec lesquels ils sont en contact; l'air ne les détruit qu'à la longue, et, avant de les détruire, il peut les transporter dans le voisinage : c'est par ce transport des miasmes par l'air qu'on peut seulement expliquer les progrès rapides des maladies épidémiques. Il serait d'une bonne police d'exiger que tout appartement où est morte une personne reconnue attaquée d'une maladie contagieuse, fût complétement désinfecté avant d'être ouvert, et surtout avant d'être habité de nouveau : on éviterait par-là des accidents funestes, qui sont moins rares qu'on ne le pense. Comme on peut trouver dans cette idée un motif pour créer quelques places, il n'y a pas de doute qu'on ne s'en empare un jour : et plût à Dieu qu'on n'en adoptât jamais de plus mauvaise! En attendant, voici comment il faut s'y prendre pour une désinfection complète :

	once	gros.
Sel marin en poudre.	1	6
Oxide noir de manganèse.	»	4
Eau	1	2
Acide sulfurique.	1	»

Mêlez ensemble le sel et l'oxide de manganèse; mettez le mélange dans une assiette de terre vernissée; versez par-dessus l'eau et l'acide sulfurique, mélangés ensemble au moment de les verser.

Renversez l'assiette dans la chambre, après avoir défait le lit et développé tout ce qui le compose, de manière à présenter le plus de surface possible.

Si on place l'assiette sur un réchaud rempli de cendres bien chaudes, ou de poussier de charbon bien allumé, l'effet sera plus prompt et plus intense. On laisse la chambre fermée pendant une heure ou deux : ensuite on l'aère, on retourne les matelas et autres effets, et, pour plus de sûreté, on fait une seconde fumigation.

Il faut éviter de respirer la vapeur qui se dégage au moment où l'on vide l'acide sulfurique : cette vapeur excite un toux violente, et occasionne quelquefois cet enchifrenement qu'on appelle rhume de cerveau.

No 1003. *Pour faire du Vinaigre.*

Ayez un baril contenant trente litres plus ou moins, selon l'étendue de votre consommation. Ce baril doit avoir sur l'un de ses fonds un trou de 18 lignes de diamètre, le plus près possible du jable. Vous placerez le baril de manière que le trou soit au point le plus élevé. Sur le même fond, vous poserez une cannelle de bois, à trois pouces de la partie inférieure du jable. Le baril doit être placé dans un endroit chaud. Il sera très bien dans un coin de la cuisine.

Ces dispositions étant faites, vous ferez chauffer un ou deux litres de bon vinaigre, et vous les introduirez tout bouillants dans le baril par le trou qui est au haut du fond. Vous agiterez le baril, pour que toute sa surface s'imprègne bien de vinaigre ; ensuite vous y versez cinq litres de vin. Vous aurez soin de laisser toujours ouvert le trou qui est au haut du fond.

Huit ou dix jours après vous verserez dans le baril cinq autres litres de vin, et vous continuerez ainsi de huit en huit, ou de dix en dix jours, jusqu'à ce que votre baril soit rempli aux deux tiers. Alors vous pourrez commencer à tirer du vinaigre, et en ajoutant toujours une égale quantité de vin, vous aurez constamment du vinaigre de même qualité, pourvu que le vin que vous employez soit à peu près d'égale force.

La baissière des tonneaux, et même la lie, sont très propres à faire du vinaigre, surtout si le vin est de bonne qualité ; mais il faut que l'une et l'autre soient filtrées et d'une manière parfaite ; sans quoi le vinaigre contracterait un mauvais goût.

La force du vinaigre est toujours proportionnée à celle du vin qu'on emploie, ou, pour parler plus exactement, à la quantité d'eau-de-vie que le vin contient ; ainsi, si l'on veut avoir de fort vinaigre, et qu'on n'ait que du vin faible, il faut y ajouter un dixième d'eau-de-vie.

Par ce moyen, on se procurera du vinaigre très fort, qu'on trouve difficilement dans le commerce, et sans lequel cependant il est impossible de faire beaucoup de préparations économiques, telles que du sirop de vinaigre, des cornichons, des épis de maïs, des prunes confites, etc.

Si on emploie du vin rouge, le vinaigre sera rouge; il sera blanc, si on emploie du vin blanc.

Si on n'a que du vin rouge, ce qui est le cas le plus général, et que cependant on veuille avoir du vinaigre blanc, on y parvient par le procédé suivant :

N° 1004. *Pour décolorer le Vinaigre.*

Mettez par litre de vinaigre quarante-cinq grammes (une once et demie) de charbon animal (noir d'os) préalablement bien lavé; mêlez bien le tout ensemble, et agitez de temps en temps pendant trois jours; passez ensuite à la chausse, dans laquelle vous reverserez les premières portions qui sortent troubles; vous obtiendrez ainsi du vinaigre tout-à-fait blanc.

On décolore en partie le vinaigre, en le faisant chauffer, et en y versant une pinte de lait sur cinq ou six de vinaigre. On passe ensuite à la chausse. Par ce procédé, le vinaigre conserve une couleur rosée.

N° 1005. *Vinaigre de Miel.*

Voici un autre procédé pour obtenir d'emblée du vinaigre fort, et limpide comme de l'eau.

Prenez dix livres de miel blanc, que vous délaierez avec cinquante livres d'eau; faites bouillir et écumez. Lorsque ce mélange est à moitié froid, ajoutez-y deux onces de levure de bière, ou, ce qui vaut mieux, si la saison le permet, deux ou trois livres de jus de groseilles blanches; versez le tout dans un baril disposé comme ci-dessus, mais assez grand pour qu'il ne soit rempli qu'au deux tiers. Tenez le baril dans un endroit dont la température soit de douze degrés au moins, et de dix-huit au plus, et abandonnez-le à lui-même pendant deux mois. Au bout de ce temps, l'hydromel sera converti en vinaigre, sans aucune couleur, mais conservant une légère odeur de miel, qui n'est pas désagréable, qui passe avec le temps, et qu'on peut masquer de suite, en y faisant infuser quelques aromates, comme de l'estragon, de la fleur de sureau, du baume-coq (tanaisie odorante), de la menthe, du girofle, etc.

N° 1006. *Vinaigre avec de l'Eau-de-vie.*

Enfin on peut faire du vinaigre en mettant dans le baril préparé comme il a été prescrit, mélange d'eau-de-vie et d'eau, dans la proportion d'un quart d'eau-de-vie à vingt et un degrés, et trois quarts d'eau, auquel on ajoute une once de levure de bière pour quatre litres d'eau-de-vie, et deux onces de fécule de pommes-de-terre dissoute dans l'eau bouillante.

N° 1007. *Semoule de Fécule de Pommes-de-Terre.*

Après avoir extrait la fécule, comme il est prescrit au n° 879, et l'avoir lavée jusqu'à ce que l'eau décantée sorte claire, on retire la fécule, et on la met égoutter sur un linge tendu. Lorsqu'elle est suffisamment ressuyée sans être sèche, on la met dans une bassine de cuivre sur un feu doux, et seulement suffisant pour en opérer une demi-fusion, à l'aide de l'eau qu'elle contient. On remue la fécule avec une spatule de bois, et lorsqu'elle est convertie en grains irréguliers demi-transparents, on ôte la bassine, on verse ce qu'elle contient sur un linge, et on laissse refroidir; ensuite, à l'aide d'un tamis de crin, on sépare de la semoule, qui reste sur le tamis, une poudre plus fine, qui peut remplacer dans les usages de la cuisine la fleur de riz.

Cette semoule est excellente.

Pour réussir dans cette opération, la fécule doit avoir un degré d'humidité, et subir un degré de feu qu'il n'est pas aisé d'indiquer avec précision. Il vaut mieux que la fécule soit trop sèche que trop humide; quant au degré de feu, il est nécessaire qu'il soit au-dessous de celui qui fait bouillir l'eau.

On peut faire des essais en petit dans un poêlon.

N° 1008. *Liqueur pour marquer le Linge d'une manière indélébile.*

Mettez dans un vase de terre ou de fer deux parties de couperose verte, une partie d'alun et suffisante quantité d'eau (dix fois le poids de la couperose et de l'alun); chauffez pour opérer la dissolution; filtrez la liqueur; versez-y de l'acétate de plomb liquide (sel de saturne fondu dans l'eau) jusqu'à ce qu'il ne se forme plus de précipité. Il est bon, avant d'opérer la précipitation, de garder à part une petite portion de dissolution de couperose et d'alun, afin d'en ajouter, dans le cas où on aurait mis trop d'acétate de plomb.

La liqueur étant ainsi préparée, on la laisse déposer. On décante pour en séparer le sulfate de plomb, et on l'abandonne dans une terrine à l'air libre, en ayant soin de la remuer de temps en temps, jusqu'à ce que, par l'évaporation et par une oxidation plus avancée du fer, elle se prenne en une masse comme gélatineuse; alors on la renferme dans une bouteille.

D'un autre côté, on prépare comme ci-dessus un acétate de fer, si ce n'est qu'on n'emploie pas d'alun. On le laisse ainsi exposé à l'air, afin de faire passer le fer à un plus haut degré d'oxidation. Cet acétate doit rester liquide. On le filtre, et on le garde en bouteilles.

On étend l'acétate de fer préparé avec l'alun sur un morceau de drap tendu, en le délayant avec l'acétate liquide; on pose sur ce drap la marque dont on veut se servir; et on l'applique sur le linge à marquer.

No 1009. *Essence de Savon.*

Faites dissoudre dans un litre d'esprit-de-vin à trente degrés, douze onces de savon blanc coupé par tranches; remuez de temps en temps, pour faciliter la dissolution; laissez déposer; décantez ce qui est clair, et conservez dans des flacons bouchés. On aromatise cette essence avec de l'esprit-de-citron, de la teinture de benjoin, de vanille, etc.

Cette essence sert pour la barbe. On en met une cuillerée à café dans une soucoupe avec un peu d'eau; on fait mousser avec une brosse.

Si on veut faire une essence de savon propre à détacher, on la prépare comme ci-dessus; mais pour la rendre plus active, on y ajoute deux onces de belle potasse.

No 1010. *Chocolat.*

Cacao carraque mondé. . . . . . 4 kilogrammes.
Cacao des îles. 1
Sucre. 5
Cannelle. . . . . » 1 once 2 gros.
Vanille. . . . . » 1 2

Torréfiez le cacao sans le brûler; écrasez-le légèrement avec un rouleau de bois, lorsqu'il est à demi refroidi; l'écorce se détache, et on le monde; enlevez les germes, qui se plient mal.

On met ensuite le cacao dans une marmite de fer chauffée, où on l'agite vivement. On le vanne de nouveau tout chaud. On le pile ensuite dans un mortier de fer chauffé. Lorsque le tout est bien en pâte, et que le pilon s'y enfonce par son propre poids, on met refroidir.

On met la pâte sur une pierre dure chauffée par dessous; elle s'y chauffe pendant quelques heures; on n'en laisse qu'une portion et on tient le reste chaudement.

On y broie la pâte, qui a été laissée sur la pierre, avec un cylindre de fer poli. La pierre doit être chaude à n'y pas tenir la main. On broie ainsi successivement toute la pâte.

Ensuite on la mêle, dans une bassine, avec le sucre, et on la broie de nouveau sur la pierre. On incorpore la vanille triturée avec la cannelle et du sucre, sur la pierre chaude.

Le chocolat fini est placé dans une bassine échauffée ; on le remue et on coule la pâte à demi liquide dans des moules.

On remplace quelquefois la vanille par le storax calamite, qui coûte moins cher; mais la vanille vaux mieux. On prétend qu'il est plus avantageux de griller le cacao au printemps, de laisser la pâte reposer pendant tout l'été, et de faire le mélange en automne.

En comparant le prix des matières qui entrent dans la recette ci-dessus, dont le produit est dix-huit livres d'excellent chocolat, avec le prix auquel on achèterait chez le fabricant une pareille quantité de chocolat de qualité supposée égale, on trouve qu'il y a un avantage considérable à le faire ou à le faire faire chez soi. C'est l'usage en Espagne, ou la consommation du chocolat est beaucoup plus étendue que celle du café au lait chez nous; il y a des ouvriers qui se transportent chez les particuliers avec tous les ustensiles; on leur fournit les substances nécessaires, et ils font du chocolat très bon et à bon marché. On a de plus l'avantage d'être certain que le chocolat qu'on consomme n'est pas mélangé de fécule ou de farine, ce qui arrive souvent, ou chargé de graisses qu'on substitue au beurre de cacao qu'on a extrait, ce qui arrive plus souvent encore.

Cet usage de faire faire le chocolat chez soi commence à se répandre dans Paris, et il deviendra plus commun à mesure que la consommation de cette substance prendra plus d'extension.

Nº 1011. *Des Lessives.*

Le procédé employé généralement pour lessiver le linge est mauvais et peu économique.

Presque partout on emploie de la cendre contenant une matière extractive qui colore la lessive et salit le linge; aussi quand on le retire du cuvier il est roux, et il faut une grande quantité de savon pour achever de le blanchir. Souvent la cendre contient des matières végétales ou animales qui ne sont pas entièrement brûlées, du fer et d'autres métaux, qui font des taches indélébiles sur le linge.

L'opération qu'on appelle échangeage ne se fait ordinairement que la veille de la lessive, d'où il résulte que le linge sale reste long-temps entassé, ce qui l'expose, surtout dans les temps humides, à une fermentation capable d'en altérer le tissu.

Presque partout on chauffe la lessive dans une chaudière suspendue, ce qui nécessite une consommation énorme de combustible, sans produire le degré de chaleur nécessaire. On se donne beaucoup de peine, on dépense beaucoup d'argent, et il est rare qu'on obtienne du linge bien blanc.

Un autre inconvénient des lessives comme on les fait, c'est le mélange du linge de corps avec celui de cuisine; on place, à la vérité, celui-ci par-dessous; mais la lessive le traverse pour être ensuite reversée sur le cuvier; ainsi le linge fin se trouve imprégné d'odeurs infectes, dont on ne peut le débarrasser en le rinçant ensuite dans une eau courante, même avec l'aide du savon. C'est pour masquer ces mauvaises odeurs qu'on est dans l'usage d'ajouter à la lessive des racines ou des tiges de plantes aromatiques.

Toutes ces pratiques sont vicieuses; je vais expliquer successivement celles qu'on peut leur substituer avec avantage.

N° 1012. *Des Substances alcalines employées dans les Lessives.*

Ces substances sont au nombre de trois : la potasse, la soude et les cendres.

N° 1013. *De la Potasse.*

La potasse est le sel contenu dans les cendres du bois et des autres végétaux, qu'on a séparé par diverses opérations de la partie terreuse.

Ce sel, tel qu'il se trouve dans le commerce, est presque toujours en grande partie à l'état caustique, et exerce sur le linge une action beaucoup trop énergique et qui en altère nécessairement le tissu.

Cette énergie d'action qu'exerce la potasse est ce qui détermine les blanchisseurs à l'employer; ils la rendent même souvent entièrement caustique en la traitant par la chaux. Ils obtiennent par-là l'avantage de blanchir avec moins de peine le linge qui leur est confié; et c'est ce qui explique sa destruction rapide dans les grandes villes, où peu de personnes ont les emplacements nécessaires pour faire la lessive chez elles.

N° 1014. *De la Soude.*

La soude était exclusivement autrefois le produit de la combustion de quelques plantes qui croissent sur les bords de la mer dans les pays méridionaux et principalement en Espagne. La cendre de ces plantes, assez fortement calcinée pour subir une demi-vitrification, nous était apportée en masses grisâtres et fort dures.

Aujourd'hui on extrait du sel marin presque toute la soude que l'on consomme en France; celle-ci a à peu près le même aspect que la première, et elle en a toutes les qualités, avec l'avantage de n'être pas mélangée d'autres sels.

On extrait par lixivation, de ces deux espèces de soude, mais surtout de la soude artificielle, un sel en cristaux blancs et transparents, qui est connu sous le nom de carbonate de soude.

Les soudes brutes sont aussi à l'état de carbonate; mais comme elles sont mélangées avec des matières qui les colorent fortement, elles ont l'inconvénient de colorer les lessives et d'exposer le linge à être taché dans les endroits où la lessive séjourne; du reste elles n'attaquent pas le linge comme la potasse.

Le carbonate de soude cristallisé n'a pas l'inconvénient des soudes brutes, puisqu'il est absolument sans couleur; il a de plus l'avantage de ne contenir aucune matière étrangère, et d'être toujours identique, c'est-à-dire qu'il contient toujours la même quantité de soude pure.

C'est donc au carbonate de soude qu'il faut donner la préférence, quand on veut obtenir du linge parfaitement blanc.

N° 1015. *De la Cendre.*

La cendre ne contribue au blanchîment du linge que par la potasse qu'elle contient. La quantité de potasse contenue dans la cendre varie selon l'espèce et l'âge du bois qui l'a produite; la nature du sol sur lequel a crû le bois y contribue aussi. Si le feu a été très violent, les cendres sont en parties vitrifiées, et toute la potasse n'est plus soluble. La potasse contenue dans des cendres est aussi, dans ce cas, plus ou moins à l'état caustique.

On ne sait donc jamais ce qu'on emploie; en mettant toujours proportionnellement la même quantité de cendres, on risque d'en mettre trop ou trop peu, et c'est ce qui arrive souvent. De là tant de mauvaises lessives, dont on ignore toujours la cause.

En outre, la cendre a, comme je l'ai déjà remarqué, le grave inconvénient de colorer les lessives, et de contenir souvent des substances qui font des taches ineffaçables sur le linge.

Il y aurait donc de l'avantage à vendre la cendre et à y substituer du carbonate de potasse; mais comme il est difficile de faire renoncer à une habitude invétérée, voici un moyen de diminuer les inconvénients attachés à son emploi.

Ayez un baril suffisamment grand pour contenir toute votre cendre; percez-le en bas, ou sous son fond inférieur, d'un trou de trois ou quatre lignes de diamètre, que vous boucherez; mettez au fond du baril une couche de paille épaisse de deux ou trois doigts, et emplissez-le de cendre jusqu'aux trois quarts de sa hauteur; achevez de le remplir avec de l'eau; si, quand la cendre sera imbibée d'eau, celle-ci ne surnage pas, ajoutez-en de nouvelle: laissez le baril en cet état pendant vingt-quatre heures; au bout de ce temps, ôtez le bouchon et recevez dans un baquet l'eau qui s'écoule. Versez de nouvelle eau sur la cendre, pour achever d'en enlever tout ce qui est soluble. Par ce moyen, vous obtiendrez une eau de lessive peu ou pas colorée, qui contiendra tout ce qu'il y a d'utile dans votre cendre. Vous jugerez de la force de cette lessive par sa saveur, et d'après l'effet produit, vous pourrez reconnaître si elle était trop forte ou trop faible; vous acquerrez par ce moyen, en peu de temps, l'habitude d'apprécier, avec une exactitude suffisante, par le contact avec la langue, la force des lessives, comme les salpêtriers apprécient par ce moyen la force des terres salpêtrées.

On se sert de cette eau, chargée de tout le sel des cendres, pour couler la lessive.

Nº 1016. *De l'Échangeage.*

Quand on est long-temps sans faire la lessive, il faut échanger le linge à mesure qu'il est sali. Cette opération contribue à la conservation, et rend le lessivage plus facile.

On échange ordinairement le linge en le trempant dans une eau courante, le frottant avec du savon et le rinçant ensuite. C'est du savon perdu, car il ne reste pas assez long-temps en contact avec les corps gras dont le linge est imprégné, pour se combiner complétement avec eux; aussi quand on rince le linge, le savon, dissout par l'eau, enlève seulement un peu de graisse, dont la majeure partie reste sur le linge.

On obtiendra un effet bien plus complet, en opérant de la manière suivante.

Emplissez un baquet d'eau; trempez-y votre linge et frottez-le avec du savon, comme si vous vouliez l'échanger; remettez-le à mesure dans le baquet, et, quand vous avez fini, laissez-le tremper jusqu'au lendemain. Par ce moyen, le savon aura le temps de se combiner avec les corps gras; le lendemain, vous frotterez le linge dans l'eau du baquet; vous le rincerez dans une eau courante.

La lessive des cendres, faite comme il est prescrit au numéro précédent, est très propre à l'échange, et produit plus d'effet que le savon. On y laisse aussi tremper le linge du jour au lendemain; on le frotte et on le rince.

Par l'emploi de ces deux moyens, on a du linge parfaitement échangé et qui blanchit parfaitement à la lessive.

On ne saurait trop répéter qu'il est nécessaire d'échanger le linge à mesure qu'il est sali; sans cette précaution, les corps gras dont il est couvert se rancissent et s'imbibent davantage dans le tissu, et il faut une bien plus grande quantité de soude ou de savon pour les enlever.

Nº 1017. *Des Cuviers.*

Le chêne, le châtaignier, l'aulne, contiennent une matière extractive très colorée, qui ne peut leur être enlevée que par un long contact avec l'eau; si donc on employait, pour faire la lessive, un cuvier neuf, fait avec l'un de ces bois, on risquerait de tacher tout son linge. Dans le cas cependant où l'on serait forcé de s'en servir, on remédierait à cet inconvénient, en le remplissant d'eau de chaux, qu'on y laisserait séjourner pendant deux ou trois jours. Pour faire cette eau de chaux, on fait éteindre autant de fois une livre et demie de chaux que le cuvier contient de muids (268 litres); on jette cette chaux éteinte au fond du cuvier, et l'eau par-dessus; on agite pour bien dissoudre la chaux.

Les cuviers de chêne et de châtaignier ont un autre inconvénient; c'est d'être longs à *abreuver* lorsqu'ils ont été desséchés et que les douves se sont écartées, ce qui arrive souvent.

Les cuviers de bois blanc, et surtout ceux de sapin, sont préférables sous tous les rapports; ils sont légers, ils ne tachent pas le linge, et lorsqu'ils sont desséchés, il suffit de les retourner et de couvrir leur fond avec de l'eau, pour qu'ils se resserrent en peu de temps.

Il faut que les cuviers soient faits avec un bois un peu épais, pour mieux conserver la chaleur qui, après les sels alcalins, est le principal agent des lessives.

N° 1018. *De la Chaudière.*

Presque toujours les chaudières sont trop petites, et comme elles sont chauffées à feu nu, il est difficile de pouvoir y faire bouillir la lessive avant de la reverser sur le cuvier. C'est là un vice capital; si la lessive n'est pas à l'ébullition, et si à force d'en verser sur le cuvier, on ne parvient pas à le mettre, avec tout ce qu'il contient, à la température de l'eau bouillante, tout ce qui salit le linge ne sera pas dissout.

Pour chauffer avec économie la lessive au degré convenable, il faut avoir une grande chaudière montée à demeure dans un fourneau de maçonnerie. On peut, si l'on veut, donner une forme ronde à cette chaudière, mais la forme d'un carré long est préférable, parce que la flamme a un plus long espace à parcourir sous son fond. On disposera le foyer de manière à ce que la moitié de son étendue soit sous la chaudière, et l'autre moitié en avant. On ne laissera pas échapper la fumée par une cheminée ouverte vis-à-vis du foyer, mais on la ramènera, par deux canaux tournant autour de la chaudière, jusque sur le foyer même où sera élevée la cheminée, qu'on peut faire très économiquement en tuyaux de poterie.

Par ce moyen, on utilisera toute la chaleur, et on fera une grande économie de combustible.

Si on brûle du bois, on fera au foyer un âtre en briques. Si on veut brûler du charbon de terre, le foyer sera garni d'une grille, avec un cendrier par-dessous. Dans le premier cas, le foyer sera fermé par une porte, avec une ouverture fermant à coulisse, pour régler le feu à volonté; dans le second cas, le foyer aura une porte pleine, et le cendrier une porte avec une fermeture à coulisse.

L'instrument le plus commode pour puiser la lessive dans la chaudière, afin de la répandre sur le cuvier, est celui dont se servent les teinturiers pour vider leurs chaudières, et qu'ils nomment une *casse*. C'est un grand poêlon en forme d'une demi-sphère, et emmanché d'une perche de cinq à six pieds, ce qui permet de puiser de loin, et n'expose pas à être brûlé lorsque de la lessive bouillante est répandue.

Ce qui serait mieux encore, ce serait que la chaudière fût assez élevée pour verser, par un robinet, la lessive dans le cuvier; on n'aurait plus alors qu'à reporter dans la chaudière celle qui s'écoule du cuvier, et qui, étant déjà refroidie, ne peut occasionner d'accidents graves : on pourrait d'ailleurs la reporter dans la chaudière avec une pompe à main.

Une chaudière montée en maçonnerie produit une telle économie de combustible, que la modique dépense que cette construction exige se trouve bientôt couverte; en outre, cette chaudière peut servir à d'autres usages. A la campagne, on y fait cuire les racines pour les bestiaux, autre objet d'économie très essentiel et très négligé ; on peut l'employer pour chauffer le moût dans les années froides, pour le réduire lorsqu'il est trop aqueux, pour y faire du sirop de raisin, du raisiné, etc.

A la ville, on peut s'en servir pour chauffer des bains et pour une partie des usages ci-dessus.

No 1019. *De la Couverture du Cuvier.*

La chaleur étant indispensable pour la réussite de la lessive, il faut, autant que possible, la concentrer dans le cuvier; quand on le laisse ouvert, il se fait une énorme déperdition de calorique par la surface, et il se fait une évaporation considérable d'eau qui s'attache aux solives, au plancher, les lave et retombe ensuite sur le cuvier, entraînant les substances qu'elle a dissoutes.

On remédie à tous ces inconvénients en couvrant le cuvier avec un couvercle tressé en paille, auquel on donne la solidité nécessaire pour qu'il ne retombe pas sur le linge, en attachant à sa surface supérieure quelques petites perches. Pour s'éviter la peine d'enlever ce couvercle chaque fois qu'on y jette la lessive, ce qui d'ailleurs refroidit le cuvier, on fera bien d'y pratiquer une ouverture fermant avec une porte aussi en paille, et attachée avec des lanières de cuir.

No 1020. *Préparation et Conduite de la Lessive.*

Si on emploie la lessive de cendres, on doit l'avoir préparée à l'avance. La force que doit avoir cette lessive est difficile à indiquer; on se réglera d'après la quantité de cendres qu'on est dans l'usage d'employer ; ainsi, si on chargeait tel cuvier de six boisseaux de cendres, on en lessiverait sept pour ne pas se trouver en déficit.

Si on emploie du carbonate de soude, on fera dissoudre, dans la quantité d'eau suffisante pour mouiller le linge à lessiver, cinq ou six livres de carbonate de soude par quintal de linge sec. Je dis cinq ou six livres, parce que cette dernière quantité est indispensable pour du linge mal échangé et fort sale; dans le cas contraire, cinq livres suffiront.

Je suppose toujours que le linge a été échangé à mesure qu'on l'a sali, et qu'il est sec au moment de le lessiver.

Le linge sera trempé pièce à pièce dans la lessive de cendres ou dans la solution de potasse; on l'exprimera légèrement et on le déposera à mesure dans le cuvier, en l'étendant de manière qu'il y ait le moins de vide possible, pour que l'eau qui sera jetée dessus ne puisse pas se frayer des routes par lesquelles elle s'écoulerait trop promptement, et qu'elle soit forcée de traverser lentement toute la masse. On aura eu soin de couvrir le fond du cuvier avec des branches de bois blanc écorcées, ou avec un lit de paille bien propre.

On aura soin de mettre dans un cuvier à part tout le linge de cuisine, afin que la lessive qui aura passé à travers ne vienne pas infecter le linge de table et de corps.

On réservera, pour mettre sur le cuvier, les linges les plus grands, qu'on étendra jusqu'aux bords, pour forcer la lessive à se tamiser également partout. On achèvera de couvrir le linge avec quelques grosses toiles d'un tissu uni peu serré; on posera le couvercle, et on laissera le linge, imprégné de lessive, macérer jusqu'au lendemain, et même jusqu'au surlendemain, si c'est en hiver. S'il reste de l'eau de cendres ou de soude, on la versera sur le cuvier.

Pendant tout le temps qu'on laissera le linge macérer avec la lessive, l'ouverture qu'on doit avoir ménagée au fond du cuvier doit être fermée, pour que rien ne s'écoule.

Le lendemain on remplira la chaudière d'eau pure; et, lorsqu'elle sera bouillante, mais pas avant, on la videra en partie sur le cuvier. On ôtera en même temps le bouchon, auquel on en substituera un de paille, pour ralentir l'écoulement.

On versera à mesure, dans la chaudière, la lessive qui s'écoule, et on ne la portera sur le cuvier que lorsqu'elle sera bouillante.

L'opération de couler la lessive dure ordinairement vingt-quatre heures, pendant lesquelles on fait une consommation énorme de combustible, sans parvenir à avoir de la lessive bouillante : en suivant exactement le procédé ci-dessus, on peut abréger l'opération de moitié; car la lessive n'a plus rien à gagner aussitôt que ce qui sort du cuvier est presque aussi chaud que ce qu'on y verse, et on doit obtenir promptement ce résultat avec une chaudière suffisamment grande, et posée sur un foyer disposé de manière que tout le calorique soit utilisé.

La lessive commencée le matin peut donc être terminée le soir, ce qui dispense de passer la nuit. Aussitôt qu'on s'aperçoit que le cuvier a pris son maximum de chaleur, c'est-à-dire que la chaleur de l'eau qui s'écoule n'augmente plus, on ferme hermétiquement le trou du cuvier, on y verse ce qui reste dans la chaudière, et on laisse le tout jusqu'au lendemain.

Une heure avant de retirer le linge pour le rincer, on débouche le trou, pour faire écouler la lessive.

N° 1021. *Des Précautions à prendre pour rincer le Linge après la Lessive.*

Presque toujours on porte à dos le linge au lavoir; et comme il est imprégné d'eau, qui ajoute beaucoup à son poids, on cherche à l'en débarrasser autant qu'on peut; pour cela on le tord à force de bras. Rien ne contribue d'avantage à altérer le linge. Il est difficile que dans cet état violent de torsion il n'y ait pas des parties qui supportent un plus grand effort que les autres. Souvent alors elles se déchirent, et lors même qu'elles résistent, le tissu est toujours plus ou moins altéré.

Le meilleur moyen pour débarrasser le linge de l'eau qu'il contient, c'est de le soumettre à une forte pression, soit en le couvrant de planches, qu'on charge ensuite de grosses pierres, soit en le soumettant, ce qui produirait plus d'effet, à l'action d'une presse.

Si cette presse était très forte, on en tirerait un autre avantage, indépendamment de celui de la conservation du linge : ce serait de pouvoir le faire sécher plus vite.

Chacun sait combien il faut attendre pour obtenir du linge sec dans la mauvaise saison. Pendant le long séjour qu'il fait dans les greniers, il reçoit la poussière qui voltige dans l'air, et on le retire toujours dans un état de blancheur très peu satisfaisant.

Avec une forte presse, on peut tellement avancer la dessication du linge, qu'il est toujours possible de la terminer en un jour, soit à l'air, si le temps est sec, quoique froid; et dans l'intérieur, en fermant tout s'il fait de la pluie ou du brouillard.

Le battoir est un mauvais instrument, tel qu'il est fait ordinairement. Si on frappe du plat, il produit très peu d'effet; il coupe le linge si on frappe du tranchant. Il est nécessaire cependant de frapper, et même assez fortement, le linge lessivé qui était auparavant très sale, pour le dégorger complétement; sans cela les matières grasses qui ont été mises à l'état de savon par l'action des alcalis, restent entre les fibres de la toile; et le linge, après avoir été séché et repassé, prend un aspect luisant qui est dû aux matières interposées. Le linge complétement nettoyé conserve au contraire le grain qu'il avait étant neuf, sauf l'effet de l'usure, qui le rend plucheux.

Il faut substituer au battoir plat et mince, un battoir cylindrique en bois doux et blanc, avec un manche de six à huit pouces. Le cylindre du battoir peut avoir huit pouces de long sur trois pouces de diamètre.

Avec cet instrument, on pourra battre le linge assez fortement pour le bien dégorger, sans risquer de le couper, pourvu cependant qu'il repose sur une planche bien unie, et non sur une pierre dure et raboteuse.

A la rigueur, pour avoir du linge entièrement purgé de toutes impuretés, il serait nécessaire, en le sortant de la lessive, de le rincer d'abord dans l'eau chaude, avant de le porter au lavoir. L'eau très chaude dissoudrait toutes les substances qui ont été rendues solubles par l'action des alcalis, tandis que l'eau froide ne les dissout qu'en partie. L'emploi de ce moyen n'entraînerait qu'un surcroît de dépense assez mince pour faire chauffer l'eau nécessaire, surtout si on avait une chaudière montée sur un fourneau, et cette dépense serait bien compensée par l'avantage d'avoir du linge propre et sain. On devrait au moins en faire usage pour le linge de corps, dont l'extrême propreté contribue plus qu'on ne croit généralement au maintien de la santé.

Nº 1022. *Des Lessives à la Vapeur.*

Dans les grandes villes, on a rarement les emplacements nécessaires pour faire de grandes lessives; mais on pourrait partout en faire de petites, puisque partout on fait des savonnages.

L'appareil pour faire des lessives à la vapeur a cela de commode qu'on peut les faire aussi petites qu'on veut, et en deux heures de temps, souvent en moins.

L'embarras de faire sécher le linge est le plus grand ; mais au moyen de la dessication préalable du linge à l'aide d'une presse, il devient facile d'en faire sécher une assez grande quantité dans une pièce de petite dimension.

On pourrait d'ailleurs se borner à ne lessiver chez soi que le linge le plus fin et celui de corps, qui exigent un lessivage plus parfait que les autres.

Je vais donc décrire ce procédé, qui est si simple, qu'on peut s'étonner avec raison qu'il ne soit pas généralement adopté.

Dans ce procédé, on ne fait plus passer la lessive à travers le linge; mais le linge étant bien imbibé d'une solution de carbonate de soude, on le soumet à l'action de la vapeur d'eau, jusqu'à ce qu'il ait pris la température de l'eau bouillante; alors l'opération est terminée, et il ne reste plus qu'à rincer le linge.

Nº 1023. *Du Fourneau et de la Chaudière.*

Comme, pour développer rapidement une grande quantité de vapeur d'eau, il faut un feu vif, on fera bien de disposer le fourneau pour qu'on puisse y brûler du bois. Cela est même indispensable pour un petit appareil. Le charbon de terre brûlant vivement en grande masse, on pourra construire les grands appareils, de manière à les chauffer avec ce combustible.

Le foyer sera circulaire, et aura dix pouces de diamètre en bas, un pied de diamètre en haut, et un pied de profondeur. Il aura une porte en tôle avec un registre fermant à coulisse, afin de pouvoir régler le feu à volonté.

La partie du fourneau dans laquelle doit entrer la chaudière aura dix pouces de haut, quinze pouces de diamètre immédiatement au-dessus du foyer, dix-huit pouces de diamètre à huit pouces de distance du bord supérieur du foyer, et quinze pouces seulement à l'ouverture.

D'après ces dimensions, la chaudière ayant douze pouces et demi de diamètre en bas, dix pouces de haut, et quinze pouces de diamètre à son ouverture supérieure, lorsqu'elle sera placée dans le fourneau, elle ne se trouvera en contact avec lui que par son fond et par son bord supérieur. Il restera donc entre la chaudière et le fourneau une espace circulaire de huit pouces de haut sur une largeur de quinze lignes à un pouce et demi.

Cet espace est destiné à la circulation de la flamme.

A cet effet, on fera une échancrure au bord supérieur du foyer, immédiatement au-dessus de la porte, afin que la flamme, après avoir léché tout le fond de la chaudière, soit forcée de revenir sur elle-même, pour entrer dans le canal de circulation qui doit la conduire à la cheminée.

L'échancrure à faire au bord du foyer devra être assez grande pour donner issue à tous les produits de la combustion.

La cheminée sera placée au point le plus élevé du canal de circulation, vis-à-vis de la porte du foyer.

On pourrait diviser en deux le canal de circulation, ce qui forcerait la flamme à faire deux révolutions autour de la chaudière;

mais alors il serait indispensable de lui donner une largeur double.

On pourra consulter, pour la construction de ce fourneau, la fig. 1re de la pl. Ire, qui représente le fourneau potager de Harel, avec lequel celui-ci a beaucoup de ressemblance.

Les dimensions de la chaudière ont été données ci-dessus pour sa partie qui entre dans le fourneau. Elle doit en outre avoir un rebord plat de deux pouces de large, par lequel elle s'appuie sur le fourneau, et ce rebord doit ensuite se relever verticalement sur dix-huit lignes de hauteur.

No 1024. *Du Cuvier.*

Le cuvier doit avoir vingt et un pouces de diamètre en haut, dix-huit pouces en bas, et deux pieds six pouces de hauteur. On le fait en bois blanc, cerclé en fer ; il doit être ouvert par les deux bouts. Il est garni dans tout son pourtour intérieur de tringles de bois d'un pouce de large sur huit lignes d'épaisseur, clouées de champ dans le sens des douves, et espacées entre elles d'un pouce. Ces tringles sont aussi longues que le cuvier.

Pour servir de fond à celui-ci, on pose sur la chaudière un disque de seize pouces de diamètre, qui repose sur ses bords, au moyen de quatre pieds coudés par en bas, afin qu'ils aient plus de prise, et de deux pouces de hauteur.

On peut faire ce disque avec deux lits de voliges croisés l'un sur l'autre, chevillés et maintenus par des traverses ; mais comme, malgré toutes ces précautions, il est difficile qu'il ne se déjette pas, il vaudrait mieux le faire faire en tôle, et le couvrir du côté du cuvier avec une plaque de plomb. Ce disque doit être percé dans son milieu d'un trou de deux pouces et demi de diamètre.

No 1025. *Observation.*

Les dimensions de cet appareil sont calculées pour lessiver cent livres de linge sec. On peut le faire beaucoup plus petit, comme beaucoup plus grand ; il ne s'agit pour cela que de changer les dimensions, en conservant, autant que possible, les proportions respectives des parties.

No 1026. *Disposition de l'Appareil.*

On met la chaudière dans le fourneau, après avoir bien nettoyé le canal de circulation, où il s'amasse quelquefois de la suie. Il faut que la chaudière soit bien carrément dans le fourneau, pour que son fond appuie partout sur le bord du foyer.

On remplit la chaudière d'eau jusqu'à quatre pouces de son bord ; ensuite on pose le disque, de manière que ses pieds soient à une égale distance du bord extérieur ; on place le cuvier de manière que sa partie inférieure, qui est la plus étroite, contienne le disque, et soit contenue elle-même par le rebord vertical de la chaudière ; pour éviter toute perte de vapeur, on bouche avec des étoupes l'intervalle qui peut se trouver entre ce rebord et le cuvier.

Enfin on enfonce dans le trou circulaire, qui est au milieu du disque, un morceau de bois blanc tourné, de trois pouces de diamètre, réduit à deux pouces et demi par le bas, pour qu'il puisse entrer dans le trou, et s'en retirer aisément.

No 1027. *Préparation du Linge.*

Il est plus avantageux d'employer le linge sec que mouillé. On peut aussi se dispenser de l'échanger.

Pour cent livres de linge sec, on fait dissoudre dans quatre-vingt-dix livres d'eau, cinq livres de carbonate de soude, si le linge est très sale, et quatre livres, s'il l'est moins. On trempe successivement tout le linge dans cette solution, en commençant par le moins sale, et finissant par celui qui l'est le plus ; on l'exprime légèrement sans le tordre, et on le dépose à mesure dans un baquet ; quand tout le linge est imprégné de lessive, il est bon de le fouler avec les pieds pour faire surnager celle-ci ; on le laisse dans cet état jusqu'au lendemain.

No 1028. *Encuvage.*

On commence par garnir toute la circonférence du cuvier avec des draps, de sorte qu'une partie recouvre le disque, et que l'autre retombe en dehors du cuvier ; sur ces draps, on place d'abord le linge le plus gros et le plus sale, et successivement celui qui l'est moins. Il n'est pas nécessaire d'étendre le linge ; on peut en prendre plusieurs pièces à la fois, qu'on pose comme elles se présentent, sans les fouler, mais le plus également qu'il est possible. Lorsque tout le linge est encuvé, on retire le morceau de bois qui bouche le trou du disque. La place que ce bois occupait au milieu du linge forme une espèce de cheminée par laquelle la vapeur peut pénétrer dans la masse et l'échauffer.

On rabat alors sur le linge l'extrémité des draps qui garnissent le pourtour du cuvier ; on a soin surtout de recouvrir la cheminée qui est au milieu du linge, afin que toute la vapeur ne prenne pas cette direction, et qu'elle soit forcée de s'épancher en partie entre les tringles qui garnissent le pourtour du cuvier.

Le cuvier doit avoir un fort couvercle doublé en plomb par-dessous, pour que l'action de la vapeur ne le fasse pas déjeter. Pour que ce couvercle ferme plus hermétiquement le cuvier, on finit par couvrir celui-ci avec un charrier ployé en deux ou en quatre.

Le cuvier ne doit être rempli que jusqu'à quelques pouces au-dessous de son bord, afin qu'il reste un intervalle entre le linge et le cuvier.

N° 1029. *De la Conduite du feu.*

Aussitôt que le linge est encuvé ou plutôt pendant qu'on l'encuve, il faut allumer le feu, car il est toujours avantageux que l'évaporation de l'eau commence avant que l'excès de lessive que le linge contient ne soit égoutté. En faisant autrement, l'opération serait ralentie par la quantité de liquide qui retombe dans la chaudière, et qui va toujours en croissant. L'évaporation ne pourrait donc avoir lieu que long-temps après l'encuvage; ce qui serait un grand inconvénient, parce que plus le liquide de la chaudière augmente, moins l'évaporation est forte.

On reconnaît que le feu est bien dirigé, lorsqu'en soulevant le couvercle, la vapeur tend à en sortir avec force. On doit prolonger le feu jusqu'à ce que les cercles de fer du cuvier soient assez chauds pour qu'on n'y puisse pas tenir la main; c'est un indice suffisant du haut degré de température que la masse du linge a pris. Alors l'opération est terminée. Pour un cuvier contenant cent livres de linge sec, elle ne dure pas plus de deux heures, et souvent moins.

N° 1030. *Du Décuvage et du Lavage.*

Deux heures après avoir arrêté le feu, ou mieux encore, lorsque le linge a passé la nuit dans le cuvier, on le retire pour le laver. Cette opération se borne à immerger le linge dans une eau courante, ou à défaut, dans un bassin. Cette immersion le déterge, lui enlève toutes les taches qui sont devenues solubles par l'action réunie de l'eau, de l'alcali et de la chaleur.

Il n'est nécessaire d'employer le savon que dans le cas où quelques taches auraient résisté à l'action de la lessive. Alors pour ne pas perdre de savon inutilement, il ne faut pas que la pièce de linge qui en exige l'emploi soit lavée dans la même eau que celles qui n'en ont pas besoin. Il faut faire cette opération dans un baquet à part. Là, le savon en s'accumulant augmentera l'action dissolvante de l'eau, ce qui contribuera à l'économiser.

Au reste, en suivant exactement ce procédé, il est très rare, qu'on ait besoin d'employer du savon pour le rinçage du linge; et lorsque cela arrive, c'est toujours l'effet de quelque vice dans l'opération.

Lorsque la chaleur dans l'intérieur du cuvier a été portée au degré de l'ébullition de l'eau, l'emploi du savon est superflu.

Quant au linge qu'il aura été indispensable de savonner, il faudra le dégorger dans plusieurs eaux, jusqu'à ce qu'il n'en trouble plus la transparence.

No 1031. *Conclusion.*

Les avantages du procédé de lessivage à la vapeur sont évidents.

1° On n'est obligé de chauffer qu'une très petite quantité d'eau, et pendant peu de temps, ce qui économise le combustible.

2° L'opération, quand elle est bien conduite, ne dure pas plus de trois à quatre heures pour des lessives de cinq à six cents livres de linge sec, au lieu de vingt-quatre heures qu'exigent les lessives ordinaires.

3° On est dispensé d'échanger le linge, et par conséquent il est moins fatigué; car il se détruit plus par toutes les opérations qu'on lui fait subir que par l'usage.

4° Comme le linge prend dans le cuvier à vapeur une haute température qu'on ne peut lui donner par les moyens ordinaires, toutes les substances qui le salissent deviennent solubles, et une simple immersion dans l'eau suffit pour le nettoyer complétement, sans qu'il soit nécessaire d'employer le savon.

5° Enfin on obtient du linge plus blanc, mieux purgé de tout ce qui le salissait, que par tout autre procédé. Cet avantage est peut-être celui qui mérite d'être apprécié le plus, si, comme on est fondé à le croire, c'est à l'usage du linge mal lessivé, et encore plus mal rincé, qu'on doit attribuer l'origine d'un grand nombre de maladies de la peau.

No 1032. *Cosmétiques.*

Parmi une foule de cosmétiques que de prétendus chimistes annoncent journellement avec emphase, quelques-uns, qui ne sont que d'anciennes préparations pharmaceutiques déguisées sous des noms baroques, produisent quelquefois un bon effet quand ils sont employés convenablement; d'autres ne produisent aucun effet, et ce ne sont pas les plus mauvais; la plupart sont dangereux.

Les meilleurs cosmétiques sont l'eau pure, une grande propreté et une vie réglée. Voici cependant deux préparations qui réussissent quand la peau est simplement aride et échauffée.

Triturez deux gouttes de baume de la Mecque avec un gros de sucre; ajoutez-y un jaune d'œuf; mêlez exactement, en y versant peu à peu six onces d'eau de rose distillée.

On se frotte le soir le visage avec cette émulsion balsamique qu'on laisse sécher, sans l'essuyer; le matin on se lave avec de l'eau pure.

Le docteur Geoffroi indique un autre cosmétique qui est fort analogue au précédent. Prenez, dit-il, parties égales d'huile d'amandes douces et de baume de la Mecque; mêlez-les avec soin dans un mortier. Sur trois gros de ce mélange, vous verserez six onces d'alcohol, et vous les laisserez digérer dans un matras, en agitant de temps en temps, jusqu'à ce que vous en ayez extrait une teinture suffisante. Séparez la teinture de l'huile, et mettez-en une once dans huit onces d'eau distillée de roses ou de fleurs de fèves ; vous aurez un cosmétique laiteux très agréable.

Ce cosmétique diffère peu de celui qu'on appelle lait virginal, et qui consiste à verser quelques gouttes de teinture de storax ou de benjoin dans l'eau pure, jusqu'à ce qu'elle soit blanche comme du lait. On s'en sert pour se laver le visage.

N° 1033. *Raffinage du Sucre.*

Les procédés de raffinage du sucre ont été tellement simplifiés depuis quelques années, qu'il devient facile de les introduire dans l'économie domestique.

On peut, à l'aide de ces procédés, convertir en sucre blanc et solide, les cassonades les plus colorées et les plus impures. Cette opération exige peu d'ustensiles, et certainement moins de soins que plusieurs manipulatious usuelles de ménage.

On met cent livres de sucre dans une bassine de cuivre à fond plat, avec cinq litres d'eau, et l'on chauffe jusqu'à ce que, en plongeant le doigt dans la solution, on ait peine à l'y tenir. On la verse alors dans des formes (vases de terre coniques ayant la forme d'un pain de sucre) bouchées à l'aide d'un morceau de linge, et on la tient dans un lieu frais. Les formes doivent avoir été préalablement imprégnés d'eau; sans cela le sucre s'en détacherait difficilement, et on risquerait de briser la forme.

Le repos et la fraîcheur déterminent une cristallisation confuse; quand elle est opérée, on débouche l'extrémité de la forme; on perce même la masse solide à l'aide d'une tarrière pour donner issue à la mélasse, que l'on reçoit dans le vase qui supporte la forme. En ce moment les formes doivent être placés dans un lieu dont la température soit élevée de 25 à 30 degrés, pour faciliter l'écoulement du sirop.

On reprend ce premier sucre encore coloré. On prépare, à part, de l'eau albumineuse (un blanc d'œuf dans cinquante parties d'eau), dans la proportion de trente centièmes du sucre employé.

On verse moitié de cette eau dans la bassine, que l'on met sur le feu avec la totalité du sucre et un dixième de son poids de charbon animal (noir d'os) lavé; on chauffe jusqu'à ce que le mélange se boursouffle; on apaise ce mouvement en versant la seconde moitié de l'eau albumineuse et en agitant; on attend un second soulèvement; alors on jette la solution dans une chausse. La première portion sort trouble; on attend que le sirop qui coule soit bien limpide; alors on reverse dans la chausse ce qui a coulé d'abord. Par ce moyen, on obtient un sirop parfaitement clair.

Il ne s'agit plus que de donner à ce sirop, par la cuisson, le degré de densité nécessaire pour le faire cristalliser. A cet effet, après avoir nettoyé la bassine, on la remet sur le feu, et l'on chauffe fortement, jusqu'à ce que la température soit de 80 à 90 degrés. On reconnaît que le sucre est suffisamment cuit, au petit soufflé ou au boulé. On ne laisse attendre le degré du petit cassé que lorsqu'on veut faire du sucre candi. (Voyez, pour les moyens de reconnaître les différents degrés de la cuite du sucre, le n° 823).

Alors on retire la bassine du feu; mais il est prudent de ne pas verser de suite le sirop dans les formes, parce que sa température très élevée pourrait faire casser les dernières. Il est même d'usage de l'agiter, jusqu'à ce qu'il commence à se grainer. On s'aperçoit de cette disposition par un changement de transparence. Le sirop se trouble, et si on l'examine de près, on y remarque les éléments des petits cristaux. On saisit cet instant pour le mettre dans les formes.

Quand le sucre est pris et bien égoutté, on couvre les pains avec des rondelles de flanelle blanche, que l'on trempe préalablement dans l'eau pure et froide. On superpose ces rondelles jusqu'à un demi-pouce d'épaisseur. Après les avoir remouillées deux ou trois fois, à mesure que le sucre absorbe leur eau, on les retire.

On remplace les rondelles par une couche de beau sucre blanc en poudre, que l'on foule un peu et que l'on arrose avec de l'eau. Il se forme un sirop blanc, qui, à raison de sa plus grande densité, chasse plus facilement le sirop non cristallisable, achève de purifier les pains, et se cristallise lui-même dans les interstices laissés par les précédentes imbibitions.

Quand on juge que les pains sont suffisamment égouttés, on les retire des formes, on les place sur leur base dans une étuve que l'on chauffe à 30 degrés environs, et on les y laisse quinze jours à trois semaines avant de les envelopper de papier.

Pour ne rien perdre, on lave avec de l'eau le charbon animal qui est resté dans la chausse, jusqu'à ce que tout le sucre soit enlevé. On peut réserver cette eau sucrée pour l'ajouter à un autre raffinage, ou la concentrer à consistance de sirop, et l'employer, sous cette forme, à sucrer des liqueurs.

Quant à la mélasse qui s'écoule des formes dans les deux opérations, on pourrait encore, surtout de la première, en retirer quelque sucre; mais il vaut mieux les étendre avec de l'eau, les faire fermenter en ajoutant un ferment quelconque (voy. nº 971), et les distiller ensuite pour en retirer du rhum.

Nº 1034. *Liqueur anti-contagieuse du docteur Chaussier.*

Cascarille	»	1/2 once.	
Quinquina choisi	»	2	
Cannelle de Ceylan	»	»	3 gros.
Safran	»	»	1/2
Vin blanc d'Espagne ou de Lunel.	1 livre.		
Alcohol faible à 26 degrés	1		
Sucre.	»	4	1/2
Éther sulfurique	»	»	1/2

Après avoir pulvérisé grossièrement le quinquina, la cascarille, la cannelle, et incisé le safran, on met ces substances dans une bouteille, avec le vin, l'alcohol et le sucre; on laisse infuser pendant quarante-huit heures; on tire à clair, et on ajoute le gros et demi d'éther.

On doit en prendre tous les matins une ou deux cuillerées, soit pur, soit étendu dans une légère infusion de thé, de camomille, etc. On peut répéter cette dose une heure avant de dîner.

No 1035. *Boisson qui peut remplacer le Thé.*

Faites infuser, pendant sept à huit jours, dans un litre d'eau-de-vie :

Deux gros de fleurs sèches de mélilot.

Fleurs de camomille,	de chaque.	48 grains.
Fleurs de sureau,		
Feuilles sèches de botrys,		

Filtrez une cuillerée à café de cette teinture ajoutée à une tasse d'eau sucrée chaude ; on fait une boisson très agréable, légèrement tonique, et qui n'a pas l'inconvénient d'agiter les nerfs comme le thé.

No 1036. *Vin fébrifuge de S.*

Quinquina jaune,	de chaque. . .	5 gros 18 grains.
Écorce d'orange,		
Racines de gentiane,		
Fleurs de camomille,		
Vin d'Espagne.		2 liv. (1 litre).
Eau-de-vie.		» 1 once.

Concassez le quinquina, les écorces d'orange et la racine de gentiane ; mettez le tout, avec la camomille, infuser dans le vin d'Espagne, auquel vous ajouterez l'eau-de-vie ; filtrez après trois jours d'infusion. On en prend une cuillerée à jeun, ou une heure avant le repas.

On en prend une once ou deux, matin et soir, dans les fièvres intermitentes.

No 1037. *Wakaka des Indes.*

Cacao mondé.	1 once 1/2.		
Sucre.	4	»	
Sucre de vanille.	»	»	6 gros.
Cannelle.	»	»	1
Rocou sec.	»	»	1

Torréfiez à part le cacao pour enlever l'écorce ; ôtez aussi les germes qui se plient mal ; triturez à part le cacao, la cannelle, le rocou et le sucre de vanille ; mêlez toutes les poudres et triturez-les de nouveau avec le sucre, jusqu'à ce que le tout forme une poudre bien homogène, que vous renfermez dans un flacon bien bouché.

Cette poudre aromatique est fortifiante, ranime l'appétit des vieillards et des convalescents. On en met une cuillerée dans un potage au riz, au vermicelle, ou dans une jatte de lait. Les Espagnols la prennent à la dose d'un demi-gros dans une tasse de chocolat.

N° 1038. *Élixir stomachique de Stoughton.*

Sommité de grande absinthe sèche, Chamœdris, Racines de gentiane, Écorce d'oranges amères,	de chaque.	6 gros.
Cascarille.		1
Rhubarbe.		4
Aloès.		1
Eau-de-vie à 22 degrés.		1 litre.

Laissez digérer pendant quinze jours, et filtrez. Cet élixir est stomachique et vermifuge.

La dose est d'une petite cuillerée avant le repas, pour les adultes.

N° 1039. *Taffetas d'Angleterre.*

Colle de poisson.	»	1/2 gros.
Eau-de-vie à 20 degrés. .	12 onces.	»
Teinture de benjoin. . .	1	»

On dissout la colle de poisson dans de l'eau-de-vie, à laquelle on ajoute la teinture de benjoin. Pour faciliter cette dissolution, il faut battre la colle de poisson, la déchirer en lames, la couper ensuite très menue avec des ciseaux. On la laisse infuser dans l'eau-de-vie pendant quelques heures, et on achève la dissolution en plongeant le flacon dans un bain-marie, chaud seulement à y tenir la main.

On donne successivement six couches de cette dissolution sur des bandes de taffetas tendues; ensuite on donne deux couches d'un mélange de teinture de benjoin avec de la teinture de baume noir du Pérou.

N° 1040. *Limonade sèche.*

Acide tartarique.	»	1 gros.	
Sucre.	8 onces	»	
Essence de citron récente. . .	»	»	6 gouttes.

Triturez d'abord l'acide tartarique, ensuite le sucre; ajoutez l'essence de citron, et mêlez le tout ensemble; conservez dans un flacon bien bouché.

Une cuillerée de cette poudre dans un verre d'eau fait une limonade fort agréable.

PROPRIÉTÉS DIÉTÉTIQUES

DES SUBSTANCES ALIMENTAIRES.

N° 1041. Classe première.

De la Fécule, et des Aliments qui la contiennent.

Une des substances alimentaires répandues avec le plus de profusion dans les corps reconnus pour nutritifs, est la fécule. Elle nourrit complétement et ne laisse presque aucune matière excrémentielle dans les premières voies, lorsqu'elle est pure. L'expérience a prouvé qu'elle pouvait suffire seule à presque tous les besoins. Elle ne communique aucune âcreté, et paraît s'assimiler tout entière et céder facilement aux efforts de nos organes: c'est elle qui fait la base de toutes les farines nourrissantes.

La fécule paraît appartenir exclusivement aux substances végétales: elle se rencontre dans toutes les parties des végétaux; et, de quelque part qu'elle soit tirée, elle est toujours la même, tant pour le goût que pour les propriétés chimiques, pourvu qu'elle soit bien séparée des parties auxquelles elle se trouve mélangée.

Les végétaux les plus employés comme aliments, et qui doivent leur propriété nutritive à la fécule, sont les racines de pommes-de-terre, de patates, celles de manioc, dont on extrait la cassave et le tapioca; les bulbes de quelques espèces d'orchis, dont on tire le salep; les tiges de quelques palmiers, qui donnent le sagou; les graines céréales (1), les légumineuses (2) et les émulsives (3). Dans les graines céréales, la fécule se montre, pour ainsi dire, à nu; dans

(1) Le froment, le seigle, l'orge, et, par extension, le riz, le maïs.

(2) Les pois, les haricots, les fèvres, les lentilles, etc.

(3) Les amandes et toutes les graines comestibles dans lesquelles l'huile est unie à la fécule.

les légumineuses, elle paraît associée à une petite quantité d'huile, qui n'est sensible qu'au tact; dans les émulsives, elle est enveloppée par une si grande proportion d'huile, que l'expression seule suffit pour la faire sortir de ses cellules, et la séparer du reste de la semence.

La fécule nutritive, parfaitement douce et simple, n'a, par elle-même, d'autre propriété que celle de nourrir, si ce n'est que, comme elle est de nature acescente (1), elle excite peu de chaleur dans le travail nécessaire à son assimilation. En conséquence, elle a pu être regardée comme rafraîchissante, ainsi que les aliments qui la contiennent presque pure, et comme elle donne peu d'excréments, elle a pu être regardée comme resserrante ou sèche, suivant l'expression d'Hippocrate. C'est ainsi qu'il a déclaré que l'orge était froide et sèche, et que le riz a été regardé, par les médecins, comme resserrant le ventre.

On reproche aux farineux de se gonfler aisément dans l'estomac et les intestins, et d'y laisser aisément dégager une grande quantité de gaz, qui forme ce qu'on appelle des vents. La fécule pure ne produit pas cet effet d'une manière sensible; mais comme elle est fermentescible, il est vrai qu'elle dégage une notable quantité de gaz, lorsqu'elle est mêlée d'une substance mucilagineuse et sucrée. Cette substance mucilagineuse est, même seule et sans le concours de la fécule, très sujette à produire cet effet. Les navets, les choux, les topinambours, qui tous contiennent un mucilage plus ou moins sucré, sont les plus venteux de tous les aliments.

Il est une autre propriété qui appartient plus réellement aux aliments farineux; c'est celle de gonfler. Il ne faut pas confondre cet effet avec l'autre : cet effet vient de la propriété que les fécules ont de s'étendre et d'occuper, dans la dissolution, un volume beaucoup plus grand qu'elles n'avaient auparavant. Quand, avant de nous servir d'aliments, les fécules et les farines ont acquis ce volume par la cuisson, elle n'ont plus au-dedans de nous cet effet.

Les principales propriétés des aliments qui contiennent la fécule, dépendent donc de celle de la fécule même; et plus elle y est à nu, plus ces aliments sont exempts des propriétés étrangères à la propriété nutritive. Nous allons examiner ces différents aliments, que nous rangerons selon la quantité et la nature des substances étrangères, qu'ils renferment avec la fécule.

(1) Qui est disposé à un mouvement de fermentation ou de décomposition qui tend à la faire passer à l'état d'acide.

N° 1042. § Ier. *Aliments dans lesquels la Fécule est unie à des Substances vénéneuses.*

Quand la nature a réuni dans une même partie végétale la fécule et un corps vénéneux, elle a presque toujours disposé les choses de manière que les moyens les plus simples suffisent pour les séparer; c'est ainsi que dans le manioc la fécule nutritive sort pure de cette racine, quand on en a exprimé le suc vénéneux. On retire de la bryone et de l'arum des fécules très douces, qui n'ont contracté aucune âcreté, malgré les sucs âcres contenus dans les mêmes racines. Comme la fécule est insoluble dans les sucs aqueux jusqu'à une température voisine de l'ébullition, elle s'en sépare facilement au moyen de cette insolubilité; de sorte que la plupart des substances alimentaires qui contiennent la fécule sont très propres à la nutrition, et qu'on peut, le plus souvent, lorsqu'elles contiennent des principes dangereux, les en dépouiller par des opérations très simples.

N° 1043. § 2. *Aliments dans lesquels la Fécule est absolument pure. — Riz. — Orge. — Maïs. — Sagou.*

L'orge et le riz, parfaitement mondés, sont les graines dans lesquelles il paraît que la fécule nutritive est la plus pure et la plus exempte de mélanges étrangers; aussi voit-on que leurs grains, quand on les fait bouillir dans l'eau, se développent, se gonflent, et acquièrent une demi-transparence qui caractérise la nature de leur substance.

Le sagou présente le même phénomène, et ce phénomène est celui de la fécule pure: aussi ces aliments sont-ils, de tous les plus doux, ceux qui passent avec le plus de facilité, qui nourrissent le plus promptement; et la tisane, si vantée par les anciens et qu'ils préparaient avec l'orge, se ferait également avec ces trois substances, ainsi qu'avec les fécules pures. Néanmoins, Lorry cite l'exemple d'une femme qui ne mangeait jamais de riz sans avoir la peau couverte de rougeurs, et cette observation s'est présentée à plusieurs autres praticiens. Un semblable accord prouverait, dans le riz, l'existence d'un principe bien plus abondant, mais étranger à la fécule; car les personnes chez lesquelles ces faits ont été observés, faisaient usage d'autres farineux, sans en éprouver le même inconvénient. Ces faits sembleraient confirmer, jusqu'à un certain point, l'opinion vulgaire, si peu conforme, d'ailleurs, aux qualités extérieures du riz, qui y fait admettre une vertu resserrante. En effet, il n'y a pas loin de la propriété qui resserre le ventre à celle qui agit sur la peau; et c'est l'axiome de tous les temps que cet aphorisme banal, *ventre serré, peau relâchée; ventre relâché, peau serrée.*

Le maïs paraît, après l'orge et le riz, être la graine dans laquelle la fécule est le plus exempte de mélanges étrangers; et les gâteaux, ainsi que la bouillie de maïs, sont dans nos provinces du Midi, et dans plusieurs de l'Est, un aliment très usité. Les gros et les petits millets ont à peu près la même propriété; et si nous les mettons après le riz, c'est à cause d'une teinte jaunâtre qu'on remarque dans leurs farines.

Tous les grains dont la farine est la fécule pure ou presque pure, sont également impropres à faire du pain sans addition. Les pains d'orge et de riz ne valent rien, ou plutôt ne sont pas des pains. Ce sont des masses friables, gercées, et auxquelles la fermentation ne donne aucun goût agréable.

N° **1044.** § 3. *Aliments dans lesquels la Fécule est unie à une substance sucrée. — Avoine. — Sarrasin. — Châtaignes. — Graines légumineuses.*

Les matières sucrées ne sont pas propres à donner à la fécule la propriété de lever et de faire du pain. Le blé sarrasin, l'avoine, et, parmi les légumineuses, les haricots, les pois, les gesses, les vesces, les lentilles, ne font pas du pain qui mérite ce nom. Pour l'avoine, celle de Bretagne est douce, ainsi que celle d'Écosse; mais il est des lieux où elle a une légère amertume; le pain qu'on en fait est mauvais. Cullen parle d'une décoction faite avec la farine d'avoine, qu'il propose pour la boisson des malades. On la prépare en laissant, après l'ébullition, déposer le nuage gélatineux qui se précipite de la liqueur par le refroidissement, et la liqueur claire qui reste, est celle dont il propose l'usage : cette liqueur doit contenir toute la partie sucrée de la farine.

Les pois et les fèves doivent contenir aussi un peu de matières sucrées; mais il est à remarquer que, dans presque toutes les légumineuses et les céréales, le goût sucré est plus sensible avant la maturation de la graine, et disparaît presque entièrement quand cette maturité est parfaite. De là l'on peut conclure que la fécule a, comme substance nutritive, un degré de perfection supérieur à la substance sucrée, et que la substance sucrée se convertit en substance farineuse.

C'est cet état sucré qui donne aux graines nouvelles un agrément que n'ont pas les graines gardées; c'est lui qui nous fait rechercher, avec tant d'avidité, les pois avant leur maturité; ils sont alors pleins d'une eau sucrée : mais ils sont bien moins nourrissants que quand ils ont acquis l'état pleinement farineux : néanmoins la farine des pois conserve toujours quelque chose de sucré. Le *lathyrrus*, qu'on nomme *pois carré*, est aussi très rempli de matière sucrée, et la même saveur se reconnaît dans le jeune haricot.

Mais une des graines farineuses où la substance sucrée est le plus évidente, c'est la châtaigne : on sait qu'elle contient un sucre parfaitement identique avec le sucre de canne, et la variété qu'on cultive en Toscane contient jusqu'à 14 pour 100 de cette substance. Cette graine est un des aliments les plus utiles, les plus nourrissants, et fait une des principales nourritures du peuple dans plusieurs départements; on peut calculer qu'il y a en France quatre à cinq millions d'hommes qui vivent presque exclusivement de châtaignes pendant six mois de l'année.

Les fécules unies à une matière sucrée jouissent en général de la propriété adoucissante; mais un des effets les plus constants des matières sucrées mêlées aux fécules, est de fermenter aisément dans les premières voies, et de produire des aigreurs et des flatuosités.

N° 1045. § 4. *Aliments où la Fécule est unie à des parties extractives et colorantes. — Lentilles. — Haricots rouges. — Fèves.*

La matière végétale dite *extractive*, qui, isolée des autres principes immédiats, est toujours colorée, déliquescente, et également soluble dans l'eau et dans l'alcohol, n'existe qu'en très petite proportion dans les aliments farineux qui la contiennent; on ne peut guère apprécier son influence sur leur faculté nutritive : mais la substance colorante verte, qui est insoluble dans l'eau, se trouve abondamment dans les pois, les fèves, les gesses, etc.; d'autres parties colorantes, solubles dans l'eau, et qui peut-être sont les mêmes que les matières dites extractives, distinguent les lentilles, les gesses et les haricots rouges. Il est remarquable que quand ces substances colorantes ont un certain degré d'intensité, elles sont jointes à une vertu tonique que décèle le goût qui les accompagne. La lentille a une saveur très marquée, fort étrangère à celle de la simple fécule, et le haricot rouge se distingue aussi très évidemment du haricot ordinaire. Il faut ajouter aussi que cette vertu tonique, jointe à la partie colorante, donne beaucoup d'activité à la digestion, et que, de tous les farineux légumineux, la lentille et le haricot rouge sont les moins venteux, et ceux qui occasionnent le moins dans l'estomac ce sentiment de gonflement et de plénitude qu'y causent la plupart des autres graines de la même classe. La lentille même porte cette propriété tonique au point d'échauffer et de resserrer beaucoup de personnes, effet que produit aussi l'eau de sa décoction.

Il faut cependant convenir que souvent cette partie colorante est plus adhérente à la pellicule qui enveloppe le corps farineux, qu'au corps farineux lui-même. C'est ainsi que la peau épaisse ou la robe de la fève de marais, qu'on sépare si aisément quand cette graine est forte, et qu'on cuit avec elle lorsqu'elle est très jeune, verte quant elle est crue, prend après la cuisson une couleur brune, et en même temps un goût particulier assez agréable, et qui se mêle, comme un assaisonnement assez convenable, au mucilage farineux et sucré de la graine qu'elle renferme. Quand la graine est dépouillée de sa robe, elle reste verte et douce au goût; et cependant quand elle est cuite avec cette enveloppe, elle se pénètre de sa teinture, qui colore aussi très fortement le liquide qui a servi à la décoction. Les parties extractives colorantes les plus sapides qui se rencontrent dans les graines farineuses, ont donc aussi beaucoup de part aux propriétés que l'on reconnaît à ces aliments.

N° 1046. § 5. *Aliments où la Fécule est unie à une Huile grasse et à un Mucilage doux. — Semences émulsives. — Amandes. — Noix. — Avelines. — Pistaches, etc.*

Presque toutes ces semences sont blanches, excepté la pistache, dont la couleur verte est jointe à une saveur particulière, à laquelle on attribue une propriété tonique. Les substances extractives et sucrées sont peu apparentes dans les semences émulsives; mais un grand nombre de ces substances contiennent, comme nous le verrons, un principe aromatique, amer et acide, qui mérite une attention particulière.

Les semences émulsives nourrissent comme les autres substances qui ont la fécule pour base, mais elles se laissent plus difficilement pénétrer par les sucs gastriques; elles leur résistent d'autant plus, qu'elles sont moins brisées; et si on les prenait entières, elles passeraient presque sans altération par les selles; mais quand elles sont bien brisées, alors le mucilage, uni intimement à l'huile, se dissout avec elle dans l'eau, dans laquelle l'huile reste divisée et suspendue sous la forme de ce qu'on appelle un lait d'amandes. Dans cet état, le suc des amandes se digère plus aisément, et l'huile ajoute à la propriété adoucissante du mucilage, qui de sa part lui ôte sa pesanteur. D'ailleurs, l'huile grasse qui, seule, est laxative, perd par son association au mucilage une grande partie de cette propriété et se digère avec lui; cependant il est beaucoup d'estomacs qui supportent mal cet aliment, et dans lesquels il finit, en se décomposant, par occasionner un sentiment d'ardeur, effet qui est probablement dû à la rancescence de l'huile.

N° 1047. *Semences émulsives douces, unies à un Principe aromatique et amer. — Amandes amères.*

Ce principe aromatique et amer, qui n'est autre chose que l'acide prussique, ainsi que l'ont démontré les chimistes modernes, se trouve dans un grand nombre de semences émulsives, et surtout dans plusieurs de la famille des amandiers, telles que les amandes amères, celles de pêches, d'abricots, etc. Il est enivrant et très vénéneux quand il est concentré; aussi ne pourrait-on pas manger sans danger une certaine quantité d'amandes amères, où ce principe existe abondamment. Mais lorsqu'il est uni à une grande quantité de fécule, au lieu de produire des accidents fâcheux, il devient tonique, il accélère la digestion, d'ailleurs assez pénible, des amandes, et rend le lait qu'on en prépare moins pesant sur l'estomac : aussi mêle-t-on avec avantage aux amandes douces quelques amandes amères dans la préparation du lait d'amandes.

N° 1048. *Semences émulsives peu ou point odorantes et peu sapides. — Noix. — Avelines. — Pistaches. — Cacao.*

Les avelines et les noix, qui appartiennent aussi aux émulsives, ont une saveur particulière et un principe odorant qui leur est propre; ce principe est si adhérent à leurs huiles, qu'on ne peut confondre leurs huiles entre elles, ni pour l'odeur, ni pour la couleur. Les noix, en particulier, contiennent une grande quantité d'huile quand elles sont jeunes et en cerneau : cette huile se rancit beaucoup plus facilement dans le fruit même que celle des amandes; aussi les noix anciennes sont âcres au goût, se digèrent difficilement, et leur propriété semble se propager jusque dans les organes de la génération.

Un autre genre de semences qu'on ne peut pas séparer des émulsives est la semence de cacao, amande dont l'huile est concrète et abondante, dont la fécule est imprégnée d'une matière colorante brune, amère et légèrement aromatique. L'amande de cacao est vraiment nourrissante; elle serait même assez stomachique et pèserait peu sur les estomacs faibles, si l'abondance du beurre ou de l'huile concrète qui y est contenue ne produisait ce dernier effet. Elle se dépouille d'une partie de cette huile par la torréfaction qu'on lui fait subir pour en faire du chocolat.

N° 1049. § 6. *Aliments farineux où la Fécule est unie à un Mucilage visqueux. — Seigle. — Fève de Marais. — Pommes-de-Terre.*

On connaît l'existence d'un mucilage visqueux dans une substance farineuse, lorsque, réduite en farine et humectée par l'eau, elle forme une pâte plus ou moins liée et susceptible de s'étendre sans se rompre; lorsque cette substance ne contient pas de gluten (1), lorsque, cuite dans l'eau et pénétrée d'humidité, elle a quelque chose de gluant et d'épais; enfin, lorsque l'eau de la décoction se réduit, quand on l'épaissit par l'évaporation, en un mucilage filant et collant.

La fève de marais, la farine de seigle et la pomme-de-terre sont les substances farineuses connues qui contiennent le plus évidemment ce mucilage visqueux; dans la fève de marais, la fécule ainsi que le mucilage qui la lie, sont tous deux très nourrissants, et l'expérience a prouvé que non-seulement cette farine se combinait très bien avec celle de froment pour faire du pain, mais même que seule elle fermentait et levait assez bien, ou au moins beaucoup mieux que toutes les légumineuses, et faisait un pain préférable à celui de beaucoup de graines céréales, comme le riz, l'orge, le maïs.

Le seigle est une des graines dont les habitants des campagnes font le plus d'usage; presque tous mangent du pain de seigle, ou du pain qui en est plus ou moins mêlé. La farine de seigle se pétrit bien; elle forme une pâte liée, qui fermente et qui lève. Le pain qu'on en fait a une couleur brune ou bise, mais égale; les yeux sont petits, mais également distribués partout. La croûte en est

(1) Substance éminemment élastique et insoluble dans l'eau, lorsqu'elle est isolée. Elle compose presque entièrement, avec l'amidon ou la fécule, la farine de froment. C'est à la présence du gluten que les farines doivent la propriété de faire un pain qui fermente et qui lève.

bien unie, point crevassée, le goût en est assez agréable. La farine de ce grain ne paraît pas contenir de gluten, ou du moins n'en contient que très peu, mais on ne peut pas douter qu'elle ne renferme un mucilage visqueux uni à la fécule; mucilage qui donne la liaison à la pâte et contribue à la faire lever.

La pomme-de-terre contient une très grande quantité du même mucilage; quand elle est écrasée en entier, elle est susceptible de former une pâte qui, maniée à la manière de la pâte de froment, est singulièrement liée; il paraît même qu'il est nécessaire d'ajouter à la pâte de pommes-de-terre, quand on veut en faire du pain, une nouvelle portion de fécule. Cette pâte, en raison du mucilage qu'elle contient, fermente, lève et forme un pain d'une assez bonne qualité; mais ce mucilage n'est pas la seule substance qui donne à la pâte farineuse toutes ses propriétés; le gluten produit cet effet avec bien plus d'avantage.

N° 1050. § 7. *Des Aliments farineux où la Fécule nutritive est unie au Gluten. — Froment.*

Le froment est de tous les aliments celui qui, en Europe, sert le plus généralement à la nourriture des hommes. Toutes les espèces de froment contiennent la fécule et le gluten dans des proportions convenables à la fabrication du pain. Le pain de froment est celui qui lève le mieux, le plus également; il est le plus léger, le plus facile à digérer, le plus exempt de goût étranger. Il a encore un avantage, c'est qu'il se dessèche quand il est bien levé et bien cuit, sans s'altérer aucunement, n'attire jamais l'humidité de l'air, inconvénient qu'a le pain de seigle, qui, par cette raison, se moisit très aisément. Il faut avouer cependant que toutes ces propriétés sont d'autant plus parfaites, que le pain est mieux fait.

Quand le pain est bien levé, par conséquent léger, intimement pénétré par le levain et altéré par une fermentation parfaite, il nourrit plus promptement, mais il nourrit moins. Ce qui contribue à rendre le pain plus léger diminue sa faculté nutritive: alors il se dissout mieux, se digère plus promptement, et nourrit mieux les personnes faibles: mais il nourrit beaucoup moins ceux dont les organes digestifs jouissent de toute leur vigueur: le besoin et la faim renaissent bien plus promptement.

Quel est le meilleur pain? La réponse à cette question est relative, et dépend des forces digestives et de la déperdition qui se fait dans le corps, à la nourriture duquel le pain est destiné:

puisqu'il est des hommes qui ne se nourrissent que d'un gros pain à peine fermenté, comme le gros pain de la Westphalie, composé d'orge, de seigle et de sarrasin, et que d'autres, au contraire, ne soutiendraient pas un pareil aliment, et ne digèrent que le pain le plus léger, il est clair qu'il faut avoir égard, dans la décision d'une pareille question, aux constitutions et aux tempéraments.

N° 1051. § 8. *Des différentes préparations qu'on fait subir aux Aliments qui ont la Fécule pour base principale. — Pain. — Bouillies, etc.*

L'art fait subir plus d'une préparation aux aliments qui ont la fécule nutritive pour base. A l'égard du froment, il n'est pas douteux que sa farine ne soit infiniment plus salubre, sous forme de pain, pour la plupart des hommes; d'ailleurs, le pain est un aliment extrêmement commode, qui s'emporte au loin, et n'a besoin, pour être mangé, d'aucune préparation. Il n'en est pas de même des autres farineux : la fermentation ne fait que leur ôter leurs propriétés sans leur donner aucun avantage; ainsi, si l'on veut s'en servir en place de pain, il faut les cuire en gâteaux, ou en bouillie, comme on mange dans plusieurs provinces le maïs et le sarrasin. Un bon gâteau, ou une bouillie bien cuite, valent mieux qu'un mauvais pain.

La simple décoction dans l'eau ou le lait est une des meilleures préparations que les graines féculentes puissent subir; mais il faut remarquer que toutes les fécules ont besoin, pour être cuites, de bouillir quelque temps, et qu'on ne peut les regarder comme telles que lorsqu'elles ont acquis, en se combinant avec l'eau, un volume plus grand que leur volume naturel. Ce moment arrive plus tôt quand elles sont réduites en farine, et plus tard quand ce sont les grains eux-mêmes qu'on fait cuire. Le moment où le grain va être cuit, est celui où il se développe, devient transparent et s'étend en tout sens; alors on dit que le grain est crevé. Il ne faut plus qu'un coup de feu, et il a acquis toute la mollesse qu'il peut avoir. Plus cuit, il commence à se diviser, les grains se lient, et le liquide qui sert à les cuire s'épaissit; il finit par se mettre en bouillie. Il en est de même, quoique moins sensiblement, pour les fécules en poudre : dans le premier moment, la fécule se répand dans l'eau, l'eau se trouble, s'épaissit, prend de la consistance; c'est celui où les petits grains de la fécule se dilatent comme le faisaient les grains entiers; il ne faut qu'un moment de plus, et la cuisson est parfaite : l'eau de l'opération est devenue alors un liquide homogène qui, par l'évaporation, se réduit en gelée.

Quelquefois on torréfie les farines et les grains, soit en les mettant au feu, soit en les grillant; c'était même, avant que les effets de la fermentation fussent connus, la seule manière de préparer les graines céréales; c'était principalement avec la farine d'orge, ainsi préparée, que les anciens faisaient le maza, suivant Galien. Il regardait le maza ainsi préparé comme moins nourrissant que le pain d'orge, nom qu'il donnait aux gâteaux qu'on faisait avec la farine non torréfiée. C'est de même, par une légère torréfaction, que beaucoup de femmes de la campagne préparent de la farine de froment pour en faire de la bouillie. Cette torréfaction qui, de même que la fermentation et la décoction, altère les principes immédiats de la farine, lui donne une saveur plus relevée, la rend tonique et plus facile à digérer, en un mot, produit les propriétés que les anciens désignaient en disant que les aliments étaient secs.

Beaucoup de peuples ne vivent que de gâteaux préparés sans torréfaction préliminaire, et ne sont pas sujets à plus d'incommodités que ceux qui se nourrissent de pain levé : il en résulte que les médecins, en parlant des inconvénients qu'ils attribuent aux aliments farineux non fermentés, ont cédé peut-être plus à la théorie qu'à l'observation.

Quant aux semences légumineuses, on ne leur fait guère subir d'autre préparation que celle de la décoction dans l'eau; il est bon d'observer ici que cette décoction, plus difficile et plus longue que celles des graines céréales et des fécules libres, ne peut se faire qu'avec des eaux bien pures; que celles qui sont séléniteuses les pénètrent difficilement. Ces semences se gonflent dans cette opération, comme les céréales; leur farine est susceptible de fermenter, mais presque aucune ne pouvant lever régulièrement, on ne peut les regarder comme capables de faire de bon pain; et en tout cas, la meilleure manière de s'en nourrir serait toujours de les manger sans autre altération que celle de la décoction et des assaisonnements qu'elle peut exiger.

Les émulsives sont incapables de faire du pain. Dans la décoction, l'eau les pénètre difficilement; leur farine fermente mal et se rancit plutôt qu'elle ne fermente, à cause de l'abondance de leur huile. On ne peut donc guère s'alimenter que de la pâte et du suc laiteux de ces semences : encore rarement les mange-t-on seules.

Classe seconde.

N° 1052. *Des Aliments qui ont la Fibrine* (1) *pour base principale. — Substances animales.*

Le gluten ayant beaucoup d'analogie avec la fibrine, il serait naturel de ranger dans cette classe les aliments spécialement glutineux; mais le gluten n'existe seul dans aucune substance, et nous avons parlé des graines céréales, les seules qui le contiennent en quantité notable.

Les champignons et les truffes renferment aussi, à la vérité, une matière végéto-animale susceptible, comme le gluten, de subir la fermentation putride, et donnent beaucoup d'ammoniaque à la distillation; mais ces substances, d'ailleurs de très difficile digestion, sont moins faites pour être prises comme aliment que comme assaisonnement. Nous ne nous occuperons donc ici que des chairs des animaux en général et de leur sang.

N° 1053. § 1er. *Des Chairs des Animaux en général, et de leurs parties constituantes.*

Toutes les parties musculeuses auxquelles on a donné improprement le nom de chairs, ont pour base la fibrine; elle y est unie à une substance gélatineuse, à l'osmazone (principe odorant et sapide des viandes), et souvent à des matières graisseuses.

Il est probable que la fibrine, base des chairs animales, s'assimile aisément et nourrit vite. D'après cela, elle doit produire, pendant le travail de son assimilation, plus de chaleur que les autres substances moins animalisées. Dans les chairs des jeunes animaux et dans les animaux tendres, cette partie a moins de consistance, et le mélange de la gélatine dans une grande proportion contribue à en rendre la division plus facile, et la digestion moins pénible: mais lorsque les fibres ont, par l'âge ou la fatigue, acquis beaucoup de force, alors devenues plus tenaces, accompagnées de moins de gélatine, elles se divisent moins, résistent à l'action des dents, et passent presque entièrement dans les excréments.

Il ne faut pas cependant confondre cette tenacité coriace qui

(1) La fibrine est la base de la chair des animaux : c'est ce qui en reste lorsqu'on l'a épuisée de toutes les substances solubles qu'elle contient. Toute chair bouillie lentement et long-temps ne contient plus que de la fibrine.

existe dans la fibre, même isolée, des vieux animaux ou des animaux endurcis par le travail, avec la fermeté que donne aux chairs un tissu serré dans lequel un grand nombre de fibres, réunies ensemble par des liens étroits, se soutiennent mutuellement, comme dans le porc et dans beaucoup d'autres animaux. Cet état des fibres ne nuit pas à leur solubilité, et il faut bien distinguer les chairs tendres des chairs lâches, les chairs fermes et compactes des chairs coriaces. La chair de la raie, par exemple, avant d'avoir été mortifiée, est coriace, et celle des maquereaux est ferme; la chair des femelles adultes, comme la vache, est lâche, sans être tendre; la chair de certaines parties du bœuf est tendre sans être lâche. Cependant nous savons aussi que des fibres naturellement tendres, le sont encore davantage lorsque leurs liens cellulaires sont relâchés par un suc gélatineux et par des parties graisseuses; alors elles se divisent facilement, et fondent, pour ainsi dire, dans la bouche, tandis que celles qui sont compactes, et qui ont dans leurs interstices peu de substances solubles, sans être coriaces, résistent davantage à la mastication. Nous voyons toutes ces différences sur nos tables : nous savons aussi que les chairs épuisées, par le bouillon, de leurs parties gélatineuses, n'en sont que plus difficiles à diviser; au lieu que celles qui n'ont pas été aussi épuisées, ont beaucoup plus de mollesse, et cèdent plus aisément aux instruments qui les séparent ou les brisent. Néanmoins tous ces aliments ont plus que les autres besoin d'être broyés avec une plus ou moins grande quantité de pain, ou d'aliment végétal, dont l'effet est de concourir, avec les parties gélatineuses, à augmenter leur division et leur solubilité, et de corriger aussi peut-être leur tendance à l'animalisation.

La digestion de la gélatine (1) est facile, prompte, et a tous les caractères qu'Hippocrate donne aux *aliments légers :* son assimilation est accompagnée de peu de chaleur, en sorte que les aliments qui la contiennent en grande proportion, même dans les animaux, ont été regardés comme rafraîchissants, quelque impropre que soit cette expression : tels sont le veau, le poulet, etc.

Mais elle se présente dans ces aliments à différents états. Dans l'animal qui vient de naître, la chair est pénétrée d'un suc gluant, visqueux, qui a véritablement la consistance et la cohérence du

(1) La gélatine est le plus abondant des principes solubles de la viande. C'est à elle que le bouillon doit sa propriété nutritive. C'est elle qui forme la gelée. On la trouve dans toutes les parties des animaux, mais plus abondamment dans les parties cartilagineuses et dans les os.

mucus nasal. Ce suc prend par l'âge plus de consistance, et parvient enfin à l'état d'une gelée consistante et ferme comme celle qu'on extrait des os mêmes des animaux adultes. Au défaut de l'âge, la décoction seule peut, en partie, opérer ce changement; et l'eau chargée du suc de ces viandes visqueuses et évaporées, donne une gelée plus consistante et plus parfaite que les chairs même ne semblaient la contenir. Ce changement n'existe pas seulement dans les apparences, il s'annonce aussi par les propriétés.

L'effet bien connu des viandes qui ne sont pas faites, est d'être d'une digestion souvent pénible, de donner la diarrhée, ou au moins d'augmenter sensiblement la quantité des évacuations naturelles, et de diminuer leur consistance; en général elles sont laxatives, ou, suivant l'expression d'Hippocrate, *humides*, et le sont d'autant plus qu'elles approchent davantage de cet état de viscosité glaireuse qu'elles ont dans l'origine. Beaucoup de personnes ne peuvent même manger du veau, sans en être incommodées ou purgées; cependant ces mêmes personnes ne sont nullement incommodées de la décoction de ce même veau, évaporée et réduite en gelée, quoique l'eau de veau même conserve encore pour elles une propriété laxative. A la vérité, dans ces aliments la fibre est plus molle, plus aisée à diviser, moins à charge à l'estomac; mais si l'on veut chercher le point où les viandes ont toutes les propriétés les plus favorables à la nutrition, il faut les prendre dans le moment où la partie gélatineuse a perdu cette viscosité, et où la substance fibreuse n'a point acquis encore une grande solidité, ni une proportion forte en raison de la partie gélatineuse.

L'osmazone (1) constitue la partie principale de ce qu'on appelle *jus* en terme de cuisine. Étendue, elle a un goût agréable, est tonique, stimulante, et facilite la digestion des aliments animaux; rapprochée, elle devient échauffante. Elle manque dans les chairs des animaux fort jeunes, se forme et les pénètre peu à peu à mesure qu'ils avancent en âge, les colore plus fortement quand ils sont parvenus à l'état adulte. Elle se trouve plus abondante dans certains animaux que dans certains autres, et c'est de son existence que dépend la distinction d'Hippocrate entre les chairs peu péné-

(1) L'osmazone est le principe sapide de la viande, C'est à elle que le bouillon doit son arôme et sa saveur, et les viandes rôties une saveur et un fumet plus exaltés, parce qu'elles ont été exposées à une plus haute température qui paraît développer la sapidité de l'osmazone.

trées de sang, et celles qui sont très imprégnées de ce liquide. C'est l'osmazone qui fait la base principale de la préparation qu'on connaît sous le nom de *tablettes de bouillon* (1), si utile dans les voyages de long cours. Mais cette matière extractive, attirant l'humidité de l'air, ne peut se réduire en tablettes sèches, lorsqu'elle se trouve en trop grande proportion. C'est pourquoi il faut lui joindre, dans la préparation de ces tablettes, des parties animales qui donnent beaucoup de gelée, telles que des pieds de veau.

La matière graisseuse est souvent interposée dans les chairs des animaux, et c'est surtout chez les animaux oisifs qu'elle s'amasse ainsi dans les interstices des fibres musculaires. On ne peut nier qu'elle n'amollisse ces fibres, ne les rende plus souples, plus aisées à diviser, par conséquent à dissoudre et à digérer. Dans ces chairs la partie graisseuse paraît amalgamée avec la partie gélatineuse; elle fait que leur bouillon ne peut jamais se réduire en extrait sec. Cette union de la gelée avec la graisse, qui rend celle-ci plus soluble, donne encore aux chairs que ces matières pénètrent, une légèreté et une mollesse qui produisent l'effet que nous désignons dans certaines parties du bœuf bouilli, par l'expression de *pièce tremblante*. Toutes les parties qui sont dans ce cas se divisent aisément, non-seulement dans la bouche, mais sous l'instrument. Les muscles fessiers du bœuf, qui sont pénétrés de graisse, ceux qui forment le tendre de l'aloyau, donnent la preuve de ce que nous avançons. Mais si la graisse est trop abondante et moins intimement unie à la gélatine, elle est lourde pour un grand nombre d'estomacs, et occasionne des rapports brûlants, qu'on confond souvent avec les aigreurs. Les animaux fort exercés et entiers n'ont point cet excès de graisse; mais on le trouve surtout dans les animaux oisifs, qui restent long-temps à l'étable, ou qu'on a mutilés et engraissés.

D'après ces notions préliminaires, il est aisé de classer les différents aliments que nous fournissent les chairs des animaux, selon les diverses combinaisons de leur matière fibreuse et sa diverse consistance.

(1) Ceci est une erreur : les tablettes de bouillon ont pour base la gélatine. L'osmazone n'en fait jamais plus de la huitième partie.

Une livre de viande contient à peine un ou deux gros d'osmazone.

N° 1054. § 2. *Chairs blanches dans lesquelles la Substance fibreuse, combinée avec la gélatine, n'est point pénétrée d'osmazone.*

Cette première classe comprend les divisions suivantes.

N° 1055. N° 1. *Chairs dont la Partie gélatineuse est imparfaite, visqueuse, glaireuse, et toujours humide. — Cochon de lait, etc.*

Les extraits de ces viandes ne peuvent se dessécher ; c'est dans cet état que nous mangeons certains animaux, comme le cochon de lait, etc. Tous les animaux trop jeunes ont la chair semblable, et même les oiseaux, qui cependant perdent plus tôt que les autres cette viscosité. Il est peu d'aliments qui conviennent à moins d'estomacs, il en est peu qui donnent des indigestions plus violentes.

Les poissons ne recèlent de substances analogues à cet état visqueux de la matière gélatineuse que dans le tissu de leur peau ; nous le voyons dans la morue et dans quelques autres poissons dont la peau est épaisse et peu ou point écailleuse ; mais la chair des poissons ne contient rien de pareil.

N° 1056. N° 2. *Chairs qui, sans avoir tout-à-fait perdu cette première viscosité, ont cependant une Substance gélatineuse plus parfaite. — Veau. — Agneau, etc.*

Telles sont les chairs de veau, d'agneau, de chevreau, etc. Plus ces animaux se rapprochent de leur naissance, plus leur chair est visqueuse et humide, plus elle a les inconvénients de celle dont nous venons de parler : mais quand elles ont passé ce premier état, elles fournissent une gelée très douce, et quand l'estomac n'est pas mal disposé pour ce genre d'aliment, elles sont légères, et tiennent toujours le ventre un peu libre ; mais il faut se défier de leur usage pour les gens dont l'estomac est faible, comme les convalescents. Dans cet état, la délicatesse des organes donne une très grande valeur aux moindres différences, et c'est sur cette mesure qu'il faut former l'échelle suivant laquelle on doit ranger les aliments. Tous sont indifférents à l'estomac robuste qui digère aisément les nourritures les plus solides ou les plus indigestes. On ne compte dans cette division d'aliments usités, que les jeunes quadrupèdes domestiques. Les oiseaux, passé les premiers jours de leur naissance (et alors on les mange rarement), perdent toute espèce de viscosité.

On ne peut rapporter à ces sortes d'aliments, parmi les animaux aquatiques, qu'un amphibie dont la chair soit usitée, c'est la grenouille.

Tous ces aliments ont été regardés par les médecins comme froids et rafraîchissants; leurs décoctions sont ordonnées comme telles, et nous avons déjà observé que quelque impropre que fût cette expression, elle dépendait des phénomènes de leur assimilation et du peu de chaleur qu'elles produisent dans cette opération.

N° 1057. N° 3. *Jeunes Oiseaux. — Jeunes Gibiers. — Volailles. — Merlans. — Limandes. — Soles. — Perches. — Carpes.*

Les jeunes oiseaux et les jeunes gibiers n'ont point la fibre lâche et encore visqueuse des jeunes quadrupèdes domestiques. Leur chair est *tendre sans être molle, elle est blanche et gélatineuse sans viscosité; elle est humide sans être abreuvée.* Nous les plaçons dans une troisième division, dans laquelle on peut réunir les jeunes volailles de basse-cour, les jeunes gibiers à chair blanche, comme les jeunes lapins, et même les perdreaux. Ce sont, parmi les chairs dont l'homme se nourrit, celles qui conviennent le plus aux estomacs faibles, et qui sont le plus solubles pour les convalescents.

On doit rapporter à cette division quelques poissons de mer, comme les saxatiles, et en particulier les merlans, les limandes, les soles, et plusieurs poissons de rivière, comme la perche, la carpe, quand elle n'est pas trop grasse. La fibre très tendre de ces poissons se digère très promptement, et il est peu d'aliments qui pèsent moins sur l'estomac.

N° 1058. N° 4. *Chairs blanches pénétrées de Graisse. — Chapons. — Poulardes. — Anguille. — Carpe. — Alose. — Saumon, etc.*

Nous plaçons dans cette division les chairs des animaux adultes engraissés, dans lesquels cette graisse, accumulée par le repos et une nourriture succulente, pénètre leurs fibres, leur donne de la souplesse, et les entretient dans une jeunesse artificielle. C'est ici qu'on doit placer aussi les grandes volailles, les chapons, les poulardes, qui se rapprochent plus que les autres, par la mollesse de leurs fibres, des animaux dont il a été question dans la troisième division, avec un degré de fermeté de plus. On doit placer à leur suite les animaux d'un plus grand volume, comme les poulets d'Inde, etc. Cependant les chairs, même les plus tendres d'entre elles, ne sont pas, à beaucoup près, aussi favorables à l'estomac que celles des jeunes animaux, et la nature graisseuse de leur suc est sans doute cause de cette différence; cela est si vrai, que, malgré la mollesse de leurs chairs, les plus grasses de ces volailles sont loin d'être les plus aisées à digérer, et on ne les donne point d'abord aux convalescents. A la vérité, il faut distinguer dans leurs parties celles qui sont les plus grasses de celles qui le sont le moins. Celles, par exemple, qui tiennent à l'aile, et s'étendent sur la poitrine, et qui, dans ces animaux qui volent peu, sont fort tendres, et néanmoins peu pénétrées de graisse, parce que leurs fibres sont très rapprochées, sont de beaucoup préférables à celles qui avoisinent le croupion.

On doit rapporter à cette division quelques poissons dont la chair, fort tendre, mais en même temps onctueuse, pèse sur les estomacs, se digère lentement, et est sujette à donner des rapports nidoreux ; telle est l'anguille, telles sont les plus grasses d'entre les carpes, telle est l'alose, un des poissons qui s'altèrent le plus aisément et le plus promptement.

En général, il est peu de poissons de mer, à l'exception des saxatiles, dont les chairs ne contiennent plus ou moins de substance huileuse, et cette substance a cela de particulier dans les poissons, qu'elle rancit aisément et donne à la chair altérée une âcreté que les autres animaux ne contractent pas de même dans le premier degré de leur altération. Nous ne devons pas oublier ici le saumon, dont la chair est plus forte et plus nourrissante que la chair des poissons dont nous venons de parler : cette chair est pesante et d'une digestion lente.

Parmi les amphibies, les tortues, dont on vante tant l'usage pour la guérison du scorbut, ont la chair visqueuse et en même temps très grasse : il paraît que leur usage, quand on en fait un peu d'excès, peut occasionner des diarrhées plus ou moins violentes.

n° 1059. N° 5. *Chairs blanches qui sont fermes, compactes, sans être ni fort humectées, ni abreuvées de Graisse.*

Ces chairs peuvent être divisées en deux ordres : les unes sont celles des petits quadrupèdes, des oiseaux de basse-cour, et de quelques poissons; les autres sont celles des animaux plus grands, soit parmi les quadrupèdes, soit parmi les poissons; car, quelle que soit la nature des chairs, il y a toujours, toutes choses égales, une différence de fermeté et de solidité en proportion du volume de l'animal.

n° 1060. 1er *Ordre. — Lapins. — Vieilles Volailles. — Maquereau. — Morue. — Raie, etc.*

Dans le premier ordre, on doit compter les lapins qui ne sont plus très jeunes, et dont la chair est naturellement serrée, tous les oiseaux de basse-cour qui ont passé la jeunesse, et qui n'ont pas été engraissés. Parmi ceux-ci, il faut encore distinguer les mâles des femelles, parce que leur chair est plus ferme, et celle des femelles plus lâche et moins fournie. Il faut aussi séparer les vieux animaux des animaux adultes, parce que leur chair n'est pas naturellement ferme : elle est dure, et cède peu aux efforts de la digestion.

Parmi les poissons, on peut leur associer tous ceux dont la chair est ferme, c'est-à-dire très fournie et serrée, comme le maquereau, la morue, la raie même; car ce n'est que par l'effet d'une longue mortification que leur chair devient tendre; et c'est par un degré de plus d'altération qu'elle devient lâche et molle. Il est peu d'estomacs en pleine santé qui ne digèrent ces chairs, quand elles ne sont pas fermes jusqu'à être coriaces.

n° 1061. 2e *Ordre. — Porc.*

Dans le second ordre, il faut mettre la chair de porc, fort dense, fort résistante, mais qui nourrit beaucoup ceux qui la digèrent bien. Nous mettons ici la chair de porc au rang des chairs blanches, c'est-à-dire peu colorées, quoique leur cuisse, que nous mangeons salées et fumées, sous le nom de jambons, ne soient pas absolument sans couleur; mais il faut songer que, dans toutes les chairs pénétrées de sel, la couleur naturelle s'exalte, quelque faible qu'elle soit, et surtout lorsque les chairs sont fumées. Quelque abondante que soit la graisse du cochon, elle pénètre peu sa chair, dont le tissu est serré et laisse peu d'intervalle entre les fibres qui le composent. Elle est presque entièrement reléguée dans le tissu sous-cutané, dans lequel elle forme le lard. A la chair de porc il faut joindre, parmi les poissons, la chair de l'esturgeon et celle du thon, qui est du genre des scombres, comme le maquereau.

N° 1062. § 3. *Chairs colorées dont la Substance fibreuse est pénétrée d'Osmazone.*

Nous n'avons que deux divisions à faire parmi les chairs colorées, à distinguer celle qui le sont médiocrement de celles qui le sont très fort, et qui même sont presque noires; on sait que ces divisions se touchent par des nuances. Ensuite, dans chacune de ces divisions, il faudra distinguer les grands animaux des petits, et les quadrupèdes des oiseaux; car, pour les poissons, on n'en connaît guère qui puissent entrer dans cette classe.

N° 1063. N° 1. *Bœuf. — Mouton. — Pigeon. — Perdrix. — Faisan. — Canard.*

Dans la première division, les quadrupèdes qui sont les plus usités parmi nous, sont le bœuf et le mouton. L'un et l'autre font, avec le pain, la principale nourriture des gens en santé.

Dans les oiseaux, le pigeon, la perdrix et le faisan, et parmi les aquatiques, le canard et l'oie, sont le plus communément employés. De toutes ces viandes, celle de pigeon est la seule dont l'extrait puisse se sécher complétement. Peut-être l'oie et le canard auraient-ils la même propriété, mais aucune expérience n'a été faite à cet égard.

Pour ce qui regarde les proportions et l'ordre dans lesquels ces aliments peuvent convenir aux estomacs faibles des convalescents, après les viandes douces et légères des poissons, du poulet, du lapereau, du perdreau, la chair plus tonique, mais aussi légère, du pigeon, est la première qu'on puisse donner; et quand l'estomac a repris de la force, et qu'il s'est exercé en digérant les volailles adultes, le mouton tendre doit précéder l'usage du bœuf. Ce que nous disons est pour les convalescents de maladies aiguës qui n'ont pas énervé le ton de l'estomac, et après lesquelles il faut des sucs doux et dont la digestion ne soit pas accompagnée de beaucoup de chaleur; car il est au contraire des états de faiblesse de ce viscère, dans lesquels les viandes toniques doivent avoir la préférence sur les viandes blanches : il est même des cas où les viandes noires doivent avoir la préférence sur les autres.

Hippocrate fait aux oiseaux aquatiques le reproche d'avoir la chair humide et difficile à digérer ; mais nous ne voyons pas qu'un canard tendre ait une chair malfaisante ; et pour l'oie, quoique peu estimée sur les tables recherchées, il me semble que, lorsqu'elle est tendre, sa chair a, pour le goût, une grande analogie avec celle du mouton, quoiqu'elle soit d'un tissu plus serré. La perdrix est aussi un aliment tonique, et le bouillon de perdrix échauffe réellement. A l'égard du faisan, c'est principalement le faisandeau qui peut être regardé comme une viande salubre, car le faisan adulte a besoin d'être mortifié pour devenir agréable et pour que sa chair soit tendre; alors certainement on ne saurait regarder cet aliment comme convenable aux personnes délicates.

No 1064. No 2. *Daim. — Chevreuil. — Sanglier. — Lièvre. — Mauviette. — Bécasse, etc.*

Dans la seconde division, celle des animaux dont la chair est d'une couleur plus foncée, il faut placer, entre les grands quadrupèdes, le daim, le chevreuil, le sanglier ; et, parmi les petits, le lièvre. Il faut remarquer que la plupart de ces animaux ont la chair fort colorée, même dans leur jeunesse. Le lièvre est véritablement une viande noire ; il a, comme tous les petits animaux, la chair plus serrée et plus tendre ; et le jus qui en sort, surtout pendant la cuisson, est vraiment noir.

A l'égard des oiseaux, la caille, la bécasse, la bécassine, sont les plus communs. Les petits oiseaux, du genre des passereaux, sont tous d'une chair très brune; et la mauviette, espèce d'alouette, est peut-être celui de tous dont la chair est le plus foncée et a le goût le plus caractérisé.

Quant aux oiseaux aquatiques, nous pensons qu'il n'est aucun des animaux dont il vient d'être parlé, qui ait la chair d'un noir plus foncé que la macreuse. La saveur de tous ces animaux a d'autant plus de force, que l'intensité de leur couleur est plus grande. Il en est qui sont fort gras, comme les grives, les becfigues et les ortolans, surtout dans le temps des vendanges ; le mélange de cette graisse avec cette chair sapide a quelque chose d'agréable et de délicat, très recherché des gourmets ; mais, en général, quand ces sortes d'animaux, très colorés, sont en même temps fort gras, leur graisse se rancit plus vite dans l'estomac et occasionne des rapports brûlants.

N° 1065. § 4. *Des différentes manières de cuire les Chairs et de les conserver.*

Il n'est pas d'usage de manger les chairs crues ; les différentes manières de les cuire se réduisent à les rôtir, à les faire bouillir, à les cuire à l'étuvée, enfin à les faire frire. Sans entrer dans des détails culinaires sur ces différentes préparations, nous nous bornerons à en faire remarquer les qualités.

N° 1066. N° 1. *Chairs rôties.*

Le rôti bien fait retient, pour ainsi dire, toutes les parties solubles de la chair. Il est couvert d'un enduit demi-brûlé, de couleur brune, et dont le goût est assez analogue à celui du caramel ou du sucre brûlé. Cet enduit donne au jus de la viande une teinte brune et une saveur agréable. Le rôti est très nourrissant et tonique : beaucoup d'estomacs s'en accommodent mieux que de toute autre préparation. Les viandes brunes, rôties, donnent un jus d'autant plus foncé, que leur osmazone est d'une couleur plus forte ou plus abondante. Les viandes blanches fournissent un suc plus pâle, et leurs vertus toniques sont en proportion de leurs qualités naturelles exaltées par l'action du feu. Les viandes les plus visqueuses ont, plus que les autres, besoin d'être rôties ; et les cochons de lait, l'agneau et le chevreau ne peuvent guère se manger que de cette manière.

N° 1067. N° 2. *Chairs bouillies.*

Le bouilli retient peu de parties solubles (1), et seulement celles que renferme l'humidité dont il est pénétré ; aussi est-il rare qu'on ait d'autre dessein, en faisant cuire ainsi les chairs, que d'en extraire le suc étendu dans l'eau, et que l'on connaît sous le nom de *bouillon*. Plus le bouillon a été chargé, moins la viande conserve de gélatine et d'osmazone ; les parties fibreuses, quoique amollies et attendries par la décoction, doivent être d'autant

(1) L'albumine, en se coagulant, retient une partie des substances solubles. Cet effet a lieu d'autant plus que la pièce de viande est plus épaisse, et que la marmite est échauffée plus vivement dans le commencement. C'est ce qui explique pourquoi la force du bouillon n'est jamais proportionnée à la quantité de viande, surtout quand celle-ci est considérable, et pourquoi le bouilli est rarement bon quand la viande est en petite masse, et surtout lorsqu'elle est mince.

moins solubles dans nos menstrues gastriques, qu'elles ont été plus complétement dépouillées de leurs parties solubles. Ainsi, encore qu'il ait été établi que la substance fibreuse nourrit, comme elle est d'autant plus soluble dans nos organes digestifs qu'elle contient plus de gélatine et d'osmazone, il en résulte que le bouilli en général doit être un aliment plus excrémenteux que le rôti.

Enfin la viande bouillie a moins de saveur, est moins tonique, moins stomachique, c'est-à-dire excite moins l'action des organes digestifs que le rôti; aussi ordonne-t-on les viandes bouillies, lorsqu'on veut surtout obtenir l'effet adoucissant, et qu'on craint d'exciter trop de ton et de chaleur. On ne soumet non plus à cette opération que les viandes résistantes qui ont besoin d'être fort amollies, à moins que le but principal ne soit d'en extraire seulement le bouillon; et l'on observe que dans les volailles tendres, telles que le chapon, les parties les plus tendres, comme les ailes, sont épuisées et sans saveur, tandis que les parties les plus fermes sont encore pleines de suc.

N° 1068. N° 3. *Chairs cuites à l'Étuvée.*

Les avantages de l'*étuvée* sont de pénétrer fortement la chair de vapeurs chaudes, de l'attendrir, de la cuire parfaitement, sans l'épuiser, sans la dessécher, et de lui laisser tout son suc. Les viandes ainsi cuites doivent être, de toutes, les plus aisées à digérer et les plus nourrissantes; c'est ainsi que l'on cuit les daubes (1).

N° 1069. N° 4. *Viandes frites.*

Lorsque la friture est bien faite, la viande cuite de cette manière est fort tendre; mais l'espèce de croûte qui l'enveloppe, formée de graisse ou d'huile qui a contracté toute l'âcreté de l'empyreume, est extrêmement nuisible aux mauvais estomacs; elle

(1) Dans les chairs cuites à l'étuvée ou à la braise, la gélatine et l'osmazone sont retenus, en grande partie, entre les fibres, par la coagulation de l'albumine, qui a lieu aussitôt qu'il y a formation de vapeur; ces chairs restent donc plus succulentes. Leur cuisson se fait réellement à la vapeur, ce qui contribue à les attendrir; enfin elles sont plus sapides, parce que les propriétés de l'osmazone s'exaltent par l'action du calorique, lorsqu'elle n'est pas étendue d'une trop grande quantité de liquide.

donne le *fer-chaud* plus que toute autre substance, et les viandes frites ne sont exemptes de cet inconvénient qu'autant que cette croûte est très mince et légère. Elle est d'autant plus mince que la pâte à laquelle elle est unie est plus légère; en sorte que les poissons, qu'on n'a fait que blanchir avec la farine, se mangent frits le plus souvent sans inconvénient (1).

Les sauces qu'on compose avec l'huile et le beurre roussi et la farine, qu'on nomme communément *roux*, dans lesquelles on cuit souvent les viandes, sont singulièrement sujettes, et beaucoup plus que la friture, à cet inconvénient, d'occasionner le *fer-chaud;* et il n'y a peut-être pas d'assaisonnement plus nuisible que celui-là aux personnes dont l'estomac n'est pas supérieur à tous les obstacles qui s'opposent à la bonté des digestions.

N° 1070. N° 5. *Chairs conservées.*

On conserve généralement les chairs, en les imprégnant de substances salines qui les préservent de la corruption, et en les exposant à la fumée, dont les parties empyreumatiques pénètrent leurs fibres et couvrent leur surface d'un enduit brunâtre qui est un excellent préservatif contre les atteintes de l'air extérieur, et contre les attaques des insectes qui dévorent souvent les matières solubles des chairs. On s'est beaucoup élevé contre l'insalubrité de ce genre de préparations, et l'on a eu certainement raison toutes les fois que l'on en a usé assez abondamment, pour que les viandes, ainsi préparées, soient devenues un aliment principal : car alors, outre que les graisses qui environnent les viandes et qui sont ainsi pénétrées de fumée et de sel, sont singulièrement incommodes à l'estomac, et capables de produire les ardeurs brûlantes dont nous avons parlé, la chair même porte avec elle une âcreté à laquelle plusieurs auteurs ont attribué l'altération scorbutique; elle augmente la proportion naturelle du muriate de soude que nos humeurs contiennent; mais quand on mélange les aliments ainsi préparés avec une forte proportion

(1) La croûte qui enveloppe les viandes frites n'est imprégnée de matières grasses, que quand la pâte est mal faite, et que la friture n'est pas assez chaude. Lorsque la pâte contient des jaunes d'œufs et un peu de blanc, elle se prend aussitôt qu'elle est plongée dans la friture suffisamment chaude, et devient imperméable à celle-ci. Si la friture n'est pas assez chaude, elle pénètre la pâte, et même la farine; alors les fritures sont molles. Pour qu'une friture soit saine, elle doit être croquante.

de nourriture végétale, ces inconvénients disparaissent, et ces viandes ne sont plus elles-mêmes qu'un assaisonnement alimenteux, utile à la digestion.

On peut encore conserver les chairs, soit en les faisant macérer dans le vinaigre, soit en les imprégnant d'huile et de graisse et les en environnant. On conçoit, d'après ce que nous avons déjà dit, les inconvénients de cette dernière méthode (1). Quant aux chairs qu'on fait macérer dans le vinaigre, cet acide, en raison de la propriété qu'il a de dissoudre la fibrine, les rend plus aisées à diviser et plus tendres.

N° 1071. N° 6. *Du Sang des Animaux.*

Le sang contient les mêmes matériaux organiques que les chairs. Nous mangeons celui de différents animaux, assaisonné de plusieurs manières, et principalement sous la forme de *boudin* (2): dans la cuisson, sa couleur s'exalte et devient d'un rouge foncé, presque noir. Le sang, ainsi préparé, est assurément fort nutritif, et paraît très soluble dans les menstrues gastriques : mais il acquiert une saveur assez forte, qui se renouvelle long-temps par les rapports qui conservent le goût de cet aliment; et si le sang est mêlé de beaucoup de lard et de graisse, comme on a coutume de le pratiquer, ces rapports sont accompagnés de ce sentiment que l'on nomme le *fer-chaud*. Le sang, ainsi préparé, est un aliment très animalisé, fort tonique, et dont la saveur est exaltée par l'action du feu. Sa digestion, ainsi que son assimilation, s'opère avec un sentiment marqué de chaleur : on peut donc le regarder comme échauffant ; il est rare cependant qu'on en mange abondamment et sans autres aliments, ce qui diminue l'effet qu'il doit naturellement produire.

(1) L'huile et la graisse dont on enveloppe les chairs pour les conserver, ne les pénètrent pas d'une manière sensible. Dans tout le midi de la France, on consomme une prodigieuse quantité de chair de volailles ainsi conservées, et il ne paraît en résulter aucun inconvénient, pour ceux mêmes qui en font un usage habituel.

(2) On mange aussi le sang de tous les gibiers, des pigeons, des canards, et quelquefois des oies avec leur chair. Ce sang, ainsi mélangé avec la chair, ne produisant aucun mauvais effet, on pourrait être fondé à attribuer les inconvénients du boudin à la grande quantité de matières grasses et d'épices qu'il contient ordinairement.

N° 1072. Classe troisième. — Des Aliments dont la base est une Substance albumineuse ou caséeuse.

N° 1. *Des aliments qui ont pour base une Substance albumineuse. — OEufs. — Moules. — Huîtres. — Limaçons.*

Un grand nombre d'aliments contiennent de l'albumine; mais les seuls qui nous semblent mériter quelque attention, parce qu'ils paraissent avoir l'albumine pour base principale, sont les œufs des gallinacées, ceux de poisson, et parmi les animaux entiers plusieurs mollusques acéphales.

Dans les œufs des gallinacées (1), notamment ceux de poule, dont nous faisons spécialement usage, il faut distinguer le blanc et le jaune.

Le blanc d'œuf est de l'albumine pure. Comme aliment, il doit être considéré, 1° à l'état liquide et visqueux, c'est-à-dire tel qu'il est lorsqu'il n'a éprouvé ni l'action du feu, ni celle de l'air; 2° à l'état laiteux, qu'il prend par une chaleur modérée; 3° à l'état de coagulation entière, auquel il passe lorsque l'action de la chaleur a été suffisamment continuée.

Le blanc d'œuf liquide, s'il est avalé sans être brisé, pèse quelquefois sur l'estomac, parce que ses membranes ne se divisent pas aussitôt; cependant il est des personnes qui trouvent du plaisir à avaler l'œuf fraîchement pondu et pénétré encore de la chaleur de la poule, et qui n'en sont aucunement incommodées. Quoique brisé, il peut aussi nuire un peu par sa viscosité; mais ce qu'il y a de très sûr, c'est qu'il nourrit. Quand il est étendu d'eau, il peut servir de boisson, et quelques médecins l'ordonnent ainsi, comme adoucissant, dans les maladies aiguës, inflammatoires.

Dans le second état, ou celui dans lequel le blanc d'œuf présente l'aspect du lait, la cuisson a détruit les liens des membranes qui renfermaient l'albumine; il est plus soluble et plus aisé à digérer que dans les deux autres. On remarque que le blanc d'œuf ne prend bien uniformément cet état laiteux que dans les œufs bien frais et bien pleins qu'on fait cuire dans leur coque.

Le blanc d'œuf durci a une qualité très remarquable, c'est que c'est lui surtout qui est susceptible de prendre très aisément le goût et l'odeur épatiques. Il les prend d'autant plus qu'il est plus

(1) *Gallinacées,* genre d'oiseaux qui comprend la poule, la poule d'Inde, la perdrix, etc.

fortement cuit, et d'autant plus aussi qu'il est moins frais ; d'où il suit une très grande différence entre les œufs frais, c'est-à-dire entre ceux qu'on mange immédiatement après qu'ils ont été pondus, et ceux qu'on a gardés quelque temps : les premiers sont infiniment plus doux, moins sujets à donner des rapports épatiques ; et les autres réellement échauffants, non-seulement en ce que les œufs, en général, resserrent le ventre et diminuent les évacuations intestinales, mais aussi à cause de cette dégénérescence facile, et de cette production de gaz hydrogène sulfuré, dont la propriété très évidente est d'augmenter la chaleur et de porter à la transpiration.

Le jaune d'œuf est une substance émulsive dans laquelle l'albumine est unie à une huile grasse animale, et à une matière colorante jaune. Si on l'étend dans l'eau, il blanchit et se rapproche, par le goût et la couleur, des émulsions ordinaires. Il est susceptible de dissoudre le corps albumineux qui l'environne, comme il arrive lorsqu'on bat ensemble le blanc et le jaune, dans certaines opérations culinaires (de cuisine).

On pourrait distinguer, dans le jaune d'œuf, les trois états que nous avons distingués dans le blanc. C'est surtout au jaune qu'il faut attribuer la propriété observée par Hippocrate, de se gonfler beaucoup dans l'estomac, et de fournir beaucoup de nourriture sous un petit volume : au reste, on le mange avec le blanc; il s'y amalgame parfaitement, et la coagulation qu'éprouve ce mélange est bien moins compacte, forme un tout moins solide et moins dur que la coagulation du blanc d'œuf : c'est ce que l'on observe dans la préparation de ce mets que l'on connaît sous le nom d'*omelette*.

L'œuf très frais, et cuit à point, est un aliment qui nourrit beaucoup, se digère bien, et qui fortifie; on le donne aux convalescents, lorsque leurs organes peuvent recevoir une nourriture plus substantielle que celle qu'ils prenaient auparavant.

A l'égard des œufs conservés, dont on se sert pour la plupart des usages ordinaires de la cuisine, ils ont plus d'inconvénients que les œufs frais, en raison de leur propension à donner lieu au dégagement du gaz hydrogène sulfuré. Quant aux œufs déjà avancés, et qui ont commencé à s'altérer, il est peu d'aliments plus détestables, plus putréfactifs; et l'impression qu'ils causent sur l'estomac, en excitant ordinairement un prompt vomissement, est une preuve de leurs qualités nuisibles.

Les œufs de poisson présentent beaucoup d'analogie avec ceux des oiseaux : ils durcissent presque tous par la cuisson; presque tous sont jaunes. Un grand nombre paraissent manquer de la substance albumineuse, et ne contenir que le jaune. On accuse quelques-uns de ces œufs d'avoir une propriété irritante et purgative : ce sont ceux qui, par la cuisson, ne se durcissent pas tout-à-fait, et restent demi-transparents et mêlés d'une substance glutineuse et visqueuse. Nous ignorons si l'expérience est bien d'accord avec cette opinion.

Diverses mollusques acéphales, tant à coquille univalve qu'à coquille bivalve, et qui nous servent d'aliment, paraissent contenir l'albumine pour base principale; telles sont, parmi les premiers, plusieurs espèces du genre *hélix* (1), et parmi les seconds, les moules et les huîtres. Ces substances molles et demi-transparentes lorsqu'elles sont crues, se durcissent et deviennent coriaces par la cuisson. Dans l'état de crudité, elles se digèrent facilement. Il faut distinguer, à cet égard, les coquillages de mer de ceux de rivière. Le mélange de l'eau de mer peut être regardé comme un assaisonnement qui accélère la digestion des premiers. Ceux de rivière sont, en général, moins convenables aux estomacs délicats; et les uns et les autres, cuits et durcis par l'action du feu, de quelque manière qu'on les prépare, deviennent fort indigestes. Certainement personne n'oserait manger, en huîtres cuites, le quart de ce qu'il se permet de ces animaux crus. Il est une autre manière de les préparer; c'est de les faire macérer dans une saumure mêlée d'acide et de sel: cet assaisonnement, qui les conserve bien, les durcit moins que le feu, mais les durcit toujours; et quoique ce soit un aiguillon qui en facilite et en accélère la digestion, les huîtres marinées sont bien moins faciles à digérer que les huîtres crues.

N° 1073. Des Aliments qui ont pour base une Substance caséeuse, c'est-à-dire du lait et du fromage.

N° 2. *Du Lait.*

Le lait est une substance qu'on a regardée, avec raison, comme intermédiaire entre la nature animale et la nature végétale; en effet, il paraît, ainsi que l'ont remarqué les docteurs Young et Cullen, que les nourrices qui vivent entièrement, ou en grande partie, de végétaux, donnent une plus grande quantité de lait et un lait de

(1) Genre de mollusques qui comprend les limaçons, dont on mange beaucoup dans quelques provinces, et même à Paris, où on en trouve sur les marchés.

meilleure qualité que celles qui prennent beaucoup de nourriture animale. Les proportions des matières caséeuses, butyreuses, sucrées et séreuses, varient infiniment dans le lait, suivant les aliments et les animaux. On sait que plus les végétaux dont se nourrissent les derniers sont vigoureux et forts, plus leur lait est chargé de substance nutritive; en sorte que les animaux qui paissent dans les plaines humides ont un lait séreux, tandis que ceux qui paissent sur les montagnes, où la végétation est plus vigoureuse que partout ailleurs, ont un lait épais, surchargé de parties butyreuses et caséeuses. Le lait le plus nutritif est celui qui contient la plus grande proportion de matière caséeuse : tels sont le lait de vache et celui de chèvre; le lait d'ânesse, au contraire, contient moins de ces deux substances et une plus grande proportion de matière sucrée.

Il est des laits qui paraissent convenir mieux aux estomacs délicats que d'autres : il est difficile de dire pourquoi; car ce n'est pas à raison de leur légèreté qu'ils méritent cette préférence. On a plusieurs fois vu le lait d'ânesse, ordonné dans des dispositions à la phthisie pulmonaire, se digérer très mal, et le lait de chèvre se digérer parfaitement, et même rétablir l'estomac dérangé par le premier. On a vu chez des enfants le lait de chèvre occasionner des constipations que ne produisait pas le lait de vache, et le lait d'ânesse, chez d'autres personnes, occasionner des cours de ventre qu'aucun des autres laits ne produisait. Ceci est conforme aux observations des anciens, qui regardaient le lait d'ânesse, ainsi que le lait de jument, comme laxatif.

Nous usons, ici comme dans beaucoup d'autres pays, plus communément du lait de vache, et c'est spécialement de celui-ci que nous allons nous occuper. Il est des personnes qui n'en soutiennent pas l'usage, ce qui a lieu principalement de deux manières. Chez les uns le lait paraît d'abord se bien digérer; mais sucessivement la bouche devient amère, la langue se charge, l'appétit se perd, et ce n'est qu'en purgeant, et par l'abstinence du lait, qu'on fait disparaître ces inconvénients. Ces accidents ont lieu surtout chez les personnes très bilieuses : on en a conclu que chez ces personnes le lait favorisait la formation de la bile; que sa partie butyreuse fournissait matière à cette humeur; et cette observation paraît étayée d'un fait assez connu, qui prouve que les laitages font ordinairement un mauvais effet dans la convalescence des maladies bilieuses et des intermittentes tierces, et que leur usage y est souvent suivi de rechutes.

Chez d'autres, le lait pèse sur l'estomac, se digère mal, occasionne des aigreurs, des coliques, du dévoiement. Cet effet dépend uniquement des dispositions de l'estomac. Sans doute, dans tous les estomacs, le lait se caille, et s'aigrit plus ou moins; mais il y en a dans lesquels cet effet est plus marqué, et il peut être corrigé par l'addition des absorbants, de manière qu'un peu d'eau de chaux, mêlée au lait, prévient ces incommodités.

Ceci nous conduit à l'examen de l'effet du lait de vache donné pour principale nourriture à des enfants qu'on a dessein d'élever sans nourrice. Il est des enfants auxquels cette nourriture peut réussir; et elle réussit surtout à la campagne : mais chez un grand nombre, elle ne réussit pas, et voici alors ce qui arrive. L'enfant rend d'abord des pelotons d'excréments fort solides, mais blancs jusqu'au centre, ou seulement enduits d'une teinte jaunâtre. Il est clair que la bile n'a pas pénétré cette matière, et on ne peut y méconnaître un caillé très compact, qui a résisté aux forces digestives. Bientôt l'enfant est pris d'un dévoiement qui tourne en dysenterie, et qui, en un ou deux jours, le réduit à l'extrémité, si bientôt on ne lui donne le téton. Pour lors ses excréments deviennent jaunes et pénétrés de bile dans toute leur étendue. Ce que nous venons de dire n'arrive pas seulement au lait de vache : M. Hallé l'a vu arriver au lait d'une nourrice. Elle avait très bien élevé deux nourrissons avec le même lait qui, quoique de trois ans, était bon, mais un peu fort. On lui avait donné un troisième nourrisson; mais cet enfant rendit les excréments tels que nous venons de les décrire; il fut pris d'un dévoiement, et devint très maigre; on lui donna une nourrice dont le lait était moins épais, et n'avait que trois mois; il se rétablit promptement. Il est clair que, dans ce cas, l'enfant ne digère pas la partie caséuse du lait.

On voit souvent les enfants, même qui tettent leur mère, quand en même temps on leur donne du lait de vache, ou pur, ou simplement coupé avec de l'eau d'orge, rendre parmi leurs excréments des matières blanches comme celles dont nous venons de parler. Ils n'en sont pas toujours incommodés, parce qu'ils tettent en même temps, et par conséquent se nourrissent en proportion de la quantité qu'ils prennent du lait de leur mère, et l'on voit dans les langes la différence de ces deux aliments par les différents états des parties qui les salissent; mais, ce qui est remarquable, c'est que le lait cuit en bouillie, avec quelque farineux que ce soit, même avec la farine de froment, ne fait point alors le même effet, et malgré la consistance et la solidité apparente d'un pareil aliment, les matières excrémenteuses qui en résultent sont plus molles, intimement pénétrés de bile, jaunes dans toutes leurs parties, et se confondent avec celles qui résultent du lait maternel. Il s'ensuit que le caillé pur, tel qu'il se fait dans l'estomac, est plus difficile à digérer que le caillé mêlé d'une substance étrangère de nature farineuse. Ainsi la bouillie, contre laquelle on s'est tant élevé dans l'éducation des enfants, leur convient, quoique peut-être la farine de froment, avec laquelle on la prépare ordinairement, soit moins propre à la nourriture de cet âge que les autres farines qui contiennent la fécule seule, comme le riz (1); mais la précaution qu'on a de faire sécher et roussir au four la farine de froment qu'on destine à faire la bouillie, favorise la combinaison du gluten avec la partie amylacée, et rend la farine plus soluble dans les sucs gastriques.

Néanmoins, depuis la naissance jusqu'à une certaine époque plus ou moins éloignée de ce premier moment, nul animent ne peut ordinairement suppléer, pour la plupart des enfants, le lait de femme. S'il est des enfants assez robustes pour commencer, dès qu'ils sont nés, à user du lait de vache, il est toujours imprudent de le donner d'abord pur; et quand on s'en sert, il faut de grandes précautions pour le degré de chaleur, pour la propreté des vaisseaux, pour la netteté des filtres à travers lesquels on le donne à sucer à l'enfant. Le contact de l'air disposant le lait à l'acescence, et favorisant la séparation de la crème et la coagulation de la matière caséeuse, on doit préférer le lait récemment trait, et lorsqu'il a été trait depuis un certain temps, la précaution de le faire bouillir, précaution qui retarde son acescence spontanée, est loin d'être nuisible, comme l'ont pensé des gens fort estimables.

N° 1074. *Des Parties séparées du Lait, et spécialement de la Matière caséeuse.*

La crème, qui n'est qu'un lait dans lequel la proportion de la matière butyreuse est plus abondante, et celle de la matière

(1) La fécule est en très grande abondance dans le riz; mais elle n'y est pas seule. Le riz contient en outre un peu de gluten et une substance gommeuse particulière.

La fécule de pommes-de-terre est le type de la fécule pure.

caséeuse beaucoup moindre que dans le lait tout entier, ne se prend guère seule comme aliment; elle pèse sur l'estomac et pèse d'autant plus que sa partie grasse, plus abondante, est plus près d'être libre : mais, dans l'infusion du café, elle devient un correctif des qualités tonique et stimulante de cette graine, et ces qualités sont elles-mêmes un correctif des inconvénients de la crème. La matière butyreuse, entièrement séparée des autres parties du lait, appartient à un autre classe d'aliments, que nous avons réservée pour la dernière.

Quant à la partie caséeuse, il y a une grande différence à faire entre celle qui se sépare spontanément, et celle qu'on sépare du lait par des substances coagulantes. La première est seule exempte du mélange de la partie butyreuse qui s'est élevée à la surface avec la crême : elle est acidule. On en use sans en avoir fait égoutter la sérosité, et on la nomme *caillé;* dans cet état, elle est légère, tremblante comme une gelée blanche pleine d'humidité : on la fait égoutter; elle est plus compacte et forme un fromage blanc, qu'on assaisonne avec du sel ou du sucre. Le *caillé* est très léger et donne un aliment três rafraîchissant.

Le fromage blanc a les mêmes propriétés, quoique moins léger. Mais il est à remarquer que la partie caséeuse acidule est véritament incommode à moins d'estomacs que la même partie caséeuse séparée par la présure, de la crème et du petit-lait, et ayant toute la douceur du lait. Il semble que cette légère acescence, ou aide à la dissolution de la partie caséeuse, ou stimule l'estomac, et augmente l'abondance des sucs destinés à la dissoudre. L'addition du sel y concourt, et plus encore l'addition du sucre, qui lui-même est une substance nutritive, et qui, s'amalgamant avec la partie coagulée, en accélère la dissolution. Il paraît donc que l'acide spontané du lait, quoique ce soit de l'acide acétique, comme celui que le lait forme dans l'estomac, lorsqu'il se digère mal, emprunte des circonstances, des qualités différentes puisqu'il a des effets totalement opposés.

La partie caséeuse, séparée artificiellement, n'est pas sensiblement acidule, à moins qu'elle n'ait été coagulée au moyen d'un acide. On opère artificiellement cette coagulation après avoir levé la crème, et alors la partie caséeuse est dépourvue de la partie butyreuse; ou on l'opère sans avoir écrémé le lait, ou on la fait en y mêlant de la crème tirée d'un autre lait. Dans ces derniers cas, le fromage est plus ou moins surchargé de parties butyreuses combinées avec lui. Dans tous les cas, le fromage non assaisonné est doux, et d'autant plus doux et agréable, que la partie butyreuse lui donne plus d'onctuosité; mais il est certain que cette sorte de fromage est bien plus sujette à peser sur l'estomac que le fromage acidule. Il devient plus aisé à digérer quand on le mêle avec du sucre, par la raison que nous avons déjà donnée.

On doit distinguer des fromages dont nous venons de parler, ceux qui sont assaisonnés ou préparés de manière à altérer leurs substances, et à leur donner une plus grande solubilité, ou à aiguillonner l'action digestive de l'estomac. Deux moyens sont employés et souvent réunis pour cela; le sel et l'altération spontanée, c'est-à-dire un commencement d'alcalescence. Le premier moyen agit seulement en stimulant et augmentant l'activité, ou plutôt l'abondance des sucs digestifs. Le second donne évidemment une grande solubilité à la substance du fromage, et tellement, que ceux qui ne sont pas privés d'humidité, tombent en déliquescence, surtout lorsqu'ils sont un peu gras. Qu'on combine ces deux moyens dans des degrés différents, avec des proportions différentes de parties caséeuses et butyreuses, et avec une privation plus ou moins complète de sérosité, et l'on aura toutes les variétés possibles de fromages connus.

Le fromage ainsi assaisonné devient un aliment plus ou moins âcre, qu'on ne peut manger sans inconvénient, si on ne le mêle avec une grande quantité d'aliment végétal, comme le pain, et qui même, quand il est alcalisé à un certain point, et qu'il a contracté un grand degré d'âcreté, doit être pris en si petite quantité, qu'il devient plutôt un assaisonnement qu'un aliment.

Classe quatrième.

N° 1075. *Des Substances mucilagineuses, gommeuses, gélatineuses.*

Quoique les mucilages, les gommes et les gelées se distinguent par des caractères tant physiques que chimiques, ces substances, considérées comme aliments, ont entre elles beaucoup d'analogie, et doivent, en conséquence, appartenir à la même classe.

N° 1076. N° 1. *Des Aliments dont la base est un Mucilage visqueux, et d'abord des Matières végétales.*

La plupart des plantes qui nous servent de nourriture, surtout les plus douces, contiennent une plus ou moins grande quantité de mucilage visqueux. Plus ce mucilage est visqueux et abondant, plus il est difficile à digérer. Il excite même souvent des nausées, et est rejeté par le vomissement; mais le mélange et la combinaison de certaines substances diminuent ces inconvénients : tel est l'effet du mélange de l'eau, d'un acide, du sucre, de la partie âcre des alliacées (1), de la substance volatile des crucifères (2), de la substance aromatique de quelques plantes, de la partie dite extractive dans presque toutes. *Ces différentes combinaisons donnent lieu à autant* de divisions qui n'exigeront qu'un petit nombre de réflexions.

N° 1077. *Gombo. — Arroche. — Bette ou Poirée. — Blette. — Épinards.*

Plaçons d'abord les plantes qui contiennent le mucilage visqueux presque seul, ou seulement étendu d'eau, et combiné tout au plus à des parties colorantes et extractives. De toutes ces plantes, celles qui contiennent le mucilage le plus *visqueux sont les malvacées.* Nous n'usons guère de ces plantes comme aliments, mais il est des pays où on en fait usage. Le fruit de l'*hibiscus esculentus,* qui contient un suc visqueux, est très employé dans l'Inde et dans les colonies comme aliment. Mais, en général, on ne prend dans cette classe de plantes que les tiges et les feuilles, et on ne les prend que dans leur grande jeunesse : alors le mucilage est très délayé; on les cuit, et *cette opération contribue* à en faciliter la digestion; on les assaisonne, et cette précaution n'est pas moins utile à leur effet nutritif, que nécessaire à leur agrément. Si on les prenait dans le temps de leur vigueur, alors ces plantes ne seraient pas mangeables; leur tige devient dure et coriace, les nervures de leurs feuilles filandreuses, et cependant, dans cet âge même, toutes ces parties sont invisquées d'un mucilage abondant, et beaucoup plus épais que dans leur jeune âge.

Les plantes de la *famille des arroches,* dans laquelle se trouvent l'arroche, la bette, la blette et l'épinard, présentent un mucilage plus délayé que les malvacées. Dans l'épinard, la partie colorante qui y est unie *n'éprouve presque* aucune altération dans le

(1) Famille de plantes qui comprend les aulx, d'où elle tire son nom. L'ognon, la ciboule, l'échalotte, le poireau, la civette, etc., sont des aulx.

(2) Famille très nombreuse de plantes, ayant des fleurs en croix; les choux, les navets, les radis, le cresson, la senève, la roquette, etc., sont de cette famille.

canal intestinal, et sort avec les excréments qui en sont teints ; ce qui a fait croire, très mal à propos, que l'épinard était indigeste. Tous ces aliments sont légers, passent promptement quand ils sont cuits, et sont fort adoucissants. Beaucoup d'autres plantes sont employées comme les épinards : c'est de cette manière qu'on prépare le *phitrolacca decandra* à Cayenne (1).

Après les arroches, nous placerons les plantes de la famille des pourpiers et des ficoïdes, dont le mucilage est encore étendu d'une plus grande quantité d'eau ; c'est dans la famille des ficoïdes que se range le *tetagronia herbacea*, auquel M. Amoreux fils donne le nom d'épinard d'Éthiopie.

N° 1078. *Laitue. — Endive. — Scarole. — Chicorée. — Cardon.*

A la suite de ces plantes, dans lesquelles le mucilage est uni à une partie colorante et à une partie extractive sans âcreté, viennent celles dans lesquelles on empêche, au moyen de l'étiolement, la formation de la partie colorante verte, et de la partie extractive amère; telles sont la laitue, l'endive, la scarole et la chicorée. C'est à cet art d'adoucir les substances les plus âcres, et de retarder le développement des saveurs les plus fortes, en renfermant les végétaux dans une obscurité qui amollit leurs parties, les dilate, les abreuve de sucs, que nous devons les cardons, qui ne sont autre chose que la base des feuilles d'une des plantes dont l'amertume est la plus vive et la plus insupportable, le *cynura carduncalus*.

N° 1079. *Asperge.*

Après ces plantes, nous rangerons celles qui, trop jeunes encore, doivent leur douceur à leur jeunesse ; telle est l'asperge. Le principe odorant qui en émane dans la décoction, et celui surtout dont elle charge nos urines, est digne d'attention ; cependant le goût qui en résulte, quelque aisé à distinguer qu'il soit, n'altère pas la douceur de son mucilage. Il est douteux qu'il échauffe ; et s'il produit quelque irritation dans les voies urinaires, lorsque ces voies sont très sensibles, ce qui va quelquefois jusqu'à la dysurie,

(1) Dans quelques parties de l'Allemagne, on mange le cresson de fontaine comme les épinards ; et tel est l'effet de la décoction, qu'on est trompé à la saveur.

il ne paraît pas que cette propriété fasse une grande impression sur le reste du corps.

N° 1080. *Salsifis. — Scorsonères. — Topinambours.*

Les racines de guimauve, et en général, toutes celles des malvacées, contiennent un mucilage fort épais et fort visqueux ; mais elles ne sont pas en usage comme aliments. Les seules racines dont nous nous servons, après les farineuses, et qui contiennent un mucilage doux et seulement étendu de plus ou moins d'humidité, sont diverses racines charnues ou pulpeuses ; telles sont, parmi les racines en fuseau, les salsifis et scorsonères, et parmi les tubéreuses, les topinambours, espèce d'héliantus, dont une variété, appelée vulgairement *taratouf* ou *artichaut du Canada*, ne diffère de l'espèce commune que par un peu plus de delicatesse. Le mucilage contenu dans ces racines paraît en général avoir peu de viscosité, et dissout facilement, mais est sujet à causer des vents, surtout celui des racines tubéreuses : car on ne fait pas ce reproche au salsifis, ni à la scorsonère, à laquelle les médecins attribuent une vertu diaphorétique, et même échauffante, qui n'est pas parfaitement démontrée ; les unes et les autres ont une saveur médiocrement sucrée.

N° 1081. *Artichaut.*

Parmi les autres parties des plantes, il faut placer ici le réceptacle des fleurs de l'artichaut, dont la substance est très analogue à celles des racines dont nous venons de parler, et qui a, ainsi qu'elles, un goût peu relevé, mais délicat et légèrement sucré. Tous ces aliments nourrissent beaucoup moins que ceux qui ont pour bases des fécules, parce que leur mucilage est très pénétré d'humidité et n'est pas, par conséquent, comme dans les farineux, très condensé sous un petit volume. Beaucoup de personnes regardent l'artichaut comme échauffant et occasionnant de l'agitation pendant le sommeil ; mais cette opinion n'est pas fondée sur une expérience bien évidente.

N° 1082. *Oseille.*

L'union d'un mucilage avec un acide se rencontre dans différents végétaux. L'*oseille* est le seul de ce genre dont nous usions ici ; mais en récompense, on en use avec une abondance qui seule serait une preuve de son utilité, si la raison et l'expérience éclairée ne nous l'apprenaient pas. Cet acide est l'acide oxalique.

N° 1083. *Figue. — Datte.*

C'est spécialement dans les fruits et les racines qu'on trouve ce mucilage simplement uni à une nature sucrée. Ceux de ces fruits, et c'est le plus grand nombre, dans lesquels la partie sucrée est si dominante, sont rangés dans une classe d'aliments dont nous nous occuperons bientôt. Cependant il en est où le mucilage est si marqué, qu'on ne peut se dispenser de les indiquer ici; telles sont la *figue* et la *datte*. Le mucilage qu'on en exprime après les avoir fait bouillir est très visqueux et collant; mais le sucre qui lui est uni est si abondant, qu'il effleurit à la surface de ces fruits. Ces fruits sont fort nourrissants, parce que le mucilage est très rapproché, et que la partie sucrée dont il est imprégné est aussi nourrissante par elle-même; ils ont néanmoins l'inconvénient que leur reproche Hippocrate, celui d'occasionner des rapports brûlants; aussi doit-on éviter de manger beaucoup de ces fruits à la fois.

N° 1084. *Carotte. — Panais. — Betterave.*

Le mélange du mucilage avec une matière sucrée est assez fréquent dans les racines; mais en général, il y est uni à une assez grande quantité d'eau, qui lui fait perdre sa viscosité.

On trouve dans la *carotte* un mucilage sucré mêlé à une partie colorante jaune, et à une partie aromatique. Cette racine nourrit, et présente une preuve du changement que la décoction opère dans la viscosité du mucilage; sa partie aromatique paraît en accélérer la digestion, qui a lieu sans produire des vents.

Le *panais*, de la même famille que la carotte, contient, outre un mucilage sucré, et une partie odorante et sapide qu'il perd aisément par la décoction, une substance qui approche de la nature des fécules.

La *betterave* contient une plus grande proportion de matière sucrée que toutes les autres racines, et ce sucre est le même que le sucre de canne, comme l'ont reconnu, depuis Marggraff, plusieurs chimistes modernes; mais cette racine contient plus d'eau que la carotte et le panais, et par conséquent est moins nourrissante (1).

(1) D'après Davi,
1,000 liv. de betteraves rouges contiennent. . . . 121 liv. de matière sucrée.
1,000 de betteraves blanches. 119

N° 1085. *Navets. — Radis. — Choux. — Cresson, etc.*

Les *navets* contiennent également un mucilage sucré : mais il s'y joint, avec beaucoup d'eau, un principe actif d'une nature particulière, qui est celui qu'on rencontre dans tous les crucifères. Ce principe existe principalement dans l'écorce du navet, et est en beaucoup moins grande quantité dans sa pulpe. Le navet se gonfle peu dans l'estomac ; mais dans les intestins, il laisse dégager beaucoup de gaz, qui souvent prend une odeur épatique : propriété qui est commune à beaucoup d'autres plantes de la même famille, c'est-à-dire de celle des crucifères.

Le principe âcre et volatil des crucifères, peu abondant dans le navet, augmente dans le *radis*, dans la *rave*, qui nourrissent peu, et surtout dans le *raifort*, où le principe âcre est si abondant, qu'on ne peut s'en servir que comme assaisonnement. Remarquons ici que ce principe des crucifères, si actif et si stimulant, qui échauffe notablement quand il est porté à un certain degré, est un des meilleurs remèdes de la disposition glaireuse, c'est-à-dire de cette propension que paraît avoir la nature dans certaines constitutions à produire une excessive quantité de mucus animal. Le principe volatil des alliacées, quoique de nature différente, est doué de la même propriété que l'on a nommée atténuante et insisive. Les plantes de cette même famille des crucifères, dont on mange les tiges et les feuilles (1), contiennent le même principe âcre; mais toutes, ou presque toutes, sont disposées à une turgescence dans laquelle les cellules de leur tissu, abreuvées d'eau, se dilatent, se chargent de mucilage, et pour peu qu'elles soient mises à l'abri des rayons du soleil, et que leur principe volatil ne se développe que modérément, elles fournissent un aliment agréable ; tels sont le *chou*, le *chou-fleur* et le *chou-brocoli*. Il est à remarquer que ces végétaux donnent dans la décoction une odeur très forte à l'eau, et personne n'ignore combien est désagréable et rebutante l'eau dans laquelle ont été cuits les choux-fleurs. Tous sont aussi sujets à dégager dans les voies digestives beaucoup de gaz qui prennent

1,000 liv.	de carottes blanches contiennent. . . .	98	liv. de matière sucrée.
1,000	de carottes ordinaires.	95	
1,000	de panais.	90	
1,000	de gros navets (turneps).	34	

(1) Les plantes de la famille des crucifères, dont on mange les tiges et les feuilles, sont le cresson de fontaine, le cresson alenois, la roquette, etc.

dans les intestins l'odeur de l'hydrogène sulfuré, et cet effet a lieu sans que la digestion ait été aucunement troublée ni retardée.

On prépare par la fermentation acide des choux le *sauerkraut*, des Allemands, et vulgairement *choucroûte;* et cet aliment acquiert par-là une propriété tonique, stimulante et anti-scorbutique.

N° 1086. *Poireau. — Ognon. — Ciboule. — Échalotte. — Rocambole. — Ail, etc.*

Dans la famille des alliacées, le mucilage est mêlé à une partie volatile d'une nature particulière, très active, qui frappe à la fois les organes du goût et de l'odorat, et picote vivement les yeux; c'est ce qu'on remarque dans le poireau, l'ognon, la ciboule, la civette, l'échalotte, la rocambole, l'ail, qui sont les végétaux de cette classe les plus usités sur nos tables.

L'ail est un stimulant très actif, et doit spécialement cette qualité à un principe âcre, très volatil, qu'il contient; ce principe est soluble dans l'eau, et passe avec ce liquide à la distillation : aussi l'ail perd-il de son activité par la cuisson, et surtout par la décoction. Il contient peu de matière nutritive, et ne peut guère être considéré, sous le rapport de l'hygiène, que comme assaisonnement. On l'emploie en substance ou en infusion, pour relever le goût des aliments; il rend les digestions plus actives et plus promptes; il convient par conséquent à ces montagnards robustes, qui vivent d'aliments grossiers, de pain mal fermenté, de viandes presque crues : aussi les habitants de la Haute-Auvergne, des Alpes et des Pyrénées, font-ils beaucoup d'usage de l'ail, qu'ils mangent, même souvent cru, sur leur pain.

L'ail a la propriété vermifuge; on le donne aux enfants qui ont des vers, en infusion dans le lait ou dans du bouillon. Il paraît aussi exciter les systèmes muqueux et limphatiques, convenir pour débarrasser les poumons des matières glaireuses qui s'y accumulent quelquefois, et remédier à la cachexie pituiteuse; c'est d'après cela qu'il a été rangé parmi les médicaments incisifs, et recommandé par quelques médecins dans l'asthme humide.

L'ail est vulgairement regardé comme un bon préservatif des maladies pestilentielles; si l'on fait quelque attention aux circonstances les plus favorables au développement de ces maladies, on voit que cette opinion n'est pas dénuée de fondement. Or, l'observation nous apprend que l'homme fait, qui jouit d'une santé vigoureuse, et ne s'écarte pas des lois du régime, est beaucoup moins exposé à contracter ces maladies que l'homme faible ou affaibli par des écarts dans le régime. On sait que tout ce qui débilite favorise singulièrement la contagion ; et c'est par cette raison que l'homme pusillanime en est, toutes choses égales, beaucoup plus facilement frappé que l'homme courageux : la peur et l'inquiétude énervent en effet l'action organique, tandis que le courage et la fermeté la raniment. On conçoit donc que les moyens qui augmentent l'activité de l'estomac et de tous les organes en général, sont très propres à diminuer la disposition aux maladies contagieuses. L'ail peut donc être utile à cet égard, non en neutralisant les miasmes contagieux, comme le croit le vulgaire, mais en excitant les tissus organiques, où s'opèrent les exhalaisons et les inhalations, et les rendant par-là moins susceptibles d'être pénétrés par ces miasmes. Il est un des principaux ingrédients du vinaigre composé, connu sous le nom de vinaigre des quatre-voleurs, avec lequel on se frotte les mains et le visage, et qu'on prend aussi intérieurement, pour se préserver de quelque maladie contagieuse régnante.

Quelle que soit la partie du corps avec laquelle l'ail est mis en contact, son principe odorant passe en partie dans les voies de la circulation, et infecte la matière de la transpiration et les urines. Il imprègne, comme l'a observé Bennet, l'humeur des cautères trois ou quatre heures après que les malades en ont mangé; le lait des vaches qui se nourrissent de plantes alliacées est imprégné de l'ordre de ces végétaux.

N° 1087. *Persil. — Cerfeuil. — Thym. — Sarriette, etc.*

Les plantes vraiment aromatiques, qui contiennent plus ou moins de mucilage, ne fournissent guère que des assaisonnements : telles sont, dans la famille des ombellifères, le persil, le cerfeuil, et dans celles des labiées, le thym, la sarriette, la marjolaine.

N° 1088. *Des Aliments animaux qui contiennent pour base une Substance analogue au Mucilage végétal.*

Après ce que nous avons dit sur les chairs des jeunes animaux, nous avons peu de choses à ajouter ici; cependant il est à remarquer que dans les animaux adultes même, il y a des parties muqueuses d'une grande viscosité au milieu même des chairs, et occupant les interstices de certains muscles; c'est ce qu'on observe spécialement dans les parties du bœuf et du mouton qui répondent aux muscles gastrocnémiens. Cette substance muqueuse est surtout très répandue autour des ligaments articulaires des extrémités.

Beaucoup de personnes aiment les parties ainsi environnées d'un mucus visqueux et gluant ; mais d'autres ont pour cet aliment une répugnance invincible, et cet aliment n'est pas plus convenable aux estomacs faibles, que les chairs des animaux trop jeunes, et les mucilages trop visqueux des végétaux.

No 1089. § 2. *Des Aliments gommeux.*

Les gommes nous fournissent peu d'observations, parce qu'elles ne sont pas d'un grand usage comme aliments ; il nous suffit d'avoir établi la possibilité de se nourrir exclusivement de gomme dans un cas de nécessité, et pendant un certain temps, comme le font les caravanes.

On distingue les gommes du pays, la gomme arabique et la gomme adragante. Les deux premières espèces se dissolvent dans l'eau, sans prendre un volume considérable; mais la gomme adragante se gonfle tellement en se dissolvant, qu'il n'en faut que très peu pour donner la consistance visqueuse à une très grande quantité d'eau. Il est, en conséquence, probable que cette dernière incommoderait beaucoup par son gonflement, si elle était prise sous forme sèche; mais une fois mise en gelée, elle serait sans doute moins à charge à l'estomac que les autres espèces converties à l'état mucilagineux.

No 1090. *Des Aliments gélatineux. — Gelées de Viande, de Colle de Poisson, etc.*

Les gelées végétales peuvent nourrir seules; mais presque toujours associées à des substances acides, ou sucrées, ou astringentes, elles sont rangées dans la cinquième classe d'aliments. En conséquence, nous ne nous occuperons ici que des gelées animales, que l'on prépare avec les cornes, les os, les parties blanches articulaires des animaux, l'estomac séché de l'esturgeon, la chair des jeunes volailles, les pieds de veau, etc.

Les gelées étant pénétrées d'une grande quantité d'eau, ont un volume beaucoup plus grand que la partie dont elles ont été tirées. Elles sont toutes plus ou moins adoucissantes; elles le sont d'autant plus, qu'elles sont moins mêlées d'osmazone, ou de substances étrangères ajoutées pour leur donner du goût et de l'agrément.

De toutes, la plus légère, la plus transparente et la plus douce est celle qu'on prépare avec la colle de poisson ou l'estomac d'esturgeon (1) replié et séché. Cette substance, mise en gelée, n'a pas la moindre viscosité; elle fond dans la bouche, et constitue un aliment très adoucissant, absolument sans couleur et sans saveur; elle est susceptible de les prendre toutes des mélanges qu'on lui unit; aussi est-ce la substance la plus employée dans les offices, pour faire des gelées agréables avec les sucs des fruits qui ne prennent pas aisément cette forme. Nous croyons qu'on peut aussi l'employer avec avantage pour la nourriture, dans certaines maladies longues, et dans celles où l'on craint d'irriter et d'échauffer.

Après cette gelée, la première pour la pureté est celle qu'on tire de la corne de cerf ou de l'ivoire; ensuite celle des os des animaux, des jeunes volailles, de leurs extrémités, des pieds de veau, de mouton ou de cochon, et enfin des chairs de veau. Celle-ci est souvent mêlée d'un peu d'osmazone qui lui donne plus de goût. En les préparant pour l'usage de la table, on les mêle souvent avec le jus de diverses viandes, ce qui quelquefois les rend âcres. On les aromatise et on les assaisonne de mille manières; ces qualités étrangères font d'un aliment salubre un aliment échauffant et quelquefois nuisible.

Classe cinquième.

N° 1091. *Des Sucs gélatineux et mucilagineux des Végétaux, unis à une Matière sucrée, à divers Acides, à un Principe aromatique, à une Matière extractive colorante.*

Cette classe est spécialement formée par les fruits. Ce n'est pas que le sucre et les acides ne se trouvent aussi unis au mucilage dans les tiges et dans les racines de plusieurs plantes; mais presque tous les aliments tirés de ces parties sont rangés dans la classe précédente.

Les mucilages et les gelées végétales peuvent nourrir seuls, ainsi que nous l'avons déjà dit : il en est de même du sucre. Le *vesou*, ou le suc immédiatement exprimé des cannes, et dont le sucre fait la base, est tellement nutritif, que les nègres deviennent replets et gras quand ils s'en nourrissent dans les sucreries. Mais

(1) La colle de poisson n'est autre chose que la vessie natatoire de l'esturgeon, coupée en lanières, qu'on fait dessécher, et qu'on roule ensuite sur elles-mêmes.

il est impossible de disconvenir de la qualité échauffante du sucre, quand il est pris en trop grande quantité; il finit alors par causer beaucoup d'altération ; souvent même son mélange avec le mucus de l'estomac occasionne des aigreurs violentes ; et c'est avec raison qu'Hippocrate a mis les mucilages visqueux fort sucrés au nombre des aliments ardents, c'est-à-dire qui occasionnent des rapports brûlants. Aussi le sucre est-il souvent préférable, seul, aux préparations dans lesquelles il est amalgamé avec des mucilages ; et l'usage immodéré de ces préparations, qu'on connaît sous le nom de *dragées*, est certainement bien plus nuisible qu'un usage aussi immodéré de sucre.

Cependant cette substance agréable, prise en grande quantité, et comme assaisonnement, facilite la digestion de beaucoup d'aliments. L'eau sucrée elle-même aide efficacement l'estomac à se décharger des aliments dont la digestion est pénible, et qui y séjournent trop long-temps.

Le sucre, altéré par le feu et réduit en caramel, est encore un des assaisonnements dont on recherche le plus l'agrément ; mais si l'on doit être sobre sur les préparations du sucre pur, on le doit être, à plus forte raison, sur celles du sucre brûlé, qui, fort tonique à la vérité, est en même temps très échauffant, et ne peut être pris qu'en dose très modérée.

Les acides qui accompagnent ordinairement les substances sucrées, gélatineuses et mucilagineuses, sont, suivant les parties végétales dans lesquelles ces dernières substances dominent, les acides malique, acétique, citrique, tartarique, oxalique et gallique; mais il n'est aucun doute qu'aucun de ces acides seul ne peut nous servir d'aliment.

Quant aux parties aromatiques et extractives colorantes, considérées isolément, il est certain que les premières ont une action spéciale sur le système nerveux, et que les dernières, généralement remarquables par plus ou moins d'amertume, sont toniques. Les unes et les autres sont au moins en partie absorbées par nos organes digestifs, et impriment des qualités particulières à nos liquides et à nos solides ; mais rien ne prouve qu'elles s'assimilent à notre propre substance, tandis que l'aromatique, ou la partie extractive des chairs, est, comme nous l'avons vu, un aliment très substantiel.

Tous les fruits sucrés dont nous allons nous occuper, commencent à être acerbes, deviennent acides, et finissent par être sucrés ; mais il y en a qui restent acerbes, même à leur parfaite maturation. Nous commencerons par les fruits acerbes, et nous passerons ensuite à ceux qui sont plus ou moins acides et sucrés.

N° 1092. § 1er. *Des Fruits acerbes. — Coings. — Nèfles. — Poires de Catillac. — Verjus, etc.*

Les fruits naturellement acerbes sont les *coings*, les *nèfles*, ainsi qu'un grand nombre de fruits sauvages, dont les espèces deviennent douces quand les arbres sont cultivés. Les coings sont, outre cela, joints à un aromate particulier, désagréable pour beaucoup de personnes.

Deux moyens, en général, détruisent l'acerbité : la décoction et l'altération spontanée. Le coing perd son acerbité par la décoction, ou du moins n'en conserve pas assez pour être désagréable; une grande partie de son odeur se dissipe, et quand il est pénétré de sucre, il forme une confiture d'assez bon goût; il est du nombre des fruits dont le parenchyme est ferme et conserve sa forme, même après la décoction; son suc se prend en gelée par l'évaporation.

Pour la nèfle, on lui fait perdre son acerbité par l'altération spontanée dans laquelle elle éprouve le même changement qui a lieu dans certaines poires qui deviennent blettes et mollissent; alors l'acerbité se dissipe; il ne reste plus qu'une légère acidité mêlée d'un goût sucré, médiocrement agréable.

Les fruits acerbes ont en général la propriété de produire la constipation, et le coing paraît conserver cette propriété, même dans sa confiture : mais il est fort douteux qu'elle se retrouve encore dans la nèfle, à l'état où le peuple la mange.

Les fruits sauvages sont peu usités, à cause de l'abondance des espèces cultivées, excepté à la campagne et surtout pour les enfants qui les cueillent dans les bois; quelques-uns sont assez agréables, mais en général leur usage peu modéré est dangereux.

A cet ordre de fruits, il faut joindre certaines poires, telles que celles qu'on appelle *cotignac* ou *catillac*, et *poires de livre*, qui sont acerbes et qu'on ne mange que quand on les a fait cuire, et ordinairement assaisonnées de sucre; il en est qui, même après la coction, conservent encore un peu d'acerbité; leur effet doit être, ainsi que celui du coing, de constiper un peu.

On doit placer ici les fruits qui ne sont acerbes que faute d'une maturité parfaite. Il en est de leur acerbité, comme de celle des fruits dont nous venons de parler. La décoction la fait presque totalement disparaître ; alors ils conservent très peu de goût, surtout s'ils sont fort loin de leur maturité, parce qu'en ce moment leur parenchyme est peu succulent.

Le verjus, qu'on prend aussi avant sa maturité, se distingue parmi les fruits acerbes ; mais on s'en sert plutôt comme assaisonnement que comme aliment. Il contient une grande quantité d'acide tartarique. Comme assaisonnement, il est stimulant ; en boisson, il est rafraîchissant, ainsi que les autres acides végétaux, et de plus, il est astringent.

N° 1093. § 2. *Des Fruits acides et sucrés.*

Dans l'énumération de ces fruits, nous suivrons principalement leurs analogies botaniques ; nous renverrons à la fin de cette énumération l'histoire de leurs propriétés, dans un résumé général.

N° 1094. *Cerises. — Merises. — Guignes. — Bigarreaux.*

Dans le genre du prunier, section des cerisiers, il y a des cerises acides et des cerises très douces; et outre cela, l'on a les *merises*, les *guignes*, et les *bigarreaux*. Ces trois dernières espèces sont non-seulement douces, mais sucrées, et le bigarreau diffère des autres par la fermeté de sa chair. Il est bien moins succulent et moins aisé à digérer. Mais en général toute la section des cerises est distinguée par l'abondance et la fluidité du suc que renferment ces fruits, dont plusieurs ont une vertu colorante rouge, soluble dans ce suc même.

N° 1095. *Prunes. — Abricots.*

Dans la section des pruniers, il y en a dont le fruit est véritablement acidule; il en est de fort doux, et il est peu de fruits plus sucrés que celui du prunier de reine-claude (1); le suc des prunes est moins liquide que celui des cerises, mais il est moins mucilagineux que celui des abricots. Il y a des espèces dont la pulpe est ferme et cassante; il y en a dont elle est molle et

(1) Quoique la prune de reine-claude ait une saveur très sucrée, elle contient cependant moins de matière sucrée que la plupart des autres espèces. Il en est de même du chasselas, qui, quoique très doux, contient moins de sucre que le raisin de vigne. Cette saveur plus douce de la prune de reine-claude et du chasselas tient peut-être à ce qu'il y a dans ces fruits moins d'acide et de principe acerbe.

lâche, et en général les prunes sucrées sont celles dont le suc est le plus mucilagineux et la pulpe la plus molle. Ces différences viennent encore des différents progrès de la maturation, avec laquelle la chair s'amollit, à mesure que le suc s'adoucit. La pulpe de l'abricot, surtout dans sa parfaite maturité, est molle, et son suc très doux.

En général, le suc des fruits du genre des pruniers, même des plus acides, paraît peu disposé à prendre la forme de gelée par l'évaporation.

N° 1096. *Pêches. — Pavies. — Brugnons.*

Le fruit du pêcher est un des plus succulents et des plus agréables que l'on connaisse. L'espèce *sauvageon* a quelque chose d'astringent, mais qui n'est pas sans agrément. L'espèce *pavie* a une chair très ferme et très adhérente au noyau. L'espèce *brugnon* a une chair cassante, mais un suc fort doux, tandis que la vraie pêche a une chair dont les cellules se rompent aisément, dont le suc est très doux, très aqueux et sucré, et mêlé de quelque chose d'acidule. Ce fruit n'est pas susceptible de se prendre en gelée.

N° 1097. *Oranges. — Citrons. — Limons, etc.*

Le genre des citronniers, qui renferme l'orange, le citron et le limon, nous présente, dans toutes les espèces, un suc très délayé, très acide dans le citron, moins acide dans le limon, très doux et quelquefois fort sucré dans l'orange. Leur pulpe est molle; leur suc ne se prend pas seul en gelée; cependant celui de citron donne, non par l'évaporation, mais par l'effet d'une chaleur modérée, une partie qui se coagule au milieu de la liqueur, et qui, quand cette liqueur est décantée, a une apparence gélatineuse. Cette matière est du mucilage.

N° 1098. *Poires. — Pommes.*

Le genre des poiriers et des pommiers, dont les fruits sont à pepins, contiennent une assez grande quantité d'acide malique, présente de grandes variétés dans les qualités de ces fruits. On connaît la diversité prodigieuse qui existe parmi les poires, depuis les poires fondantes, ou poires d'été, jusqu'à celles qui sont croquantes et fermes, comme les poires d'hiver et d'automne; depuis les poires douces et sucrées, jusqu'aux acides et astringentes; depuis les poires les plus insipides, jusqu'aux plus parfumées, jusqu'au rousselet. La même variété existe dans les pommes, si ce n'est que la plupart sont susceptibles de se garder beaucoup plus long-temps et mûrissent plus tard, ont une chair plus ferme et plus cassante que les poires : elles se gâtent aussi beaucoup moins, à moins qu'elles ne soient heurtées et meurtries. Quand elles sont saines, elles perdent peu à peu, mais très lentement, une partie du liquide qui délaie leur suc, se vident et se dessèchent en devenant extrêmement douces et sucrées; observation qu'on peut faire tous les ans sur le fenouillet et la reinette.

A l'égard de la douceur de leur suc, ce que le temps produit, la décoction l'opère de même ; mais il est à remarquer que le suc et la pulpe de pommes, ainsi que des poires, répand toujours un sentiment de fraîcheur dans la bouche, et que ce sentiment-là se trouve rarement dans un fruit, sans qu'il y ait dans son suc un acide plus ou moins développé. Le suc des pommes et des poires, mais surtout des pommes, se prend en gelée quand on l'évapore, et un grand nombre de fruits dont il va être question ont la même propriété.

N° 1099. *Groseilles. — Airelles. — Cacis.*

Dans le genre du groseiller, on a le groseiller appelé *rouge*, qui présente une variété à fruit blanc. La groseille est un des fruits les plus acides que l'on connaisse après le citron. Son suc évaporé se prend en gelée, et donne une des gelées les plus fermes ; dans le même genre on a l'espèce appelée *groseille à maquereau*, dont il y a une variété blanche et une variété rouge, et dont le fruit est doux et sucré. On a enfin le cacis, dont le fruit est sucré, et outre cela pénétré d'un aromate particulier qui est répandu par toute la plante. Le suc de ces deux derniers fruits ne paraît pas susceptible de prendre la forme de gelée.

Il faut réunir aux groseilles les *airelles* ou *canneberges*, de la famille des bruyères, dont les fruits sont fort en usage dans plusieurs contrées septentrionales, et contiennent un suc plus ou moins acide, dans une baie d'un rouge plus ou moins foncé (1).

N° 1100. *Raisins.*

Le fruit de la vigne, ou le raisin, présente, ainsi que les pré-

(1) On en fabrique aux portes de Paris une liqueur très foncée en couleur, dont on se sert pour teindre des vins. Cette liqueur est introduite à Paris sous le nom de jus de sureau, désignation sous laquelle on l'admet à l'entrée, en payant, bien entendu, toutes les drogues avec lesquelles on convertit une énorme quantité de vins blancs en vins rouges.

cédents, des variétés très remarquables, tant par la nature de son suc toujours fort abondant, mais tantôt acidule, tantôt sucré, tantôt même aromatique, que par l'état de sa pulpe, ordinairement molle et tendre, mais quelquefois plus ferme et légèrement cassante, comme dans le verjus, dans quelques espèces de muscats, dans le raisin-cornichon d'Italie, et dans les variétés que l'on cultive dans la partie méridionale de l'Espagne. Le suc de raisin se condense en gelée par l'évaporation; mais la gelée du raisin très doux est bien moins ferme que celle du verjus, qui, quelque mûr qu'il soit, conserve toujours quelque chose d'acidule.

N° 1001. *Fraises. — Framboises. — Mûres.*

A ces fruits il faut joindre la fraise et la framboise. L'une et l'autre contiennent un aromate très agréable, un suc légèrement acidule et un peu visqueux, plus épais et plus filant dans les fraises, plus acidule dans la framboise. Nous remarquerons que la viscosité de leur suc exige ordinairement qu'on le mêle avec le sucre, pour en aider la digestion.

Nous placerons encore ici le fruit du mûrier, dont le suc, extrêmement acide jusqu'au moment de la parfaite maturité, devient alors très doux et fort sucré.

N° 1102. *Figuier.*

Le mûrier nous ramène naturellement au figuier, qui appartient à la même famille, et dont le fruit a déjà été le sujet de nos réflexions.

N° 1103. *Concombre. — Melon. — Potiron, etc.*

Nous devons ajouter à cette liste les fruits des *cucurbitacées*, dont le suc est très aqueux dans le concombre, plus aqueux encore dans le melon d'eau (pastèque), très mucilagineux et très doux dans le potiron, sucré dans le melon. Partout ce suc est accompagné d'un principe odorant très caractéristique, par lequel presque tous les genres se ressemblent avant leur maturité; et qui, après leur maturation, prend des modifications propres à chacun. Ce principe, tel que nous l'observons dans le concombre crû et ouvert, et tel aussi que l'on peut le remarquer dans le melon qui n'est pas mûr, a quelque chose de rebutant et de nauséabonde; alors le suc de ces fruits est à charge à l'estomac, et donne des nausées. Il serait même purgatif: il est des genres dans cette famille, qui, comme on le sait, le sont violemment. Appliqué extérieurement, ce suc est un répercutif très efficace, et dissipe quelquefois promptement, mais non sans danger, les rougeurs et les boutons de la peau dans la bouche; il est fade, mais non insipide, et occasionne une sensation de fraîcheur qui paraît être l'effet d'un spasme particulier.

Dans le concombre, le suc, en perdant par la décoction son principe odorant, perd aussi en partie son goût, et devient un aliment fort aqueux et rafraîchissant.

Dans le melon d'eau ou pastèque, la maturation dissipe, presque tout-à-fait, le principe odorant et nauséabonde. Il en est de même du potiron, dont la cuisson contribue aussi à le priver entièrement de ce principe: enfin, dans le melon, le principe odorant se change, en mûrissant, en un parfum agréable, que beaucoup de personnes trouvent délicieux, et qui cependant conserve encore assez de ses premières qualités pour qu'il y ait des personnes auxquelles cette odeur cause des nausées et des défaillances. Tous ces fruits, dont le suc est si abondant et si aqueux, sont, par cela même, très rafraîchissants quand ils ne sont pas à charge à l'estomac: mais ils sont toujours peu nourrissants. Le plus nourrissant de tous serait le potiron.

N° 1104. *Tomate. — Aubergines, etc.*

Il est encore divers autres fruits nourrissants qui appartiennent à différentes familles de plantes, et souvent à très peu d'individus de ces familles; c'est ainsi qu'au milieu d'une famille de plantes vénéneuses et assoupissantes, on trouve la tomate, la pomme d'amour et l'aubergine ou mélongène. Les fruits des deux premières de ces plantes sont très succulents et pleins d'une pulpe rougeâtre très agréable, que l'on emploie surtout comme assaisonnement. L'aubergine est un aliment à la vérité peu recherché parmi nous, mais très usité en Espagne.

Nous ne parlons pas de beaucoup de fruits étrangers, comme les fruits de palmiers, les ananas, les bananes, les goyaves, les mangoustans, les papayes, les sapotilles, etc., dont les sucs, tantôt doux, tantôt acidules, peuvent tous être rapportés à la classe dont il est question.

Résumé général sur les Propriétés des Fruits.

N° 1105. *Propriété nourrissante.*

On ne peut nier que les fruits nourrissent, puisqu'ils contiennent des principes démontrés nutritifs. Cette propriété est dans la proportion de la partie mucilagineuse ou gélatineuse, de leur partie sucrée et de leur pulpe; ainsi les moins nourrissants sont ceux dans lesquels l'eau est dans une forte proportion, relativement à toutes ces parties : tels sont les cerises, les pêches, les citrons, les oranges, les airelles, les groseilles, les mûres, les fruits des cucurbitacées. Au contraire, les plus nourrissants sont, par la même raison, les prunes sucrées, les abricots, les pommes, certaines poires, les raisins fort sucrés et fort mucilagineux, les figues, les dattes, etc.

N° 1106. *Propriété rafraîchissante.*

La plupart sont rafraîchissants. La propriété rafraîchissante de ces fruits est en raison de la quantité d'eau qu'ils contiennent et de l'acide qui est uni avec leur suc : elle est, au contraire, moins évidente dans les fruits qui contiennent beaucoup de sucre avec un mucilage fort épais. Ainsi, les groseilles et les citrons, à raison de leur eau, les fruits des cucurbitacées, par leur eau et par le principe particulier qu'ils renferment, sont très rafraîchissants; ensuite les cerises, les mûres, les pêches, et tous les fruits qui joignent une grande quantité d'eau à un acide moins développé. Les pommes, les poires, etc., qui, ayant un acide fort doux, contiennent une moindre quantité d'eau, ont la propriété rafraîchissante à des degrés variables, suivant la proportion de leurs principes; enfin, tous les fruits qui contiennent un suc très épais, fort sucré, peu ou point acide, comme les raisins secs, les figues d'automne et les dattes, ne peuvent être mis au rang des aliments rafraîchissants.

N° 1107. *Digestibilité.*

Tous les fruits ne se digèrent point avec la même facilité, et ne conviennent pas à tous les estomacs. Plusieurs causes peuvent nuire à leur digestion.

1° L'acide trop grand, dont les correctifs sont l'eau qui délaie l'acide et l'affaiblit, le sucre qui l'adoucit, et diminue sa proportion respective.

2° La trop grande quantité d'eau, inconvénient qui n'a lieu que pour quelques estomacs auxquels les délayants ne conviennent pas.

3° La fermeté de la chair ; elle rend la digestion moins prompte en lui offrant un aliment plus solide ; et dans les aliments qui fermentent aisément, elle favorise cette altération spontanée, en prolongeant leur séjour dans l'estomac ; la cuisson du fruit diminue ordinairement cet inconvénient.

4° La viscosité et l'épaisseur du suc, comme on l'observe dans les figues sèches, les raisins secs, les pruneaux secs, les dattes, pris en grande quantité : ces fruits se digèrent plus facilement lorsqu'on les met dans l'eau.

5° Un principe particulier qui agit sur les nerfs : tel est celui des cucurbitacées, qui se détruit aussi par la cuisson, dans les fruits de cette classe qui peuvent être cuits (le concombre et le potiron).

6° La tendance à la fermentation, ou à toute altération spontanée ; inconvénient que l'on remarque dans les sucs doux, gélatineux, sucrés, et dans ceux qui contiennent un acide faible avec beaucoup de gelée. A l'égard des sucs fort acides, ils fermentent généralement moins vite, à moins qu'ils n'aient commencé à fermenter et à tourner à l'aigre avant d'être avalés, ce qui se distingue difficilement, à cause de leur acidité naturelle. Cette acescence y engendre un acide d'une vivacité telle, que nul correctif ne peut l'étendre, si ce n'est peut-être les alcalescents. Rien n'est comparable aux coliques que cette acidité fermentée occasionne ; elle donne à l'estomac des convulsions excessivement douloureuses, et détermine dans les intestins des coliques qui ressemblent aux coliques de plomb.

Nous ne traiterons pas des mélanges qu'on fait dans les cuisines pour préparer ou adoucir ces fruits, ou en augmenter l'agrément. Les gelées, les marmelades, les sirops, les compotes, ont des utilités qu'on peut sentir d'après ce qui vient d'être dit ; mais ces préparations n'ont pas l'avantage d'être aussi rafraîchissantes que les fruits mêmes et leur suc : elles deviennent même fort échauffante quand le sucre y est trop prodigué.

Classe sixième.

N° 1108. *Des Aliments dont la base est une Partie huileuse ou grasse.*

Non-seulement les huiles et les graisses que nous prenons avec nos aliments s'y unissent et passent avec eux dans la circulation, comme nous le prouve la quantité de matière grasse que contient le lait ; mais nous savons, par des exemples journaliers, que dans le jeûne prolongé, la graisse déposée dans le tissu cellulaire de notre corps, repasse dans la circulation pour fournir à notre nourriture, et qu'il est des animaux qui, pendant un long sommeil, paraissent perpétuer leur tranquille existence par le moyen de cette espèce de provision réservée par la nature. Les huiles sont donc nutritives; mais nous observons que, prises seules et en quantité, elles excitent un sentiment de pesanteur sur l'estomac, quelquefois des évacuations abondantes par les selles, et que souvent le sentiment de pesanteur qu'elles excitent ne se dissipe que par le vomissement.

Un autre inconvénient des huiles est de devenir rances par un séjour prolongé dans l'estomac. Différentes circonstances augmentent cette propension à s'altérer; et, en général, il est peu d'aliments qui aient plus besoin d'être mêlés avec tous les autres pour être digérés.

Nous diviserons les corps huileux en deux classes : les huiles grasses fluides, et les huiles concrètes. Les unes et les autres peuvent être considérées, soit seules, dans leur état huileux et gras, soit dans les substances dans lesquelles elles sont renfermées, et dont elles font la principale partie.

N° 1109. *Des Huiles grasses fluides et des Substances alimentaires qui les contiennent. — Olive.*

Les substances alimentaires qui contiennent les huiles grasses fluides, parmi les végétaux, sont les semences émulsives, et la pulpe qui enveloppe le noyau de l'olive. Nous avons suffisamment parlé des semences émulsives. Pour l'olive telle qu'on la prend sur l'arbre, elle est d'une âcreté détestable, soit qu'on la prenne verte, soit qu'on la prenne à maturité. On ne détruit cette âcreté que par des infusions répétées et en faisant confire les olives dans la saumure; c'est ainsi qu'on nous les envoie, et on les cueille, pour cela, avant leur maturité. Par l'effet de ces préparations, la partie extractive colorante est moins âcre, et ne conserve qu'une légère amertume, adoucie par le mélange naturel de son huile et par l'effet de la saumure. On trouve cet aliment agréable : cependant il pèse sur l'estomac, quand il est pris en grande quantité; et il est difficile que, dans l'état où on nous l'envoie, il soit fort nourrissant : il est plus un assaisonnement qu'un aliment.

N° 1110. *Huile d'Olive.*

L'huile d'olive est de toutes les huiles celle dont nous usons le plus habituellement. La meilleure est celle qui conserve encore un peu de sa partie colorante verte, et qui a été extraite sans l'aide de la chaleur ni d'aucune fermentation préliminaire. Elle congèle au moindre froid; elle n'a point d'odeur, ou n'en a qu'une agréable, et qui est celle de la pulpe de son fruit ; elle se digère plus promptement que toutes les autres, pèse beaucoup moins sur l'estomac quand elle est prise seule, se rancit beaucoup moins promptement, s'allie beaucoup plus facilement avec toutes les substances alimentaires, et forme, avec le vinaigre, auquel on l'associe dans les assaisonnements, un mélange bien plus égal que toutes les autres.

Il est des huiles qu'on obtient après avoir laissé les olives en tas fermenter ensemble, et prendre un degré de chaleur assez considérable. Les olives, ainsi préparées, donnent plus aisément leur huile; mais cette huile est fluide; elle est jaune, et a une odeur qui n'est pas agréable. C'est cependant, parmi nous, celle dont le plus grand nombre de personnes se servent. Elle rancit plus vite que l'autre, pèse plus sur l'estomac, et s'allie moins facilement aux aliments.

N° 1111. *Huiles tirées des Semences émulsives.*

Les huiles tirées des semences émulsives sont, en général, plus disposées à rancir que l'huile d'olive. Mais il faut aussi distinguer parmi elles, celles qui sont tirées sans le secours de la chaleur, de celles qu'on obtient plus abondamment par ce moyen. Celles-ci ont toujours une odeur moins agréable, et souvent nauséabonde; mais les huiles tirées des semences émulsives sont ordinairement réservées pour les usages de la médecine, ou pour des usages économiques.

N° 1112. *Des Huiles grasses concrètes, ou des Graisses et des Substances qui les contiennent.*

Les huiles grasses concrètes, ou les graisses considérées comparativement avec les huiles fluides, doivent se digérer plus promptement, mais elles rancissent plus vite.

N° 1113. *Beurre de Cacao.*

La seule huile grasse concrète que l'on tire des végétaux pour notre usage, est le beurre de cacao : il est des pays où il sert aux usages de la cuisine ; mais chez nous, on ne l'emploie pas ainsi. La saveur fraîche qu'il répand, en se fondant dans la bouche, est remarquable. Il ne nous sert, comme aliment, que dans le chocolat.

N° 1114. *Beurre.*

Le beurre est la première huile grasse concrète qu'on tire des substances animales, et la plus voisine de l'état végétal. C'est de toutes les substances grasses celle dont nous usons le plus. Il est certainement beaucoup plus aisé à digérer seul que l'huile d'olive; mais aussi il rancit bien plus vite, et il rancit d'autant plus vite, qu'il conserve encore un peu de sérosité laiteuse. En le faisant fondre, on lui ôte cette sérosité, on le rend plus compacte, moins pénétrable à l'air, et on le conserve long-temps sans qu'il rancisse; mais il acquiert, par cette opération, une âcreté d'une autre espèce : c'est celle qui dépend du développement de l'acide sébacique; et, en général, le meilleur beurre, pour tous les usages de la cuisine, est celui qui, n'ayant pas commencé à rancir, n'a point éprouvé l'action du feu.

N° 1115. *Graisses animales.*

Les graisses, plus compactes, en général, que le beurre, se rancissent moins vite. Fondues et séparées des autres parties alimentaires auxquelles elles sont unies, elles peuvent servir aux mêmes usages que le beurre; mais le feu y occasionne plus vite le développement de l'acide sébacique.

Quand les graisses qui accompagnent les chairs qui nous servent de nourriture se trouvent dans un tissu cellulaire lâche, alors elles pèsent sur l'estomac de ceux qui les mangent en trop grande quantité; mais interposées entre les fibres, entremêlées dans le lacis des vaisseaux qui forment la substance des glandes, elles donnent à ces parties une grande délicatesse; on les recherche avec raison, et on les digère avec facilité.

Des Boissons.

N° 1116. *De l'Eau.*

L'eau est la plus simple et la plus essentielle des boissons, et ce n'est même qu'en proportion de ce qu'en contiennent les aliments, qu'on peut se dispenser de recourir à son usage. Ses avantages, quand elle est pure, sont d'étancher la soif en humectant les organes salivaires et ceux de la déglutition; de délayer les aliments, et par-là d'en faciliter le mélange, soit entre eux, soit avec les sucs gastriques, et de rendre ainsi plus aisée l'action de l'estomac sur la masse alimentaire, enfin, de réparer les liquides épuisés par toutes les voies d'évacuation : mais elle ne suffit pas dans la soif intense, à moins d'être prise en quantité qui peut devenir préjudiciable. En trop grande abondance, elle énerve les forces digestives, et ne convient pas seule, quand celles-ci ont besoin de stimulants; c'est ce qu'on observe chez les personnes dont l'estomac est faible, inactif, et se charge d'une grande quantité de glaires.

La meilleure eau est celle qui est prise dans une rivière dont le cours et rapide, et qui coule sur un lit de sable ou de roc. Elle est plus pure que celle qui coule lentement et sur des substances organiques, parce que ces substances absorbent l'air, et altèrent les qualités de l'eau, en se corrompant et s'y dissolvant.

Les eaux de puits sont presque toujours, et les eaux de source sont souvent chargées de substances séléniteuses qui altèrent leur pureté sans troubler leur transparence, et même en y ajoutant. Ces eaux ne dissolvent pas le savon, et les légumes y cuisent mal; elles rendent les digestions pénibles, surtout chez les personnes délicates et qui n'y sont pas habituées.

Les eaux de pluie, quand elles sont séparées par la filtration des matières étrangères qu'elles ont entraînées dans leur chute sur les toits, sont très pures et légères.

L'eau des étangs, des marais et de la plupart des ruisseaux dont le cours est ralenti par des digues de moulins, est toujours chargée de substances organiques en dissolution, qui lui communiquent une saveur froide et nauséabonde, Ces eaux ne peuvent devenir salubres qu'après avoir été filtrées à travers du sable mélangé de charbon en poudre. Après la filtration, et avant d'en faire usage, il faut les agiter pour leur rendre l'air qu'elles ont perdu en traversant le filtre.

Quelques raisons portent à croire que l'eau jouit de la faculté nutritive: en effet, mélangée avec les substances alimentaires solides, elle forme un ensemble qui répare, non-seulement en proportion de la matière solide, mais aussi de la quantité d'eau dont elle est imprégnée; et lorsque nous examinons comment l'eau se comporte dans l'économie végétale, nous sommes forcés de lui accorder la faculté nutritive. Si l'eau nourrit les végétaux, pourquoi donc ne nourrirait-elle pas aussi les animaux?

N° 1117. *Sucs aqueux des Végétaux.*

Les sucs acidules, tels que ceux de groseille, de citron, d'orange, etc., étanchent très bien la soif, tant en raison du véhicule aqueux qui les constitue boissons, qu'en raison de l'acide dont ils sont imprégnés: ils sont peu nourrissants. Les sucs sucrés étanchent moins la soif que les sucs acidules, et même moins que l'eau pure, mais ils sont plus nutritifs que les sucs acidules.

N° 1118. *Sucs aqueux des Animaux.*

Parmi les sucs aqueux des animaux, se présente le petit-lait, qui est le plus remarquable; il forme une boisson très agréable, il est très rafraîchissant, très propre à étancher la soif quand il est aigri, comme lorsqu'il s'est séparé spontanément : mais lorsqu'il est doux, comme lorsqu'il est récemment préparé par la présure, il est moins rafraîchissant. Le petit-lait jouit de la propriété nutritive, en raison du sucre de lait qu'il contient.

Des Infusions et des Mélanges dans l'Eau.

N° 1119. *Du Thé.*

Le thé est une des infusions le plus en usage en Europe : cette boisson est surtout généralement adoptée dans les pays humides, dont l'atmosphère est souvent couverte de brouillards : tels sont l'Angleterre, la Hollande, etc.

Les effets du thé sont de favoriser la transpiration, de délayer abondamment, et d'exciter l'action de l'estomac, en raison de l'aromate que cette boisson contient. Son usage est en conséquence avantageux aux habitants des pays humides qui ont le système lymphatique gorgé de liquides, les digestions difficiles, et la transpiration cutanée peu active et sujette à se supprimer.

Il est des personnes qui, dès qu'elles prennent du thé, sont saisies d'un tremblement général, ce qui dépend d'une action particulière de cette boisson sur le système nerveux : on modère cette action par le mélange du lait avec le thé. Chez beaucoup d'autres personnes, le thé agit à la manière des anti-spasmodiques.

N° 1120. *Café.*

La café, torréfié convenablement, réduit en poudre et soum s à l'ébullition, se gonfle, et semble présenter les caractères d'une fécule. Cependant la torréfaction lui a ôté une partie de sa propriété nourrissante, et a développé dans cette graine un principe aromatique et une huile empyreumatique qui stimulent l'un et l'autre les organes digestifs; aussi l'usage du café est-il avantageux après le repas, pour favoriser la digestion. Il faut remarquer que l'action du café sur les organes digestifs est suivie d'une augmentation d'activité de tous les autres organes; de là l'insomnie pendant la nuit, et l'agitation générale que cette boisson détermine souvent chez les personnes qui n'y sont point habituées, ou qui en ont pris une trop grande quantité.

Le café, sous le rapport de son action sur l'estomac et sur l'organe cérébral, est très utile aux gens de lettres ; aussi en font-ils en général un usage habituel. Voltaire et Fontenelle en prenaient beaucoup, et ils sont morts très vieux.

Le lait, qu'on associe au café, modère sa trop grande activité, et en forme un aliment, tandis que le café, par sa propriété tonique, facilite et accélère la digestion du lait. Si, au lieu de lait, on unit la crème au café, cette substance grasse, étant d'une digestion plus difficile, exige, pour être facilement digérée par certaines personnes, une proportion plus grande de café.

N° 1121. *Chocolat.*

Le chocolat, dont la base est la graine de cacao réduite en pâte, forme une boisson beaucoup plus nourrissante que le café. Le chocolat est, en effet, composé essentiellement d'une fécule, d'une matière grasse très abondante, et d'une assez grande quantité de sucre, qui augmente la propriété nutritive du cacao.

Deux choses sont spécialement à considérer dans la fabrication du chocolat : 1° le degré de torréfaction qu'on a fait subir au cacao avant de le broyer ; 2° l'aromate qu'on associe souvent à la pâte.

La torréfaction, développe d'une part, de l'empyreume et un aromate particulier, et de l'autre, elle diminue la proportion du beurre de cacao. Or, on conçoit que les variations des proportions de cette matière grasse et de l'empyreume influent sur les qualités du chocolat. On distingue, à cet égard, dans le commerce, deux sortes de chocolat : 1° celui qui a été fabriqué à la manière espagnole, dans laquelle l'amande a été peu torréfiée ; 2° le chocolat à l'italienne, pour la fabrication duquel on a employé le cacao fortement torréfié. Le premier donne à l'eau dans laquelle on le délaie une couleur rouge, et, d'après ce que nous venons de dire, il contient beaucoup de beurre de cacao, et peu d'empyreume. Le chocolat à l'italienne, délayé dans l'eau, est presque noir, et contient beaucoup moins de beurre de cacao, et plus d'empyreume que celui d'Espagne. Aussi ces chocolats ont-ils des propriétés différentes.

L'un, celui d'Espagne, est plus onctueux, plus doux, plus agréable au goût, mais prend moins d'arôme ; il rassasie promptement, et se digère quelquefois avec peine. L'autre, celui d'Italie, est plus amer, prend plus d'arôme, à raison de sa torréfaction, est moins onctueux, excite l'appétit, et se digère, en général, plus promptement; de manière que le sentiment de la faim se renouvelle quelquefois peu de temps après en avoir pris.

Les aromates qu'on ajoute souvent au chocolat, sont la vanille et la cannelle ; l'une et l'autre ont pour effet de stimuler les organes gastriques, et de favoriser la digestion du chocolat. La vanille est plus agréable, mais on lui attribue la propriété aphrodisiaque.

N° 1122. *Des Liqueurs fermentées.*

Les liqueurs fermentées peuvent être désignées sous le nom générique de vins, que l'on donne spécialement au produit de la fermentation du raisin. Toutes ont des effets communs qui dépendent de l'alcohol (1) qu'elles contiennent en plus ou moins grande proportion. Prises en quantité modérée, elles sont toniques, stimulantes, donnent de la gaîté, aident et accélèrent la digestion chez la plupart des hommes; en quantité plus forte, elles agitent, étonnent, étourdissent, et cet effet est suivi de faiblesse et de somnolence ; et si la digestion n'est pas accomplie, elle finit par être troublée par des aigreurs et des rapports désagréables. En quantité excessive, après avoir étourdi, elles font perdre la raison, causent ou une gaîté turbulente, ou une véritable fureur ; font vaciller la marche, donnent aux mouvements de l'irrégularité, plongent ensuite dans la stupeur, l'hébêtement, l'assoupissement, et alors suspendent l'action de l'estomac, déterminent une véritable indigestion, avec vomissement de matières d'une odeur aigre et piquante, amènent le dégoût des aliments, le désordre de toutes les fonctions, et à la longue l'abrutissement des facultés intellectuelles.

Les vins diffèrent entre eux suivant les matières végétales qu'on a fait fermenter pour les produire. Nous nous bornerons à examiner le vin de raisin, ou le vin proprement dit, le vin de grains ou la bière, le vin de pommes et celui de poires, que l'on connaît, l'un sous le nom de cidre, et l'autre sous celui de poiré.

N° 1123. *Du Vin de Raisin.*

Les différences que présentent les vins dans leurs qualités et dans leurs effets sur l'économie animale, dépendent des proportions de leurs principes, et principalement de celles de l'alcohol,

(1) L'alcohol est l'esprit rectifié des liqueurs fermentées. L'eau-de-vie est de l'alcohol étendu d'eau. L'alcohol pur est toujours identique, quelle que soit la substance qui le produit par la fermentation.

du mucoso-sucré, de la matière colorante extractive, du tartre et des acides qu'ils contiennent.

Les vins faibles d'alcohol, imparfaitement fermentés et chargés d'acides, désaltèrent bien, mais stimulent faiblement l'estomac : bus en trop grande quantité, au milieu d'une alimentation abondante, ou reçus dans des estomacs faibles, ils donnent d'abord des rapports aigres, puis des coliques intestinales; bus en quantité assez grande pour causer l'ivresse, ils occasionnent l'assoupissement suivi d'indigestion, qui se termine par des vomissements aigres. Ils ne conviennent point aux estomacs faibles, chargés de glaires, dont les digestions sont lentes et sujettes à engendrer des aigreurs : tels sont les vins de Brie, la plupart de ceux des environs de Paris, et beaucoup d'autres.

Les vins généreux, contenant beaucoup d'alcohol et bien fermentés, désaltèrent moins, stimulent davantage, et accélèrent la digestion ; ils échauffent promptement; leur ivresse est forte, mais elle ne cause pas aussi constamment des indigestions et des vomissements : ils conviennent, en quantité modérée, aux estomacs faibles, et sur la fin des repas; ils ne conviennent pas aux personnes irritables, dont la tête se trouble aisément, et dont la circulation s'accélère facilement par la moindre excitation : tels sont les vins de Languedoc et de Roussillon, et la plupart des vins de Portugal et d'Espagne.

Les vins les plus favorables à la digestion, et dont la quantité et l'abus présentent en même temps le moins d'inconvénients, sont ceux qui, légèrement acidules, et suffisamment généreux, contiennent des quantités modérées d'alcohol, peu de mucilage sucré, ne sont pas très chargés de matière extractive colorante, ni d'une trop grande quantité de tartre ; ainsi les vins de Bordeaux vieillis et dépouillés par le temps d'une partie de leur substance colorante et extractive, les vins de Bourgogne, les vins de la Champagne méridionale, bien fermentés, plus acidules cependant, et plus légers que les vins de Bourgogne; enfin, les vins du Nord, comme ceux de Bar et du Rhin, qui ont long-temps vieilli et se sont dépouillés de leur âpreté en déposant leur tartre, sont les vins qui conviennent à un plus grand nombre d'estomacs.

Les vins qui tardent long-temps à se faire, et qui, dans leur état de perfection, conservent toujours un peu d'âpreté, comme les vins de Bordeaux, rouges et blancs, mais principalement les rouges, sont toniques, très peu stimulants, et n'enivrent qu'à une grande dose. Ils conviennent aux personnes dont l'estomac est faible, et qui sont très irritables : dans une alimentation modérée, ils soutiennent les forces digestives, mais ils n'excitent pas assez et ne suffisent pas dans les excès de la table, encore qu'ils n'aient pas les inconvénients de l'ivresse qui suit l'usage peu modéré des vins plus généreux, dans lesquels l'alcohol est plus développé.

Les vins blancs, plus légers, en général, que les vins rouges, quand ils ne contiennent pas beaucoup de mucoso-sucré, et qu'ils ne sont pas, d'ailleurs, très généreux, tels sont les vins blancs de Bourgogne et ceux de Champagne, étanchent très bien la soif, s'écoulent facilement par les urines, et, pris en excès, ne causent qu'une ivresse prompte, mais peu durable, moins dangereuse et surtout moins longue que celle qui suit l'excès des vins rouges et de ceux qui sont très chargés ou de mucoso-sucré (1), ou de partie colorante extractive, ou de tartre.

Les vins légers, mis en bouteilles avant la fermentation terminée, achevant ainsi leur fermentation alcoholique dans des vaisseaux fermés, s'imprègnent d'une grande quantité d'acide carbonique, qui les rend mousseux, stimulent vivement et promptement, désaltèrent bien, échauffent peu, donnent lieu, même pris en petite quantité, à une ivresse instantanée, qui se borne à égayer, étonner et étourdir, mais qui se termine promptement, sans troubler la digestion, et sans avoir de conséquences funestes.

Les vins qui, très chargés de mucoso-sucré et très alcoholiques, contiennent, en outre, une partie aromatique amère, comme les vins de Malaga et de Rota, sont, pris en petite quantité, des stimulants d'autant plus utiles qu'ils sont plus vieux, et qu'il leur reste moins de mucoso-sucré; ils sont utiles aux personnes dont l'estomac est faible et la digestion lente, ou dont les forces digestives ne sont pas proportionnées à la quantité d'aliments solides nécessaires à leur restauration.

Les vins sucrés aromatiques, non amers et peu alcoholiques, comme les vins muscats, ceux de Hongrie, les vins grecs, con-

(1) Dans les sucs de tous les fruits, la matière sucrée paraît dissoute dans un mucilage analogue à celui que forment les gommes, par leur union avec l'eau. On a donné à ce mélange le nom de mucoso-sucré, qui semblerait indiquer une substance intermédiaire entre le sucre et la gomme.

Dans les vins dont la fermentation a été complète, il n'existe plus de mucoso-sucré ; ces vins sont secs.

Lorsque la fermentation a été incomplète, le vin reste doux, et il doit cette douceur au mucoso-sucré qu'il contient encore.

tenant encore beaucoup de parties fermentescibles, conviennent peu aux estomacs faibles, dont les digestions sont ordinairement lentes, imparfaites et sujettes à donner des aigreurs; ils conviennent moins encore quand l'alimentation a excédé la mesure convenable.

Les vins généreux, pris purs ou étendus d'eau, sont bons pour ceux dont la digestion est lente, l'estomac chargé de glaires, et qui sont aisément incommodés par l'abondance des boissons. Les vins étendus d'eau, et rendus ainsi trop légers, sont meilleurs pour ceux qui prennent habituellement beaucoup de boisson, et dont la digestion n'a pas besoin d'être excitée. Les vins, pris de cette dernière manière, sont plus utiles dans le cours de l'alimentation; les vins purs valent mieux comme stimulants, soit avant, soit à la fin des repas.

L'usage de plusieurs vins dans les repas est souvent nuisible, surtout lorsqu'on fait succéder des vins sucrés doux à des vins acidules, des vins qui ont beaucoup de corps, c'est-à-dire qui ont beaucoup de matière colorante extractive à des vins légers, spécialement après une alimentation abondante.

Les vieux vins, généreux et secs, c'est-à-dire qui ont peu de mucoso-sucré et de matière colorante extractive, et les vins légers mousseux suffisamment fermentés, n'ont pas les mêmes inconvénients, parce qu'ils ne font qu'ajouter à l'excitation qui accélère la digestion; que les uns sont plus susceptibles de fermenter, et ne passent pas aisément à l'aigre, et que les autres, en raison de leur légèreté, séjournent peu dans nos organes; mais ces variétés de vins ne peuvent être avantageuses que comme compensant les désavantages d'une alimentation trop forte, soit à raison de la quantité des aliments, soit à raison de la faiblesse de l'estomac; ainsi un semblable usage appartient toujours à un défaut de sobriété qui doit être banni du régime habituel et journalier.

No 1124. *De la Bière.*

La bière présente différents degrés de force, suivant les proportions d'orge et de houblon employées à sa fabrication; plus elle est forte, plus elle est alcoholique et plus elle se conserve. Les bières de Paris, qui sont toutes légères, passent promptement à l'aigre: mais dans les pays où l'on cultive peu la vigne, comme dans la Belgique et en Angleterre, on fait des bières plus ou moins fortes qui se conservent, et même qui se bonifient pendant long-temps.

La petite bière étanche bien la soif et d'une manière durable ; en même temps elle nourrit, elle excite légèrement les organes digestifs et la sécrétion des urines. Sydenham la recommande aux goutteux ; il était lui-même atteint de la goutte et sujet aux calculs rénaux, et se trouvait très bien de cette boisson : il lui attribue la propriété de prévenir le pissement de sang qu'occasionne la présence des calculs dans les voies urinaires.

Les bières fortes, telle que le porter et l'aile, dont les Anglais font un grand usage, contiennent beaucoup plus de matière nutritive et beaucoup plus d'alcohol que la petite bière ; elles font, en conséquence, renouveler promptement le sentiment de la soif, beaucoup moins promptement cependant que les vins très alcoholiques ; elles excitent vivement toute l'économie ; on ne doit jamais en boire que modérément.

Les bières de la Flandre et de toute la Belgique, qui sont plus ou moins fortes, ont souvent une propriété singulière, celle de produire, surtout chez les personnes qui n'y sont pas habituées, un sentiment d'irritation très vive sur la vessie et le canal de l'urètre, de manière qu'il en résulte des envies fréquentes d'uriner et une dysurie considérable qui empêchent le sommeil, et peuvent être prises pour les symptômes d'un écoulement vénérien. Il suffit quelquefois de boire une quantité très modérée de bière, ou d'en boire très peu de plusieurs qualités, pour occasionner ces symptômes, qui se calment et se dissipent au bout de 24 ou 48 heures, soit spontanément, soit à l'aide de quelque tempérants ; mais le moyen qui réussit le plus promptement, et pour ainsi dire sur-le-champ, est un peu d'eau-de-vie, et c'est à ce liquide que les Belges ont communément recours.

Les bières fortes, prises en grande quantité, produisent des vertiges, une ivresse accompagnée d'indigestion, et, à ce qu'il paraît, plus durable que celle des vins alcoholiques ; elles disposent les personnes qui en abusent à la cachexie lymphatique et énervent leurs facultés mentales.

Nº 1125. *Cidre et Poiré.*

On sait que le premier de ces liquides se prépare avec le suc de pommes, et le second avec celui de poires. L'un et l'autre contiennent plus de matière sucrée que la bière. Ils contiennent beaucoup d'acide malique que ne contient pas la bière ; ils contiennent aussi de l'acide acétique ; ils ne contiennent pas de tartre. Le poiré est plus acide, un peu plus alcoholique et moins sucré que le cidre; cependant il s'altère plus promptement; il faut le boire peu de temps après sa préparation, tandis que le bon cidre peut se conserver deux ou trois ans. On doit le conserver dans des celliers dont la température soit toujours au-dessus de zéro; car il se congèle facilement, et alors il est perdu. Le cidre et le poiré désaltèrent bien, nourrissent moins que la bière et enivrent facilement; le poiré agace les nerfs de beaucoup de personnes, comme les vins blancs, et surtout ceux qui sont mousseux.

En Normandie, où l'on fait un grand usage de cidre, on va le prendre à la futaille : or, lorsque celle-ci est vidée en partie, et qu'une grande surface de liquide se trouve en contact avec l'air, le cidre, en acquérant une acidité vive, devient nuisible à l'économie animale, et cause des coliques violentes semblables aux coliques minérales. Cet effet est tellement dû à l'altération du cidre par l'action de l'air, qu'il n'est jamais produit par ce liquide, lorsqu'il est conservé dans des bouteilles. Le poiré est sujet au même inconvénient; mêlé au vin, il ajoute à l'ivresse que cause celui-ci, des douleurs d'entrailles.

N° 1126. *Des Liqueurs alcoholiques.*

Tous les vins donnent l'alcohol à la distillation, et on donne en général à ce produit le nom d'*eau-de-vie*, lorsqu'il n'a pas été distillé une seconde fois.

On retire des cerises une liqueur alcoholique, connue sous le nom de *kirsch-wasser*, et qui est chargée de l'aromate de leurs semences. La distillation de la mélasse de sucre de canne fermenté, fournit le *rhum* ou *taffia*. La liqueur à laquelle les Arabes ont donné le nom d'*arack* est le produit de la distillation du riz fermenté; et l'on donne en Europe le nom de *rach* à l'eau-de-vie de grains. On retire aussi une eau-de-vie du suc de palmier, etc.

Les liqueurs alcoholiques, quelle qu'en soit l'espèce, prises en très petite quantité; et de manière à agir exclusivement sur la muqueuse de la bouche et sur les organes salivaires, sollicitent une excrétion modérée de salive, donnent à ces organes un ton dont l'effet est de faire cesser le sentiment de la soif, et peuvent ainsi convenir, comme nous l'avons déjà observé, toutes les fois qu'il y aurait quelque inconvénient à porter à la fois dans les voies digestives une grande quantité de liquide. A très petite dose, elles ont aussi l'avantage de modérer la sueur dans les climats très chauds. Dans les voyages, ou autres circonstances, où l'on est privé d'aliments pendant un temps plus ou moins long, un peu d'eau-de-vie, soit pure, soit étendue d'eau, calme très bien les tourments de la faim; mais, dans l'habitude ordinaire de la vie, on doit être extrêmement réservé sur l'usage de ces liqueurs. Pendant les repas, elles ne conviennent que comme assaisonnements aux constitutions humides et chargées de glaires, surtout dans certaines contrées septentrionales, où l'on fait peu usage du vin, à cause de sa rareté. Prises alors en petite quantité, elles favorisent et accélèrent la digestion, et excitent en même temps toute l'économie. A grandes doses, elle détermineraient une ivresse durable et de grands désordres dans la digestion.

Très concentrées, les liqueurs alcoholiques peuvent enflammer l'estomac. Leur usage habituel, même à un degré modéré de concentration, émousse la sensibilité des organes gastriques, durcit les parois, altère les sucs que ces organes sécrètent, rétrécit le calibre des vaisseaux absorbants, endurcit les glandes mésentériques, et finit par éteindre la sensibilité générale. Aussi les hommes qui font abus des liqueurs spiritueuses, perdent l'appétit, digèrent mal, ne tardent pas à avoir des obstructions, et périssent hydropiques dans un abrutissement complet de leurs facultés.

Chez les animaux auxquels ont fait avaler une certaine quantité d'alcohol, l'odeur alcoholique s'exhale par les incisions que l'on pratique à la surface de leur corps. Les hommes morts d'ivresse alcoholique, présentent le même phénomène : ce qui prouve qu'une partie de l'alcohol passe dans les organes circulatoires. L'alcohol devient-il ainsi la cause des combustions humaines? On n'en sait rien, mais tous les exemples remarquables et funestes que M. Lair a publiés (*Essai sur les combustions humaines*), ont été observés chez des personnes qui prenaient habituellement des quantités considérables d'eau-de-vie.

Les ratafias, ou infusions aromatiques, faites dans l'alcohol et sucrées, sont légèrement nourrissants, en raison de la quantité de sucre qu'ils contiennent. Les aromates qu'on y fait entrer leur donnent des propriétés particulières, suivant leur différente nature. C'est ainsi que la vanille donne aux liqueurs qui en contiennent une saveur extrêmement agréable, et semble les rendre un peu aphrodisiaques. C'est ainsi que celles qui sont spécialement aromatisées par la cannelle, stimulent et échauffent; que celle que caractérise la partie amère de l'absinthe, de l'écorce d'orange ou de citron, excite particulièrement les fonctions de l'estomac, et sont en conséquence de très bons toniques. Enfin, c'est ainsi que les liqueurs où domine la partie aromatique des amandes amères, ont sur le système nerveux une action particulière qui semble les rapprocher des substances narcotiques, etc. Toutes ces liqueurs, en raison de l'alcohol qui en constitue l'excipient, présentent tous les inconvénients de l'eau-de-vie.

Deux dissertations de MM. Hallé et Nysten, sur les aliments et les boissons, m'ont fourni les matériaux de ce chapitre. Le travail de ces savants médécins est complet, et forme un manuel précieux à l'usage de toutes les personnes qui, n'étant pas douées de ces estomacs robustes dont rien n'altère les forces digestives, ont besoin, pour se maintenir en santé, de suivre constamment un régime approprié à leur constitution. Son utilité pour les cuisiniers n'est pas moins évidente, puisqu'ils y trouveront les principes d'après lesquels ils doivent combiner les préparations alimentaires, pour qu'elles réunissent toujours, ce qui doit être l'objet constant de leur art, la salubrité et une saveur agréable. En un mot, on doit à MM. Hallé et Nysten une véritable théorie de l'art culinaire; théorie tellement claire et qui rend si facile la connaissance de ce qui est bon et de ce qui est nuisible, que, lorsqu'elle sera généralement répandue, elle aura la plus heureuse influence sur la santé publique. C'est le but que se sont proposé ces habiles médecins, plus jaloux de prévenir les maladies que de les guérir; mais pour que ce but soit atteint, il faut que leurs préceptes deviennent populaires, et rien ne m'a semblé plus propre à les rendre tels, que leur insertion dans un ouvrage destiné à être le manuel de tous ceux qui s'occupent de la préparation des substances alimentaires.

DESCRIPTION DES FOURNEAUX

ET AUTRES USTENSILES ÉCONOMIQUES A L'USAGE DES CUISINES.

FOURNEAU POTAGER DE HAREL.

PLANCHE PREMIÈRE.

N° 1127. Fig. 1. *Élévation du Fourneau garni de tout son Appareil.*

A. Corps du fourneau, construit en maçonnerie dans un châssis de bois, et renfermant un foyer en terre cuite.

B. Enfoncement en forme de tremie, pratiqué sur le devant du fourneau, et qui pénètre jusqu'au foyer en terre cuite.

C. Porte du foyer.

D. Porte du cendrier.

E. Pot-au-feu en terre ou en cuivre étamé ; il est enfoncé dans le foyer jusqu'à un peu plus de la moitié de sa hauteur.

F. Seau de fer-blanc, ouvert par en-bas, et qui repose dans une rainure pratiquée sur le rebord du pot-au-feu.

G. Couvercle du seau.

H. Saillie circulaire qui empêche le pot-au-feu de pénétrer plus avant dans le foyer.

I. Oreilles du pot-au-feu qui servent à l'enlever.

K. Deux poignées soudées au seau de fer-blanc.

N° 1128. Fig. 2. *Coupe longitudinale du Fourneau et de son Appareil.*

A. Corps du fourneau.

B. Foyer en terre cuite, renfermé dans la maçonnerie du fourneau.

C. Ouverture et porte du foyer.

D. Ouverture et porte du cendrier.

E. Tablette saillante au-dessous de l'ouverture du foyer.

F. Grille mobile en terre cuite.

G. Canaux dans lesquels circule la vapeur du charbon.

H. Rebord circulaire adhérent au foyer, qui force la vapeur du charbon à circuler autour du pot-au-feu avant de passer dans le canal supérieur, par une ouverture représentée dans la *fig.* 3, sous la lettre E.

I. Canal prolongé par un tube, par lequel s'échappe du fourneau la vapeur du charbon.

K. Pot-au-feu dont la forme est celle de deux cônes tronqués, réunis par leurs bases.

L. Casserole en fer-blanc, qui plonge jusqu'à un peu plus de moitié de sa hauteur, dans l'intérieur du pot-au-feu. Elle porte à sa circonférence trois saillies au moyen desquelles elle repose sur les bords du pot.

M. Seconde casserole superposée à celle ci-dessus.

N. Diaphragme qui divise le seau de fer-blanc en deux compartiments, dont l'un a une contenance double de l'autre.

N° 1129. Fig. 3. *Vue du Fourneau de haut en bas.*

A. Corps du fourneau.

B. Bord supérieur du foyer en terre cuite.

C. Grille en terre cuite.

D. Échancrure à la paroi du foyer, par laquelle s'échappe la vapeur du charbon, pour entrer dans le canal de circulation. La porte du foyer est sous cette échancrure.

E. Échancrure dans le rebord circulaire du foyer (H. *fig.* 2.), par laquelle la vapeur du charbon passe dans le second canal de circulation.

FF. Canaux de circulation.

No 1130. Fig. 4. *Première Casserole* (L. fig. 2).

A. Casserole.

B. Saillies par lesquelles elle repose sur les bords du pot.

C. Couvercle.

D. Anneau qui sert à enlever le couvercle. Cet anneau se replie dans un enfoncement circulaire pratiqué au couvercle sur lequel se pose la seconde casserole quand on en fait usage.

No 1131. Fig. 5. *Seau de Fer-blanc.*

A. Grand compartiment.

B. Diaphragme qui sert de fond commun aux deux compartiments.

C. Petit compartiment.

D. Couvercle.

Nota. Le seau est ouvert par ses deux extrémités, qui peuvent alternativement être fermées par le même couvercle.

No 1132. Fig. 6. *Cafetière-porte.*

Nota. Cette cafetière, que l'on fait chauffer en la substituant à la porte du foyer, n'est pas à l'échelle de la planche, ce qui est fort indifférent, puisque ses dimensions sont déterminées par celles de l'ouverture du foyer.

A. Cafetière-porte.

B. Portion de la cafetière qui entre dans l'ouverture du foyer et qui est en contact avec les charbons.

C. Bec de la cafetière.

D. Couvercle à charnière que l'on ouvre pour remplir la cafetière.

E. Poignée.

Outre les pièces ci-dessus décrites, il y a encore une grille en terre cuite, qui se place sur le rebord circulaire du foyer (H. *fig.* 2), lorsqu'on veut se servir du fourneau pour faire chauffer un chaudron, une bassine, ou des fers à repasser.

N° 1133. *Conduite du Fourneau.*

Pour l'allumer on ferme la porte du foyer, et on ouvre celle du cendrier.

On jette dans le foyer quelques charbons allumés, et on achèv de le remplir avec du charbon noir jusqu'au point où descend le pot-au-feu (pour emplir le foyer du fourneau figuré dans la planche Ire, il faut treize onces de charbon). On place le pot-au-feu, qui s'échauffe lentement jusqu'à ce qu'il écume; lorsqu'il est écumé, on le place sur le coin du fourneau, et on remet du charbon dans le foyer, jusqu'au point indiqué ci-dessus (il faut en remettre environ sept à huit onces). On remet le pot-au-feu en place, et lorsqu'il recommence à bouillir, on ferme exactement la porte du cendrier; il est même bon, si elle ne joint pas très bien, de jeter un peu de cendre au bas.

En levant ainsi le pot-au-feu pour remettre du charbon, la porte du foyer devint inutile. Il est bon de la condamner tout-à-fait. Il est à peu près impossible, et toujours très long, de remplir le foyer par cette porte. Elle ne joint jamais bien, parce que le charbon tend à l'écarter; alors elle laisse entrer trop d'air, le feu va trop vite, et la consommation du combustible est beaucoup plus grande.

Au moyen de ces précautions, le pot-au-feu bouillira sans interruption pendant cinq ou six heures, et il ne sera pas nécessaire de remettre du charbon.

Jusque-là, il a suffi de couvrir le pot avec le couvercle du seau de fer-blanc; mais quand on l'a écumé, et qu'il recommence à bouillir, il faut le couvrir avec le seau de fer-blanc; si on ne fait point usage des casseroles, ou si on n'en emploie qu'une seule, on place le seau de manière que son grand compartiment soit en haut. C'est au contraire le petit compartiment qui doit être en haut lorsqu'on veut faire usage des deux casseroles.

On verse dans le seau deux pintes d'eau froide. Les vapeurs qui s'élèvent du pot-au-feu en ébullition rencontrent le diaphragme, qui est à la température de l'eau qui est au-dessus, se condensent et retombent dans le pot, de sorte qu'il n'y a aucune évaporation. Cependant l'eau du seau s'échauffe peu à peu, et il vient un moment où elle ne peut plus condenser les vapeurs qui s'échappent entre les bords du seau et du pot-au-feu. On ajoute alors une nouvelle quantité d'eau froide à celle qui est dans le seau, et à l'instant la condensation des vapeurs recommence.

Si on met, en commençant, trois ou quatre pintes d'eau dans le seau, si la porte du foyer est condamnée, et si celle du cendrier est bien fermée, il n'y a pas d'évaporation, quoiqu'on ne remette pas d'eau. Alors on peut abandonner le pot-au-feu pendant cinq ou six heures.

La température de l'eau qui est dans le seau peut s'élever de soixante et dix à soixante et quinze degrés; ainsi le même feu qui fait cuire le potage, échauffe encore, presque jusqu'à l'ébullition, cinq ou six litres d'eau.

La première casserole qui plonge d'environ deux pouces dans le pot-au-feu, peut servir à faire cuire des légumes et de la viande, à faire crever du riz, etc.

Pour faire crever du riz, on en met la quantité suffisante dans la casserole avec un peu de bouillon. On tient la casserole découverte. Le riz crève très bien, trop bien même, car il se réduit en bouillie, si on le laisse trop long-temps, surtout quand on a mis trop peu de bouillon.

Les pommmes-de-terre cuisent sans eau dans la casserole fermée.

Les légumes secs entiers; les choux-fleurs doivent être couverts d'eau; la casserole doit être ouverte.

Les pois concassés se réduisent en purée, lorsqu'on les met avec un peu d'eau ou de bouillon dans la casserole ouverte.

Les petits pois cuisent très bien sans eau dans la casserole fermée.

Les viandes cuisent aussi dans la casserole fermée; mais il est nécessaire de les faire bien revenir auparavant dans le beurre, sans quoi elles seraient fades et sans couleur. Les viandes qui cuisent le mieux ainsi sont le veau et la volaille.

La seconde casserole doit être réservée pour la cuisson des substances les plus faciles à cuire; ainsi, si on met dans la première un morceau de veau, on pourra mettre dans la seconde des pommes-de-terre, du riz, des concombres, etc.

Lorsqu'on emploie les deux casseroles, le petit compartiment du seau est en haut. On peut y mettre des pruneaux, qui y cuisent très bien.

Quand le grand compartiment est en haut, on peut y faire cuire des asperges et des épinards.

Il est inutile d'entrer dans plus de détails sur les usages de ce fourneau. On peut les modifier et même les étendre; car si on ne trouvait pas que la vapeur du pot-au-feu fût suffisante pour cuire ce qu'on aurait mis dans les casseroles, on pourrait l'augmenter en retirant un peu la porte du cendrier. Le feu deviendrait sur-le-champ plus vif; on brûlerait à la vérité un peu plus de charbon, mais on atteindrait le but proposé.

Le principal avantage de ce fourneau, c'est l'économie du temps et du combustible.

Les opérations préliminaires pour mettre le pot-au-feu *en train*, ne sont ni plus longues, ni plus difficiles, et elles exigent moins de temps que par le procédé ordinaire. Lorsque le pot est écumé, et qu'il a recommencé à bouillir, on peut l'abandonner à lui-même jusqu'au moment de dresser la soupe. Il n'y a pas à craindre que pendant ces cinq ou six heures le feu s'éteigne, ou brûle trop vite. Le feu ne peut pas s'éteindre, et la chaleur du foyer suffit pour entretenir l'ébullition long-temps après que tout le charbon est consumé.

Quand à l'économie, on en pourra juger par le calcul suivant: vingt onces de charbon suffisent pour un pot-au-feu de trois ou quatre livres, une casserole contenant des légumes ou de la viande, et le seau contenant trois à quatre pintes d'eau; mais comme on ne prend pas toujours toutes les précautions indiquées, on admettra une consommation moyenne de vingt-quatre onces de charbon.

La voie de charbon, composée de deux hectolitres, pèse de soixante-six à soixante et dix livres. Terme moyen, soixante-huit livres.

Une voie de charbon suffit donc pour faire quarante-cinq pots-au-feu; et comme le prix moyen de la voie de charbon de première qualité est de 9 fr., les frais de cuisson de chaque pot-au-feu et des accessoires reviennent à 4 sous.

Il y a encore une autre économie que celle du combustible. Quand on fait le potage dans un pot de terre placé devant le feu, ce pot, qui est échauffé toujours d'un seul côté, et qui souvent n'est pas entièrement plein, est bientôt détruit. C'est à cette destruction rapide qu'il faut attribuer l'adoption assez générale des marmites de cuivre, dont l'usage n'est pas sans inconvénient, lorsqu'il n'est pas joint à la plus minutieuse propreté.

Dans le fourneau de Harel, le pot étant toujours chauffé par-dessous, et seulement dans la partie qui est remplie de liquide, n'est exposé à aucune cause de destruction, à moins qu'en le retirant du foyer, on ne le pose sur un corps froid ou humide, ce qu'on peut toujours éviter.

Celui qui écrit cet article a acheté, en 1815, un fourneau de Harel, avec trois pots de rechange. De ces trois pots, un seul a servi sans cesse depuis cette époque, et il est encore intact. En suivant le procédé ordinaire, il y aurait eu assez de pots cassés pour que leur valeur montât au double du prix du fourneau qui dure encore.

Le fourneau représenté dans la planche, est celui de la plus petite dimension. Il y en a de deux grandeurs au-dessus. Ils ont tous cet avantage, qu'on peut sans inconvénient remplir le pot-au-feu en totalité, ou seulement jusqu'au tiers. Le potage est aussi bon dans l'un et l'autre cas.

La cafetière-porte (*fig.* 6), qu'on a représentée dans la planche, afin de ne rien omettre, est ce qu'on peut appeler un perfectionnement nuisible. Cette cafetière, introduite dans la porte du foyer, y chauffe très bien; mais quand on la retire, le charbon tombe dans l'ouverture, et quand on remet la porte de terre, on ne parvient jamais à la fermer hermétiquement comme elle doit l'être. On le répète : pour que le fourneau fonctionne bien et avec la plus grande économie de temps et de combustible, il est nécessaire que la porte du cendrier soit condamnée. Par-là la cafetière-porte devient inutile.

Pour condamner cette porte, ce qu'il y a de plus simple, c'est de faire remplir en plâtre la tremie, depuis le haut du fourneau jusqu'à la tablette saillante qui est au-dessus de la porte du cendrier (E. *fig.* 2).

Lorsqu'on veut employer le fourneau pour faire chauffer des fers à repasser, on pose la grande grille de terre sur le rebord saillant qui sépare en deux le canal de circulation établi autour du pot. Il n'est pas nécessaire d'enlever la petite grille du foyer, il suffit d'en bien dégager les trous et de retirer la cendre qui peut s'être amassée dessous. On tient la porte du cendrier ouverte, et on met quelques charbons allumés avec du charbon noir sur la grande grille. Si le feu devient trop vif, on peut le modérer en rapprochant plus ou moins la porte de l'ouverture du cendrier.

Si on veut faire chauffer sur le fourneau un chaudron plein d'eau, on peut, s'il n'est pas très grand, le placer sur l'ouverture; mais s'il a plus de 10 pouces de diamètre, il est nécessaire de l'exhausser, en le posant sur 4 pierres plates. Il convient alors de boucher l'issue de la vapeur (II. *fig.* 2, pl. Ire).

Si on se sert du fourneau pour faire des confitures, et que la bassine soit grande, comme les confitures sont d'autant meilleures qu'elles sont faites plus vite, on doit exhausser la bassine d'un pouce, ne pas mettre la grande grille, et remplir de charbon toute la capacité du fourneau jusqu'à la hauteur du rebord circulaire.

PLANCHE II.

Coquilles à rôtir, Fourneau à repasser, auquel on adapte une Brûloire à café.

Nº 1134. Fig. 1. *Fourneau à repasser, etc.*

A. Corps du fourneau en tôle.
B. Cendrier dont la porte est à coulisse.
C. Ouvertures latérales qui donnent issue à la vapeur du charbon. Il est avantageux de les supprimer.
D. Ouvertures dans le couvercle du fourneau, par lesquelles sortent les poignées des fers à repasser placés sous le couvercle et qui reposent sur deux tringles de fer qui traversent le fourneau dans sa largeur. On aperçoit ces tringles à travers les ouvertures DD.
E. Espaces du couvercle, entre les ouvertures DD, sur lesquels on place des fers qui commencent à s'échauffer.
FF. Couvercle en tôle qui s'emboîte sur le fourneau et qui peut s'enlever à volonté.

Nº 1135. Fig. 2. *Coupe du Fourneau.*

A. Cendrier.
B. Foyer.
C. Grille en fer qui sépare le foyer du cendrier.
DD. Revêtement en terre de poterie, qui empêche le contact du charbon avec la tôle.
E. Tringle qui supporte les fers. Il y en a deux qui sont adhérentes au couvercle, et s'enlèvent avec lui.
F. Poignées des fers qui sont placés sous le couvercle.
G. Profil des parties du couvercle sur lesquelles on place d'autres fers.

Nº 1136. Fig. 4. *Brûloire à Café.*

A. Couvercle demi-cylindrique qui se met sur le fourneau au lieu de celui qui porte les fers à repasser.
B. Cheminée au-dessus du couvercle, pour donner issue au gaz de la combustion.

C. Brûloire à café, telle qu'elle est sous le couvercle quand celui-ci est placé sur le fourneau.

D. Échancrure à l'extrémité du couvercle, qui permet de l'enlever sans la brûloire. Il y a, à l'autre extrémité, une échancrure semblable, qu'on voit en D, *fig.* 3.

E. Broche de la brûloire. Cette broche repose sur deux fourchettes adhérentes au corps du fourneau.

F. Poignées qui servent à enlever le couvercle.

N° 1137. Fig. 3.

A. Section du couvercle.

B. Cheminée.

D. Échancrure au moyen de laquelle le couvercle peut s'enlever sans la brûloire.

C. Brûloire.

N° 1138. Fig. 5. *Coquille à rôtir.*

A. Coquille en terre, revêtue en tôle.

B. Tringle de fer formant une grille qui empêche le charbon de tomber en avant.

C. Grille horizontale en terre cuite, sur laquelle repose le charbon.

DD. Enfoncements courbes de la coquille, dont on voit le tracé AA, *fig.* 7.

B. Saillie de la coquille, dont le tracé se voit en D, *fig.* 7.

N° 1139. Fig. 6. *Coupe de la Coquille suivant la ligne GG*, fig. 5.

AA. Coquille en terre cuite.

B. Grille en terre cuite.

C. Tringle en fer, formant grille.

D. Enveloppe en tôle. L'intervalle entre l'enveloppe et la coquille est rempli avec du poussier de charbon ou de la cendre.

N° 1140. Fig. 7. *Coupe de la Coquille suivant la ligne FF*, fig. 5.

AA. Enfoncement de la coquille.

D. Saillie.

B. Grille en terre cuite.
E. Tringle formant grille en avant de la coquille.

N° 1141. Fig. 8. *Coquille en fonte.*

AA. Coquille dont les coupes sont les mêmes que celles de la coquille en terre.
BB. Grille horizontale en fonte.
CC. Tringle formant grille en avant de la coquille.
D. Poignée servant à enlever la coquille.

N° 1142. *Observation sur les Coquilles à rôtir.*

Ces coquilles sont très économiques, d'un bon usage, et conviennent parfaitement à toutes les maisons où il n'y a qu'une seule cuisinière.

Quand on veut faire rôtir au feu de bois, il faut nécessairement faire un assez grand feu et le maintenir toujours égal, sans quoi le rôti languit et se dessèche, ou bien il est trop saisi d'abord, il se trouve trop cuit à la surface, et pas assez dans l'intérieur.

Ces inconvénients n'ont pas lieu avec la coquille ; comme on n'y brûle que du charbon, le feu est toujours égal, et la cuisson ne cesse pas, même lorsque par oubli on laisse tomber le feu, parce que la chaleur contractée par la coquille suffit pour l'entretenir pendant quelque temps.

Un autre avantage, c'est que la coquille peut être placée partout, dans un coin, devant une fenêtre ; on peut même l'incruster dans la muraille, de sorte qu'on peut faire un rôti sans avoir de cheminée.

La consommation de charbon est très modique et présente une économie considérable, comparativement à l'emploi du bois.

On peut se servir d'un tourne-broche devant la coquille, mais il vaut mieux employer une cuisinière ; la chaleur y est plus concentrée, et le rôti y cuit plus également.

Les coquilles de fonte sont très inférieures, sous presque tous les rapports, à celles de terre cuite. Le charbon s'y consume plus vite et produit moins d'effet utile, parce que la fonte transmet à l'air environnant une grande partie du calorique qu'elle reçoit. Les coquilles de terre n'occasionnent que très peu de déperdition de calorique ; mais elles sont très fragiles quand elles ne sont pas enveloppées de tôle, et quand elles le sont, elles coûtent plus cher. Cependant la différence de prix est plus que compensée par les avantages qu'elles procurent. Elles économisent, en charbon, par année, pour une valeur égale à ce qu'elles ont coûté; elles donnent une chaleur plus constante, et elles ont en outre l'avantage de tenir chaudement deux plats, qu'on peut placer sur la tablette supérieure.

Les coquilles de terre non revêtues, et celles qui sont en fonte, peuvent être incrustées dans la muraille. On fait sceller en avant une petite tablette, sur laquelle on pose la cuisinière, ou bien on accroche celle-ci à la muraille avec des gonds, de manière qu'elle s'applique comme une porte devant la coquille. On a soin de tenir les gonds un peu saillants, afin qu'il y ait un intervalle d'un ou deux doigts entre la cuisinière et la coquille.

Comme la coquille renvoie beaucoup de chaleur, il est bon que la cuisinière soit assemblée à clous, au lieu d'être soudée.

PLANCHE III.

No 1143. Fig. 1 *et* fig. 1 *bis. Gril couvert.*

AA. Capsules rondes de fer-blanc, à bords peu élevés, et dont l'une emboîte dans l'autre de quelques lignes.

B. Charnière qui réunit les deux capsules.

CC. Manches qui servent à les ouvrir et à les fermer.

La *fig.* 1 *bis* représente les deux capsules entièrement ouvertes.

On se sert de ce gril couvert pour faire cuire dans leur jus des côtelettes, des saucisses, des boudins, etc.

Quand il est d'une petite dimension, on le place sur le fourneau, *fig.* 4, et alors, avec une seule feuille de papier qu'on brûle par bandes, on peut y faire cuire une côtelette de mouton.

No 1144. Fig. 2 *et* 3. *Gril.*

A. Gril en tôle, de forme circulaire, bombé en dessus, et percé de trous, dont les bavures sont en dessus. Les trous ne sont pratiqués que jusqu'à 18 lignes ou deux pouces de la circonférence. Cet espace sans trous, forme, avec le bord du gril, une rigole où s'amasse la graisse et le jus des viandes qu'on fait griller.

B. Bec ou tube par lequel on verse la graisse et le jus amassés dans la rigole.

C. Rigole.

D. Manche du gril.

Ce gril n'a pas les inconvénients des grils ordinaires qui laissent tomber la graisse sur les charbons, ce qui les éteint et répand une odeur infecte, qui se communique à ce qu'on fait griller. Souvent la graisse s'enflamme, et alors la viande est brûlée. Les viandes y reposent sur les bavures des trous, ne reçoivent l'action du feu que par l'intermédiaire de la tôle ; elles cuisent plus également. La graisse s'écoule dans la rigole ; il n'en tombe pas sur les charbons.

N° 1145. Fig. 4, 5, 6 *et* 7. *Fourneau à papier.*

AA. Fourneau en tôle.

B. Casserole, ayant aux deux tiers de sa hauteur une saillie circulaire, par laquelle elle repose sur le bord du fourneau. Elle a, en bas, une retraite, au moyen de laquelle elle pose sur le bord de la capsule qu'on voit en FF, *fig.* 6 et 7, lorsque cette capsule est introduite dans le fourneau. Alors la casserole est tout-à-fait hors du fourneau.

C. Porte du cendrier du fourneau.

D. Trous pratiqués dans le haut du fourneau, pour servir d'issue aux vapeurs du charbon ou à la fumée du papier.

EE. *Fig.* 5 et 6. Saillie circulaire de la casserole.

FF. *Fig.* 6 et 7. Capsule de tôle, qu'on introduit dans le fourneau quand on veut y brûler du charbon.

GG. *Fig.* 6 et 7. Grille qui forme le fond de la capsule de tôle.

H. Trous pratiqués dans le haut de la capsule pour donner issue à la vapeur du charbon.

Lorsqu'on veut se servir de ce fourneau en brûlant du papier, on enlève la capsule. On place la petite casserole, et on brûle, dans le cendrier, des morceaux de papier coupés en bandes. Une feuille de papier suffit pour faire bouillir une tasse de liquide, pourvu que la casserole soit fermée.

Lorsqu'on veut un feu plus durable, on introduit la capsule dans le fourneau, on y allume du charbon et on pose par-dessus la casserole.

La capsule est suspendue dans le fourneau par un rebord plat.

N° 1146. Fig. 8.

Cette figure représente la meilleure forme à donner aux bassines destinées à faire des confitures. Elles doivent être à fond plat avec les angles arrondis, afin que la spatule puisse se promener sur toute la surface.

N° 1147. Fig. 9. *Casserole de Faïence revêtue.*

A. Capsule en faïence de Sarguemines.
B. Enveloppe de cuivre. L'intervalle, entre la capsule et l'enveloppe, est rempli par un mastic.
CC. Rebord circulaire de la capsule qui recouvre la partie supérieure de l'enveloppe en cuivre.
D. Manche de la casserole.

Cette casserole réunit la propreté et la salubrité de la faïence à la solidité du métal.

N° 1148. Fig. 10. *Coupe du fourneau de Lambert.*

AA. Corps du fourneau en tôle.
B. Porte pratiquée dans le fourneau.
CC. Cendrier mobile, contenant le foyer E, mobile aussi. Le cendrier est suspendu dans le fourneau, au moyen d'un rebord plat qui s'appuie sur sa paroi supérieure.
D. Trous pratiqués à la circonférence du cendrier, pour introduire de l'air sous le foyer.
E. Foyer en fonte, de la forme d'un demi-œuf découpé à côtes. Chaque côte saille un peu au-dessus du fourneau, afin qu'on puisse y poser une casserole sans éteindre le feu.

N° 1149. Fig. 11. *Casserole ou Marmite qu'on place sur le fourneau représenté* fig. 10.

A. Vase en faïence de Sarguemines.
B. Enveloppe en tôle, ouverte par-dessous.
C. Enveloppe en cuivre du vase de faïence.
DD. Échancrures au bord inférieur de l'enveloppe de tôle, pour donner issue à la vapeur du charbon.
EE. Rebord du vase de faïence qui recouvre la partie supérieure des deux enveloppes.

Nota. Les objets représentés *fig.* 9, 10 et 11, se vendent chez Lambert, chaudronnier, passage du Caire, n° 71.

FIN.

TABLE DES CHAPITRES.

CUISINE.

	Pages.	Numéros.
Eléments de sauces.	1	1
Sauces.	10	30
Ragoûts et Garnitures.	19	70
Potages gras.	29	106
Potages maigres.	42	139
Du Bœuf.	48	162
Du Mouton.	61	212
De l'Agneau.	70	253
Du Veau.	72	265
Du Cochon.	90	327
Charcuterie.	95	344
Gibier à poil.	103	368
Gibier à plume.	109	389
Volaille.	114	410
Poisson de mer.	133	482
Poisson d'eau douce.	143	534
Légumes.	147	555
OEufs.	169	638
Laitage.	175	662
Gelées animales.	185	692
Fruits cuits pour entremets.	189	705
Grosse pâtisserie.	192	716
Pâtisserie fine.	199	735

OFFICE.

Compotes.	208	759
Marmelades.	211	770
Gelées de fruits.	217	782
Ratafias.	222	792
Sirops.	229	815
Fruits confits.	232	824
Boissons chaudes.	233	829
Sucreries.	237	837

Cuisine des malades et des convalescents.	240	850
Remèdes urgents qu'on doit administrer en attendant le médecin.	249	880
Conservation des substances alimentaires.	273	914
Conduite de la cave.	288	953
Recettes économiques.	302	970
Propriétés diététiques des substances alimentaires.	353	1041
Description des fourneaux et autres ustensiles de cuisine.	417	1127

TABLE

PAR ORDRE DE MATIÈRES.

Numéros.

CUISINE.

Éléments de sauces.

Bouillon. 1
Consommé. 2
Fonds de cuisson. 3
Jus. 4
Jus au vin. 5
Essence de gibier. 6
Jus blond. 7
Roux. 8
Roux blanc. 9
Gelée. 10
Bouquet garni. 11
Beurre d'anchois. 12
—aux fines herbes. 13
Vinaigre à l'estragon. 14
—aromatique. 15
Epices mélangées. 16
Essence d'ail. 17
Poudre de kari. 18
Cornichons. 19
Culs d'artichauts. 20
Caramel. 21
Marmelade de tomates. 22
Essence d'assaisonnement. 23
Verjus. 24
Vert d'épinards. 25
Bouillon maigre. 26
Blanc. 27
Beurre de piment. 28
Mousserons et morilles. 29

Sauces.

Sauce blanche. 30
—aux câpres et aux anchois. 31
—à la crème. 32
—à la maître-d'hôtel. 33
—à la béchamel. 34

Numéros.

Sauce italienne. 35
—romaine. 36
—tomate. 37
—languedocienne. 38
—faute de beurre. 39
—mayonnaise. 40
—allemande. 41
—au beurre d'anchois. 42
—dorée. 43
—aux échalottes. 44
—Robert. 45
—hachée. 46
—piquante. 47
Autre 48
Autre. 49
Rémoulade. 50
Sauce de kari. 51
—au gibier. 52
—à la carpe. 53
Autre béchamel. 54
Sauce pour le poisson d'eau d. 55
Beurre noir. 56
Rémoulade créole. 57
Sauce espagnole. 58
— à la bonne femme. 59
—à Manon. 60
—au mouton. 61
—à la ravigotte. 62
Marinade. 63
Sauce aux truffes. 64
—à l'huile. 65
—brune. 66
—au beurre et à l'ail. 67
—suprême. 68
—à la poivrade. 69

Ragoûts et Garnitures.

Purée de lentilles. 70
—de haricots. 71

Numéros.

Purée de pois secs. 72
—d'ognons. 73
—de carottes. 74
—de navets. 75
—de marrons. 76
—d'oseille. 77
Pommes-de-terre frites. 78
Ragoût de laitances. 79
—de moules. 80
—de champignons. 81
—de foies gras. 82
—mêlé. 83
Observation. 84
Ragoût de ris de veau. 85
Purée de haricots brune. 86
Godiveau. 87
Quenelles. 88
Quenelles de poisson. 89
Ragoût de marrons. 90
Pâte à frire. 91
Autre pâte à frire. 92
Ognons glacés. 93
Autre pâte à frire. 94
Ragoût à la Morin. 95
Garniture de choucroûte. 96
Purée d'ognons blanche. 97
Chicorée pour garniture. 98
Farce cuite. 99
Salpicons. 100
Purée de racines. 101
—de champignons. 102
Autre ragoût de ris de veau. 103
Concombres farcis. 104
Macédoine de légumes. 105

Potages gras.

Bouillon. 106
Conservation du bouillon. 107
Potage au naturel. 108
Potage au vermicelle. 109
—à la semoulle. 110
—aux lazagnes. 111
—au riz. 112
Pour colorer les potages au riz et aux pâtes. 112 *bis*.
Potage aux nouilles. 113

Numéros.

Potage aux nouilles à l'allemande. 114
—aux herbes. 115
—à la julienne. 116
—aux choux. 117
—aux choux et au fromage. 118
—à la purée de racines. 119
—à la moelle. 120
—à la purée de lentilles, etc. 121
—aux croûtons et à la purée. 122
—à la purée de marrons. 123
Remarque. 124
Potage aux œufs. 125
Autre potage aux œufs. 126
Potage aux huîtres. 127
Croûtes au pot. 128
Bisque aux écrevisses. 129
Potage à la reine. 130
—au macaroni. 131
Consommé. 132
Consommé économique. 133
Potage à la Condé. 134
Garbure aux ognons. 135
—aux marrons. 136
Potage aux quenelles de pommes-de-terre. 137
—au sagou, au salep, etc. 138

Potages maigres.

Bouillon maigre. 139
Potage printannier. 140
Soupe à l'ognon. 141
Panade. 142
Potage aux herbes. 143
—aux concombres. 144
—à la chicorée. 145
—au riz à l'ognon. 146
—au riz à la purée. 147
—aux choux. 148
Julienne au riz. 149
Potage au potiron. 150
—au potiron et à la semoule. 151
—au lait et aux œufs. 152
—au lait avec des pâtes. 153
Riz au lait. 154

Numéros.

Bisque aux écrevisses. 155
Potage aux quenelles de poisson. 156
Panade au vin. 157
Potage au pain grillé. 158
—au lait d'amandes. 159
—aux grenouilles. 160
—à la tartufe. 161

Bœuf.

Bœuf bouilli. 162
Sauce aux anchois pour le bœuf. 163
Bœuf à la sauce tomate. 164
Garniture de choucroûte pour le bœuf. 165
Bœuf en miroton. 166
Autre façon. 167
Hachis de bœuf bouilli. 168
Bœuf bouilli en quenelles. 169
Bœuf bouilli en matelote. 170
Langue de bœuf à la braise. 171
—en paupiettes. 172
—en papillottes. 173
—en filets. 174
—à l'écarlate. 175
—au gratin. 176
Cervelles de bœuf au beurre noir. 177
—en marinade. 178
—en matelote. 179
—à la sauce tomate. 180
—à la mayonnaise. 181
Observation. 182
Palais de bœuf en filets. 183
—mariné. 184
—grillé. 185
Gras-double grillé. 186
—à la sauce Robert. 187
Queue de bœuf à la purée. 188
—à la sauce tomate. 189
—à la Sainte-Menehould. 190
—en matelote. 191
Bœuf à l'écarlate. 192
—à la braise. 193
—à la mode. 194

Numéros.

Entre-côte grillée. 195
Entre-côte à la braise. 196
Filets d'aloyau à la braise. 197
Biftecks au naturel. 198
—aux pommes-de-terre, etc. 199
Filet de bœuf rôti. 200
Aloyau rôti. 201
Noix de bœuf braisée. 202
Hachis de rôti de bœuf. 203
Hachis à la toulousaine. 204
Emincés d'aloyau à la bourgeoise. 205
Bœuf à la champenoise. 206
Tranches de bœuf roulées et farcies. 207
Biftecks au vin de Madère. 208
Côte de bœuf à la purée d'ognons. 209
Côte de bœuf à la fermière. 210
—à la marseillaise. 211

Mouton.

Rognons de mouton à la brochette. 212
Langues de mouton grillées. 213
—braisées. 214
—à la liégeoise. 215
—au gratin. 216
Queues de mouton à la purée. 217
—grillées. 218
—au riz. 219
Cervelles de mouton. 220
Pieds de mouton à la poulette. 221
—frits. 222
—à la Sainte-Menehould. 223
—au gratin. 224
Côtelettes de mouton au naturel. 225
—panées et grillées. 226
—à la purée d'ognons. 227
—à la purée de lentilles. 228
—à la sauce tomate. 229
Oreilles de mouton farcies. 230
Côtelettes de mouton farcies. 231

Numéros.

Collet de mouton à la Sainte-Menehould. 232
Haricot de mouton. 233
Gigot à l'eau. 234
—braisé. 235
—aux truffes. 236
—en terrine. 237
—à la chicorée. 238
—à la flamande. 239
Carré de mouton au persil. 240
Poitrine de mouton à la Sainte-Menehould. 241
—aux épinards, etc. 242
Selle de mouton braisée. 243
Epaule de mouton braisée. 244
—au riz. 245
—en saucisson. 246
Gigot de mouton rôti. 247
Emincé de gigot rôti. 248
Hachis de mouton rôti. 249
—aux champignons. 250
—aux fines herbes. 251
Boulettes de hachis frites. 252

Agneau.

Langues, oreilles, cervelles et pieds d'agneau. 253
Epaules d'agneau aux truffes. 254
Poitrine d'agneau à la Sainte-Menehould. 255
Agneau rôti à la bernoise. 256
Blanquette d'agneau. 257
Côtelettes d'agneau. 258
Ris d'agneau. 259
Côtelettes d'agneau à la parmesane. 260
Pieds de mouton à la sauce tomate. 261
—marinés. 262
Mouton en chevreuil. 263
Cervelles et langues d'agneau. 264

Veau.

Pieds de veau au naturel. 265
—à la poulette. 266
—frits. 267

Numéros.

Tête de veau au naturel. 268
—farcie. 269
—en tortue. 270
—frite. 271
—à la Sainte-Menehould. 272
Cervelles de veau en matelote. 273
Cervelles de veau braisées. 274
—frites. 275
—à la sauce verte. 276
—à la poulette. 277
Oreilles de veau à la Sainte-Menehould. 278
—farcies. 279
—à la napolitaine. 280
Langue de veau. 281
Fraise de veau au naturel. 282
—à l'orientale. 283
—frite. 284
Ris de veau en fricandeau. 285
—à la sauce tomate. 286
—en caisse. 287
—frits. 288
Ragoût de ris de veau. 289
Pâté chaud de ris de veau, croûte de riz. 290
Queues de veau à la Sainte-Menehould. 291
Rôti de rognon de veau. 292
Foie de veau à la broche. 293
—braisé. 294
—en gâteau. 295
Côtelettes de veau grillées et panées. 296
—en papillottes. 297
—braisées aux truffes. 298
—à la lyonnaise. 299
—au lard. 300
Poitrine de veau au blanc. 301
Tendons de veau aux pois. 302
Poitrine de veau farcie. 303
—à la purée. 304
Tendons de veau frits. 305
—en kari du Bengale. 306
—en kari à la mexicaine. 307
—à l'allemande. 308

Numéros.

Epaule de veau farcie. 309
—à l'étouffade. 310
Veau en fricandeau. 311
—rôti. 312
—à la languedocienne. 313
Blanquette de veau. 314
Quasi de veau glacé. 315
Veau à la gelée. 316
—en paupiettes. 317
—en caisse. 318
Rissoles de veau. 319
Rouelle de veau dans son jus. 320
Carré de veau rôti aux fines herbes. 321
Coquilles de riz et de cervelles de veau. 322
Veau en esturgeon. 323
Godiveau. 324
Ragoûts de riz de veau. 325
Cervelles de veau en mayonnaise. 326
Avertissement. 327

Cochon.

Boudins et saucisses. 328
Pieds de cochon à la Sainte-Menehould. 329
Oreilles de cochon à la Sainte-Menehould. 330
—à la purée. 331
Côtelettes de cochon grillées. 332
—à la poêle. 333
Cervelles de cochon. 334
Queues de cochon à la purée. 335
Rognons de cochon au vin de Champagne. 336
Rôties au lard. 337
Echine de cochon rôtie. 338
Cochon de lait rôti. 339
—farci. 340
—en blanquette. 341
Jambon. 342
Jambon aux épinards. 343

Charcuterie.

Boudins noirs. 344
Boudins blancs. 345
Saucisses plates. 346
—rondes. 347
Andouilles. 348
—de Troyes. 349
—à la béchamel. 350
Hure de cochon. 351
Fromage de cochon. 352
—d'Italie. 353
Pieds de cochon à la Sainte-Menehould. 354
Langues fourrées. 355
Jambons de Bayonne. 356
Pieds de cochons aux truffes. 357
Saucissons de Lyon. 358
Cervelas. 359
—à l'ognon. 360
—à l'italienne. 361
Petit salé. 362
Lard en planches. 363
—à l'anglaise. 364
Saindoux. 365
Jambons et langues à la mayençaise. 366
Sanglier. 367

Gibier à poil.

Cerf, daim. 368
Chevreuil. 369
Lièvre. 370
—en civet. 371
Filets de lièvre en civet. 372
Lièvre rôti. 373
—en daube. 374
—en gâteau. 375
Lapin. 376
—en gibelotte. 377
—aux fines herbes. 378
—en galantine. 379
—en gâteau. 380
—au blanc. 381
Filets de lapin aux concombres. 382
Lapin rôti. 383
Hachis de lapin. 384
Croquettes de lapin. 385

Numéros.

Lapereau frit. 386
—en marinade. 387
—en salade. 388

Gibier à plume.

Faisan rôti. 389
—en salmis. 390
—à l'angoumoise. 391
Perdrix. 392
Perdreaux rôtis. 393
Perdrix aux choux. 394
—à la purée. 395
Salmis de perdreaux. 396
Perdrix braisées. 397
Perdreaux aux truffes. 398
Canard sauvage. 399
—en salmis. 400
Sarcelle. 401
Bécasses rôties. 402
—farcies. 403
—en salmis. 404
Pluviers et vanneaux. 405
Cailles. 406
Rouge-gorge. 407
Grives. 408
Merles. 409
Mauviettes. 409 *bis*

Volaille.

Poulets. 410
—en fricassée. 411
—à la Sainte-Menehould. 412
—en marinade. 413
—en friteau. 414
—à la tartare. 415
—à la poêle. 416
—en matelote. 417
—rôtis pour entrée. 418
—aux fines herbes. 419
—à l'estragon. 420
—à la mulâtre. 421
—aux anchois. 422
—à la vénitienne. 423
—au céleri, aux choux-fleurs, etc. 424
Chapon et poularde. 425

Numéros.

Chapons braisés. 426
—farcis, braisés. 427
—rôtis aux truffes. 428
—à l'angoumoise. 429
—au gros sel. 430
—la béchamel. 431
—farcis à la crème. 432
—à la nantaise. 433
—au riz. 434
—en croûte. 435
Blanquette de chapon. 436
Hachis de chapon. 437
Chapon à la mayonnaise. 438
Croquettes de chapon. 439
Observation. 440
Dindon. 441
—rôti aux truffes. 442
—braisé aux truffes. 443
Dindon en daube. 444
—roulé. 445
—en galantine. 446
Cuisses de dindon à la sauce Robert. 447
Dindonneau à la languedocienne. 448
Dindon en surprise. 449
Ailerons de dindon en fricandeau. 450
—en fricassée de poulets. 451
—à la Sainte-Menehould. 452
—en haricot. 453
—frits. 454
—en matelote. 455
Hachis de dindon à la béchamel. 456
Capilotade de dindon. 457
Pintade. 458
Canard. 459
—en salmis. 460
—aux navets. 461
Autre manière. 462
Canard aux olives. 463
—farci. 464
Canard aux petits pois. 465
—aux ognons. 466
—à l'italienne. 467

Numéros.

Oie. 468
—farcie de marrons. 469
—en daube. 470
—aux navets. 471
Manière de conserver les ailes et les cuisses d'oie. 472
Oie à la choucroûte. 473
Pigeons rôtis. 474
—en compote. 475
—aux pois. 476
—aux pointes d'asperges. 477
—à la Sainte-Menehould. 478
—à la crapaudine. 479
—en matelote. 480
—frits. 481

Poisson de mer.

Esturgeon rôti. 482
—braisé. 483
Saumon à la sauce aux câpres. 484
—au bleu. 485
—à la sauce tomate. 486
—salé. 487
Turbot et barbue. 488
—à la sauce aux câpres. 489
—à la béchamel. 490
—à la Sainte-Menehould. 491
Raie de plusieurs façons. 492
—en marinade. 493
—à la Sainte-Menehould. 494
Soles, limandes, carrelets et plies. 495
Soles frites. 496
—au gratin. 497
Filets de soles à l'italienne. 498
—à la mayonnaise. 499
Eperlans frits. 500
—au gratin. 501
Cabillaud. 502
Alose. 503
Anguille de mer. 504
Maquereaux à la maître-d'hôtel. 505
—au court-bouillon. 506
Mulet et surmulet. 507
Merlans frits. 508

Numéros.

Merlans au gratin. 509
—au court-bouillon. 510
Filets de merlans à l'italienne. 511
Sardines et harengs frais. 512
Grondin. 513
Rouget. 514
Vives. 515
Morue. 516
—à la maître-d'hôtel. 517
—à la béchamel. 518
—à la provençale. 519
—frite. 520
—au beurre roux. 521
Harengs saurs grillés. 522
—à la Sainte-Menehould. 523
Harengs et maquereaux salés. 524
Harengs pecs. 525
Anchois et sardines. 526
Moules à la poulette. 527
Huîtres à la poulette. 528
—en hachis. 529
Homards et Langoustes. 530
Crevettes. 531
Thon mariné. 532
Huîtres marinées. 533

Poisson d'eau-douce.

Truite. 534
Brochet au court-bouillon. 535
—à la sauce au câpres. 536
Brochetons à la maître-d'h. 537
Carpe au bleu. 538
—à l'étuvée. 539
—grillée. 540
—farcie. 541
—frite. 542
Anguille en matelote. 543
—à la tartare. 544
Barbillon. 545
Tanche. 546
Perche. 547
Lotte. 548
Lamproie. 549
Brême. 550
Goujons. 551

Numéros.

Ecrevisses. 552
Grenouilles en fricassée de poulets. 553
—frites. 554

Légumes.

Petits pois à la bourgeoise. 555
—au lard. 556
Pois secs. 557
Haricots blancs nouveaux. 558
—au roux. 559
Haricots secs au jus. 560
Purée de haricots. 561
Observation sur la cuisson des légumes. 562
Lentilles. 563
Purée de lentilles. 564
Lentilles à la maître-d'hôtel. 565
Fèves de marais. 566
Purée de fèves. 567
Haricots verts. 568
—à la maître-d'hôtel. 569
—à la provençale. 570
Pommes-de-terres, *cuisson* à la vapeur. 571
—à la maître-d'hôtel. 572
—au blanc. 573
—frites. 574
—au roux. 575
Topinambours frits. 576
Carottes. 577
Betteraves. 578
Navets à la moutarde. 579
—au roux. 580
—en purée. 581
Ognons en matelote. 582
—en purée. 583
Salsifis et scorsonères. 583 *bis*
Céleri au jus. 584
—frit. 585
Cardons. 586
—au jus. 587
Cardons au gratin. 588
Cardes poirées. 589
Asperges. 590

Numéros.

Pointes d'asperges en petits pois. 591
Artichauts. 592
—frits. 593
—à la barigoule. 594
Concombres à la crème. 595
—au gras. 596
—farcis. 597
Giraumont. 598
Aubergines à la languedocienne. 599
Tomates. 599 *bis*
Epinards à la maître-d'hôtel. 600
—à la cuisinière. 600 *bis*
—au gras. 601
Chicorée. 601 *bis*
Laitues. 602
—farcies. 602 *bis*
—frites. 603
Oseille maigre. 603 *bis*
—au gras. 604
Choux farcis. 605
—au lard. 606
—à la crème. 607
Choucroûte. 608
Choux à la lilloise. 609
—rouges. 610
Choux-fleurs à la sauce blanche. 611
—farcis. 612
—en pain à l'italienne. 613
Champignons à la languedocienne. 614
Croûte aux champignons. 615
Morilles. 616
Mousserons. 617
Truffes à la vapeur du vin. 618
Emincés de truffes. 619
Marrons. 620
Potiron. 621
Fécule de pommes-de-terre. 622
Gâteau de riz. 623
Riz au beurre. 624
Riz aux choux. 625
Macaroni. 526
Beignets de riz. 627

Numéros.

Beignets soufflés. 628
Gâteau de pommes-de-terre. 629
Céleri frit. 630
—braisé. 631
Beignets de feuilles de vigne. 632
Crêpes. 633
Quenelles de pommes-de-terre. 634
Beignets de brioche. 635
Concombres marinés. 636
Salade. 637

OEufs.

OEufs à la coque. 638
—brouillés. 639
—brouillés aux pointes d'asperges. 640
—brouillés au jus. 641
—brouillés aux confitures. 642
—brouillés au jambon. 643
—pochés. 644
—frits. 645
—au gratin. 646
—au fromage. 647
—à la tripe. 648
—à la crème. 649
—à la tartufe. 650
—au lait et à l'eau. 651
—à la neige. 652
Omelettes de plusieurs façons. 653
Omelettes aux confitures. 654
—soufflée. 655
—au sucre. 656
Soufflé de pommes-de-terre. 657
—de crème. 658
Omelette aux confitures variées. 659
Beignets d'omelette. 660
Omelette au potiron. 661

Laitage.

Présure pour faire cailler le lait. 662
Fromage à la crème et au naturel. 663
Beurre fondu. 664

Numéros.

Autre procédé pour le beurre fondu. 665
Beurre salé. 666
Crème en mousse. 667
—à la vanille, *id.* 668
—au café, *id.* 669
—aux liqueurs, *id.* 670
—au chocolat, *id.* 671
Pour colorer les mousses. 672
Conservation du lait. 673
Crème de fraises. 674
Crème cuite. 675
—au café. 676
—au chocolat. 677
—à la vanille. 678
—au thé. 678 *bis*
—en mousse cuite. 679
—au caramel. 679 *bis*
—à la frangipane. 680
Observation. 680 *bis*
Crème aux marrons. 680 *ter*
Soufflé de crème. 681
Crème à la moelle. 682
—au vin. 683
Observation. 684
Crème cuite en petits pots. 685
Petits pots au café, etc. 686
Beignets de crème. 687
Observation. 688
Beignets de crème au chocolat. 689
Flan. 690
—de nouilles. 691

Gelées animales.

Gelées de viandes. 692
—aromatisées et sucrées. 693
—à la vanille. 594
—à l'orange. 695
—au citron. 696
—à la fleur d'orange. 697
—aux liqueurs. 698
Observation. 699
Aspic de fruits confits. 700
Gelée blanche aux amandes. 701
—en surprise. 702

Numéros.

Gelée au vin. 703
—au thé. 704

Fruits cuits pour entremets.

Charlotte de pommes. 705
—de poires. 706
—de pêches. 707
Beignets de pommes. 708
—de pêches. 709
—d'abricots. 710
—de cerises et de prunes. 711
—de confitures. 712
Croquettes de pommes. 713
Gâteau de pommes. 714
—de pommes au riz. 715

Grosse pâtisserie.

Pâte à dresser. 716
—brisée. 717
—feuilletée. 718
—pour timballes. 719
—à brioches. 720
Pâté froid. 721
—chaud. 722
—en terrine. 723
Timballe. 724
Tourte pour entrée. 725
Petits pâtés. 726
—au jus. 727
Pâté sans fond. 728
Vol-au-vent. 729
Gâteau de plomb. 730
—au fromage. 731
—au lard. 732
Ramequins. 733
Gâteaux feuilletés. 734

Pâtisserie fine.

Biscuit de Savoie. 735
—à la cuiller. 736
—aux amandes. 737
—aux pistaches. 738
—au chocolat. 739
Baba. 740
Pouplin. 741

Numéros.

Choux. 742
Frangipane. 743
Tarte à la frangipane. 744
Meringues. 745
Darioles. 746
Macarons. 747
Massepains. 748
Gâteau d'amandes. 749
—sec. 750
—aux confitures. 751
—à la crème. 752
Croquantes. 753
Croquignoles. 754
Gimblettes d'Albi. 755
Gaufres. 756
—flamandes. 757
Nougat. 758

OFFICE.

Compotes.

Compotes de pommes. 759
—de poires. 760
—de poires grillées. 761
Observation. 762
Compote de pêches. 763
—d'abricots. 764
—de pêches au vin de Bordeaux. 765
—de poires à l'eau-de-vie. 766
—de marrons. 767
—d'abricots verts, etc. 768
—de fraises. 769

Marmelades.

Observation sur les confitures. 770
Marmelade de pêches. 771
—d'abricots. 772
—de mirabelles. 773
Autre observation sur les confitures. 774
Marmelades de prunes de reine-claude. 775
—de cerises. 776

Numéros.

Marmelade de framboises. 777
— de verjus. 778
— de poires. 779
Raisiné de poires. 780
Marmelade d'églantine. 781

Gelées.

Gelées de groseilles. 782
— de pommes. 783
— de pommes déguisée. 784
— de coings. 785
— de cerises. 786
— de prunes. 787
Pâte d'abricots, de pommes, etc. 788
Manière de couvrir les pots de confitures. 789
Des vases employés pour faire les confitures. 790
Emploi des résidus de confitures. 791

Ratafias.

Observation sur les ratafias. 792
Ratafia de fleur d'orange. 793
— de framboises. 794
Observation sur la dose du sucre dans les ratafias. 795
Ratafia de café. 795 *bis.*
— de cacis. 796
— de Grenoble. 796 *bis*
— de genièvre. 797
— de brou de noix. 797 *bis*
— d'anis. 798
Elixir de Garus. 799
Ratafia de cerises. 800
— de bouillon blanc. 800 *bis*
— des quatre-fruits. 801
— de noyaux. 802
— de coings. 803
— d'angélique. 804
— d'orange. 805
— de Scubac. 806

Fruits à l'eau-de-vie.

Cerises à l'eau-de-vie. 807

Numéros.

Abricots à l'eau-de-vie. 808
Pêches à l'eau-de-vie. 809
Prunes à l'eau-de-vie. 810
Poires à l'eau-de-vie. 811
Vin de fruits. 812
— de groseilles. 813
Observation sur les liqueurs qu'on fait ordinairement par distillation, mais qu'on peut faire par infusion. 814

Sirops.

Sirop d'orgeat. 815
— de capillaire. 816
— de vanille. 817
— de vinaigre framboisé. 818
— de groseilles. 819
Observation. 820
Sirop de fleur d'orange. 821

Fruits confits.

Clarification du sucre. 822
Cuite du sucre. 823
Abricots confits. 824
Prunes confites. 825
Poires de rousselet confites. 826
Noix confites. 827
Ecorces d'oranges, etc., confites. 828

Boissons chaudes.

Café à l'eau. 829
— à la crême. 830
Bavaroise. 831
Thé. 832
Chocolat. 833
Punch. 834
— au lait. 835
— au vin. 836

Sucreries.

Conserve de fleur d'orange. 837
— de fruits. 838
— d'écorce d'orange. 839
— souflée. 840

Numéros.

Pralines. 841
Fleur d'orange pralinée. 842
Biscuit soufflé. 843
Fruits blanchis. 844
Tiges d'angélique confites. 845
Tablettes de guimauve. 846
Pastilles pour la soif. 847
Tablettes de cachou. 848
Pâte de guimauve. 849

CUISINE

DES MALADES ET DES CONVALESCENTS.

Potage à l'urgence. 850
Gelée. 851
Sagou au gras. 852
— au lait. 853
— au vin. 854
Salep. 855
Orge perlé. 856
Fécule de pommes-de-terre. 857
Potage de gruau d'avoine. 858
Panade. 859
Bouillon de poulet. 860
— adoucissant. 861
— rafraîchissant. 862
— de mou de veau. 863
Farine de riz. 864
OEufs au bouillon. 865
Lait de poule. 866
Emulsion adoucissante. 867
Eau d'orge. 868
Bouillon aux herbes. 869
Gelée de pieds de veau. 870
Petit-lait. 871
Jus d'herbes. 872
Tisanes. 873
Tablettes de guimauve. 874
— de cachou. 875
Pâte de guimauve. 876
— de jujubes. 877
Sirops d'orgeat et de capillaire. 878
Fabrication de la fécule de pommes-de-terre. 879

Numéros.

REMÈDES URGENTS.

Avertissement. 880
Empoisonnement par les champignons.
Symptômes. 881
Traitement. — Ce qu'il faut éviter. 882
Ce qu'il faut faire. 883
Observation. 884
Empoisonnement par le vert-de-gris.
Symptômes. 885
Traitement. — Ce qu'il faut éviter. 886
Ce qu'il faut faire. 887
Empoisonnement par les moules. 888
1re observation. 889
2e observation. 890
3e observation. 891
Ce qui rend les moules dangereuses. 892
Précautions à prendre. 893
Asphyxie par la vapeur du charbon et des cuves en fermentation. 894
Traitement. 895
Morsures des animaux enragés. 896
Symptômes de la rage. 897
Ce qu'il faut faire pour prévenir le développement de la rage. 898
Piqûres des abeilles, des guêpes, des frelons. 899
Traitement. 900
Ivresse causée par des liqueurs spiritueuses. 901
Morsure de la vipère. 902
Description de la vipère. 903
Effets de la morsure de la vipère. 904
Traitement. 905
Piqûres des scorpions. 906
Traitement. 907

Numéros.

Piqûres des araignées. 908
Brûlures. 909
Chutes et contusions. 910
Indigestions. 911
Coupures et plaies simples. 912
Cors. 913

CONSERVATION

DES SUBSTANCES ALIMENTAIRES.

Choucroûte. 914
Bœuf salé. 915
Beurre salé. 916
— fondu. 917
Cochon salé. 918
Marmelade de tomates. 919
Morilles. 920
Mousserons. 921
Cornichons. 922
Culs d'artichauts. 923
Verjus. 924
Cuisses d'oie. 925
Choux confits au vinaigre. 926
Haricots verts. 927
Petits pois et petites fèves. 928
Observation. 929
Oseille confite. 930
Pommes-de-terre. 931
Prunes confites au vinaigre. 932
Conservation des fruits en général. 933
— du chasselas. 934
— des œufs. 935
— des substances alimentaires par l'action du bain-marie. 936
Lait. 937
Crême. 938
Petits pois. 939
Fèves de marais. 940
Haricots verts. 941
Tomates. 942
Abricots. 943
Pêches. 944
Prunes. 945
Fraises. 946

Numéros.

Suc de fruits. 947
Consommé. 948
Observation. 949
Conservation par les matières grasses. 950
Du garde-manger. 951
Désinfection des viandes altérées. 952

CONDUITE DE LA CAVE.

De la cave. 953
Moyen pour corriger quelques vices des caves. 954
Du placement des tonneaux. 955
De la visite des tonneaux. 956
Du remplissage des tonneaux. 957
Du collage des vins. 958
De la maturité des vins. 959
Tirage du vin en bouteilles. 960
Des vins qui tournent à la graisse. 961
Des vins qui tournent à l'aigre. 962
Des vins qui deviennent amers. 963
Des vins qui ont contracté le goût d'évent. 964
Des vins qui ont contracté le goût de fût, de moisi. 965
Des moyens de prévenir la dégénérescence des vins. 966
Des vins trop foncés en couleur. 967
De l'âpreté des vins. 968
Note. 969
Tarif des droits perçus sur les boissons à l'entrée de Paris. 969 *bis*

RECETTES ÉCONOMIQUES.

Sirop de fécule de pommes-de-terre. 970
Eau-de-vie de fécule. 971
Vins artificiels en général. 972

Numéros.

Vin de groseilles. 973
— de cerises. 974
Observation. 975
Vin de groseilles à maquereaux. 976
— artificiel de raisins. 977
— d'abricots. 978
— de pêches et autres fruits. 979
Observation sur les vins de liqueurs artificielles. 980
Hydromel. 981
Purification du miel. 982
Pour mettre en couleur les carreaux des appartements. Couleur rouge. 983
Couleur jaune. 984
Destruction des punaises. 985
Pour cirer les meubles de noyer, etc. 986
Pour nettoyer les vases de cuivre. 987
Pour garantir de la rouille les plaques et garnitures des cheminées, etc. 988
Pour raccommoder la porcelaine, la faïence, etc. 989
Usage de l'eau seconde des peintres. 990
Purification des huiles d'olive. 991
Eau de Cologne. 992
Pâte d'amandes liquide. 993
Teinture dentifrice. 994
Pour enlever les taches d'encre. 995
— les taches de graisse, d'huile, etc. 996
— les taches de vin et de fruits rouges. 997
Pour rétablir les couleurs altérées par les acides. 998
— altérées par la sueur. 999
Pour relever le velours froissé. 1000
Pour remettre à neuf les étoffes de soie blanche. 1001

Numéros.

Fumigations anti-putrides. 1002
Pour faire du vinaigre. 1003
Pour décolorer le vinaigre. 1004
Vinaigre de miel. 1005
— fait avec de l'eau-de-vie. 1006
Semoule de fécule de pommes-de-terre. 1007
Liqueur pour marquer le linge. 1008
Essence de savon. 1009
Chocolat. 1010
Des lessives. 1011
Des substances alcalines employées dans les lessives. 1012
De la potasse. 1013
De la soude. 1014
De la cendre. 1015
De l'échangeage. 1016
Des cuviers. 1017
De la chaudière. 1018
De la couverture des cuviers. 1019
Préparation et conduite de la lessive. 1020
Des précautions à prendre pour rincer le linge après la lessive. 1021
Des lessives à la vapeur. 1022
Du fourneau et de la chaudière. 1023
Du cuvier. 1024
Observation. 1025
Disposition de l'appareil. 1026
Préparation du linge. 1027
Encuvage. 1028
De la conduite du feu. 1029
Du décuvage et du lavage. 1030
Conclusion. 1031
Cosmétiques. 1032
Raffinage du sucre. 1033
Liqueur anti-contagieuse. 1034
Boisson qui peut remplacer le thé. 1035
Vin fébrifuge de S. 1036
Wakaka des Indes. 1037

Numéros.

Elixir de Stoughton. 1038
Taffetas d'Angleterre. 1039
Limonade sèche. 1040

PROPRIÉTÉS DIÉTÉTIQUES

DES SUBSTANCES ALIMENTAIRES.

Classe 1re. De la fécule et des aliments qui la contiennent. 1041
§ 1. Aliments dans lesquels la fécule est unie à des substances vénéneuses. 1042
§ 2. Aliments dans lesquels la fécule est presque absolument pure. — Riz. — Orge. — Maïs. — Sagou. 1043
§ 3. Aliments dans lesquels la fécule est unie à une substance sucrée. — Avoine. — Sarrazin. — Châtaignes, etc. 1044
§ 4. Aliments où la fécule est unie à des parties extractives et colorantes. — Lentilles. — Haricots rouges, etc. 1045
§ 5. Aliments où la fécule est unie à une huile grasse et à un mucilage doux. — Amandes. — Noix. — Pistaches. — Cacao, etc. 1046
Semences émulsives, douces, unies à un principe aromatique et amer. 1047
Semences peu ou point odorantes et peu sapides. 1048
§ 6. Aliments farineux où la fécule est unie à un mucilage visqueux. — Seigle. — Fèves de marais, etc. 1049
§ 7. Aliments farineux où la fécule nutritive est unie avec le gluten. 1050
§ 8. Des différentes préparations qu'on fait subir aux aliments qui ont la fécule pour base principale. — Pain. — Bouillies. — Gâteaux, etc. 1051

Numéros.

Classe 2e. Des aliments qui ont la fibrine pour base principale. — Substances animales. 1052
§ 1. Des chairs des animaux en général, et de leurs parties constituantes. 1053
§ 2. Chairs blanches dans lesquelles la substance fibreuse, combinée avec la gélatine, n'est pas pénétrée d'osmazone. 1054
N° 1. Chairs dont la partie gélatineuse est imparfaite, visqueuse, glaireuse et toujours humide. — Cochon de lait, etc. 1055
N° 2. Chairs qui, sans avoir tout-à-fait perdu cette première viscosité, ont cependant une substance gélatineuse plus parfaite. — Veau. — Agneau, etc. 1056
N° 3. Jeunes oiseaux. — Jeunes gibiers. — Volailles. — Merlans. — Limandes. — Soles, etc. 1057
N° 4. Chairs blanches pénétrées de graisse. — Chapons. — Poulardes. — Anguille. — Carpe. — Alose. — Saumon. 1058
N° 5. Chairs blanches qui sont fermes, compactes, sans être ni trop humectées, ni abreuvées de graisse. 1059
1er ordre. — Lapins. — Vieilles volailles. — Maquereau. — Morue. — Raie, etc. 1060

	Numéros.
2e ordre. — Porc.	1061
§ 3. Chairs colorées dout la substance fibreuse est pénétrée d'osmazone.	1062
N° 1. Bœuf. — Mouton. — Pigeon. — Perdrix. — Faisan. — Oie. — Canard.	1063
N° 2. Daim. — Chevreuil. — Lièvre. — Mauviette. — Bécasse, etc.	1064
§ 3. Des différentes manières de cuire les chairs et de les conserver.	1065
N° 1. Chairs rôties.	1066
N° 2. Chairs bouillies.	1067
N° 3. Chairs cuites à l'étuvée.	1068
N° 4. Viandes frites.	1069
N° 5. Chairs conservées.	1070
N° 6. Du sang des animaux.	1071
Classe 3e. Des aliments dont la base est une substance albumineuse ou caséeuse.	
N° 1. Des aliments qui ont pour base une substance albumineuse. — OEufs. — Moules. — Huîtres. — Limaçons.	1072
N° 2. Des aliments qui ont pour base une substance caséeuse, c'est-à-dire du lait et du fromage.	
Du lait.	1073
Du fromage.	1074
Classe 4e. Des substances mucilagineuses, gommeuses, gélatineuses.	1075
§ 1. Des aliments dont la base est un mucilage visqueux, et d'abord des matières végétales.	1076
Gombo. — Arroche. — Bette ou poirée. — Blette. — Epinards.	1077
Laitue. — Endive. — Scarole. — Chicorée. — Cardon.	1078
Asperges.	1079
Salsifis. — Scorçonères. — Topinambours.	1080
Artichauts.	1081
Oseille.	1082
Figues. — Dattes.	1083
Carottes. — Panais. — Betteraves.	1084
Navets. — Radis. — Choux. — Cresson.	1085
Poireau. — Ognon. — Echalotte. — Ail, etc.	1086
Persil. — Cerfeuil. — Thym, etc.	1087
Des aliments animaux qui contiennent pour base une substance analogue au mucilage végétal.	1088
§ 2. Des aliments gommeux.	1089
Des aliments gélatineux. — Gelées de viandes, de colle de poisson.	1090
Classe 5e. Des sucs gélatineux et mucilagineux végétaux, unis à une matière sucrée, à des acides, à un principe aromatique, à une matière extractive colorante.	1091
§ 1. Des fruits acerbes. — Coings. — Nèfles, etc.	1092
§ 2. Des fruits acides et sucrés.	1093
Cerises. — Merises. — Guignes. — Bigarreaux.	1094
Prunes. — Abricots.	1095
Pêches. — Pavies. — Brugnons.	1096
Oranges. — Citrons. — Limons.	1097
Poires. — Pommes.	1098
Groseilles. — Airelles. — Cacis.	1099

Numéros.

Raisins. 1100
Fraises. — Framboises. — Mûres. 1101
Figues. 1102
Concombre. — Melon. — Potiron, etc. 1103
Tomate. — Aubergine. 1104
Résumé général sur les propriétés des fruits,
Propriétés nourrissantes. 1105
Propriétés rafraîchissantes. 1106
Digestibilité. 1107
Classe 6e. Des aliments dont la base est une substance huileuse ou grasse.
Des huiles grasses fluides et des substances alimentaires qui les contiennent. 1108
Olive. 1109
Huile d'olive. 1110
— tirée des semences émulsives. 1111
Des huiles grasses concrètes, ou des graisses et des substances qui les contiennent. 1112
Beurre de cacao. 1113
Beurre. 1114
Graisses animales. 1115

Des boissons.

De l'eau. 1116
Sucs aqueux des végétaux. 1117
Sucs aqueux des animaux. 1118
Des infusions et des mélanges dans l'eau. 1119
Café. 1120
Chocolat. 1121
Des liqueurs fermentées. 1122
Du vin de raisin. 1123
De la bière. 1124
Cidre, poiré. 1125
Des liqueurs alcoholiques. 1126

DESCRIPTION

DES FOURNEAUX, ETC.

Fourneau potager de Harel. Explication de la *fig.* 1, planche I. 1127
Explication de la *fig.* 2, planche I. 1128
— de la *fig.* 3, planche I. 1129
— de la *fig.* 4, planche I. 1130
— de la *fig.* 5, planche I. 1131
— de la *fig.* 6, planche I. 1132
Conduite du fourneau. 1133
Coquilles à rôtir, etc. Explication de la *fig.* 1, planche II. 1134
Explication de la *fig.* 2, planche II. 1135
— de la *fig.* 3, planche II. 1136
— de la *fig.* 4, planche II. 1137
— de la *fig.* 5, planche II. 1138
— de la *fig.* 6, planche II. 1139
— de la *fig.* 7, planche II. 1140
— de la *fig.* 8, planche II. 1141
Observations sur les coquilles à rôtir. 1142
Explication de la *fig.* 1, planche III. 1143
— des *fig.* 2 et 3, planche III. 1144
— des *fig.* 4, 5, 6 et 7, planche III. 1145
— de la *fig.* 8, planche III. 1146
— de la *fig.* 9, planche III. 1147
— de la *fig.* 10, planche III. 1148
— de la *fig.* 11, planche III. 1149

TABLE ALPHABÉTIQUE.

Abeilles (piqûre des), nº 899.
Abricots, 943, 710, 764, 772, 808.
Agneau, 253 à 264.
Aigre (vins qui tournent à l'), 962.
Aileron de dindon, 450 à 455.
Aloyau, 201, 205.
Alose, 503.
Amer (vins qui tournent à l'), 963.
Andouilles, 348 à 350.
Anchois, 526.
Anguille de mer, 504.
Apreté (des vins qui tournent à l'), 962, 968.
Appartements (recette pour les mettre en couleur), 983 et 984.
Asperges, 590, 591.
Artichauts, 592 à 594.
Asphyxie, 894.
Aspic de fruits confits, 700.
Avertissement sur la charcuterie, 327.
Aubergines, 599.

Baba, 740.
Bavaroise, 831.
Bécasse, 402 à 404.
Béchamel, 34, 54.
Beurre d'anchois, 12.
— aux fines herbes, 13.
— de piment, 28.
— fondu, 664, 665, 917.
— salé, 666, 916.
Beignets, 627, 628, 632, 635, 660, 687, 689.
— de fruits, 708 à 712.
Betteraves, 578.
Biftecks, 198, 199, 208.
Biscuits de Savoie, 735.
Biscuits, 736 à 739.
— soufflés, 843.
Bisque aux écrevisses, 129, 155.
Blanc, 27.
Blanquette d'agneau, 257.
— de veau, 314.
— de chapon, 436.
Bœuf, 162 à 211, 915.
— bouilli, 162 à 170.
— à l'écarlate, 192.
— à la braise, 193.
— à la mode, 194.
— rôti, 201, 206.
Boissons chaudes, 829 à 836.
Boudins, 328, 344, 345.
Bouillon, 1, 106, 107.
— maigre, 26, 139.
— de poulet, 860, 861.
— rafraîchissant, 862.
— de mou de veau, 663.
— aux herbes, 869.
Bouquet garni, 11.
Brème, 550.
Brochet, 535, 537.
Brûlures, 909.

Café, 829, 830.
Cabillau, 502.
Canard, 459 à 467.
Canard sauvage, 399, 400.
Caille, 406.
Cardes, 589.
Cardon, 586 à 588.
Capilotade de dindon, 457.
Carpe, 538 à 541.
Caramel, 21.
Carottes, 577.
Carré de mouton, 240.
Carré de veau, 321.
Carlets, 494 à 499.
Cave (de la), 953.
Caves (moyens d'améliorer les), 954.
Céleri, 584, 585, 631.
Cerf, 368.
Cervelles de bœuf, 177 à 182.

Cervelles de mouton, 220.
— d'agneau, 264.
— de veau, 273, 277.
— de cochon, 334.
Champignons (ragoûts de), 81, 614, 615.
Champignons (empoisonnement par les), 880.
Charlottes, 705 à 707.
Chicorée, 601 *bis*.
Chevreuil, 369.
Charcuterie, 344 à 367.
Chapon et poularde, 425 à 440.
Choux, 605 à 609.
Choux-fleurs, 611 à 613.
Choux rouges, 610, 926.
Choux (pâtisserie), 742.
Choucroûte, 96, 608, 914.
Chocolat, 833, 1010.
Chutes, 910.
Cirage pour les meubles, etc., 986.
Civet, 371.
Clarification du sucre, 822.
Cochon, 327 à 343.
Cochon de lait, 329 à 341.
Collage des vins, 958.
Collet de mouton, 232.
Coloration des potages, 112 *bis*.
Compotes, 759 à 769.
Confitures (comment couvrir les), 789.
— (des vases qui servent à faire les), 790.
— (emploi des résidus des), 791.
Conduite de la cave, 953 à 969.
Conserves, 837 à 850.
Conservation des substances alimentaires, 914 à 952.
— des fruits en général, 933.
— du chasselas, 934.
— par le bain-marie, 936 à 948.
— par les matières grasses, 950.
Consommé, 2, 132, 948.
Concombres, 104, 597, 636.
Contusions, 910.
Coquilles de riz de veau, 322.
Cornichons, 19, 922.
Cors (remèdes contre les), 913.
Cosmétiques, 1032.
Côtes de bœuf, 209 à 211.
Côtelettes de mouton, 205 à 229, 231.
— d'agneau, 258, 260.
— de veau, 296 à 300.
— de cochon, 332, 333.
Couleurs pour les mousses et les liqueurs, 672.
Couleur (des vins trop foncés en), 967.
Coupures, 912.
Couleur (pour mettre les appartements en), 983, 984.
Crème (conservation de la), 938.
Crème en mousse, 667 à 671.
Crème de fraises, 674.
Crème cuites, 675 à 680, 682, 683.
— en mousse cuite, 679.
Crêpes, 633.
Crevettes, 531.
Cristaux (raccommodage des), 989.
Croquettes de lapins, 385.
— de chapon, 439.
— de pommes, 713.
Croquantes, 753.
Croquignoles, 754.
Croûte aux champignons, 615.
Cuisses et ailes d'oies, 472, 925.
Cuisses de dindon, 457.
Cuite du sucre, 823.
Cuisine des malades, 850 à 879.
Culs d'artichauts, 20, 923.

Daim, 368.
Darioles, 746.
Daube de lièvre, 374.
— de dindon, 444.
— d'oie, 470.
Dindon, 441 à 457.
Dégénérescence des vins, 966.
Description des fourneaux, 1127.
Désinfection des viandes, 952.
Destruction des punaises, 985.

EAU d'orge, 868.
Eau-de-vie de fécule, 971.
Eau seconde (usage de l'), 990.
Eau de Cologne, 992.
Echine de cochon, 338.
Ecorces confites, 828.
Ecrevisses, 552.
Elixir de Garus, 799.
Emincé de bœuf, 205.
— de mouton, 248.
Empoisonnement par les champignons, 881.
— par les moules, 888.
— par le vert-de-gris, 885.
Emulsion adoucissante, 867.
Entremets de fruits cuits, 705 à 715.
Epaule de mouton, 244 à 246.
— de veau, 309, 310.
Eperlans, 500, 501.
Epinards, 600, 601.
Entre-côte de bœuf, 196.
Epices mélangées, 16.
Essence de gibier, 6.
— d'ail, 17.
— d'assaisonnement, 25.
— de savon, 1009.
Esturgeon, 482, 483.
— (veau préparé en), 323.
Etoffes de soie (moyen de remettre à neuf les), 1001.
Event (des vins qui ont pris le goût d'), 964.

FAISAN, 389 à 391.
Farce cuite, 99.
Faïence (raccommodage de la), 989.
Farine de riz, 864.
Fécule de pommes-de-terre, 622, 857, 879.
— (sirop de), 979.
— (eau-de-vie de), 971.
Fèves, 566, 567.
— (conservation des), 928, 940.
Filet de bœuf, 197.
— de soles, 498, 499.
Filets de merlans, 511.
Flan, 690, 691.
Fleur d'orange pralinée, 842.
Fourneaux (description des), 1127.
Fraise de veau, 282 à 284.
Fraises, 674, 769, 946.
Framboises, 794.
Foies gras, 82.
— de veau, 293, 294 et 295.
Fonds de cuisson, 3.
Frelons (piqûre des), 899.
Fricandeau de veau, 311.
Frangipane, 680.
Fricassée de poulets, 411.
Friteau de poulets, 414.
Fromage à la crème, 663.
— de cochom, 352.
— d'Italie, 353.
Fruits cuits pour entremets, 705 à 715.
Fruits à l'eau-de-vie, 807 à 811.
— confits, 824 à 828.
— blanchis, 8 44.
Fumigations anti-putrides, 1002.
Fût (des vins qui ont contracté le goût de), 965.

GALANTINE de dindon, 446.
Garde-manger, 951.
Gaufres, 756, 757.
Galantine de lapin, 379.
Gâteau de foie de veau, 295.
— de lièvre, 375.
— de lapin, 380.
— de riz, 623.
— de pommes-de-terre, 629.
— de pommes, 714, 715.
— de plomb, 730.
— au fromage, 731.
— au lard, 732.
— feuilleté, 734.
— d'amandes, 749, 750.
— aux confitures, 751.
— à la crème, 752.
Garbure aux ognons, 135.
— aux marrons, 136.
Gelée de viandes, 692, 851.

Gelée aromatisée et sucrée, 693 à 698, 701 à 704.
Gelée de fruits, 782 à 787.
Gibelotte de lapin, 377.
Gigot de mouton, 234 à 239, 247.
Gimblettes, 755.
Giraumont, 598.
Godiveau, 87.
Graisse (des vins qui tournent à la), 961.
Gras-double, 186, 187.
Grenouilles, 160, 553, 554.
Grives, 408.
Groseilles, 782, 813, 819.
Grondin, 513.
Gruau d'avoine, 858.
Guêpes (piqûre des), 899.

Hachis de bœuf, 168, 203, 204.
— de mouton, 249, 252.
— de lapin, 384.
— de chapon, 437.
— de dindon, 456.
Harengs, 512.
— saurs, 522, 523.
— salés, 524.
— pecs, 525.
Haricot de mouton, 233.
— blancs, 558 à 561.
— verts, 569, 570, 927, 941.
Herbes (bouillon aux), 869.
Herbes (jus d'), 872.
Homards, 530.
Huile d'olive (épuration de l'), 991.
Huîtres, 528, 529, 533.
Hure de cochon, 351.
Hydromel, 981.

Indigestion, 911.
Ivresse, 901.

Jambon, 342, 343.
— de Bayonne, 356.
— de Mayence, 366.
Julienne au gras, 116.
— au maigre, 149.
Jus, 4.
— au vin, 5.
Jus blond, 7.
— d'herbes, 872.

Kari (poudre de), 18.
— (sauce de), 51.
— de tendons de veau, 306.
— à la mexicaine, 307.
— de poulet, 421.

Lait, 673, 937.
— de poule, 866.
— (petit-), 871.
Laitage, 662 à 692.
Laitue, 602, 603.
Laitances (ragoût de), 79.
Lamproie, 549.
Langouste, 530.
Langue de bœuf, 171 à 176.
— de mouton, 215 à 216.
— d'agneau, 264.
— de veau, 281.
— fourrée, 355.
— de cochon à la mayonnaise, 366.
Lapin, 376 à 388.
Lard en planches, 363.
— à l'anglaise, 364.
Lessives, 1011 à 1031.
Lièvre, 370 à 374.
Linge (liqueur pour marquer le), 1008.
Légumes, 555 à 637.
Lentilles, 563, 565.
Limande, 494 à 499.
Limonade sèche, 1040.
Liqueur anti-contagieuse, 1034.
Lotte, 548.

Macaroni, 131, 626.
Macarons, 747.
Macédoine, 105.
Marinade, 63.
Maquereaux, 505, 506.
— salés, 524.
Marrons, 90, 136.
Marmelades, 771 à 779, 781.
— de tomate, 919.
Maturité des vins, 959.
Massepains, 748.

Mayonnaise, 40.
Meringues, 745.
Merlans, 508, 511.
Miel (purification du), 982.
Miroton, 166, 167.
Meubles (cire pour les), 986.
Moelle, 120.
Moisi (des vins qui ont le goût de), 965.
Morilles, 616, 920.
Morin (ragoût à la), 95.
Morsures des animaux enragés, 896.
— de la vipère, 902.
Morue, 516 à 521.
Moules, 80, 527.
— (empoisonnement par les), 888.
Mousserons, 617, 921.
Mouton, 212 à 252.
— en chevreuil, 265.
Mulet, 507.

Navet, 579 à 581.
Nettoyage des vases de cuivre, 987.
— des peintures, 990.
Noix de bœuf braisée, 202.
— confite, 827.
Nougat, 758.
Nouilles, 113, 114.

Observation sur les ragoûts, 84.
— sur la cuisson des légumes, 562.
— sur les crèmes cuites, 680 *bis*, 684, 688.
— sur les gelées-sucrées, 699.
— sur les confitures, 770, 774.
— sur les ratafias, 792, 795, 814.
— sur la dessication des fruits et légumes, 929.
— sur la conservation des substances alimentaires par l'action du bain-marie, 949.
— sur les vins artificiels, 980.
OEufs, 638 à 661, 865, 935.
Ognon, 93, 582.
Oie, 468 à 473.
— (cuisses et ailes d'), 472.
Omelettes, 653 à 656, 659, 661.
Oreilles de mouton, 230.
— de veau, 278 à 280.
— de cochon, 330, 331.
Orge perlé, 856.
Oseille, 603 *bis*, 604, 930.

Pastilles pour la soif, 847.
Pâte d'amandes liquide, 993.
— de jujubes, 877.
— de guimauve, 849 et 876.
— de fruits, 788.
— à dresser, 716.
— brisée, 717.
— feuilletée, 718.
— pour timballes, 719.
— à brioches, 720.
— à frire, 91, 92, 94.
Panade, 142, 157, 859.
Palais de bœuf, 183 à 185.
Pâté chaud de riz de veau, 290.
— froid, 721.
— chaud, 722.
— en terrine, 725.
— sans fond, 728.
— (petits), 726, 727.
Pâtisserie (grosse), 716 à 734.
— (fine), 735 à 758.
Pêches, 944, 809, 765, 771.
Perche, 547.
Peintures (nettoyage des), 990.
Petit salé, 362.
Petits pots, 685, 686.
Petit-lait, 871.
Pieds de mouton, 221 à 224, 261, 262.
— de veau, 265 à 267.
— de cochon, 329, 354, 357.
Perdrix, 392 à 398.
Pigeons, 474 à 481.
Plies, 494 à 499.
Pintade, 458.
Piqûre des abeilles, guêpes, frelons, 899.
— des scorpions, 906.
— des araignées, 908.
Pluviers, 405.
Pois, 555 à 557, 591, 928, 939.

Pommes-de-terre, 78, 571 à 575, 931.
Pommes, 759, 783.
Poitrine de mouton, 241, 242.
— de veau, 301, 303, 304, 308.
Porcelaine (raccommodage de la), 989.
Potage gras (théorie du), 106.
Potages gras, 108 à 138.
— maigres, 139 à 157.
Potages à l'urgence, 850.
Potiron, 150, 151, 621.
Poulet, 410 à 424.
Pouplin, 741.
Pralines, 841.
Présure, 662.
Propriétés diétiques des substances alimentaires, 1041 à 1126.
Prunes, 787, 810, 932, 945.
Punch, 834 à 836.
Punaises (destruction des), 985.
Purée de lentilles, 70. — de haricots, 71. — de pois, 72. — d'ognons brune et blanche, 73. — de carottes, 74. — de navets, 75. — de marrons, 76. — d'oseille, 77. — de haricots brune, 86. — de racines, 101. — de champignons, 102.
Purification du miel, 982.
— de l'huile d'olive, 991.

Quasi de veau, 315.
Quenelles, 88, 89.
— de pommes-de-terre, 137.
Queues de bœuf, 188 à 191.
— de mouton, 217 à 219.
— de veau, 291.
— de cochon, 335.

Rage (moyens de prévenir le développement de la), 898.
Ragoût de laitances, 79. — de moules, 80. — de champignons, 81. — de foies gras, 82. — mêlé, 83. — de ris de veau, 85, 103. — à la Morin, 95.
Raie, 492 à 494.
Raisiné, 780.
Raffinage de sucre, 1033.
Ramequins, 733.
Ratafias, 792 à 805.
Recettes économiques, 970 à 1040.
Résidus de confitures, 791.
Rémoulade, 50.
— créole, 57.
Remèdes urgents, 880 à 913.
Ris d'agneau, 259.
— de veau, 285 à 290.
Rissoles, 319.
Riz, 112, 623 à 625.
Rognons de mouton, 212.
— de cochon, 336.
Rôties de rognon de veau, 292.
— au lard, 337.
Rouelle de veau, 320.
Rouge-gorge, 407.
Rouget, 514.
Rouille (pour garantir les fers de la), 988.
Roux, 8.
Roux blanc, 9.

Sagou, 852 à 854.
Salade, 637.
Salep, 855.
Salsifis, 583 *bis*.
Salpicon, 100.
Sanglier, 367.
Sarcelle, 401.
Sardines, 512, 526.
Scorpions (piqûre des), 906.
Scorsonères, 583 *bis*.
Saucisses, 328, 346, 347.
Saucissons, 358.
Saumon, 484 à 487.
Sauces, 30 à 66.
Semoule, 110.
— de pommes-de-terre, 1007.
Selle de mouton, 243.
Scubac, 806.
Sirops, 815 à 821.
— de fécule, 970.
Soles, 494 à 499.

Souflé de pommes-de-terre, 657.
— de crème, 658, 681.
Soupe à l'ognon, 141.
Sucre (clarification du), 822.
— cuit, 823.
— (raffinage du), 1033.
Sucre de fruits, 947.
Sucreries, 837 à 849.
Surmulet, 507.

TABLETTES de guimauve, 846.
— de cachou, 848.
Taffetas d'Angleterre, 1039.
Tanche, 546.
Tartes, 744.
Tartufe (potage à la), 161.
— (œufs à la), 650.
Taches (pour enlever les), 995.
Tête de veau, 268 à 272.
Tendons de veau, 302, 305 à 308.
Thé, 832. — boisson qui peut remplacer le thé, 1035.
Thon, 532.
Timbale, 724.
Teinture dentifrice, 994.
Tirage des vins en bouteilles, 960.
Tisanes, 873.
Tonneaux (placement des), 955.
— (visite des), 956.
— (remplissage des), 957.
Topinambours, 576.
Tourte, 725.
Tomates, 22, 37, 942.
Tranches de bœuf roulées et farcies, 207.
Truite, 534.
Truffes, 618, 619.
Turbot, 488 à 491.

VANNEAUX, 405.
Vases de cuivre (nettoyage des), 987.
Veau, 265 à 326.
— en esturgeon, 323.
Velours (pour relever le), 1000.
Vermicelle, 109.
Vert-de-gris (empoisonnement par le), 885.
Vert d'épinards, 25.
Verjus, 24, 924.
Viandes altérées (désinfection des), 952.
Vin fébrifuge de S., 1036.
Vins artificiels, 972. — de fruits, 812. — de groseilles, 813, 973. — de groseilles à maquereaux, 976. — de cerises, 974. — de raisins, 977. — d'abricots, 978. — de pêches, etc., 979.
Vinaigre, 14, 15, 1003 à 1006.
Vives, 515.
Vol-au-vent, 729.
Vipères (morsures de la), 902.
Wakaka des Indes, 1037.

FIN DE LA TABLE ALPHABÉTIQUE.

BESANÇON, IMPRIMERIE DE CH. DEIS.

www.ingramcontent.com/pod-product-compliance
Lightning Source LLC
LaVergne TN
LVHW010529100826
845148LV00001B/128

* 9 7 8 2 0 1 2 5 6 7 9 5 5 *